NEUROEDUCAÇÃO PARA O ÊXITO
CONSTRUÇÃO-PRODUTIVIDADE-DECADÊNCIA DOS TRÊS CÉREBROS E SUAS COMPETÊNCIAS

Editora Appris Ltda.
1.ª Edição - Copyright© 2020 dos autores
Direitos de Edição Reservados à Editora Appris Ltda.

Nenhuma parte desta obra poderá ser utilizada indevidamente, sem estar de acordo com a Lei nº 9.610/98. Se incorreções forem encontradas, serão de exclusiva responsabilidade de seus organizadores. Foi realizado o Depósito Legal na Fundação Biblioteca Nacional, de acordo com as Leis nos 10.994, de 14/12/2004, e 12.192, de 14/01/2010.

Catalogação na Fonte
Elaborado por: Josefina A. S. Guedes
Bibliotecária CRB 9/870

G821n 2020	Gregori, Waldemar De Neuroeducação para o êxito: construção-produtividade-decadência dos três cérebros e suas competências / Waldemar De Gregori. - 1. ed. – Curitiba: Appris, 2020. 407 p. ; 23 cm. - Inclui bibliografias ISBN 978-65-5523-270-7 1. Educação. 2. Neurociência cognitiva. 3. Psicologia. I. Título. II. Série. CDD – 370.7

Livro de acordo com a normalização técnica da ABNT

Appris editora

Editora e Livraria Appris Ltda.
Av. Manoel Ribas, 2265 – Mercês
Curitiba/PR – CEP: 80810-002
Tel. (41) 3156 - 4731
www.editoraappris.com.br

Printed in Brazil
Impresso no Brasil

Waldemar De Gregori

NEUROEDUCAÇÃO PARA O ÊXITO
CONSTRUÇÃO-PRODUTIVIDADE-DECADÊNCIA DOS TRÊS
CÉREBROS E SUAS COMPETÊNCIAS

FICHA TÉCNICA

EDITORIAL	Augusto V. de A. Coelho
	Marli Caetano
	Sara C. de Andrade Coelho
COMITÊ EDITORIAL	Andréa Barbosa Gouveia (UFPR)
	Jacques de Lima Ferreira (UP)
	Marilda Aparecida Behrens (PUCPR)
	Ana El Achkar (UNIVERSO/RJ)
	Conrado Moreira Mendes (PUC-MG)
	Eliete Correia dos Santos (UEPB)
	Fabiano Santos (UERJ/IESP)
	Francinete Fernandes de Sousa (UEPB)
	Francisco Carlos Duarte (PUCPR)
	Francisco de Assis (Fiam-Faam, SP, Brasil)
	Juliana Reichert Assunção Tonelli (UEL)
	Maria Aparecida Barbosa (USP)
	Maria Helena Zamora (PUC-Rio)
	Maria Margarida de Andrade (Umack)
	Roque Ismael da Costa Güllich (UFFS)
	Toni Reis (UFPR)
	Valdomiro de Oliveira (UFPR)
	Valério Brusamolin (IFPR)
ASSESSORIA EDITORIAL	Evelin Louise Kolb
REVISÃO	Evelin Louise Kolb
PRODUÇÃO EDITORIAL	Gabriella de Saboya
DIAGRAMAÇÃO	Andrezza Libel
CAPA	Eneo Lage
COMUNICAÇÃO	Carlos Eduardo Pereira
	Débora Nazário
	Kananda Ferreira
	Karla Pipolo Olegário
LIVRARIAS E EVENTOS	Estevão Misael
GERÊNCIA DE FINANÇAS	Selma Maria Fernandes do Valle
COORDENADORA COMERCIAL	Silvana Vicente

APRESENTAÇÃO

DO CÉREBRO AO CÉREBRO

É o meu cérebro apresentando-se ao seu cérebro.

Este é um livro sobre a revolução dos "três cérebros", do "tricerebrar" e sua aplicação às Ciências Sociais ou comportamentais (não clínica) e sobre sua construção e programação, principalmente por mães e avós que são as que configuram o inconsciente coletivo-étnico-produtivo ou o perfil de uma cultura. A decadência/destruição das funções tricerebrais se dará pela idade ou por doença.

Em realidade, o cérebro é um sistema "unitriádico" ou tri-uno: três que formam um e cada qual apenas um de três, em permanente fluxo sistêmico, adaptando-se para continuar a viver. Analisamos seus múltiplos processos sob o enfoque triádico, como se tudo fosse triangular ou como se fossem trios ou trevos. É uma maneira de descobrir as três partes de qualquer coisa, ou de juntar as coisas de três em três, para formar conjuntos ou sistemas maiores, sempre tri-unos. Esse modo de pensar as coisas como sistemas tri-ramificados ou como estrela de três pontas se chama paradigma, um paradigma de molde "tri" ou três. Tem gente que só pensa as coisas duas a duas, por pares, diadicamente; e tem gente que só pensa as coisas, uma cada vez, monadicamente, por unidades, o que é muita simplificação mental.

Por essa maneira tri, sabemos que o cérebro é um sistema composto de três partes mínimas, mas tão bem integradas e entrelaçadas que constituem um único cérebro tri-uno, como uma corrente elétrica trifásica ou como o átomo. O fator integrador é o número três. Tudo é feito com três elementos ou em três ramificações, porque a matergia (matéria + energia) funciona com esse molde fundamental, que é como um holograma que se reitera desde os três quarks e os átomos até os céus.

Aqui apresentamos o cérebro e seus processos como uma estrutura energética de três blocos mínimos – esquerdo, direito e central – e seus três processos funcionais mínimos (que podem ser mais, mas nunca menos que três), que são: pensar, sentir e atuar; ou saber, criar e fazer-ter.

Para localizar seus três cérebros, ponha, primeiro, sua mão esquerda cobrindo a orelha esquerda; com isso está indicando o hemisfério esquerdo ou a parte esquerda do cérebro que comanda as funções lógicas de aprender, comunicar-se, pensar, legislar etc. Em segundo lugar, ponha sua mão direita cobrindo a orelha direita; com isso está indicando o hemisfério direito ou a parte direita do cérebro, que comanda o sentir ou as funções emocionais como o amor, a criatividade, a imaginação, a arte, a intuição, o sentimento religioso, a solidariedade etc. Em terceiro lugar, ponha uma das mãos na parte detrás da cabeça, sobre o pescoço; com isso estará indicando o lado ou a parte central do cérebro que começa pelo tronco cerebral, que dá suporte ao cerebelo e se estende pelo corpo caloso, que une e intercomunica os dois hemisférios. Essa parte central do cérebro recebe os estímulos que vêm dos sentidos, passa-os ao hemisfério direito para compor a imagem de onde vêm tais estímulos e repassa-os ao hemisfério esquerdo para analisar e entender a situação; daí a informação volta ao cerebelo que vai comandar o movimento de nervos, músculos e ossos para reagir por meio de alguma ação de defesa, ataque ou indiferença neutra.

Com isso, já temos uma ideia dos três cérebros pelo tato. Daqui em diante, falaremos de cérebro esquerdo-pensante, de cérebro direito-emocional e de cérebro central-operativo; aos três juntos chamaremos de Ciclo Tricerebral. É como se, ao redor de seu cérebro, começando pelo lado esquerdo, estivesse escrito *pensar, criar, atuar*, formando um círculo ou ciclo, que dá um resumo da mente ou dos três cérebros juntos.[1]

Fig. 1. Cérebro tri-tetranivelado e ciclo tricerebral de funções

Temos muita experiência e êxito no uso dos três cérebros em consultorias empresariais, em Neurocoaching, em cursos de "Educação dos Três Cérebros" ou Neuroeducação Tricerebral, desde o pré-escolar, o fundamental, até a universidade, como metodologia nova para famílias, centros educativos, empresas e municípios. É uma metodologia ministrada por membros da "Academia de Cibernética Social Proporcionalista", uma rede internacional de profissionais capacitados na aplicação do princípio universal da tri-unidade sistêmica:

www.triadicmind.com ou www.ciberneticasocial.org

---

[1] As figuras ao decorrer do texto foram elaboradas pelo autor.

A Cibernética Social, ou Gubernética (arte de governar-se), vem trabalhando com essa temática há mais de 25 anos, tendo realizado diversos congressos com o tema "Revolução dos Três Cérebros". Não se trata só de revolução cognitiva; é tricerebral.

Cibernética Social é uma teoria supradisciplinar das Ciências Sociais e Humanas, por integrá-las num só corpo de saberes, constituindo-se numa Ciência Social Geral, para adequar-se à era da globalização ou do planeta como rede de sistemas. Acrescentamos, recentemente, o conceito de "Proporcionalismo" como base matemática para desenvolver uma ética das novas relações neste planeta feroz, que terá que se tornar mais solidário. O nome completo da teoria e sua proposta ficou Cibernética Social Proporcionalista ou Ciência Social Geral.

O que queremos é apresentar uma nova proposta de potenciação do cérebro em seus três processos, agregando-lhe as assim chamadas neuroferramentas, que são recursos de amplificação ou são extensões dos três cérebros.

> Antes de ensinar Ciências, há que ensinar Neurociência. Neuroalfabetização.

Sabemos que o cérebro sistêmico e seus três blocos de funções – cérebro esquerdo lógico-científico-racional; cérebro direito intuitivo-emocional-místico-futurólogo; e cérebro central motor-operativo-administrador de produção econômica – serão o fator central de qualquer inovação para o indivíduo e também para grupos, empresas, países e o planeta. É uma das maneiras de enfrentar a obsolescência e o desgaste de suas propostas educacionais, organizativas, produtivas e éticas ou regulatórias para a convivência política, econômica e religiosa. Se alguém conhecer outra, que vá em frente, implemente e resolva tudo.

Já que se fala tanto em competências disso e daquilo, vamos aprender o conceito de "triadizar", que quer dizer: descobrir os três aspectos ou as três faces de tudo, bem como das competências, e distribuí-las ao redor dos três cérebros.

Fig. 1.1. Três blocos de competências

Então, temos competências no cérebro esquerdo que são de comunicação, pesquisa, conhecimento, leis etc.; competências no cérebro direito que são de sensibilidade, arte, criatividade, relações humanas, ética etc.; e competências de cérebro central que são habilidades no fazer, nas finanças, na gestão, no controle etc.

Se triadizarmos a cultura, teremos três lados ou ramos da cultura: o cérebro esquerdo comanda a cultura racional-científica; o cérebro direito comanda a cultura emocional-artística; e o cérebro central comanda a cultura laboral-financeira.

O QUE ESTÁ ACONTECENDO COM OS TRÊS CÉREBROS E AS TRÊS CULTURAS?

1. O lado esquerdo-racional do cérebro está sendo confundido e distraído pela tecnologia eletrônica e outras drogas. Não consegue decifrar o caos e nem explicar a confusão em que nos encontramos. Não consegue tampouco abandonar seus hábitos mentais, seus esquemas classificatórios e as teorias explicativas e organizativas das coisas separadas uma a uma. É o fracasso das Ciências Sociais e Humanas separadas uma da outra, atrapalhando-se umas às outras. Isso é fruto do paradigma mental cartesiano ou monádico, que decompõe tudo em unidades mínimas, dissociadas, sem mapa de recomposição, na teoria; e, na prática, perversamente reforçado pelo paradigma neoliberal-darwinista da seleção natural do mais apto, de "quem pode mais chora menos", abençoado, até, por religiões antiquadas.

2. O cérebro direito, que comanda o processo intuitivo-emocional-artístico e místico, também vai mal porque está perdido em exibicionismos, em superstições, em milagrismo e em populismo esotérico-mágico-curandeiro. Não se está usando para uma evolução artístico-mística, nem para melhorar a aprendizagem e a criatividade, nem para melhorar a solidariedade e a ética na vida pessoal e coletiva.

3. O lado central-operativo, com vocação de monopólio dos banqueiros (que não são nem devem ser os governantes da humanidade, como proclamava o velho Adam Smith), rompeu todos os limites e se impôs como amo e senhor violento da vida e do ecossistema. Com seus mitos de liberdade de mercado, desenvolvimento e riqueza, está produzindo 1% de ricaços, massacrando os outros 99% e todo o ecossistema. Esse império do cérebro central, que se rege pela lei do mais forte e mais violento depredador, tem como resposta a violência (débil, por enquanto) dos depredados que se vão indignando e querendo invadir a bolsa de Wall Street, os bancos e outros *bunkers* de riqueza imoral.

Nesse novo-velho neoliberalismo, se assiste a uma espécie de bancarrota nos processos mentais do cérebro esquerdo-racional e do cérebro direito emocional-solidário, permitindo a ascensão do cérebro central-feroz. Que mães, que educadores, que etnia, que perversos executivos estão deformando nossos processos mentais, nossa civilização e nossas vidas? Os três processos mentais do indivíduo e da coletividade estão em quebra, sem saber, sem querer e sem poder redirecionar o processo político-econômico-religioso do planeta.

Os políticos, que são os responsáveis por dirigir o processo social, trabalham com métodos, esquemas e estratégias de séculos passados, uma politicagem antiquada e amoral, encoberta por retórica brilhante, mas hipócrita. Os empresários, que contam com consultorias mais atualizadas, se encerram na área econômica privada/particular, sem perceber o ser humano, as outras instituições, o bem comum e o ambiente como partes indispensáveis do processo global. Os líderes religiosos estão defendendo fanaticamente seus códigos, suas posturas mitológicas e fundamentalistas antiquadas. Nessas três áreas é onde se necessita a revolução do cérebro, para que suceda uma revolução superadora do caos que nos foi imposto.

Este livro não apresenta muita discussão teórica. Dedica-se mais ao que é prático, ao que se considera necessário para o desenvolvimento tricerebral com seu processo de *upaya-coaching* na educação, na empresa e na cultura. *Upaya-coaching* é um processo de alavancar uma pessoa, empresa ou cultura para mover-se do ponto em que está para alcançar um ponto superior, ou mover-se do bom para o melhor. Começa-se por descobrir o código de seu perfil tricerebral; depois se avança passo a passo, com instruções, exercícios, dietas e treinos, como fazem os técnicos de qualquer esporte. O magnífico trabalho de Anne Sullivan, a educadora de Helen Keller, uma deficiente visual e auditiva, é um exemplo completo do processo de *upaya-coaching* em educação.

Podemos imaginar um processo de *upaya-coaching*, com começo, meio e fim. Nesse processo, o educador ou treinador é representado por uma linha ao alto e o educando ou treinando é representado por uma linha que começa bem abaixo do treinador (porque todo aprendiz começa sabendo menos). Mas a linha do educando pouco a pouco vai subindo até que ao final ela ultrapassa a linha do educador, porque todo discípulo tem que superar o mestre.

A meta maior deste livro é:

1. Oferecer informação e ferramentas a mães e pais, educadores, treinadores, executivos e consultores, sobre o *upaya-coaching* de desenvolvimento do perfil de competências de um indivíduo, de uma equipe, de uma sociedade. O ideal é chegar a um desempenho produtivo-racional-solidário proporcional, que é a teoria e a proposta que aqui se defende.

Fig. 2. Processo upaya-coaching da ensinagem tricerebral

2. Despertar indivíduos e grupos embobados e amestrados, para que resgatem e libertem seus três cérebros frente a qualquer grupo ou poder que tente manipulá-los e explorá-los. Todos são amestráveis em um ou em dois cérebros; poucos são educáveis nos três cérebros, simultaneamente.

Aqui, vamos dar mais ênfase ao cérebro esquerdo e ao direito, e um pouco menos à prática econômico-produtiva do cérebro central, que está mais completa em meu livro *Capital Tricerebral*. Na verdade, faz falta um currículo integrando as três gramáticas do cérebro, que são: Gramática número-verbal de idiomas e ciências para o cérebro esquerdo; Gramática do corpo, trabalho, dinheiro e poder para o cérebro central; e Gramática do amor, da ética, da arte e da espiritualidade mística para o cérebro direito. As três gramáticas juntas compõem o perfil tricerebral.

A busca do desenvolvimento e uso simultâneo e complementar dos três processos mentais é uma reação à dissociação, ao unilateralismo e ao egocentrismo que predominam em toda parte, danificando o perfil tricerebral das seguintes maneiras:

- Os profissionais da educação e da pesquisa desenvolveram seus métodos só para o cérebro esquerdo, sem se importarem muito com os processos afetivo-artístico-místicos do cérebro direito e com o trabalho, negócios e produtividade do central;
- Os espiritualistas fizeram o mesmo para o cérebro direito sobrenaturalista, isolando-o do cérebro lógico e do cérebro prático;
- Os consultores de empresas, como os de Qualidade Total, de Planejamento Estratégico, de Gestão de Conhecimentos e Competências, desenvolveram seus métodos produtivos e negociais sem integrar-se nem com os processos investigativos universitários, nem com os processos intuitivo-místicos das religiões e das artes.

A percepção e a linguagem dessas três culturas derivadas do tricerebrar são pouco compatíveis entre si, atualmente, porque se desenvolveram separadas, como bandos rivais, sem preocupação com integração e as interfaces. Aqui, primeiro se defende a integração supradisciplinar das três culturas e seu perfil global, como a Ciência Social Geral; só depois se entrará nas disciplinas e especialidades.

Para entender a relação dos três cérebros com as três culturas e as três alas de poder daí nascidas, podemos usar setas partindo de cada um dos três cérebros.

A seta que nasce no cérebro direito termina num triângulo acima, que representa o poder sacral e a cultura artístico-espiritual.

A seta que nasce no cérebro central termina acima, num triângulo invertido, que representa o poder econômico e a cultura monetária-mercadológica; e a seta que nasce no cérebro esquerdo termina acima, num triângulo que representa o poder político e a cultura informativo-legislativa.

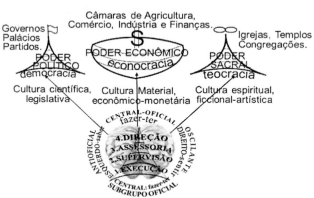

Fig. 3. A triadização da cultura: tricerebral e trigrupal

Esse modo triádico de montar o quebra-cabeça da realidade oferece uma perspectiva mais animadora frente à avassaladora sensação de pequenez, solidão, fugacidade e de insignificância desta "paixão inútil" e conflitiva que é o homem moderno, que é a espécie humana. E serve como proposta alternativa para a asfixiante organização neoliberal do planeta que resulta em incluídos e excluídos, em viáveis e inviáveis, em úteis e inúteis, desmoralizando os que ainda creem na humanidade.

O planeta foi feito refém de banqueiros e financistas do império judeu-anglo-americano. Necessitamos de muita energia e de muita Neuroeducação para livrar-nos desse novo campo de concentração e libertar o planeta e a vida. Neuroeducação para poder conquistar algum poder político, econômico e sacral, e sonhar um mundo pós-capitalista, pós-socialista e pós-teocrático. No Brasil, falta ainda superar o modelo tricerebral da colonização portuguesa (ver: http://books.google.com.br/books/about?id=qmysBQAAQBAJ&redir_esc=y).

> Como persiste o modelo da colonização anti-intelectual salazarista-portuga-brasileira de materialismo grosseiro e grosso, predominante no Triângulo das Bermudas brasileiro, "um estudo do Fórum Econômico Mundial, para medir o êxito dos países em desenvolver e preparar sua infância e adolescência para a vida, flagrou o Brasil, a sétima economia do mundo, em humilhante 91º lugar entre 124 países, atrás até de El Salvador, Bolívia e Paraguai" [...] (ROSSI, Uol, 17/05/15).

Para esse sonho, mães, educadores e gerentes têm que aprender a programar os três processos mentais de maneira nova. O exemplo de que "sim, se pode" vem das mães judias, construtoras cerebrais da maioria dos gênios da humanidade.

Trata-se de formar pessoas com perfil de cérebro direito-solidário; de cérebro esquerdo-judicioso e de cérebro central-produtivo para assumir seu papel histórico complementar e compensador nessa fase tão ameaçadora para tudo o que existe em nosso querido planeta. Votos de eficaz Neuroeducação para o Êxito.

W. Gregori

Brasília, 2020

SUMÁRIO

CAPÍTULO 1

CONHEÇA SEU CÉREBRO 17

1 VOCÊ É SENSITIVO, INTELECTUAL E PRAGMÁTICO: TRÊS EM UM 18

1.1 COMO AS PESSOAS IMAGINAM QUE SEJAM? 21

1.1.1 Que nome é mais apropriado para cada parte do cérebro? 23

1.2 O CÉREBRO É UM SISTEMA ON-LINE 27

1.3 O CÉREBRO EM EVOLUÇÃO-COMPLEXIFICAÇÃO 28

1.3.1 Os quatro níveis do cérebro esquerdo 30

1.3.2 Quatro níveis do cérebro central 31

1.3.3 Quatro níveis do cérebro direito 31

1.4 CÉREBRO, SISTEMA NERVOSO E NEURÔNIOS COMO SISTEMAS 32

1.4.1 Neurotransmissores 37

1.5 DO CÉREBRO MONÁDICO AO DIÁDICO E AO TRIÁDICO 40

1.5.1 QT – Revelador do quociente tricerebral 42

Medindo e definindo seu perfil tricerebral 42

Diagnóstico pela Lei da Proporcionalidade: 44

1.5.3 O QT é um cerebroscópio e uma bússola 47

1.5.4 Metas para melhorar o tricerebrar (1º grau) 47

1.6 AUTOAUTORIZAÇÃO PARA ADULTOS 49

1.6.1 Planejamento, operacionalização, controle de metas 50

1.7 EXEMPLO DE APLICAÇÃO do QT pelo Ciclo Tricerebral 53

1.8 O FAMILIOGRAMA QUE EMBASA O TRICEREBRAR 56

1.9 QUE OUTROS NOMES FORAM DADOS AO PRINCÍPIO TRI-UNO OU À TRI-UNIDADE? 59

1.10 CADA PROCESSO MENTAL PODE SUBDIVIDIR-SE EM TRÊS. 65

1.10.1 O cérebro como holograma e hológrafo 68

1.11 AMPLIFIQUE-SE: DO MONÁDICO E DIÁDICO ATÉ O TRIÁDICO 70

1.12 QUEM ATIVOU OS PODERES DOS TRÊS PROCESSOS MENTAIS 72

1.13 BREVE HISTÓRIA DA "CONQUISTA do CÉREBRO" 77

CAPÍTULO 2

DINÂMICA DE GRUPOS 83

2 O JOGO TRIÁDICO DA VIDA COMANDADO PELO TRICEREBRAR 83

2.1 NÍVEIS, HIERARQUIAS, DIVISÃO DE TRABALHO 92

2.3 MAXIMOCRACIA E VIOLÊNCIA..98

2.4 O QUE É A PROPORCIONALIDADE TRI-TETRA? 109

2.4 COMUNICAÇÃO TRIÁDICA 121

    2.4.1 Sintonia com os três subgrupos 126

2.5 COMO CADA SUBGRUPO JULGA E PENSA OS OUTROS DOIS.................. 127

2.6. TRI-MOTIVAÇÃO. Que é motivar? 130

CAPÍTULO 3
PROGRAMAÇÃO TRICEREBRAL E INSTALAÇÃO DOS CÓDIGOS CULTURAIS E TRILHAS MENTAIS PELA FAMÍLIA 133

3 COMO SÃO PROGRAMADOS OS TRÊS CÉREBROS?.................. 133

3.1 FLUXOGRAMA DA VIDA COMENTADO........................ 138

    3.1.1 Os 14 subsistemas nos ciclos do fluxograma da vida.................. 140

    3.1.2 Síntese de cada ciclo do fluxograma da vida 143

    3.1.3 Ritos de entrada, travessia e saída de cada ciclo 152

3.2 COMO DESCOBRIR O FAMILIOGRAMA E A PROGRAMAÇÃO LÁ ESCONDIDA.. 154

    3.2.1 Como elaborar o familiograma 160

3.3 *CURRICULUM VITAE* DO MEU TRICEREBRAR.................. 167

    3.3.1 Meu atual quociente tricerebral tem esta pontuação.................. 167

    3.3.2 Minha hierarquia tricerebral é uma das seis seguintes 167

    3.3.3 Meu grau de intensidade do cérebro esquerdo situa-se num dos quatro intervalos ou escores da escala seguinte 168

    3.3.4 O bloco cerebral que quero estimular e desenvolver mais por enquanto é o esquerdo, ou central ou direito (escolher um) 168

    3.3.5 No cérebro escolhido, a competência que quero desenvolver é a seguinte.................. 168

    3.3.6 A operacionalização da meta ou competência a desenvolver se faz: 168

    3.3.7 Eu fui escolhido(a) como exigidor(a) de (nome de quem me escolheu) 169

    3.3.8 A função mental que vou monitorar é a de N°... do QT, ou qualquer outra:.................. 169

3.4 UM ESTUDO DE CASO 170

(adulto) seguindo o CCF 170

    3.4.1 Estudo de caso para orientação educacional.................. 177

3.5 A ÁRVORE NOOLÓGICA TRICEREBRAL LHE DIRÁ MUITO MAIS QUE A ÁRVORE GENEALÓGICA SEXUAL.................. 182

3.6 DESENVOLVIMENTO DE COMPETÊNCIAS EM CADA CICLO DA VIDA.185

    3.6.1 Neuromães, neuropais e neurodocentes tricerebrais 197

3.7 PROJETO DE *COACHING* FAMILIAR TRICEREBRAL 200

CAPÍTULO 4
MONTAGEM ESCOLAR DO TRICEREBRAR EM TODOS OS NÍVEIS EDUCACIONAIS 205

4 A CONSTRUÇÃO DE COMPETÊNCIAS TRICEREBRAIS E TRIGRUPAIS TETRANIVELADAS 205

4.1 EDUCAÇÃO E MONTAGEM DO CICLO CIBERNÉTICO DE FEEDBACK. A NEURODIDÁTICA TRICEREBRAL MOSTRA COMO 207

4.2 PODER E PAPÉIS DE LIDERANÇA EM AULAS E REUNIÕES QUE SE TORNAM EQUIPES DE ENSINAGEM E TRABALHO 211

4.2.1 Normas mínimas para a convivência trigrupal proporcionalista 212

4.2.2 Desenvolvimento de competências tricerebrais por exercício de lideranças 213

4.2.3 Neurodidática-t como processo *upaya-coaching* 219

4.3 TÉCNICAS DE PROCESSAMENTO OU ELABORAÇÃO EM EQUIPES 228

4.4 OS MUITOS NOMES DADOS AO TRICEREBRAR PLENO NO CCF 232

4.4.1 Descrição do ccf em termos de jogo triádico 236

4.5 MAPAS MENTAIS TRICEREBRAIS 241

4.5.1 Referencial dos quatro fatores operacionais 242

4.5.2 Referencial das esferas dinâmicas 245

4.5.3 Referencial dos 14 subsistemas de qualquer sistema 247

4.5.4 Iniciação à didática sistêmico-triádica 253

4.5.5 Melhorando as anotações com mapas mentais 261

4.6 TRIADIZAÇÃO DAS DISCIPLINAS 264

4.7 ESTIMULANDO SEUS TRÊS CÉREBROS 265

4.9 PROCESSO *UPAYA-COACHING* familiar-escolar-empresarial 269

4.9.1 A comunicação triadizada no *upaya-coaching* 273

CAPÍTULO 5
QUE NOVO TIPO DE ENSINAGEM QUERO?
AUTOENSINAGEM E AUTOAVALIAÇÃO TRICEREBRAL 279

5 AUTOENSINAGEM 279

5.1 DESENVOLVA SEU MÉTODO DE AUTOENSINAGEM 281

5.2 ATITUDE CIENTÍFICA SISTÊMICA EM TUDO 286

5.3 COMO LER LIVROS PELO CCF COM DIFERENTES REFERENCIAIS. 289

5.3.1 Exemplo de resenha 292

5.4 COMO AVALIAR A ENSINAGEM 298

5.4.1 Exemplo de seleção de metas para *feedback* do docente pelo tri-tetracerebrar 300

5.4.2 AVALIAÇÃO 1ª: outros exemplos de instrumentos de *feedback* de competências tricerebrais de docentes/chefes 302

5.4.3 AVALIAÇÃO 2ª: *feedback* da assimilação do conteúdo tricerebral de cada disciplina ou matéria triadizada. Matemática.. 306

5.5 OUTROS EXEMPLOS DE TRIADIZAÇÃO PARA *FEEDBACK* DA ASSIMILAÇÃO DO CONTEÚDO TRICEREBRAL. LÍNGUA LUSO-BRASILEIRA.................................314

    5.5.1 História triadizada da língua luso-brasileira 315

    5.5.2 Interdiscipinarização da língua luso-brasileira 317

5.6 ENSAIO DE TRIADIZAÇÃO PARA *FEEDBACK* DA ASSIMILAÇÃO DO CONTEÚDO TRICEREBRAL DA PEDAGOGIA 319

    5.6.1 História triadizada da pedagogia 321

    5.6.2 Interdiscipinarização da pedagogia 322

5.8 CULTIVO DO TRICEREBRAR: AUTOEDUCAÇÃO.. 333

5.9 ESTIMULANDO SEUS TRÊS CÉREBROS 337

CAPÍTULO 6
SUPERENSINAGEM, AUTOCONDUÇÃO E COMPROMISSO HISTÓRICO 339

6 CONTROLE MENTAL PARA A SUPERENSINAGEM 340

6.1 O QUE SE PODE CONSEGUIR COM A SUPERENSINAGEM?...................... 344

6.2 PARA O DESENVOLVIMENTO DOS QUATRO NÍVEIS DO CÉREBRO ESQUERDO 346

    6.2.1 Paradigmas comparados pelos operacionais.. 349

    6.2.2 Para o desenvolvimento dos quatro níveis do cérebro central 351

    6.2.3 Para o desenvolvimento dos quatro níveis do cérebro direito...................... 357

6.3 AUTOBIOGRAFIA PELOS 14 SUBSISTEMAS 375

    6.3.1 Mapa de eventos biográficos determinantes.. 377

    6.3.2 Neurocoaching educativo (diferente da terapia clínica) 379

    6.3.3 Cultivo da autoimagem 384

6.4 COMPROMISSO HISTÓRICO COM A INDOAMÉRICA 386

6.5 ESTIMULANDO A NOVA MULHER E O NOVO HOMEM 390

REFERÊNCIAS 393

GLOSSÁRIO DO PARADIGMA SOCIOCIBERNÉTICO................................... 399

CAPÍTULO 1

CONHEÇA SEU CÉREBRO

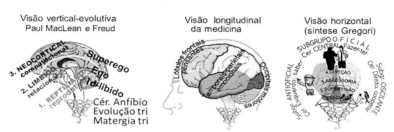

Figura 4. Organização tridimensional do cérebro tri-uno

Já examinamos, antes, os três cérebros na posição ou dimensão horizontal, com o cérebro esquerdo, central e direito; aqui representados pela figura da direita.

AGORA PODEMOS EXAMINAR OS TRÊS CÉREBROS NA VERTICAL, REPRESENTANDO TRÊS CAMADAS EVOLUTIVAS, SEGUNDO O NEURÓLOGO NORTE-AMERICANO PAUL MACLEAN (1970), QUE SÃO, DE BAIXO PARA CIMA: CÉREBRO REPTILIANO, LÍMBICO E NEOCORTICAL.

Pode-se imaginar o cérebro na vertical como um sobrado de três andares; ou como um rocambole; ou uma lasanha com três camadas; ou um pêssego com a polpa sendo o neocórtex, o caroço sendo o límbico e a semente ou o miolo sendo o reptiliano; ou como qualquer outra fruta cuja parte mais externa é o epicarpo, que seria o neocórtex, a do meio é o mesocarpo, que seria o límbico, e o endocarpo ou a parte mais interna, que seria o reptiliano. De fato, na base ou no miolo do crânio, está o cerebelo com o corpo caloso, responsável pelo impulso de sobrevivência e procriação. MacLean denominou-o cérebro reptílico ou reptiliano porque os répteis só têm esse cérebro. A segunda camada cerebral é a límbica, responsável pelas relações emocionais e de integração. Os mamíferos inferiores tiveram evolução até aqui. A terceira camada cerebral é denominada neocortical, responsável pela computação das informações, à qual só os mamíferos superiores chegaram.

Uma terceira maneira triadizada de imaginar o cérebro é pelos lóbulos frontais, pondo uma mão na testa; pelos lóbulos têmporo-parietais, pondo uma mão sobre uma orelha para indicar a parte do meio; e pelos lóbulos occipitais ou posteriores, pondo a mão atrás da cabeça.

> **"E O CÉREBRO CRIOU O HOMEM"** (Damásio, 2011)

1 VOCÊ É SENSITIVO, INTELECTUAL E PRAGMÁTICO: TRÊS EM UM

Regressão de idade. Telepatia. Diagnosticar. Mudar hábitos. Aprendizagem acelerada. Solução de enigmas. Perdoar o passado. Psicografia. Dom de línguas.

Clarividência. Clariaudiência Premonição, inspiração, criatividade. Meditação. Mística. Autoimagem. Programar êxitos. Regressão a "vidas passadas".

Insensibilização da dor. Curas "espirituais". "Saída" do corpo. Hiperdinamismo. Surto/transe agitado (interpretado como "possessão", "incorporação" por profissionais do poder sacral e mágico, fora do cérebro esquerdo).

Fig. 4.1. Fenômenos tricerebrais em ciclagem reduzida (alfa, theta, delta)

Desde que nasceu, você é um sensitivo, é um vidente com os olhos interiores, porque nasceu com vibrações ou frequências eletro-magnético-químicas do cérebro abaixo de 13 ciclos por segundo ou em ciclagem reduzida, que corresponde às ondas alfa, theta e delta. Isso traz incríveis capacidades de sensibilidade, visualização mental, profecia, intuição, criatividade e outros fenômenos paranormais ou parapsicológicos. Considerá-los paranormais ou parapsicológicos é inadequado, porque eles também são normais, só que em ciclagem reduzida (abaixo de 13 ciclos por segundo): são extra ou infrassensoriais. É um erro pensar que só é normal o que ocorre em estado mental determinado pelas ondas ou frequência beta, que é o estado ao alcance dos cinco sentidos. A realidade é maior do que a ciência tradicional-monádica admite, com seu positivismo que só aceita como "real" aquilo que está ao alcance dos cinco sentidos e suas extensões maquínicas.

Não pode negar o que não pode medir, pesar, contar e controlar; tem que dizer que está fora do alcance de seus limitantes métodos de pesquisa.

Se você não continua sendo um sensitivo-vidente hoje é porque teve algum tipo de desvio quando começou sua programação tricerebral na família ou na educação formal-escolar, que é o tema do capítulo 3. A educação-programação familiar-escolar-étnica tradicional nos faz mais intelectuais e nos acondiciona às vibrações eletromagnético-químicas entre os 14 e 24 ciclos por segundo, que é o estado de ondas "beta", estado desperto, de vigília, de alerta; ou nos faz mais pragmáticos porque nos acondiciona às vibrações eletro-magnético-químicas entre os 25 e 300 ciclos por segundo, que é o estado de ondas "gama", estado agitado, de pressa, de estresse. Esses três tipos de vibrações/frequências – alfa, beta, gama - são como três poderes ou motores complementares, sem que um tenha que suprimir os demais.

Parabéns por pertencer ao mundo dos videntes, dos intelectuais e dos pragmáticos ao mesmo tempo, se teve a sorte de preservar seus poderes tricerebrais e a habilidade de usá-los em frequências altas, médias e baixas.

Que é ser um sensitivo? Um sensitivo, um vidente, um parapsicólogo, um meditador, um criativo, um artista é a pessoa com percepção global propiciada por suas vibrações "alfa" e fora dos estados considerados comuns ou "normais", que são o estado "beta" reflexivo e "gama" superexcitado. É alguém que tem capacidades para todos ou alguns fenômenos chamados parapsicológicos, paranormais, extra-sensoriais ou fenômenos psi. Vamos triadizar e distribuir ao redor dos três cérebros alguns desses fenômenos que, às vezes, são indevidamente identificados como fenômenos religiosos, espirituais, preternaturais, mágicos e até milagrosos. Mas não são mais que fenômenos normais do cérebro em ciclagem eletromagnético-química reduzida, ao alcance de santos, pecadores, médicos, charlatães, pais e educadores que dominem técnicas de relaxamento e indução a ciclagens/frequências reduzidas das ondas cerebrais.

No cérebro esquerdo predominam fenômenos parapsicológicos, tais como:

- Regressão aos primeiros dias de vida, também chamada "regressão etária".

- Aprendizagem acelerada, ou seja, melhoria da inteligência e memória.

- Mudança de hábitos, apagando os programas ou representações mentais que os geraram e criando outros por meio de sugestão repetida.

- Psicografia, que é escrever mensagens recebidas do inconsciente coletivo, e outras como telepatia, solução de perguntas pendentes, dom de línguas etc.

No cérebro direito predominam fenômenos parapsicológicos como estes:

- Clarividência, que é como ver à distância com os olhos fechados.
- Clariaudiência, que é ouvir vozes, um fenômeno muito citado no Velho Testamento.
- Premonição, adivinhar acontecimentos futuros, intuição, profecias.
- Meditação e visões místicas.
- Programação para o êxito, fazer o inconsciente assimilar uma meta como se ela já tivesse sido realizada; o mesmo que pensamento positivo.
- Criatividade, inspiração artística etc.

No cérebro central predominam fenômenos parapsicológicos como estes:

- Insensibilidade à dor, porque em ciclagem reduzida ocorre a isquemia.
- Saída do corpo, como se o *self* em ciclagem reduzida se "separasse" do corpo e pudesse "andar por aí", já que em ciclagem reduzida o espaço e o tempo deixam de ser limitantes.
- Hiperdinamismo, surgimento de forças extraordinárias, ilustrado pelo seriado Hulk, "o verdão", ou por uma frágil mãe que vira gigante para salvar um filho.
- Curas, aparentemente milagrosas, em que o cérebro em ciclagem reduzida corrige o desequilíbrio energético que produz determinadas enfermidades psíquicas, emocionais e, até enfermidades somáticas.
- Incorporação, quando o cérebro em ciclagem reduzida sintoniza e personifica o padrão vibratório de um determinado personagem mitológico, como um artista faz com seu personagem.
- "Possessão" ou surto/transe agitado, que é o estado de ciclagem reduzida em que aflora a violência animálica primitiva do cérebro central, sem precisar da intervenção de nenhum "espírito".
- Levitação, quando um corpo em ciclagem reduzida se eleva do chão.

Você continua sendo um sensitivo em exercício ativo ou virou um sensitivo encruado, no armário, reprimido, enclaustrado? Se este for o seu caso, você pode voltar a ser um sensitivo reativado, em pleno funcionamento.

E se você for apenas sensitivo ou bruxo funcionando só pelo cérebro direito, e não for ao mesmo tempo um pensador pelo cérebro esquerdo e um pragmático pelo cérebro central, pode chegar lá. Aprenda isso neste livro.

1.1 COMO AS PESSOAS IMAGINAM QUE SEJAM?

Tem gente que imagina que tudo são máquinas com peças desmontáveis.

Nesse caso, essa gente tem um modo de imaginar o cérebro e a realidade em geral como unidades mecânicas isoladas, que se podem montar para que uma ative a outra, como uma sequência linear de causa e efeito. Esse estilo de imaginação da realidade se diz monádico, unicista ou unádico: só consegue pensar nas coisas uma a uma. Dizemos que essa gente tem um paradigma monádico, divisionista, individualista, egoísta, capitalista, cada um por si etc. Costuma-se dizer, também, que é cartesiano, referindo-se a René Descartes, que foi quem ensinou a decompor e analisar tudo em unidades cada vez menores até encontrar a primeira, "a mãe de todas", ou a pedra fundamental do universo, esquecendo depois de recompor o todo. Depois da análise, viria a recomposição, a síntese, a remontagem do todo...

Mas para os monádicos ou cartesianos, principalmente das Ciências Exatas, depois da análise vem mais análise, mais subdivisões; vem a hiperespecialização. Tudo esquartejado como as vacas no açougue. Um especialista usa microscópio e não macroscópio, por isso cada parte do cérebro ou de um sistema é uma peça à parte, independente. E o cérebro também seria uma peça só, um monobloco, chamado inteligência ou consciência. Em consequência, tudo no mundo teria uma só cara, uma só verdade, uma só liderança: a deles, claro. Quanto mais monádica uma cabeça, mais unilateral, mais departamental e mais sujeita ao autoengano e à distorção será. E mais prepotente, também.

Tem também quem que ache que tudo vem em pares opostos, em contradição, como os marxistas que opõem direita e esquerda, patrão e trabalhadores, classe alta e classe baixa, machos e fêmeas, brancos e negros etc. Esse estilo de imaginação da realidade se diz diádico, dual ou binário. Dizemos que essa gente tem um paradigma diádico, ou dialético de base dois, em que os pares se percebem em competição, irreconciliáveis, como lados opostos de uma batalha ou como polo positivo e negativo da energia, só que necessários como motor da história. Nas religiões, isso é chamado de maniqueísmo. Para os diádicos, tudo está sempre em luta; um lado querendo montar no lombo do outro. Para eles, o cérebro tem dois hemisférios em contraposição, como razão e emoção, como ciência e fé, ou como tese e antítese, em que um tem que dominar ou submeter o outro, chegando assim a uma síntese, que seria uma breve parada para logo recomeçar outro ciclo de rivalidade.

Tem um pouco de gente achando que tudo são sistemas, isto é, entidades compostas de pelo menos três partes que interagem, simultânea e permanentemente, causando a coevolução histórica. Essas interações podem ser de choque entre as três partes ou todas contra todas; mas pode ser de duas partes em competição, tratando de ganhar a colaboração da terceira que costuma oscilar do centro para os lados, aliando-se ora a uns e ora a outros; ou pode ser de três partes colaborando proporcionalmente.

Aí está a composição tripla da matergia em formato de holograma automultiplicador em fluxo sistêmico e complexificante. É um padrão, molde ou algoritmo que se impõe de maneira determinista. Para os vegetais, animais e humanos, esse padrão holográfico e sistêmico tri-uno é hereditário ou inato, que impõe a sintaxe tanto da comunicação, como do sentir e do fazer. Daí vem o estilo de percepção da realidade que se diz sistêmico-triádico ou tri-uno: paradigma "tri" ou trialética sistêmica.

Essa gente de paradigma tri considera o cérebro como sendo um sistema triádico, que é a concepção neurocientífica mais moderna e mais condizente com a complexidade atual. São três blocos anatômicos ou mais, que produzem três processos mentais distintos, mas concatenados, entrelaçados e bem orquestrados. Quando funcionam separadamente, dissociados, um bloco fora do controle do outro, acontece a neurose, a esquizofrenia, a hiperatividade, o déficit de realidade. São patologias que brotam em cada lado do cérebro, para as quais o jeito será invocar São Freud ou algum psiquiatra.

Essa gente que tem paradigma triádico ou tri-uno e que se dedica a triadizar tudo, como nós, para essa gente, quem funciona com o paradigma monádico, em que tudo é reduzido ao um ou à unidade, teria o cérebro dividido em três compartimentos incomunicáveis entre si.

Os que funcionam com o paradigma diádico, em que tudo é visto aos pares ou em dois blocos rivais, teriam o cérebro reduzido aos hemisférios esquerdo e direito ou parte superior e inferior, em permanente briga entre si.

Para a gente de paradigma tri-uno, a conclusão seria catar os fragmentos do cérebro monádico-capitalista, catar os dois lados rivais do cérebro marxista e rejuntar os três cérebros com *band-aid* ou com pontes para que todos tivessem um cérebro tri-uno bem integrado, bem organizado, bem mais moderno, bem mais inclusivo.

Três é mais. Três é o mínimo que a natureza permite. Os monádicos desconhecem e não reconhecem dois terços da realidade, porque só se interessam por seu umbigo, seu lado. Os diádicos desconhecem e não reconhecem um terço da realidade, pois só se interessam por vencer o outro lado que é sempre tratado como inimigo; mas é bom lembrar a história recente: quando chegam ao poder se convertem em monádicos e totalitários. Os triádicos podem sofrer recaídas como monádicos ou como diádicos, mas o compromisso e o esforço será por permanecer tri-unos, que é uma questão de guardar a proporcionalidade entre os três cérebros, entre três subgrupos, entre três blocos de países ou toda a rede sistêmica tri.

1.1.1 Que nome é mais apropriado para cada parte do cérebro?

Até agora, os nomes dados a cada lado do cérebro foram:

- Esquerdo, central e direito, na posição horizontal;
- Reptiliano, límbico e neocortical, na posição vertical e histórico-evolutiva;
- Frontal, têmporo-parietal e occipital na posição longitudinal anteroposterior.

Se quisermos combinar os nomes das três dimensões cerebrais e seu cruzamento sistêmico e simultâneo, para não recair no esquema monádico, somaremos o primeiro nome do cérebro horizontal ao primeiro nome do cérebro vertical e ao primeiro nome do cérebro longitudinal, ou vice-versa. A soma dos nomes das três dimensões torna a imagem do cérebro mais exata, embora um pouco complicada.

Seria:

A. Cérebro esquerdo-neocortical-frontal com função lógico-racional, analítica, crítica, semiconsciente ou que pode ser mais consciente e, por tanto, mais responsável. É a porção de evolução histórica e educacional mais recente e mais custosa, a última a acontecer, de consistência mais frágil e sujeita a panes. O intelecto é um artigo de luxo. Somente esta dimensão cerebral é verbal, intencional e maneja melhor o simbólico-teórico ou o abstrato. O abstrato são representações virtuais da realidade, que podem ser três: verbais-numéricas no cérebro esquerdo; imagéticas-não verbais no cérebro direito; e monetárias no cérebro central.

A representação simbólica da realidade, rebatizada como "virtual", é manejada há muito tempo na arte, na linguagem, no sobrenatural; não foi inventada pela cibernética eletrônica ou por Bill Gates; estes só a tornaram muito mais vívida e sedutora que as sereias de Ulisses ou as 11.000 virgens do céu.

B. Cérebro direito-límbico-têmporo/parietal com função relacionadora, emocional, artística e intuitivo-mística. É a porção criativa, imaginativa, o lado sensível ou o conjunto privilegiado do artista, do esotérico e do espiritualista. Seu modo de perceber e expressar-se é por imagens, metáforas, mitos, lendas, poesia, ficção literária, e por linguagem não verbal como na arte e nos sonhos. Costuma-se compará-lo a um *iceberg*, porque só mostra uma ponta, ou a crista, ficando sua maior parte submersa, oculta. Por isso Freud o chamou "subconsciente". Muitos, inadequadamente, identificam suas funções com a alma, a religião, o sobrenatural e a magia. Alguns autores identificam o arquiencéfalo ou paleoencéfalo ou o cérebro central com o límbico. Mas a camada ou parte límbica forma uma capa que envolve o cérebro central. Nisso estamos seguindo a classificação de Paul MacLean, do neurocirurgião Roger Sperry (1981) e do médico psiquiatra russo Alexander Luria (1981).

C. Cérebro central-reptiliano-occipital com função operativa de sobrevivência-procriação como predominante. É a porção mais antiga e que corresponde à porção de cérebro que os répteis têm, ou ao de todas as espécies quando estavam na fase evolucionária reptiliana, tais como o dinossauro, o dragão, a cobra, a lagartixa, os crocodilos. Algumas partes que o compõem são o corpo caloso, que conecta e intercomunica os três blocos, o bulbo raquidiano, o tronco cerebral, o corpo reticular, o cerebelo, o tálamo, o hipotálamo, a amígdala, o campo, o hipocampo, a hipófise etc., que Paul MacLean denominou "complexo reptiliano" e também "cérebro visceral". Denomina-se, também, arquiencéfalo e paleocérebro, por sua maior antiguidade. É tri-quântico, arquetípico, animálico, hereditário, instintivo, inconsciente, biológico, amoral. Por isso, S. Freud o denominou "id", e Carl Jung o denominou "inconsciente coletivo, arquetípico".

Embora essa porção do cérebro seja a base genético-fisiológico-neurológica para todo nosso ser, sua identificação primeira é com a motricidade, com a parte mais muscular, com o corpo ou a corporeidade, responsáveis pela sobrevivência-procriação. Seu funcionamento é automático, não depende de um ato de vontade, quando se trate de sexualidade e de comida ou ações para a sobrevivência. Por isso, o psicólogo Dr. Luiz Machado, da Universidade de Rio de Janeiro, publicou um livro chamando-o *O Cérebro do Cérebro* (1994).

Ou seja, o bloco central-reptiliano-occipital comanda e põe a seu serviço os outros dois blocos.

O cerebelo, como as demais partes e como qualquer sistema, tem estrutura tri-una: três que formam um e cada qual apenas um de três, subdividindo-se, desagrupando para miniaturizar; ou agregando para aumentar. Com seus 140 gramas, é composto por dois lóbulos, ou massas laterais, chamados hemisférios cerebelosos e um corpo central. Como é o principal responsável pela motricidade, o predomínio do seu lado esquerdo ou direito nos faz destros ou canhotos de mãos e pés.

Seria melhor treinar-se para ser ambidestros e ambipedais com um pouco de ginástica cerebral ou neuróbica.

O cérebro, como tudo o mais, tem que imaginar-se nos três ângulos ou nas três esquinas do palco tridimensional da vida, ou então a partir de três pontos de vista, a que chamamos, também, três relativizações. Relativização quer dizer que cada ponto de vista é relativo a uma das três posições ou três esquinas, cada esquina ou seus ocupantes deixando perceber apenas um terço de um todo qualquer, enquanto esconde os outros dois terços.

Para captar o todo e suas interfaces ou comutações, ou circulamos para perceber os três lados de cada coisa ou perguntamos a colegas com acesso às outras duas posições o que está acontecendo em cada uma delas. A verdade será sempre a aproximação e soma desses três pontos de vista.

A posição vertical-evolutiva do cérebro em três camadas começou com Freud; depois, o biólogo franco-suíço Jean Piaget (1971) aplicou-a para explicar as três fases da evolução da aprendizagem; por fim, Paul MacLean a confirmou em laboratório, conectando-a com as competências comportamentais.

Em medicina e neurociências, a corrente dominante prefere o cérebro na posição longitudinal, anteroposterior, virado para a esquerda, para descrever a topografia cerebral, começando com os dois lóbulos (esquerdo e direito). Para simplificar e triadizar, juntamos os lóbulos temporal e parietal e dizemos "lóbulos têmporo-parietais".

O cérebro na posição horizontal é a soma dos trabalhos de Roger Sperry, que separou e estudou as funções predominantes em cada um dos hemisférios. Aos dois hemisférios, se acrescentaram as pesquisas de Paul MacLean sobre a posição e as funções do cérebro central e, também, as pesquisas de Alexander Luria sobre os três processos mentais.

Em Cibernética Social e Ciência Social Geral, preferimos o cérebro na posição horizontal porque é mais fácil de apontar e é a que dá melhores resultados quando aplicada na educação, na psicologia, na família, nas relações humanas, no autoconhecimento etc.

O enfoque tri-uno e tridimensional é uma conquista muito recente das neurociências. A grande parte dos profissionais de Ciência, religiosos e educadores ainda tem um enfoque monádico do cérebro, com uns poucos que têm um enfoque diádico, falando de dois hemisférios – o racional e o emocional.

Os três blocos e três processos estão interconectados e intercomunicados pelo corpo caloso que é como a ponte, o eixo, ou o atrator que os faz interatuar. O corpo caloso se compõe de uns 200 milhões de fibras que circulam 10 milhões de sinais por segundo, de um lado a outro. *"Um milímetro cúbico de córtex cerebral do ser humano contém cerca de 27 mil neurônios e 1 bilhão de conexões. Cada célula de nosso cérebro guarda em seu interior uma cópia de todos os nossos genes"* (Projeto Brain).

Susana Albarello
(artista argentina)

A concepção diádica "cérebro-mente" é um resíduo da concepção do ser humano como corpo e alma do filósofo Platão (428-347 a.C.), que o filósofo Descartes, por volta de 1630, traduziu por *"res cogitans* (imaterial) e *res extensa* (material)". Para Descartes, a *res cogitans* era a mente ou a alma imaterial que corresponderia às funções do cérebro esquerdo-lógico, somadas às funções do cérebro direito-emocional-religioso; e a *res extensa* eram a corporeidade e os objetos materiais, que corresponderiam ao cérebro central-corporal-operativo. Daí surgiu também o conceito de sujeito e objeto, subjetividade e objetividade, criando muitas trapalhadas para quem não domina o conceito dos três cérebros.

Podemos descartar as antigas expressões "corpo-alma", "cérebro-mente", "corpo-espírito", "matéria-espírito", que encobrem a pretensão elitista de classificar a humanidade, em nobres-plebeus, elite-povo, sobrenatural-natural, divino-humano, superior-inferior, espiritual-material, eterno-temporal etc.

MENTE. ESPÍRITO.
Elite: Superior

CORPO. MATÉRIA.
Povo: Inferior

Podemos fazer uma listagem das muitas concepções do cérebro e suas funções para compará-las. É uma coleção de nomes religiosos, científicos e populares, antigos e modernos. Não se perda, você, em meio a tanto palavrório e tantas teorias. Os três cérebros organizam isso melhor.

A sequência é: esquerdo, central, direito. Por exemplo: razão-motricidade-fé. "Razão" é do esquerdo, "motricidade" é do central e "fé" é do cérebro direito.

CÉREBRO ESQUERDO	CÉREBRO CENTRAL	CÉREBRO DIREITO
Cérebro maior	Cerebelo, centros nervosos inferiores	Cérebro menor
Razão (ciência, saberes)	Motricidade, instinto, hereditariedade	Fé, religião, ser
Fundamento político, força da lei	Sobrevivência, reprodução	Fundamento religioso, força moral
Yang, duro, fechado	Motor, físico, operacional, Tao	Yin, suave, aberto
Masculino, pai	Tai-Chi, campo comum, união, equilíbrio	Feminino, mãe
Analítico-lógico (psicanálise)	Fundamento econômico, lei da força	Intuitivosintético, psicossíntese
Neocórtex (recente)	Reptiliano, paleoencéfalo	Mesencéfalo, límbico, medieval
Racional, pessimista	Luta da sobrevivência, seleção natural	Emocional, afetivo, otimista
Inteligência, psique, verdade	Reprodutor, libidinal, familiar	Coração, sublimador, crente
Raciocínio lógico, verbal, homo sapiens	Animal, instintivo reptílico, biológico	Criativo, artístico, homo _ludens_, mulier sapiens
Linguagem gramatical, de causa e efeito	Estomacal (condições materiais)	Imagético, icônico, representador não verbal
Calculador, sequenciador	Raciocínio de guerra destino	Ego, eu holístico, global, percepção gestáltica
Quantitativo, microprocessador	Experimental, realista, senso comum	Qualitativo, macro processador
Construção teórica, simbolosfera verbal	Vitalismo existencialismo	Construção mitológica, simbolosfera não verbal
Tese, antítese, crítica	Orientação pragmática, práxis	Síntese, fusionador, enlaçador
Dedutivo, indutivo	Executivo, implementador	Inspirado, Iluminado, solucionador, inovador
Ondas Beta, Psicologia	Ondas gama, dinamismo	Ondas Alfa, Theta, Delta, parapsicologia
Superego normativo, censurador	Raciocínio concreto objetivo	Anômalo, cérebro _demens_, sonhador
Pensamento abstrato, ideológico	Id, tônus reflexo, erotismo	"Pensamento" ético-moral, doutrinador
Consciente, subjetivo	Automático, visceral, agressivo	Subconsciente, analógico, metafórico, animista
Arquétipos: sol, fogo, fonte emissora	Arquétipos: réptil, cruz, fênix, oceano, selva, palco etc.	Arquétipos: lua, água, fonte receptora

Fig. 6. Nomes dispersivos dos três cérebros e suas funções

1.2 O CÉREBRO É UM SISTEMA ON-LINE

Podemos deter-nos em alguns outros dados para que você se admire ainda mais de seu cérebro, o respeite mais, se interesse mais por ele, já que ele é a parte mais importante de você mesmo.

27

O cérebro é um sistema, um pacote de matergia (matéria+energia) tri-una que flui como trança, mudando sem cessar. É um conjunto de neuromódulos com as características do molde sistêmico tri-uno do átomo, ou de cada uma das suas três partículas elementares, chamadas quarks.

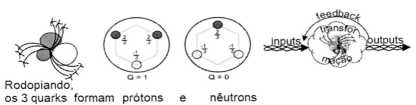

Rodopiando, os 3 quarks formam prótons e nêutrons
Fig. 7. Molde tri-uno-sistêmico da matergia (Murray Gell-Mann)

Pode-se dizer que o ser humano tem uma estrutura quântica, físico-química, genética, endócrina, neuronal e comportamental tri-una ou triádica, porque o formato "tri" está no começo, na metade e no fim de tudo, em qualquer dimensão.

O cérebro triádico sistêmico feminino pesa em média entre 1.200 e 1.300 gramas; e o masculino pesa entre 1.300 e 1.400 gramas. O peso não tem muito que ver com os processos mentais, que são redes neurais. O peso do cérebro é proporcional ao peso total do corpo, o que guarda uma razão de 1.6 a 1.8 aproximadamente. Se não obedecesse a essa proporção, a baleia seria o ser mais inteligente do mundo, pois tem aproximadamente 4 quilos de cérebro. A cabeça de Einstein e a de um analfabeto tem o mesmo peso. A diferença está na densidade das redes neuronais e ou urdidura de suas conexões, que se devem à montagem feita pela família, pela escola e pelo ambiente físico e social.

1.3 O CÉREBRO EM EVOLUÇÃO-COMPLEXIFICAÇÃO

O cérebro é o melhor produto e presente da evolução. É fruto de uma maravilhosa história que começou há uns 500 milhões de anos, desde a evolução dos vertebrados. Quem conta melhor essa história é o astrônomo e divulgador da ciência, Carl Sagan (1982), numa série para a TV britânica, denominada Cosmos.

Tudo começou como cérebro reptílico ou o que, de modo geral, se conhece como o tronco cerebral, o cerebelo e a parte mais central do cérébro ou da cebola cerebral. Começamos na água, depois como dragões ou dinossauros em luta por sobrevivência-procriação, acossados pela lei da seleção natural, pela qual o mais apto sobrevive do mais débil, comendo-o ou assimilando-o em cooperação/deglutição mútua. Depois, os mamíferos desenvolveram o cérebro límbico. Isso já faz mais de 150 ou 200 milhões de anos. Quarenta ou cinquenta milhões de anos atrás, os primatas e, de modo geral, a família dos macacos, os gorilas etc. tinham um volume cerebral entre duas a quatro vezes maior que o dos outros mamíferos.

Isso, mais a posição ereta bípede, cabeça na vertical, olhar no horizonte e as mãos livres para competir na selva e na planície, talvez sejam as razões da crescente superioridade dos chamados mamíferos superiores que somos nós, um animal bem vestido, suspeitamente autodenominado "sapiens".

A evolução do cérebro propriamente humano em neocórtex, que é a capa mais externa, a mais nova, começou há uns três milhões de anos e culminou faz uns 250 mil anos.

Culminou?

Não. Completou-se na forma que conhecemos agora. A cada 100 mil anos, pode-se afirmar que o cérebro continua evoluindo e crescendo, aproximadamente, um centímetro cúbico, em seu volume-peso, segundo Carl Sagan.

O que parece mudar pouco é a proporção entre a massa do cérebro e a massa restante do corpo. Também mudou pouco a arquitetura biológica ou genética do cérebro. Mas a evolução cultural dos três cérebros mudou enormemente depois dos primeiros grafiteiros das cavernas. Isso se pode entender melhor, com o conceito de evolução do cérebro em quatro níveis ou cérebro tetranivelado.

Os quatro níveis são graus de complexificação tricerebral. A noção geral dos quatro níveis é tomada da divisão vertical de trabalho das empresas que os denominam assim, começando de cima: direção, assessoria, supervisão e execução. Execução é o nível 1, instintivo, que corresponde a tarefas de baixa capacitação, como o típico trabalho braçal de ajudante de pedreiro. Supervisão é o nível 2, que corresponde a especialização média, podendo liderar o trabalho do nível 1. Assessoria é o nível 3, que corresponde a pesquisa e especialização técnica mais alta, como o engenheiro que organiza o conhecimento e o planejamento para os níveis de baixo. Direção é o nível

4, o mais alto e último, abstrato e generalista, ao qual corresponde pensar, tomar iniciativas e decisões na empresa.

Como o cérebro está sobre um chassi triplo, o cérebro tem três blocos ou três ramificações. Assim, o nível 1 tem um bloco esquerdo, um bloco central e um bloco direito; e cada um dos blocos cerebrais tem quatro níveis. É tetranivelado. Vamos identificar algumas competências de cada um dos quatro níveis tricerebrais.

Fig. 8. Os 4 níveis de evolução-complexificação tricerebral

1.3.1 Os quatro níveis do cérebro esquerdo

O NÍVEL 1 do cérebro esquerdo, de baixo para cima, é o da aprendizagem natural da comunicação e sintaxe verbal e numeral; esta se completa na escola com leitura e escrita, que pode ser leitura labial para deficientes auditivos e leitura pelo alfabeto braile para deficientes visuais. O potencial para a fala, para a lógica, para a geometria e para a sintaxe é inato ou hereditário. É sistêmico triádico.

O NÍVEL 2 do cérebro esquerdo é o da classificação da informação, que se chama memória e uso de arquivos.

O NÍVEL 3 do cérebro esquerdo é o da pesquisa indutiva-dedutiva e, da sistematização do conhecimento em teorias e livros, seguidos de ensino.

O NÍVEL 4 do cérebro esquerdo é o do pensamento crítico-filosófico, questionador da cultura geral. Nesse sentido chama-se epistemologia.

NOTA: Como tudo é holograma e recorrência do mesmo molde tri-uno da matergia, cada um dos quatro níveis tricerebrais pode ser subdividido, por sua vez, em quatro níveis internos, assim como cada uma das competências aí contida. Por exemplo, a comunicação que é do nível 1 do cérebro esquerdo pode ser subdividida em quatro níveis: primeiro, comunicação infanto-juvenil ou popular; segundo, comunicação jornalística; terceiro, comunicação técnico-científica; quarto, comunicação erudita, semiótica. O mesmo vale para cada competência tricerebral de cada nível: pode ter quatro níveis dentro do próprio nível.

1.3.2 Quatro níveis do cérebro central

O NÍVEL 1 do cérebro central é o dos instintos e impulsos de luta e agressividade para a sobrevivência e procriação. Este nível 1 também é hereditário, basta saber o que um recém-nascido e um gatinho "sabem" ao nascerem. Nascemos e "sabemos" o que fazer.

O NÍVEL 2 do cérebro central é o da organização, da disciplina, da ordem dos objetos, da profissão, do trabalho em equipe, da supervisão, com noções de dinheiro, de mercado e de negócios.

O NÍVEL 3 do cérebro central é o da assessoria técnica, da criação de produtos, do planejamento estratégico, da abertura de mercados, da produtividade e sustentabilidade do negócio.

O NÍVEL 4 do cérebro central é o da administração sistêmica triádica da economia e da política, em sintonia com o rumo e ciclo dos acontecimentos, para decidir quando investir ou quando esperar, para garantir a lucratividade da empresa ou administração pública com responsabilidade social.

Vale lembrar que cada uma das competências desses quatro níveis pode ser desdobrada em quatro níveis próprios.

1.3.3 Quatro níveis do cérebro direito

o NÍVEL 1 do cérebro direito é o da criação de vínculos que chamamos afetividade, amor, lealdade a alguém, à família, a uma marca. É o nível que cria solidariedade, respeito, tolerância na convivência ou nas relações humanas e ambientais. Esse nível 1, dos vínculos, também é hereditário ou inato.

O NÍVEL 2 do cérebro direito é o da imaginação e fantasia que geram criatividade, arte, esportes, elegância, vaidades e humor.

O NÍVEL 3 do cérebro direito é o da intuição, da visão de futuro e da percepção extra ou infrassensorial, para a qual é preciso que o cérebro esteja em ciclagem reduzida, de concentração, silêncio interior, relaxamento, isto é, que esteja funcionando abaixo de 13 ciclos por segundo. Nesse estado, produzem-se os fenômenos ditos paranormais como premonição, clarividência interior, controle da dor e outros que abrangem desde experimentos científicos com meditadores até curandeiros das igrejas, ciganas quiromantes, astrólogos, intérpretes de tarô, adivinhos de pêndulo, esoterismo em geral etc.

O NÍVEL 4 do cérebro direito é o da estético-mística, da arte de descobrir beleza em tudo e de sentir-se identificado com tudo, como Francisco de Assis com o irmão sol e irmã lua, como Rumi em "sê como". Isso, entretanto, depende de ter o cérebro em ciclagem reduzida e saber meditar. A estético-mística produz entusiasmo e senso positivo a respeito de tudo, o que se traduz em sentido de missão.

1.4 CÉREBRO, SISTEMA NERVOSO E NEURÔNIOS COMO SISTEMAS

Enquanto o nível 1 do cérebro central – sexo e estômago - continua basicamente o mesmo por milênios, a humanidade evoluiu e mudou enormemente na cultura dos níveis 2, 3 e 4 do cérebro. A complexificação é de programas sobrepostos até o nível 4; a decadência é o inverso, é a dissolução gradual dos programas: do nível 4 ao 1.

Dizem os críticos do ser humano e da cultura que esses níveis 2, 3 e 4 são artificiais, como perucas ou penteados decorativos; e não, civilização/humanização já que desmoronam ao menor tropeção em outros com a mesma decoração, o que faz com que emerja imediatamente a velha natureza animálica, feroz e assassina. Nem é preciso lembrar as grandes guerras e a violência que alimenta os noticiários. Mas o sentido da existência é a transcendência, a superação, apesar dos interessados em promover guerras para ganhar dinheiro com a barbárie.

O cérebro é considerado uma "caixa negra" porque ainda é pouco conhecido em seu funcionamento interno. É um sistema processador que recebe estímulos ou inputs captados como vibrações ou frequências pelos cinco sentidos; em seguida, os transforma em imagens e significados que incorpora ou assimila; e termina emitindo comandos ou reações chamadas outputs, que se manifestam através de comportamentos ou produtos físicos. É o fluxo sistêmico da matergia com seta indicando "vai de ida". Mas tem também um aparelho de autorregulação – o *feedback* – que controla os resultados e desencadeia uma ação/engenharia reversa ou retrocircular, para atuação reforçadora ou corretiva, conforme o caso. Com essa inversão do fluxo ou retroação, "vem de volta", o que é efeito vira causa e o que era causa vira efeito; o que é objeto vira sujeito e o que era sujeito vira objeto. Por isso se diz que a causalidade não é linear; é retrocircular, por ciclos que, quando superpostos, constroem uma espiral.

O cérebro é a cabine de comando de nosso organismo, incluindo sua própria autocondução. Como todo sistema, vem com dispositivos de informação e *feedback* para sua autorregulação e direcionamento. Ele é o centro do sistema nervoso e não algo a parte, como as divisões – corpo/cérebro ou cérebro/mente.

Junto com a medula espinhal, o cérebro forma o sistema nervoso central e o sistema nervoso periférico, que têm duas vias: nervos aferentes, que vêm, que chegam, que conduzem estímulos dos sentidos ao cérebro; e nervos eferentes, que vão, que saem, que conduzem comandos do cérebro aos músculos e à periferia motora do organismo.

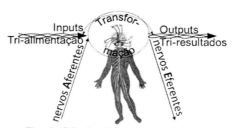

Fig. 9. Cérebro tri-uno como sistema

O sistema nervoso autônomo ou vegetativo faz parte desse sistema nervoso global. Ele controla algumas funções como as biológicas, o impulso sexual, a respiração, a circulação sanguínea, o apetite, a disputa pela sobrevivência, a agressividade, o impulso de defesa etc., que são automáticas, quer dizer, acontecem sem uma decisão voluntária ou intencional do dono. É o sistema operacional, é o "Cérebro do Cérebro" ou o "cérebro visceral". Por isso se está desbancando o "penso, logo existo" de Descartes, que era puro cérebro esquerdo, para entronizar o "sinto, logo existo", como propõe o neurologista português naturalizado norte-americano, António Damásio, em seu livro *O Erro de Descartes* (1996). Podia ser, também, "esperneio, logo existo". "No começo era o Verbo", disse São João evangelista; mas se não fosse a influência dos gregos, podia ter dito "no começo era o amor", ou "no começo era a ação".

O sistema nervoso autônomo está dividido em duas correntes, com funções distintas: o **simpático,** responsável pela ativação do sistema de defesa, luta ou fuga, representado pela adrenalina; e o **parassimpático** responsável pela desativação ou volta à normalidade, representado pela acetilcolina. E tudo em função da sobrevivência-reprodução sexual, individual e coletiva.

Supõe-se que os dois hemisférios ou processos – racional e emocional – foram criados pelo cérebro central para melhor atender a seus objetivos, que são deterministas, categóricos, instantâneos: captado o estímulo, se desata a reação automática do cérebro central, sem que o processo racional tenha tempo de intervir. A menos que se consiga, como tentam os iogues, mediante muito treinamento, algum controle sobre estes circuitos ou reflexos reativos, que são automáticos, inconscientes. O descobrimento da primazia do irracional ou animal em nós é um duro golpe contra nosso narcisismo humano, nós que acreditávamos ser racionais, quase divinos, "sapiens"...

Antes de Nietzsche e Freud, o budismo zen havia descoberto isso, e havia questionado nosso conceito de um "eu livre" que decide, de um sujeito que se pensa... São Paulo em suas cartas se queixava de fazer o mal que não queria e de não poder fazer o bem que, sim, queria.

Com o cérebro central no comando e quando sobra tempo e espaço, buscamos:

- informação e verdade (funções superiores do cérebro esquerdo);
- prazer e felicidade (funções superiores do cérebro direito).

Mais adiante discutiremos isso de funções "inferiores e superiores", a metamorfose de "matéria em consciência", do concreto em abstrato, e a coevolução do genético-endócrino-neuronal no contexto ambiental-cultural.

Vamos aprender algo mais sobre esta grande maravilha do universo que é o cérebro. As fontes principais são o neurólogo inglês John Eccles (1998), o neurólogo brasileiro Wilson Sanvito (1994), o médico e místico indiano naturalizado norte-americano Deepak Chopra (1994), o divulgador científico norte-americano, John Horgan (2002) e outros.

O cérebro é uma víscera. Os miolos são como um novelo de lã; ou como uma cesta de camarões ou de minhocas retorcendo-se, ou intestinos enovelados, formando elevações, vales, reentrâncias, cavernas. As elevações se chamam giros ou circunvoluções; os vales e suas reentrâncias se chamam sulcos.

O tecido cerebral está composto de diferentes células chamadas neurônios e de neuroglias ou células gliais (estas são tecidos de interconexão e suporte alimentar). O cérebro tem aproximadamente 100 bilhões de neurônios, segundo diferentes autores. Esse número está completo quando nascemos.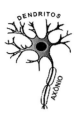

Um neurônio tem a figura de um papagaio ou pandorga. Tem pontas ao redor, chamadas dendritos, que são antenas receptoras de inputs, e tem uma cauda, chamada axônio, que é emissora de outputs, como qualquer sistema.

Fig. 10. Neurônio como sistema com feedback

A cada dia morrem uns 100 neurônios. Alguns autores dizem que não há reposição, mas começa a haver cada vez mais evidências que nascem e se repõem neurônios. Essa morte de neurônios não afeta o desempenho do cérebro, pela grande reserva neuronal que tem. O que, sim, afeta, são as enfermidades degenerativas do envelhecimento, pois o cérebro cresce como uma cebola, de dentro para fora; e se deteriora de fora para dentro. Por isso, os que sofrem de arteriosclerose ou Alzheimer esquecem o que é mais recente e voltam a recordar e a falar cada vez mais de seus velhos tempos e da infância.

Os neurônios estabelecem sinapses ou circuitos eletromagnético-químicos sem tocar-se diretamente. Eles se encaixam como as articulações dos ossos, mas em lugar de cartilagens, estão proteínas húmidas, chamadas neurotransmissores, neurorreceptores e neurocomunicadores, que fazem circular as mensagens em forma de ondas/frequências. Dentro do neurônio predomina a carga elétrica negativa; fora, predomina a positiva, tendo como "fita isolante" a mielina que recobre o axônio e os dendritos, fornecida pelas neuroglias. A carga se inverte constantemente segundo a mensagem "vai de ida", que é *feedforward* ou "vem de volta", que é *feedback*. A cada segundo se decompõem, aproximadamente, um milhão de moléculas de acetilcolina nas sinapses.

As sinapses põem os neurônios em circuito ou em rede. A formação de uma sensação, de uma ideia, de um hábito, consiste na programação/estruturação de uma extensa rede neuronal tridimensional, cuja figura pode ser um saca-rolha, a hélice do ADN, uma espiral de galáxia, que é igual à espiral da nossa orelha, ou uma trança que, depois, se enrola num coque.

Fig. 11. Representação de redes tridimensionais embobinadas

Uns 32 a 38% dos neurônios já vêm pré-programados. É o sistema autônomo que comanda instintivamente o nível 1 dos três cérebros, que é quântico-biológico, como o sistema operacional comanda os computadores. Os restantes neurônios, entre 62% e 68%, vêm livres para que sejam programados educacionalmente pelas mães, famílias, religiões, escola, telinhas ou pelo ambiente físico e social, até que cada indivíduo tome a seu cargo sua própria autoprogramação. A autoprogramação é possível na medida do diminuto espaço deixado pela **noofagia** ou canibalismo das funções tricerebrais pelos agentes formadores. Quer dizer, o que sobrou de margem de autonomia depois do trabalho de programação/domesticação tricerebral feito pela família, pela escola, pelo mercado e pelo Estado que nos têm sequestrados desde o útero.

A programação de nossas redes neurais sequestradas pode ser refeita por diversos meios: autorreprogramação, terapias, reeducação; ou por lavagem de cérebro, pelo assédio propagandístico, por chantagem e terrorismo emocional ou religioso, ou por acidentes ou tumores cerebrais. É uma ressinaptização, pois o cérebro é reorganizável: quanto menos anos, mais reorganizável; quanto mais anos, cada vez menos. É a neuroplasticidade de que trata o livro *O Cérebro Que Se Transforma* (Doidge, 2014).

Cada neurônio tem intercomunicação com pelo menos 10.000 outros, a uma velocidade de 100 metros por segundo ou 360 km por hora. As sinapses podem ser de três graus de amplitude e duração:

1. Sinapses no cérebro central, reptiliano, que captam as características do objeto ou estímulo que entra em forma de frequências eletromagnéticas;

2. Sinapses nas regiões secundárias do cérebro – região límbica, têmporo-parietal ou cérebro direito –[que identificam e classificam as frequências, transformando-as em imagem, como um aparelho de TV que capta frequências e as apresenta a nós como imagem;
3. Sinapses no cérebro esquerdo-neocortical e lóbulos frontais, que são áreas de associação e classificação ou pontos de convergência e integração das novas imagens no repertório previamente existente ou memória; se o diagnóstico informar que se trata de algo "aceitável", "rejeitável", ou "indiferente", seguido de busca de alternativas e estratégias pelo cérebro direito, mensagens serão enviadas ao cérebro central, que podem ser: "siga em frente" ou "lute" ou "fuja".

O que se gosta mais, o que se faz com prazer, parece que se instala melhor no terceiro tipo de sinapses, o qual é um dos processos de memória como sistema que recebe o novo input, desestrutura o repertório existente e o reestrutura ou renova como novo repertório ou banco de dados dos três cérebros.

1.4.1 Neurotransmissores

Até agora, foram identificados uns 100 neurotransmissores, mas haverá muitos outros por descobrir e decifrar. Os já conhecidos podem distribuir-se em três grandes subgrupos:

- O subgrupo das **anfetaminas**, especificamente a endorfina e oxitocina, que produzem a sensação de prazer e satisfação quando temos vitórias no aprender, no poder, na economia e, principalmente, no amor;
- O subgrupo das **noradrenalinas,** a adrenalina e o cortisol que são os neurotransmissores do alerta ao perigo, ao estresse ou a situações de forte descarga emocional reativa frente ao risco;
- O subgrupo da **acetilcolina-serotonina-dopamina,** cuja presença parece incidir na vontade e combatividade por poder e liderança, ou na apatia frente a isso, quando em baixa. Parece ser que este subgrupo é o que reorganiza a "normalidade" depois dos extremos de endorfina ou de adrenalina nos depressivos e nos bipolares ou ciclotímicos.

Córtico-adrenalinas   Dopamina-Serotonina   Endorfinas

Fig. 12. Reóstato regulador/modulador da proporcionalidade entre neurotransmissores

Os neurotransmissores desencadearam um ciclo de pesquisa neurofarmacológica de bilhões de dólares para criar os neuromoduladores, que são: excitadores, moderadores, antidepressivos, alguns dos quais reconhecidos pela ciência oficial e outros não. Aí estão as "drogas inteligentes", as drogas para a maior eficiência tricerebral como o modafenil e a ritalina para o cérebro esquerdo; aí estão os energéticos, anabolizantes, provigil, écstasy e Viagra ou Cialis para o central; e os psicotrópicos, o Prozac, o Zoloft, as endorfinas e técnicas de ciclagem cerebral reduzida para o direito.

As ajudas da neuroquímica para turbinar ou potenciar as funções mentais poderiam ser classificadas pelos quatro níveis cerebrais. Mas não vale a pena, porque, por enquanto, elas só têm efeito no nível 1, biológico, inato, hereditário; e não deixam de ser um doping cerebral. Para os níveis 2, 3 e 4 de cada cérebro, as ajudas são métodos acadêmicos, são métodos de relaxamento e meditação de cérebro direito e são tecnologias ou extensões amplificadoras do corpo como máquinas, computadores etc.

	CULTURA LÓGICA, DESCRITIVA de Cérebro Esquerdo	ORGANIZATIVA, MONETÁRIA de Cér. C.	CULTURA ARTÍSTICO-ESPIRITUAL, ICÔNICA de Cérebro Direito	
4	Lógica. Filosofia. Paradigmas. Ficção científica.	Técnicas de Gestão e finanças. Auditoria e consultorias. Balanços.	Meditação. Fé. Axiologia. Ascese. Entusiasmo. Teologia. Utopias. Ficção religiosa.	4
3	Métodos de pesquisa. Lógica. Escalas. Índices. Estatística. Teorias. Legislação.	Teoria econômica. Contabilidade. Técnicas de reunião e motivação. Métodos de planejamento.	Percepção sistêmica. Futurologia, simulação. Ética. Sonhos. Alfa/Parapsicologia, com/sem ajuda de aparelhos e drogas.	3
2	Sistemas classificatórios. Memória. Referenciais. Informática. Banco de dados. Arquivos.	Teorias de liderança. Gramática do dinheiro. Agenda. Cronograma. Tecnologias.	Técnicas de criatividade. Química criativa (reflexo operativo) Estética. Artes. Ludologia.	2
1	Gramáticas e Manuais. Idioma e matemática. Ritalina. Modafenil. Beta-bloqueadores. Acetilcolina	Disciplina de vida. Manuais ecológicos. Treinamento/capacitação. Prótese dos sentidos. Energéticos, anabolizantes. Provigil. Viagra, Écstasy. Prozac. Zoloft.	Arte de amar. Endorfina. Proporcionalismo. Moral. Modelos. Autoconfiança.	1

Fig. 13. Ajudas para cada competência tricerebral/cultural em seus 4 níveis

Parece que grande número das patologias mentais tem origem em deficiências sinápticas, disfunções nas proteínas da neurotransmissão ou desproporções entre os três subgrupos de neurotransmissores. Mas esperar que a humanidade tenha uma felicidade totalmente neuroquímica, sem esforço de autossuperação individual, sem regulação social, sem um ideal e compromisso de solidariedade e proporcionalidade global, é coisa de ingênuos e simplórios que desconhecem a natureza humana; ou, de laboratórios malandros que querem faturar mais.

Os anos 90 foram dedicados à pesquisa do cérebro e da inteligência artificial nos Estados Unidos, retomado em 2014 como Projeto Brain; na

Inglaterra, um projeto semelhante leva o nome de "Ondas Cerebrais". Foi também aprofundada a polêmica entre a Genética que emerge no nível 1 tricerebral e a Noética que desabrocha nos demais níveis; ou entre a hereditariedade físico-biológica e a posterior programação pela educação familiar-escolar e influências ambientais. Essa discussão é bem antiga, em forma de polêmica entre corpo como objeto da ciência e alma como objeto das religiões.

Até ao espírito revolucionário, os geneticistas monádicos fundamentalistas pretenderam atribuir um gene (desmentido depois), assim como à criatividade, à maximocracia, à corrupção, à morte. É uma disputa entre biólogos puros e neurocientistas ou neuropsicólogos puros, cada lado buscando uma solução monádica (uma coisa ou outra), uma solução que exclui outras. Em nossa perspectiva sistêmico-triádica, que é inclusivista, trata-se de determinar as porcentagens em que interdependem os quatro níveis cerebrais, desde o genético "inicial" do nível 1, até o epistemológico-psíquico "final-superior" do nível 4. Para nós, trata-se de complementariedade: uma coisa **e** outra **e** outra mais, em rede, em lugar de uma coisa ou outra, separadas, dissociadas.

O neurocientista austríaco naturalizado norte-americano, Eric Kandel (2009), Prêmio Nobel de Fisiologia/Medicina de 2000, estabeleceu a base molecular da memória e do poder de influência dos neurônios para modificar os genes, porque os neurônios fazem *feedback* nos genes. Isso se dá pelo processo de metilação que consiste no silenciamento de grupos de genes ou fechamento de janelas de oportunidades (recalque, diria Freud), que também se dá pela educação infantil. Mas pode acontecer, também, a reativação de genes, por processo eletromagnético-químico.

Essa conquista científica acabou com a crença na ditadura absoluta dos genes ou do determinismo genético. Com isso, ganham muito mais poder a educação, a psicologia, a influência do ambiente, ou seja, a Neuroeducação Tricerebral, que aposta na neuroplasticidade.

O cérebro é a parte mais cara do organismo. Consome seis vezes mais glicose que qualquer outro órgão e 25% do oxigênio. É alimentado pela irrigação sanguínea com seus vasos linfáticos. Há cientistas tratando de comprovar que a evolução encurtou ou reduziu o sistema digestivo humano para dar vantagens ao cérebro. Daí a importância da boa alimentação, do exercício físico, do ar puro e da arte da respiração.

Existe outra polêmica em torno das mono ou polilocalizações cerebrais: onde radica o comando da fala, da memória, da audição, da sexualidade, do apetite? Haverá um centro do bem e do mal ou da honestidade e da corrupção?

O cérebro é um sistema em rede, rede de redes, com suas partes todas complementares e interdependentes. Sua estrutura e seu funcionamento eletromagnético-químico parece funcionar como holograma, em ciclos ou redemoinhos de frequências, repetindo-se em cada miniaturização ou magnificação. Uma metáfora de holograma é dada por um lago ou tanque de água: quando se atira uma pedra na água forma-se uma onda circular em expansão; atirando logo outra, os círculos vão-se cruzando sem que um anule o outro. Imaginando cada ondulação como tridimensional, está completo o holograma.

No cérebro-holograma (Pribram, 1980) tudo depende de tudo, tudo cruza e se trança com tudo, em diferentes proporções, mas a partir de determinados eixos ou centros do chassi neural que, no enfoque triádico, dizemos que são três eixos ou três dimensões.

As funções mentais parecem não ter sede fixa ou localização monádica, única. Basta lembrar os experimentos de Pavlov. Mas têm, sim, raízes triádicas num eixo-centro dominante, a partir do qual sua triadicidade se infiltra/irradia por todo o cérebro ou rede nervosa, segundo o neurocientista António Damásio. Há neurônios e "cérebro" por todo o organismo. Por isso, às vezes se diz que a sensação é "visceral".

1.5 DO CÉREBRO MONÁDICO AO DIÁDICO E AO TRIÁDICO

A tradição religiosa, filosófica, científica, psicológica e política sempre preferiu o enfoque ou paradigma monádico, reduzindo tudo ao um e ao único, porque convinha mais aos seus interesses, sempre camuflados. O cérebro era dado como consciência/alma pelos religiosos, como *res cogitans* por Descartes, como inteligência pelos psicólogos e, como um estorvo pelos políticos. Sua imagem e avaliação principal sempre foi a do Q.I. ou Quociente Intelectual. Em Cibernética Social, desde 1970, começou-se a usar a teoria dos dois cérebros – pensamento lógico e pensamento criativo – como o apresentavam Edward de Bono (1970) e Alex Osborn (1964); e desde 1980, começou-se a usar a teoria do cérebro tri-uno e seu Revelador do Quociente Tricerebral, o primeiro que ajuda a detectar o perfil de pessoas, equipes e culturas pelos três cérebros interagindo.

Só em 1996 apareceu o Q.E., o Quociente Emocional, baseado em autores como Daniel Goleman (2001), com seu livro *Inteligência Emocional*, com inspiração em Roger Sperry (1981), da teoria dos dois hemisférios. Howard Gardner (1995), um pouco antes, apareceu com o livro *As Inteligências Múltiplas*, que é uma reedição monádica da velha teoria dos fatores da inteligência, com um listado de inteligências ao acaso, sem um princípio estruturador-ordenador e relacionador. O Dr. Roger Sperry, prêmio Nobel de Medicina em 1982, isolou os dois hemisférios de pacientes epilépticos que não respondiam a outros tratamentos, seccionando o corpo caloso.

Com os hemisférios separados, dedicou-se a investigar quais operações mentais eram predominantes em cada um, sem ser exclusivas. Os resultados foram uma classificação em pares de esquerdo e direito:

VISÃO HORIZONTAL
Verbal-numérico
Analítico-lógico
Decompositor
Racional, abstrato
Cronológico
Alerta, vigilante
Articulador
Crítico, investigador
Visual, linear
Hemisfério esquerdo
Hemisfério direito
Pré-verbal
Intuitivo-sintético
Reintegrador-holístico
Emocional, sensorial
Espacial, artístico
Espontâneo, relaxado
Livre associativo
Afetivo, amoroso
Sonoro, não linear

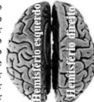

Fig. 14. Funções predominantes por hemisfério (R. Sperry)

À teoria do tricerebrar chegou-se combinando os dados dos dois hemisférios de Roger Sperry, com o cérebro reptiliano-central do neurólogo norte-americano Paul MacLean e contribuições do russo Alexander Luria, do inglês John Eccles, dos franceses Stéphan Lupasco, Henri Laborit, Jacques Lacan, Edgar Morin (2011) e do brasileiro Wilson Sanvito (1994).

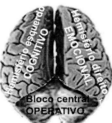

Verbal-numérico
Analítico-lógico
Decompositor
Racional, abstrato
Cronológico
Alerta, vigilante
Articulador
Crítico, investigador
Visual, linear
Hemisfério esquerdo
COGNITIVO
Hemisfério direito
EMOCIONAL
Bloco central
OPERATIVO
Pré-verbal
Intuitivo-sintético
Reintegrador-holístico
Emocional, sensorial
Espacial, artístico
Espontâneo, relaxado
Livre associativo
Afetivo, amoroso
Sonoro, não linear
Instintual-vegetativo-motor-concreto
Agressivo para a sobrevivência e procriação
Trabalhador, profissional, negociante, apropriador
Planejador econômico-político, mercador
Administrador e regulador do todo ecossistêmico

Fig. 14.1. Cérebro tri-uno (R. Sperry & P. MacLean

Como visto na ilustração do cérebro tri-uno, podemos "triadizar": agrupar as funções mentais em trios de esquerdo-central-direito:

ESQUERDO	CENTRAL	DIREITO
Verbal	Concreto	Pré-verbal
Analítico	Ativo	Intuitivo
Abstrato	Realista	Sensorial
Cronológico	Rígido	Espontâneo
Crítico	Planejador	Lúdico
Pensador	Administrador	Romântico
Teórico	Prático	Sonhador
Céptico	Materialista	Religioso

Pela lei da recorrência, que é repetição, fractalidade ou replicação do mesmo holograma ou modelo – em que qualquer pedacinho contém e reproduz o todo, como na clonagem – cada lado do cérebro contém potencialmente os outros dois. Em caso de acidente, enfermidade ou extração de um lado, vai-se desenvolver o potencial de reserva que está latente nos outros dois lados. Se um trecho de rede neural é danificado ou obstruído, o cérebro buscará outra via ou um desvio, como a água de um rio, ou como se instala uma ponte de safena no coração. Quanto mais jovem o cérebro, tanto melhor funcionará esse serviço de reposição, de prótese ou de contornar as neurovias.

Já começam a aparecer "próteses" e "marca-passos" para consertar cérebros danificados. Então, bem-vindo seja você ao maravilhoso e infinito mundo de seu cérebro tri-tetranivelado. Ele pode parecer-lhe sua prisão, ou pode significar suas asas ou também um foguete para sondar todos os mundos possíveis e imagináveis.

1.5.1 QT – Revelador do quociente tricerebral

Medindo e definindo seu perfil tricerebral

Com certeza você já terá ouvido falar do quociente intelectual ou Q.I., que mede a inteligência das pessoas numa escala de 100 pontos. Abaixo de

100 pontos, existe insuficiência mental; acima de 120 pontos, existe genialidade. Seus defensores dizem que esse teste mede o desenvolvimento de todo seu potencial mental; mas é quase totalmente só do cérebro esquerdo. Além disso, não mede os quatro níveis do cérebro: é como se o cérebro fosse uma superfície plana e não uma pirâmide ou montanha de muitos patamares. O teste do Q.I. é monádico.

Mas o Q.E. ou quociente emocional, que foi criado para substituir o Q.I., também é monádico. O Quociente Emocional mede quase só o cérebro direito, desconectado do processo intelectual e operativo. Também não considera níveis diferenciados no cérebro direito. Os monádicos são assim: Um **ou** outro, em vez de um **e** outro **e** mais um terceiro.

Agora sabemos que o potencial mental tem, pelo menos, três partes que funcionam de maneira integrada e complementar, embora a contribuição de cada uma delas seja diferente, dependendo de sua dotação genético-biológico-hereditária e de sua construção familiar-escolar-étnica posterior.

Leia agora com atenção as instruções para usar o nosso Revelador do Quociente Tricerebral e responda criteriosamente às 27 perguntas. Trata-se da sempre difícil autoavaliação subjetiva. Sou um gato acreditando que sou um glorioso leão, ou sou um leão acreditando que sou um pobre gato?

A exatidão de suas respostas se comprovará no seu desempenho no dia a dia, após o teste.

Você está próximo de revelar um instantâneo tridimensional de seu perfil tricerebral. Dizemos que é um instantâneo porque o cérebro muda mais que o tempo. Ao repetirmos o Revelador do Quociente Tricerebral, notaremos como vamos mudando, mesmo que não queiramos. Mas quando queremos mudar intencionalmente, mudamos mais rápido. Ao ler uma pergunta, dê-se uma nota de 1 (mínimo) a 5 (máximo) e anote, ou peça para alguém anotá-la dentro da figura da mesma linha. Use só números inteiros, sem frações. Ao terminar, some cada coluna, veja o valor dos escorres e sua interpretação.

Diagnóstico pela Lei da Proporcionalidade:

- Cérebros com menos de dois pontos de diferença se anulam e ficam indecisos; com diferença superior a sete pontos, o lado maior é tirânico e anula o menor.

> Obs.: Os QTs são ajustados para os seguintes grupos de idade: até 16 anos; de 17 a 24; de 25 a 50; de 51 a 70; e de 71 e mais; e são diferentes para homens e mulheres. Entre em contato: www.triadicmind.com

01 Você confere os dados de uma passagem, de uma nota, de uma conta? Ao fim do dia, da semana, de uma atividade, você faz revisão, avaliação? □

02 Em seu quarto, em casa, tem ordem? Costuma prever o onde, o quem, o como, o custo, o resultado do que pretende fazer? △

03 Você crê nalguma força maior, como o amor, a vida, alguma entidade superior? Você crê que faz parte de um todo maior, invisível, espiritual? ○

04 Você anda alegre, gosta de brincadeira, festa? Você é otimista apesar de tudo? ○

05 Numa discussão, você tem boas explicações, tem bons argumentos, sabe rebater? Sabe levar adiante uma discussão com paciência? □

06 Você tem pressentimentos, previsões ou sonhos que se cumprem? Você tem estalos, insights, ideias luminosas para resolver problemas? ○

07 No relacionamento afetivo, você entra pra valer, com romantismo, paixão? ○

08 Você fala bem em grupo, tem bom vocabulário, tem fluência e correção gramatical? Você sabe convencer os outros? □

09 Ao falar, você gesticula, você olha para as pessoas, você movimenta bem e com elegância todas as partes do corpo? ○

10 Você é capaz de pôr-se no lugar de outrem, de imaginar-se na situação de outra pessoa e sentir como ela se sente? ○

11 Diante de uma situação, você combina os prós e os contras, você faz diagnósticos realistas, faz julgamentos bons, acertados? □

12 Ao narrar algum fato você dá muitos detalhes, você gosta de descer às minúcias, aos pormenores? □

13 Quando você compra ou vende, você se sai bem? Se tivesse um negócio, você teria êxito financeiro, saberia ganhar e multiplicar dinheiro? △

14	Você gosta de modificar a rotina do dia a dia, do ambiente? Você acha soluções criativas, originais? Gosta de andar inventando?	○
15	Você controla seus ímpetos? Para e pensa antes de agir? Pensa nas consequências antes de agir?	□
16	Antes de tomar uma informação como certa, você se dedica a coletar mais dados, a ouvir o outro lado, a averiguar as fontes, a buscar comprovação?	□
17	Que consciência e controle você tem do que come e bebe, do descanso, do sono e dos exercícios físicos?	△
18	Frente a uma dificuldade, você tem capacidade de concentração, dedicação continuada, você tem boa resistência, aguenta muito?	△
19	Na posição de chefe, você sabe dividir tarefas, calcular o tempo para cada coisa? Sabe dar comandos curtos, exatos, e cobrar a execução?	△
20	Você gosta de decoração, arrumação de ambientes? Você se arruma bem? Você presta atenção a um pôr-do-sol, a um pássaro, a uma paisagem?	○
21	Você tem atração por aventuras, por desbravar caminhos, por tarefas desconhecidas, pioneiras, que ninguém fez antes?	△
22	Você se autoriza a questionar pessoas e informações de TV, jornal, de política, religião, ciência, e denunciar seus interesses disfarçados?	□
23	Você consegue transformar seus sonhos e ideias em fatos, em coisas concretas? Seus empreendimentos, suas iniciativas progridem e duram?	△
24	Você fica imaginando o que poderá acontecer no ano que vem, daqui a dez anos, e nos possíveis rumos dos acontecimentos?	○
25	Você se dá bem com a tecnologia, gravador, máquina de lavar, calculadora, máquina fotográfica, cronômetros, e os botões da eletrônica?	△
26	Você é rápido(a) no que faz? Resolve logo? Termina bem o que faz e no prazo certo? Seu tempo rende mais que o de seus colegas?	△
27	Quando se comunica, você usa números, medidas, estatística, matemática, além do palavrório popular?	□
	TOTAL	□ △ ○

Os escores obtidos passarão para este "Perfil de Competências Tricerebrais":

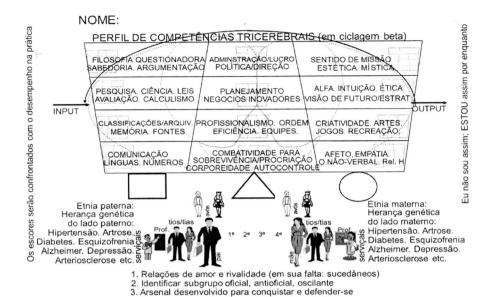

Fig. 15. Mapa do perfil tri-tetracerebral de competências

Que se faz com esses três escores?

Há três alternativas:

a. Esses três escores apresentam só o **QT horizontal ou QT de competências horizontais**. Quer dizer: quanto vale ou que intensidade tem cada um dos três cérebros, o que traz importantíssima informação para o desenvolvimento de sua personalidade.

b. Como tudo é tridimensional, com esses escores pode-se elaborar o **QT vertical**. É uma radiografia de cada um dos três cérebros em seus quatro níveis para mostrar a hierarquia de competências verticais. O QT vertical indica se o desenvolvimento de cada cérebro está conforme o esperado para cada ciclo de vida ou grupo de idade.

c. Despois do QT vertical, pode-se deduzir o **QT transversal**. São duas curvas, uma indicando seu perfil de excelências e outra indicando seu perfil de carências.

d. Esse teste do QT está informatizado, com um breve diagnóstico da proporcionalidade entre os três cérebros. Se desejar ter os resultados do QT vertical e transversal, escreva para a empresa, solicitando o serviço: www.triadicmind.com

Segundo os resultados do QT horizontal, vertical e transversal, haverá indicações de "ajuste vocacional/profissional". Esse conhecimento tricerebral tetranivelado é indispensável para o autoconhecimento e para o *upaya-coaching* conduzido por pais, docentes, supervisores etc.

1.5.3 O QT é um cerebroscópio e uma bússola

Os adultos dedicados ao autoconhecimento dado pelo QT e dedicados à autoeducação, primeiro escolhem o lado do cérebro que querem melhorar; em seguida, escolhem um dos nove itens desse cérebro no QT. Ou podem orientar-se por outros referenciais.

Para crianças até uns 14 anos, pode-se começar indicando o mapa de competências ou metas do quadro que segue para que escolham alguma.

1.5.4 Metas para melhorar o tricerebrar (1º grau)

Cérebro Esquerdo-Analítico-Racional	Cérebro Central-Operativo-Factual	Cérebro Direito-Emocional-Intuitivo
1. Conhecer mais minha cabeça	Ser competitivo, lutador, ter gana e ambição	Ser vivo, alerta, malicioso, esperto
2. Falar melhor e corretamente as palavras	Cuidar do corpo, fazer ginástica. Caminhar com aprumo	Ter o corpo solto como na dança e no teatro
3. Ler tudo que apareça e escrever mais	Disciplinar a alimentação, o vestuário, o sono, limitar o consumo	Andar alegre e criar alegria no ambiente
4. Utilizar mais os números com datas, dinheiro, endereços	Ser cumpridor dos horários, dos compromissos assumidos	Aprender a respirar pelo diafragma e fazê-lo muitas vezes
5. Aprender a classificar, ordenar as coisas, as informações	Ter amor ao trabalho, ao estudo, fazê-lo com gosto	Melhorar os sentidos, o ver, ouvir, tato, olfato, gosto
6. Ter e saber usar uma agenda com notas, telefones, endereços	Saber cada vez mais sobre dinheiro, preços, barato/caro, poupança, impostos, salários	Perguntar-se e dar-se licença antes de fazer algo: autoautorizar-se
7. Ser rápido em achar a ordem alfabética no dicionário e no guia telefônico	Aprender a tomar iniciativas, a decidir e aceitar o risco	Frente a cada problema, praticar sempre a "chuva de ideias"

Cérebro Esquerdo-Analí-tico-Racional	Cérebro Central-Operativo-Factual	Cérebro Direito-Emocio-nal-Intuitivo
8. Antes de formar uma opinião tratar de ter todas as informações	Dedicar-se a consertos domésticos: consertar torneiras, trocar lâmpadas, lavar, passar etc.	Tratar de adivinhar o que lhe poderá acontecer em 5, 10, 20 anos
9. Desdobrar o que diz cada um dos 3 subgrupos e indivíduos	Aprender a comprar e vender, fazer pequenos negócios, dominar a Gramática do Dinheiro	Praticar o relax, o nível alfa todo dia e antes das provas
10. Tomar as coisas como são, sem querer que fossem como eu gostaria	Pensar numa carreira, preparar-se para chegar em cima	Dedicar-se a fazer e cultivar amigos e amigas, demonstrar afeto
11. Discussões, fazê-las mais com argumentos e menos com emoções	Ser limpo, cuidar dos dentes, do banho, do sono, do vestuário e do calçado	Ver-se sempre como ganhador, nos estudos, no esporte e em tudo
12. Ter sempre uma lista de livros que se deseje ler	Ser um pouco mais duro, mais combativo, resistir ao cansaço, à dor física, à fome	Interpretar os ambientes, gestos, vestuário e expressão das pessoas
13. Ler ou escutar notícias, saber o que está acontecendo na cidade	Dedicar-se a ser líder, a organizar coisas e pessoas para o estudo, os passeios, as tarefas	Amar os animais, as plantas, a terra e cuidar de tudo com carinho
14. Aprender a falar cada vez melhor, em todos os ambientes	Cuidar-se na rua, no trânsito, evitar pessoas e lugares perigosos	Dedicar-se a algum tipo de espiritualidade ou forma de prece
15. Descobrir, compreender e criticar os problemas nacionais	Relacionar-se com os vizinhos, participar em alguma associação da comunidade	Cuidar da beleza, gosto, elegância pessoal e do ambiente
16. Manejar computador, calculadora, vídeo, fax, celular, tablet etc.	Estabelecer que bens materiais se desejam e os limites, para não escravizar a vida ao consumo	Renovar ambientes e rotinas de vida a cada pouco
17. Conhecer os direitos e deveres da casa, da escola e da sociedade	Esclarecer, em tudo, o onde, o quando, o quem, o como, o custo e o resultado buscado	Ter bons modos, bom trato com as pessoas, fazer-se querer
18. Descobrir métodos sempre melhores de aprendizagem	Contar os ganhos pelos 3 cérebros: dinheiro (central); conhecimento (esquerdo); prazer (direito)	Dedicar-se a um esporte, a uma arte, e ser cada vez melhor nisso.

Escolha um futuro e programe seu cérebro para alcançá-lo. Você ficará surpreso com o poder de uma autoprogramação com expectativa mental bem-feita.

O mesmo QT ajuda o estudante e o trabalhador a avaliar sua adequação vocacional/profissional de acordo com os escores horizontais, verticais e transversais. Cada vocação/profissão e posto de trabalho exigem determinadas combinações de competências horizontais, verticais e transversais. É o perfil tricerebral de uma carreira ou de um cargo que o mercado ou os especialistas em recursos humanos estabelecem, para selecionar/avaliar trabalhadores cujo perfil tricerebral mais se aproxime ao requerido. Esse tema será aprofundado no capítulo 6.

1.6 AUTOAUTORIZAÇÃO PARA ADULTOS

Um produto qualquer é propriedade do fabricante e se desempenha automaticamente de acordo com o programa/algoritmo nele instalado. Um algoritmo é um conjunto de prescrições ou regras que definem um modo de desempenho ou comportamento. Nossos três cérebros são propriedade de seus fabricantes, que são: mãe, pai e família, primeiro; depois, do sistema educativo nacional e da religião; por fim, são propriedade do mercado escravizador. Família, religião, Estado e mercado tem o controle remoto de nossos três cérebros, que funcionam em piloto automático, ou controle remoto, vinte e três horas e 50 minutos por dia!

Se quisermos mudar, é preciso conscientizar os programas, algoritmos, representações ou mapas mentais que nos fazem pensar-desejar-agir, e decidir o que queremos modificar, até certo ponto. Antes de pôr-se a forcejar, é preciso "habilitar edição" ou gravação, como se faz nos anexos do correio eletrônico e como se fazia para desbloquear CDs protegidos contra gravação. Isso se chama: **AUTOAUTORIZAÇÃO**.

Para isso, formulamos e dizemos, em voz alta, frases/ordens, mais ou menos assim: eu me autoautorizo a ser dono único de meus três cérebros; eu me autoautorizo a amar meus três cérebros; eu me autoautorizo a mudar meus três cérebros; eu me autoautorizo a mudar meus três cérebros nos programas ou mapas mentais que não servem para a autocondução; eu me autoautorizo a mudar meus três cérebros apesar de minha mãe, de meu pai, de meus programadores familiares, escolares, religiosos, ideológicos, econômicos etc.

Sem esse exercício de autoautorização, quando adultos, qualquer iniciativa ou ação fora do autorizado/proibido pelos programadores, nos criará complexo de culpa-expiação. E o remorso ficará caçando maneiras de fazer-nos expiar.

Como as crianças não têm autocondução nem critérios morais-sociais, é preciso fazer o recalque das pulsões/instintos, como diria Freud; ou fazer o condicionamento como dizia Skinner; ou a tri-programação como se diz neste livro. Mas ao final do processo *upaya-coaching* familiar-escolar, entre os 15 e 18 anos, há que remover as programações que inibem a autocondução e a responsabilidade pessoal. Se isso não for feito, ninguém assumirá responsabilidade pessoal, e a culpa será jogada sempre na natureza, na família, nos abusos sofridos na infância etc. A autoautorização se aplica também nos grupos/equipes e nas culturas.

1.6.1 Planejamento, operacionalização, controle de metas

Para assegurar o êxito, é preciso operacionalizar a ação desejada. "Operacionalizar" quer dizer detalhar ações pelas perguntas operacionalizadoras mínimas, que são:

- Onde se faz;
- Quando se começa e data para a qual queremos o resultado (uns 60 dias);
- Quem estará envolvido como prestadio ou usuário;
- Como se faz, com que método ou técnica;
- O que se necessita, quanto vai custar em investimento financeiro, em esforço e risco;
- Qual é o resultado esperado (em números, se possível) e para que se quer isso;
- Quem será o exigidor (alguém que nos ajude a romper a rotina inconsciente e que controle os resultados).

Para registrar o planejamento da meta, projeto ou competência a desenvolver, pode-se usar algum gráfico que ponha em ordem os chamados Quatro Fatores Operacionais, que são: Espaço, Cronologia, Personagens e Procedimentos.

Meta ou propósito a realizar:

1. Onde: Em que lugar e com que equipamento se buscará realizar a meta.	
2. Quando: Início e fim. Frequência por dia/semana.	
3. Quem: EU. Colaboradores, profissionais.	
4. Que, Como e Resultado: - Lista de atividades a executar. - Dificuldades esperadas. - Resultado esperado. - Como será medido/avaliado. - **Custos:** em conhecimento, em dinheiro, em emoção/risco.	
Comemoração: Forma de comemorar a meta alcançada. Nome do Exigidor. Multa por descumprimento.	

Fig. 16. Operacionalização da meta ou competência a conquistar

Se a meta, projeto ou competência a desenvolver requer um processo em passos sucessivos, cria-se um fluxograma. Nada no mundo acontece de golpe; tudo tem antecedentes e subsequentes, ou seja, passos ou atos sucessivos que vão perfazendo cumulativamente as tarefas para a realização final e total de uma meta. Quantos passos? De uns quatro a dez. A soma do que vem antes e depois de cada coisa é o fluxograma, que se forma por desenhos que representam sistemas, em sequência. Isso lembra brinquedos infantis de montar sequências. Uma receita de bolo tem um fluxograma a ser seguido. Uma refeição é um fluxograma. Uma rotina é um fluxograma que se tornou automático e inconsciente. O fluxograma sempre vem antes de qualquer operacionalização. Pode-se colocar o fluxograma na horizontal e as perguntas operacionalizadoras na vertical ou vice-versa.

A) FLUXOGRAMA de um Projeto	1	2	3	4
B) OPERACIONALIZAÇÃO				
ESPAÇO: ONDE?				
CRONOLOGIA: DE QUANDO A QUANDO?				
PERSONAGENS: QUEM executará (prestadios) QUEM supervisionará? QUEM serão os beneficiários?				
PROCEDIMENTOS: QUAIS são os custos? QUAIS os resultados?				
Quem será o exigidor? Sanções por descumprimento				

Fig.16.1. Planejamento de uma decisão: A) fluxograma; B) operacionalização

As empresas e os grupos têm mais hábitos técnicos que os indivíduos, isto é: investigar, fazer um diagnóstico, buscar alternativas, tomar uma decisão, organizá-la num fluxograma operacionalizado e começar a implementar. Mas os indivíduos também têm que aprender essa sequência mental. É o Ciclo Tricerebral.

Quando o planejamento da meta ou ação a cumprir está pronto e bem detalhado, o recomendável é começar o exercício que leva o cérebro à ciclagem reduzida. O que se faz é mentalizar a meta como se já estivesse concretizada, celebrando a vitória com uma festa. É o mesmo que programar "pensamento positivo", ou criar "poder de atração" ou "sorte". As instruções sobre como fazer isso estão resumidas no FLUENCIR que quer dizer Fluxograma da Energia Neuromodular em Ciclagem Reduzida que está no começo do capítulo 6. É um conjunto de técnicas de postura, respiração e relaxamento que levam o cérebro à ciclagem reduzida; aí se faz a mentalização ou gravação da meta, imaginada como vitoriosa, depois do que, se retorna à rotina cotidiana. O cérebro, automaticamente, buscará os caminhos da realização do que foi programado e gravado em ciclagem reduzida.

Mas não se pode dispensar o esforço para cumprir o planejado, com autoavaliação diária e a intervenção frequente do exigidor ou monitor, apoiando, motivando, pressionando para ser fiel ao caminho que o levará à realização da meta.

Haverá uma avaliação final na data prevista na operacionalização. Se o resultado previsto foi alcançado, parte-se para outro cultivo, porque a autoeducação é tarefa contínua e permanente. Senão, impõe-se uma multa ao inadimplente, e prorroga-se o prazo para chegar ao resultado.

Saiba, desde agora, que o mais importante em educação familiar--escolar-étnica é ajudar o filho-educando-trabalhador a articular esse tal Ciclo Tricerebral do saber, sentir/criar e fazer, porque com ele se aprende a aprender. O mesmo vale para uma empresa e uma cultura. É "a inteligência por trás da inteligência", é o sistema operacional do cérebro. É a chave da organização mental e da Ciência Social Geral. Os saberes de cada ciência ou disciplina vêm depois, como diferentes softwares executados pelo Ciclo Tricerebral (tema dos capítulos 4 e 5), que é o sistema operacional da pessoa, da cultura, do país.

1.7 EXEMPLO DE APLICAÇÃO do QT pelo Ciclo Tricerebral

Estudo de caso: Dr. Borges Filho (escores: esquerdo 42; central 32; direito 43).

Lado esquerdo do Ciclo Tricerebral (coleta de dados, processamento, diagnóstico).

Dr. Borges Filho é filho único. É um médico bem-sucedido, com 45 anos, envolvido em quantas atividades sociais se possam imaginar, mas em crise familiar e profissional.

Pelos dados do Revelador do Quociente Tricerebral ele tem choques entre o cérebro direito, com 43 pontos e esquerdo, com 42, que são suas duas fortalezas; e o cérebro central é muito vulnerável, com 32 pontos; sendo tão baixo, é o cérebro dos tropeços, e de maior risco de prejudicar-se.

Embora tenha classificação como genial no cérebro direito e esquerdo, a vida não corre muito bem para o Dr. Borges Filho, porque é pouco pragmático e sem muita vontade de vencer. Seu condicionamento pelos pais o levou a um matrimônio inviável e a filhos desorientados.

O diagnóstico indica que suas energias estão concentradas no processo simbólico-virtual, distanciadas do cérebro central-operativo-prático. Ele é muito mais teórico e humanista que prático. Ele vive um conflito interno de dúvida, indecisão e crise existencial porque a maneira como seu Ciclo Tricerebral foi montado não favorece a autocondução. É um robô da natureza, da família e da sociedade.

O povo sabe algo sobre o conflito paralisante entre o cérebro direito e o esquerdo: "quando o coração diz sim, a razão diz não; e quando a razão diz sim, o coração diz não". O problema é antigo e, como não foi equacionado, projeta-se ou repete-se com sempre mais consequências e sofrimentos a cada novo ciclo da vida. Dr. Borges passa por um momento de transição de um ciclo de vida que termina e outro que apenas desponta. É como está previsto na saída do 7º ciclo do Fluxograma da Vida e entrada no 8º, que é o tema do capítulo 3. O Fluxograma da Vida é um modelo que explica como os três cérebros comandam a vida, organizada em doze ciclos.

Lado direito do Ciclo Tricerebral (futurologia, criatividade e decisões)

A tendência de quem tem o cérebro direito predominante é atribuir a culpa às circunstâncias, ou a outras pessoas da família, embora seja verdade, no caso do Dr. Borges; mas jogar a culpa nos outros, pode-se admitir até uns 18 anos; depois, cada qual é responsável por seu passado, presente e futuro, sem poder reclamar. Numa perspectiva futura, é plausível que o Dr. Borges se entregue à derrota ou a algum sucedâneo, como narcóticos, jogo, bichos de estimação etc. para substituir a falta de endorfina de fonte humana. Há mais alternativas, como a resignação masoquista ou alguma aventura extramatrimonial com alguém que saiba conduzi-lo, pois seu cérebro está infeliz e confuso, com pouco poder de autocondução.

As soluções podem ser: buscar autoconhecimento por si mesmo ou com ajuda de alguém, e tomar a decisão de modificar/cultivar algo de um dos três cérebros para recuperar a normalidade da vida. Outra solução seria afastar-se de tudo para ter um período de descanso, mas ao reingressar em seu meio patogênico que é sua família, voltará o estresse.

Lado central do Ciclo Tricerebral (implementação, controle, *feedback*).

Se Dr. Borges tiver decidido por alguma modificação tricerebral (alguém poderá impô-la, para tirá-lo das suas indecisões) deverá repetir, umas cem vezes ao dia, o exercício de autoautorização; depois, planejar a exercitação do item escolhido para cultivo e buscar um exigidor que o mantenha em disciplina no cotidiano. A cada conquista na autorreprogramação tricerebral, Dr. Borges Filho aumentará seu poder de autocondução e irá estabelecendo novas metas para sua vida pessoal, familiar e profissional, que estão sobrecarregadas por imposição de seu cérebro direito e esquerdo. Se não fizer isso, seu cérebro esquerdo continuará a racionalizar e justificar a situação, muito bem e tontamente.

OUTRO EXEMPLO DE APLICAÇÃO do QT pelo Ciclo Tricerebral

Estudo de caso: Dr. Borges, pai do Dr. Borges Filho (escores: esquerdo 38; central 43; direito 34).

Lado esquerdo do Ciclo Tricerebral (coleta de dados, processamento, diagnóstico).

Dr. Borges Sênior tem 67 anos, é médico e professor bem-sucedido. Ficou rico. Acaba de separar-se de sua superautoritária mulher e foi morar com outra, sem problemas.

Pelos dados do Revelador do Quociente Tricerebral, sua hierarquia tricerebral é a seguinte: central com 43 pontos, esquerdo com 38, e direito com 34. O central e o esquerdo são suas duas fortalezas; e o cérebro direito afetivo, ético, é o mais fraco e vulnerável. Por isso é pouco reverente e pouco se importa com os demais. Um pai assim, junto com uma esposa e mãe superautoritária, ajudam a entender as deformidades tricerebrais e as fragilidades do Dr. Borges Filho.

Mas o tricerebrar do Dr. Borges Sênior não dá bons resultados nas três frentes existenciais. Sua lógica é a pragmática ou de conveniência, e não a sentimental-racional, como a de seu filho. Separar-se da mulher não terá sido por derrota ou problema sentimental e, sim, para solucionar problemas práticos do cérebro central (sexo e dinheiro) sem trauma emocional para ele. É sua autocondução, são suas opções de vida, mas que têm consequências e preço para ele e para os demais de seu convívio.

Lado direito do Ciclo Tricerebral (futurologia, criatividade e decisões)

A tendência será seguir com o que lhe exige seu cérebro central que lhe deu tantos triunfos. Mas a idade ou o ciclo de vida que vive ou em que está entrando poderá exigir algo mais do cérebro direito, como solidariedade, estética e mística, generosidade, para não se sentir só e escravo de sua riqueza ao final da vida. O futuro de quase todos que envelhecem é, primeiro, a atrofia da memória e do raciocínio; depois, a atrofia dos movimentos, reduzindo o idoso ao cérebro direito e suas necessidades de amor, arte e religião. Isso é Alzheimer. As alternativas para o Dr. Borges Sênior podem ser dedicar-se a algum item do cérebro direito para chegar a reconciliar-se com a vida, consigo mesmo e com os familiares.

Lado central do Ciclo Tricerebral (implementação, controle, *feedback*)

Se Dr. Borges Sênior tiver decidido por alguma modificação de cérebro direito, deverá repetir, mais de cem vezes ao dia, o exercício de autoautorização, já que quanto mais idade, menos plasticidade terá o cérebro para mudar; depois, planejar a exercitação do item escolhido para cultivo, e buscar um exigidor que o mantenha em disciplina no cotidiano. Isso será difícil, já que o Dr. Borges Sênior tem cérebro central que o torna um líder, um executivo, e não está acostumado a ser mandado e exigido. Quando se consiga o resultado previsto para o cérebro direito, o tensionamento no contexto familiar tenderá a baixar e ele, a sentir-se mais a vontade. Conseguido isso, o cultivo desloca-se do cérebro direito a outro, caso ele queira afrouxar a tirania do dinheiro ou da racionalização.

OUTRO EXEMPLO DE APLICAÇÃO do QT pelo Ciclo Tricerebral

Estudo de caso: Sílvia Borges, filha e neta (escores: esquerdo 37; central 28; direito 37).

Lado esquerdo do Ciclo Tricerebral (coleta de dados, processamento, diagnóstico).

Sílvia tem 17 anos, com uma irmã de 14 e um irmão de 13 anos. Vai mal na escola, está apaixonada por seu professor de Biologia e questiona sua família e sua classe social.

Pelos dados do Quociente Tricerebral, sua hierarquia tricerebral é: esquerdo com 37 pontos, direito com 37, e central com 28.

Como continuaria você o estudo de caso de Sílvia, pelo Ciclo Tricerebral, como foi feito com o pai e o avô dela?

Depois de alguma experiência, você pode deduzir a hierarquia tricerebral de uma pessoa sem o QT escrito, só com a convivência. Arrisque-se! Por exemplo: Que hierarquia tricerebral atribuiria você a Moisés da Bíblia? E a Jesus Cristo? Que hierarquia tricerebral atribuiria você a Pelé e Ronaldinho? A Lula e a Dilma? A Paulo Freire, Chico Xavier, a um banqueiro?

1.8 O FAMILIOGRAMA QUE EMBASA O TRICEREBRAR

O que se consegue saber dos três cérebros pelo QT é insuficiente para a educação ou reeducação familiar-escolar-étnica que aqui se propõe. Será necessário conhecer o familiograma de cada caso em estudo. Resumidamente, o familiograma é um desenho com o pai de um lado e a mãe de outro e, no meio deles, os filhos por ordem de nascimento, com o nome e a idade de cada um, incluindo os falecidos, exceto os falecidos antes de um ano de idade, porque não competiram.

O familiograma ajuda a entender as afeições, hostilidades e indiferenças que cada um viveu desde o útero até, mais ou menos, os 7 anos. Às vezes, esse condicionamento familiar se torna uma prisão mental por mais anos e, até, por toda a vida. Entender as afeições, hostilidades e indiferenças com quem e contra quem, ajuda a entender como foram sendo instalados os programas, representações ou mapas mentais tricerebrais. Esses programas vão ser recorrentes ou repetitivos pela vida afora, porque ficam enterrados no inconsciente, funcionando automaticamente, fora do controle consciente do dono, como os programas de computador (tipo .exe). Nossas ações e reações intelectuais, emocionais e operacionais são executadas de acordo com programas ou conjunto de regras cuja instalação ou criação se deu desde o útero, são continuadas na família e terão alguns acréscimos na escola formal e na escola da vida.

Entretanto, o mais determinante para a saúde tricerebral é um começo saudável que ocorre, principalmente, até os 7 anos. Mas é bom repetir: eu <u>estou</u> assim; eu não <u>sou</u> assim, porque podemos mudar. Vamos exemplificar com o caso de Sílvia Borges:

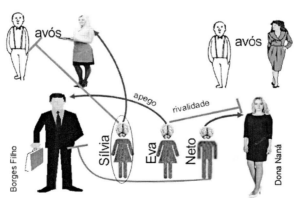

Fig. 17. Familiograma que programou os três cérebros de Sílvia

Você já tem uma "tomografia" de seus três cérebros, que é o QT. E por que os tem assim? A folha corrida de seus três cérebros começou por determinismo biológico no útero de sua mãe, continuou no "útero" da família segundo sua etnia, e continuou no "útero" da escola segundo as opções dos chefões da sociedade (alguns preferem dizer "prisão" em lugar de "útero"). Você poderá recuperar parte da "arqueologia" de seus três cérebros, aprendendo um pouco sobre o familiograma.

Antes de entrar a vasculhar isso, é melhor persignar-se, agradecer o dom da vida, e dispor-se a perdoar as imperfeições de sua família, da "porca" sociedade e do "malvado" mundo. Você está convidado a buscar autoentendimento, e não, motivos para queixas e vinganças. Ademais, depois dos 18 anos, o único responsável de tudo em sua vida é você mesmo(a). Por isso, não busque inimigos ou culpados. Busque e agradeça as raízes de seus três cérebros, não de sua genealogia. As pessoas valem por seus três cérebros e não pelo sangue, por sua genealogia, por seu sobrenome, por sua cor, por seu sexo ou outras bobagens.

Depois de situar você e seus irmãos entre seus pais, o essencial será descobrir a quem você se ligou afetivamente e com quem você sentiu rivalidade ou competição por causa dessa ligação ou aliança afetiva para lutar pela sobrevivência. Para os meninos, a natureza os impele a se ligarem à mãe ou figura feminina que a substitui; e os impele a sentir-se em competição com o pai ou figura masculina que o substitui. Para as meninas, a natureza as impele a se ligarem ao pai ou figura masculina que o substitui; e as impele a sentir-se em competição com a mãe ou figura feminina que a substitui. A pessoa a quem estiver mais apegada influenciará, principalmente, a programação e desenvolvimento do cérebro direito; e a pessoa objeto de sua hostilidade ou rivalidade influenciará, principalmente, a programação e desenvolvimento do cérebro esquerdo e central.

Mas nem sempre é tão direto e claro assim, porque existe a competição ou a disputa entre irmãos pela mãe ou pelo pai e pelos satisfatores que eles oferecem para nossa sobrevivência. Todos nascemos sabendo lutar por pai e mãe. Mas há desvios. Uns serão ganhadores do pai ou da mãe; outros serão perdedores e buscarão vincular-se ao avô, à avó, a um tio ou a uma tia e outras figuras ao alcance da criança. O familiograma será retomado e completado no capítulo 3.

1.9 QUE OUTROS NOMES FORAM DADOS AO PRINCÍPIO TRI-UNO OU À TRI-UNIDADE?

Como você já deve ter notado, todos os saberes sobre uma mesma coisa têm sempre três origens, três linguagens, três correntes ou três blocos de autores, embora seja mais fácil notar só os dois lados em guerra, e seja bem mais difícil notar o terceiro lado que é mais neutro, silencioso e tímido (Nicolescu, 2000).

Por que sempre três? Porque o molde da matergia e da vida é o três, desde a física quântica que começa com um mínimo de três partículas trançadas ou em hélice de três pás. Por isso, sempre há três subgrupos ou bandos interessados por uma mesma coisa, o que gera competição e luta. A essa competição e seus conflitos entre três contendores chamamos JOGO TRIÁDICO. Os indivíduos, as famílias, as empresas, os países se compõem de três forças, partes, subgrupos, em mútuo assédio, e contendas de domínio/poder máximo, para tirar vantagens sexuais e econômicas máximas dos dominados. É impulso natural para a maximocracia, a busca de mais e sempre mais, insaciavelmente. Tem sido sempre assim.

— Por que tem sido sempre assim?

— Porque cada parte ou subgrupo, quando é impelido a buscar poder máximo para espoliar as duas outras partes ou dois subgrupos, gera oposição e resistência defensiva dos espoliados mais ofendidos e corajosos; estes começam com protestos e contendas de baixa intensidade, mas que vão crescendo em violência até virar guerra de extermínio. Os espoliados menos conscientes e menos corajosos tratam de ficar longe do conflito, conformados com sua situação de roubados de tudo.

Como identificar quem está e como luta cada parte ou subgrupo nesta eterna guerra de sexo, amor, informação e sobrevivência?

Cada uma das três partes ou dos três subgrupos tem sua identidade, denominação, metas e características comportamentais próprias e únicas, assim:

- Subgrupo oficial: o que se impõe e manda; não importa se é capitalista, socialista, religioso ou ateu, masculino ou feminino, branco ou preto, velho ou novo, rico ou pobre.

- Subgrupo antioficial: o que se opõe e luta pelo poder; não importa se é capitalista, socialista, religioso ou ateu, masculino ou feminino, branco ou preto, velho ou novo, rico ou pobre.

- Subgrupo oscilante: seguidor e vítima de um dos anteriores; não importa se é capitalista, socialista, religioso ou ateu, masculino ou feminino, branco ou preto, velho ou novo, rico ou pobre.

Essas três partes ou esses três subgrupos de um todo atuam, às vezes, todos contra todos; outras vezes, dois cooperam para competir com o terceiro; e, geralmente, atuam todos contra todos, anarquicamente, até um deles sair ganhando e impor-se aos outros dois. Esses três subgrupos com suas tipologias de comportamento brotam de cada lado dos três cérebros individuais ou coletivos e suas variadas hierarquias.

Historicamente, cada cultura ou etnia apresenta evolução diferente da rotação dos três cérebros na posição hegemônica e na posição hierárquica. Quando é a religião que manda ou impera (teocracia), é o cérebro direito que está na posição hegemônica. Quando quem manda ou impera é a lei, incorporada num governo civil, é o cérebro esquerdo que está na posição hegemônica, que se chama civicracia ou "democracia". Quando quem manda ou impera, como hoje, é o dinheiro, o mercado, a guerra, a força, é o cérebro central que está na posição hegemônica, que se chama econocracia, plutocracia, financiocracia ou bancocracia.

A história é o show dos três cérebros, suas correspondentes culturas e três formas de poder que se vão derrubando e substituindo na posição hegemônica. Agora, com a globalização, o império judeu-anglo-americano pretende que todos renunciem a seu ritmo histórico e tenham como hegemônico só e sempre o cérebro central. Mas nunca dizem que se trata de cérebros e subgrupos de poder agindo disfarçados. Disfarçam isso com eufemismos e palavras vagas como democracia, liberdade, transculturalidade, tolerância, mercado, destino, conjuntura, vontade de Deus etc. Mas os três cérebros e os três subgrupos daí derivados estão sempre competindo pela posição hegemônica, tratando de ocultar ou negar isso com nomes despistadores. Malfeitores travestidos de benfeitores!

Recordemos alguns dos nomes dados ao princípio triádico oculto, ou aos três cérebros e três subgrupos, quase sempre reduzidos a um só, que trataremos de traduzir pela linguagem da trialética sistêmica, que chamamos triadização. É uma espécie de logoterapia, isto é, saneamento e correção da multiplicidade de conceitos redundantes, criados por livre associação, e de ambiguidades semânticas. Com o uso da logotriadização tricerebral pode-se reduzir tanta multiplicidade.

As religiões não libertadoras, por sua tradição de dividir o mundo em bom e mau – o delas é o bom ou sagrado e o dos demais é o mau, mundano, pagão ou profano – aplicam o mesmo paradigma à mente. O cérebro direito, com sua inclinação para acreditar, amar, para fazer o bem, seria o espírito, a alma; e o cérebro esquerdo, racional, que critica todas as Bíblias, as autoridades religiosas, junto com o cérebro central, erótico e violento, seria "livre pensador", herético, seria o demônio de instinto rebelde e pecador.

Estamos acostumados a caricaturas do homem com um anjo soprando coisas boas num ouvido, enquanto um diabinho sopra coisas perversas no outro, mostrando só dois lados. No entanto, quase todas as ficções religiosas admitem trindades.

Os chineses caracterizam todos os fenômenos em duas categorias: Yang-Yin. Ao usar somente dois lados, consideram o terceiro como distribuído entre ambos ou como uma força abarcando a ambos. O que corresponde ao Yang seria a parte do cérebro central somada ou integrada ao cérebro esquerdo. O que corresponde ao Yin seria o cérebro direito, segundo Alan Watts (1961), que é o melhor intérprete da filosofia zen-budista, junto com Deepak Chopra. O Tao, ou o Tai-Chi seria o caminho do meio ou da proporcionalidade, o qual se poderia considerar como o eixo do movimento alternado de Yang-Yin.

Em Psicologia, Freud denominou os três processos mentais como: Id, Ego, Superego. O **Id** corresponde à parte central, reptílica, instintiva, à natureza animal primitiva, erótica, violenta, inconsciente, amoral.

O **Ego** corresponde ao cérebro direito, às aspirações, fantasias, aos sentimentos, à emoção, ao subconsciente que quer ser moral. O **Superego** é o cérebro esquerdo, analítico, verbal, interpretador e censurador moralista e legalista, que pode tornar-se mais consciente.

Outra denominação que vale a pena citar é a dos dois processos mentais de Carl Jung (1998). Jung poderia ser triádico. Seus seguidores, entretanto, agarraram-se ao diádico, em só dois conceitos: o cérebro esquerdo como *animus*, e o cérebro direito como *anima*. Ele poderia chamar ao cérebro central de **animal** ou bestial.

Há os que dividem os dois hemisférios em parte anterior e posterior ou superior e inferior, ficando, assim, com a falsa noção de que são quatro cérebros. É a teoria da quatrinidade que usa **dois cérebros e não três** como princípio estruturante, o que é inadequado frente ao que já se conhece: o mínimo de tudo é sempre três, com mais de dois níveis.

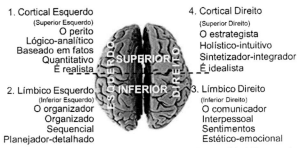

Fig. 18. Teoria da quatrinidade ou quatro quadrantes (Ned Hermann)

Os enfoques modernos mais difundidos são o de Daniel Goleman com sua inteligência emocional, que aborda o tricerebrar desde o cérebro direito; e o de Howard Gardner com sua listagem de inteligências múltiplas, que começou em sete e já está em nove, uma lista que nunca terminará porque foi usada a livre associação sem um princípio estruturador/hierarquizador, como o cérebro tri-uno tetranivelado. É hora de superar a livre associação pelo uso de referenciais e modelos do paradigma sistêmico triádico e seus referenciais, para melhorar a organização mental e ter a memória como um banco de dados.

Pela triadização, as inteligências verbal-lógica e a lógico-matemática são do cérebro esquerdo em seu nível 1; as inteligências cenestésica-corporal e a naturalista são do cérebro central de nível 1; e as inteligências espacial, intrapessoal e interpessoal são do cérebro direito de nível 1, enquanto as inteligências pictórica e musical são do nível 2.

Fig. 19. Lista de inteligências de Gardner. . . . . Inteligência triadizada

Os japoneses querem demonstrar que a personalidade pode estar ligada ao tipo sanguíneo, mais ou menos assim:

- Os de tipo "A" seriam mais lógicos;
- Os de tipo "B" seriam mais emocionais;
- Os de tipo "O" seriam mais operacionais.

Será? O sangue de tipo "A" é incompatível (compete) com o sangue de tipo "B", enquanto o sangue de tipo "O" é neutro e universal. Esse é um jogo triádico do sangue, como há jogos triádicos entre graus de temperaturas, entre camadas da pele, entre posições na escala de PH, de pressão sanguínea etc. Embora todos eles sejam fatores de estabilidade ou instabilidade endócrino-neuronal, não são os principais determinantes do desempenho tricerebral ou trigrupal.

Na Psicologia da Aprendizagem, o franco-suíço Jean Piaget fez bons progressos, aplicando a teoria da evolução aos processos mentais, denominando-os assim:

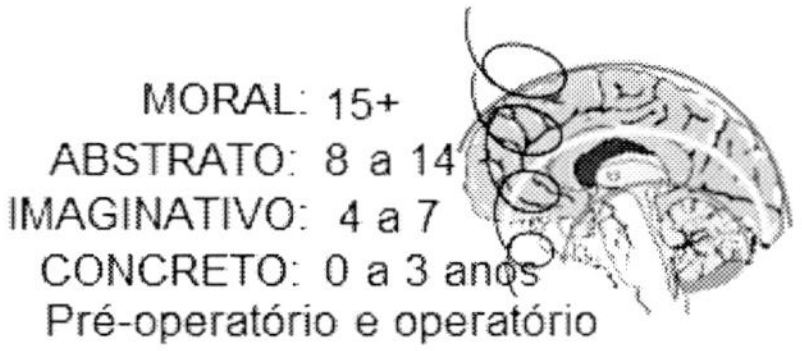

- Pensamento concreto-operativo do cérebro central, porque a criança começa atuando somente sobre o que vê e toca ou o que está ao alcance dos sentidos, processo que predominaria de 0 a 3 anos;

MORAL: 15+
ABSTRATO: 8 a 14
IMAGINATIVO: 4 a 7
CONCRETO: 0 a 3 anos
Pré-operatório e operatório

Fig. 20. Ciclos da evolução da aprendizagem segundo Piaget

- Pensamento intuitivo-criativo do cérebro direito, porque na criança de 3 anos brota a fantasia, a imaginação, que se reflete nos contos infantis, desenhos, brincar de faz de conta etc., que predominaria de 3 a 7 anos;

- Pensamento lógico-abstrato-matemático do cérebro esquerdo, porque a criança inaugura o uso da razão e a manipulação simbólico-virtual da realidade concreta, que predominaria dos 7 anos em diante.

Dos 15 anos em diante, brotaria, segundo Piaget, a chamada racionalidade, ou equilíbrio das partes, o sentido comum, a maturidade e a consciência ético-moral. Essa hipótese da racionalidade moral está cada vez mais desacreditada.

Com base nessa teoria de Piaget, surgiu o construtivismo em educação, que é uma espécie de método científico indutivo em educação, ou de método socrático de perguntas para que o estudante redescubra, reconstrua o conhecimento. É melhor que ditar verdades, em aulas tipo conferência e ditado.

Com base em Luiz Vygotsky, os dialéticos marxistas elaboraram sua própria versão do construtivismo popular, denominado sócio-interacionismo, para chamar a atenção sobre a enorme influência do ambiente e das relações socioeconômicas de classe na construção dos programas ou representações mentais; ademais, acusando o piagetismo de ser elitista, individualista, intrapsíquico e, de levar pouco em conta as influências das classes sociais.

Do construtivismo vem, também, a ideia de que vale mais desenvolver processos mentais que cumprir com currículos sobrecarregados. O enorme tempo e esforço gasto com as ciências naturais que tanto sacrificam a infância e a adolescência teria o mesmo resultado que um ou dois meses de estudo e viagens na vida adulta. As críticas e contribuições dos piagetianos à educação são muito valiosas. Mas o que se nota na prática é que o construtivismo, depois do pré-escolar, é uma proposta que se dedica exageradamente ao cérebro esquerdo lógico ou teórico, sem estimular suficiente e simultaneamente o desenvolvimento do cérebro direito e central. Com isso, cai numa educação linear ou verticalista, como se houvesse, primeiro, três anos de educação do cérebro central, exclusivamente; depois, 4 anos de cérebro direito, exclusivamente; e, daí em diante tudo se concentraria no cérebro esquerdo, que convergiria para a racionalidade científica e moral.

Há os que querem dividir essas mesmas etapas em ciclos septenários, como a Antroposofia de Rudolf Steiner, com suas escolas Waldorf. Não se pode esquecer que o cérebro tem desenvolvimento simultâneo dos três processos, embora com predomínio rotativo de um deles segundo a idade e as situações. É a rotação dos três cérebros no comando. A estimulação tricerebral é simultânea, embora a dosagem vá-se diferenciando, segundo a idade e as ocupações.

Sem negar a enorme contribuição da teoria construtivista à aprendizagem infantil, esta proposta está sendo superada porque continua a ignorar as neurociências e o tricerebrar, que deveriam estar na base de tudo; e, porque a suposição que a racionalidade e a consciência ético-moral brotem espontaneamente não se cumpre. A tentativa de síntese das correntes piagetiana, vygotskyana e de outros psicólogos/neurólogos, por Esther Grossi (2000) é, sem dúvida, um grande avanço, conhecido como pós-construcionismo. Mas falta incluir uma teoria mais atualizada de cérebro bem como alguma teoria de suas manifestações grupais e coletivas.

Depois das tentativas de implementar as técnicas de qualidade total na educação, e a educação problêmica (problema a solucionar ou projeto a desenvolver indutivamente), está se tratando de implementar a educação por competências. Esse enfoque vem da formulação do francês Thomas Durand que retomou o lema do austríaco Pestalozzi, que viveu de 1746 a 1827.

Fig. 21. Teoria das competências (T. Durand)

O lema educacional de Pestalozzi era: cabeça, coração, mãos, que, para Durand, virou: conhecimento, atitudes e habilidades, cada um podendo subdividir-se em três outra vez.

Essas denominações todas podem vantajosamente ser reduzidas à denominação geral de cérebro esquerdo-lógico, cérebro direito-emocional e cérebro central-operativo, cada um em quatro níveis de desenvolvimento e desempenho. A todas as teorias apresentadas e triadizadas falta-lhes, entretanto, uma ponte ou ligação com os três subgrupos de comportamento. Essa é uma falha grave: o entrechoque dos três subgrupos é a parte mais dramática e notória da tri-unidade, sem notar que deriva da tri-unidade cerebral, e que esta deriva da tri-unidade da matergia e vice-versa. Sem notar essa conexão e extensão, as explicações das ideologias, a formulação de leis sociais e as medidas para deter a injustiça, a violência e as guerras serão sempre capengas. Nessa falha incorrem tanto as Ciências Sociais e Humanas, como as Exatas, falha chamada "cartesianismo fragmentarista".

1.10 CADA PROCESSO MENTAL PODE SUBDIVIDIR-SE EM TRÊS.

Pelo paradigma tri-uno, que é holístico ou hologramático recorrente como as bonecas russas, cada uma das três partes contém o todo e, assim, pode ser subdivida em três; cada sistema pode também ser tomado como uma parte que irá formar um todo tri-uno maior.

O processo do cérebro esquerdo foi dividido em dois, primeiro por Friederich Hegel, com base no argumento que este trabalha com momentos de ziguezagues de tese e antítese; quer dizer, vai alternando contrários que existem na argumentação, em confrontação permanente até a acomodação numa síntese; mas em seguida recomeça tudo, em ciclos de tese-antítese--síntese, sem fim.

Quando o cérebro esquerdo se dedica a entender a natureza como uma imensidade de unidades independentes, e que suas relações são apenas de causa e efeito, a lógica é monádica, cartesiana, linear. Hegel pôs o cérebro a relacionar pares de conceitos com algum tipo de contraposição. Isso deu origem à lógica diádica que abriu caminho ao pensamento crítico moderno. Antes, o dogmatismo religioso e científico eram monádicos, eram impostos como verdade única e indiscutível. Discordar podia significar perseguição e morte.

K. Marx defendia que não bastava descobrir pares de conceitos contraditórios, no discurso, na teoria do cérebro esquerdo, mas que era preciso descobrir pares contraditórios de classes sociais opostas pelo cérebro central, que são os conflitos de poder, trabalho e busca da riqueza. "Não basta explicar a história; é preciso transformá-la", conforme Karl Marx. Explicar a história é função do cérebro esquerdo e transformá-la é função do cérebro central, que é de ação prática. Na linguagem de Marx, tratava-se da "práxis" evolutiva da sociedade como efeito da evolução de sua base material ou modo de produção. Ele considerava a religião, que é do cérebro direito, "ópio do povo" ou de algumas classes sociais. Marx dava pouca importância ao cérebro direito, porque ele tinha excesso de cérebro esquerdo analítico e crítico.

Marx tinha uma noção muito imprecisa do cérebro. Mas sabia que o cérebro sofria condicionamento de acordo com a classe social ou as condições de vida, bem-estar ou mal-estar em que as pessoas viviam. Esse é o fundamento da proposta de Vygotsky para a influência sócio-histórica na educação.

A Programação Neuroliguística ou PNL parte do princípio de que o cérebro transforma as percepções dos sentidos em representações mentais, adequadas ou inadequadas. O cérebro esquerdo concentraria as representações mais visuais da realidade por meio de palavras como: ver, observar, descrever, cor, linhas, simetria, ângulos, trilhos etc. O cérebro direito concentraria as representações auditivas ou acústicas da realidade através de palavras como: ouvir, falar, cantar, harmonia, alarme, sonoridade, dissonância etc. O cérebro central concentraria as representações sinestésicas dos sentidos do tato, do gosto e do olfato, por meio de palavras como: sentir, pegar, sofrer, agradável, saboroso, salgado, forte, duro etc. Pode-se também interpretar os três tipos de representações verbais como subdivisão triádica ou tridimensional do cérebro esquerdo, ao tomá-lo como holograma.

O Movimento pela Qualidade Total exige diversas características dos produtos que podem ser classificadas ao redor dos três cérebros:

- No cérebro esquerdo: padrão técnico elevado;
- No cérebro direito: confiabilidade e embalagem sedutora;
- No cérebro central: bom preço, utilidade e durabilidade.

Para superar a multiplicidade de denominações dos processos mentais, faremos uso de um denominador comum. Usaremos sempre as mesmas denominações: processo esquerdo-lógico, processo direito-emocional e processo central-operativo, tetranivelados, com sua tridimensionalidade recorrente, porque vinda da matergia tri-una; seu Ciclo Tricerebral; seu revelador do quociente tricerebral e sua conexão com os três subgrupos de comportamento. Todas as demais teorias e denominações de inteligência serão triadizadas e comparadas com esses itens.

Além do que já se triadizou, tomemos a Teoria Triárquica da Inteligência de 1985 – T T I – de Robert Sternberg (2010) como um exemplo a mais. A teoria parte de três subcomponentes: experiencial ou inteligência analítica; contextual ou inteligência criativa; e experimental ou inteligência prática.

Como Sternberg postula três inteligências, há coincidência com nossa teoria tricerebral, que é de 1980, embora só publicada em 1984. As diferenças são:

- Sternberg não apresenta nenhuma teoria de cérebro e fica sem relacionar as inteligências com sua base anatômica físico-química, seu sistema operacional; e não tem nenhuma conexão com a matergia tri-una da Física Quântica ou da Ciências Exatas.
- Não apresenta níveis de desenvolvimento, nem o papel do familiograma na programação tricerebral e sua continuidade na escola.
- Não desenvolveu o Ciclo Tricerebral ou mental, nem um teste para detectar o potencial tricerebral.

- Não vinculou as três inteligências aos três subgrupos de comportamento, que estenderia uma ponte entre cérebro e sociedade.

1.10.1 O cérebro como holograma e hológrafo

Karl Pribram (1980), um neurocientista norte-americano, apresenta o cérebro como um Hológrafo e produtor de hologramas sendo, ele mesmo, um holograma. Hoje em dia, os hologramas são rotina nos filmes e no mundo virtual: são como figuras tridimensionais, mas de pura luz, como os "fantasmas" de antigamente.

Holograma é a fórmula ou receita energética tri-una de qualquer sistema a nível quântico ou subquântico, manifestada como um conjunto de vibrações ou frequências "sem matéria", segundo Michael Talbot em seu livro *O Universo Holográfico* (1993). Uma das características do holograma é que um conjunto de círculos e suas ondas e frequências se interpenetram e se entremeiam em todas as direções e dimensões sem prejudicar umas às outras. O holograma de uma maçã, primeiro reproduz a maçã ao centro; depois, reproduz maçãzinhas ao redor, em círculos concêntricos, com maçãzinhas cada vez menores.

O mesmo acontece com qualquer objeto submetido a raios laser: o objeto é decomposto num conjunto de micro redemoinhos que, ao multiplicarem-se ou repetirem-se, formam um macro redemoinho de ondas, vibrações ou frequências de energia. É a receita ou fórmula energética daquele objeto ou sistema, cuja estrutura é sempre tri-una.

Pensando bem, toda a criação, tanto um casal com seus filhos, netos e tataranetos, como as estrelas com seus satélites, e estes com seus satelitezinhos, seguem o mesmo princípio: a complexificação da matergia se dá por hologramas repetitivos em escalas crescentes. Podemos fazer o oposto: tomar um holograma e decompô-lo em seus hologramainhas que o compõem.

É o caso do cérebro tri-uno: na hora de decompor ou desagrupar em escala decrescente, o cérebro esquerdo é uma miniatura de todo o cérebro, bem como o direito e central. Na hora de fazer composições em escala crescente, o cérebro tri-uno do indivíduo se torna o cérebro tri-uno grupal, o cérebro tri-uno social ou nacional, até o cérebro tri-uno da espécie humana.

A holografia foi uma descoberta do engenheiro-eletricista húngaro-britânico, Dennis Gabor, em 1947, pela qual foi laureado com o Nobel de Física de 1971. Mas a noção de holograma ou de "fórmula energética" havia sido intuída há muito tempo. As tradições místicas a chamavam "centelha" da divindade. O filósofo Platão afirmava que antes de tomar forma corporal de matéria densa ou energia concentrada, cada ser existia no "mundo das ideias", como uma ideia, uma fórmula, um programa ou algoritmo que se repetiria ao multiplicar-se. As galáxias também têm essa forma ou aparência de holograma que se repete. Vem daí e do efeito E.P.R. a base para que o físico norte-americano David Bohm pudesse afirmar que o universo subquântico é um imenso holograma ou uma interconexão infinita de hologramas, que se agregariam e desagregariam, conservando sempre a mesma fórmula e forma. Seria, o holograma, uma espécie de princípio de ordem ou geometria implicada ou implícita por trás e por baixo de tudo e de todas as aparências.

Ademais das características de tridimensionalidade e coextensividade, o holograma tem estrutura recorrente: cada pedaço do holograma contém o todo e vice-versa, ainda que em proporções diferentes. É o mesmo princípio da clonagem: uma célula de um fio de cabelo contém o princípio ou a fórmula que pode reproduzir todo o corpo humano. "Cada célula de nosso cérebro guarda em seu interior uma cópia de todos os nossos genes" (Projeto Brain).

Isso significa que, a nível quântico, não existe distância nem divisão de espaços: tudo é infinito, tudo é onipresente, não encerrado num local, não segregado. Isso pode explicar o efeito E.P.R., que são as iniciais de Einstein, Podolsky e Rosen. Eles notaram o fato seguinte: duas partículas que vibraram juntas alguma vez, seguirão respondendo ao movimento uma da outra, apesar da distância no tempo e no espaço, como dois antigos amantes que não podem desemaranhar-se e esquecer um do outro.

Essa foi uma das características que chamou a atenção de Karl Pribram para explicar como funcionaria a memória: as lembranças e informações podem estar organizadas e associadas em forma de holograma (ou rede tridimensional) e não, localizadas e arrumadas como numa estante.

Para superar a multiplicidade de nomes do cérebro e de enfoques da realidade, temos que aprender a triadizar o que tem aparência e denominação monádica ou diádica. Aqui vai um exercício para que você se acostume a pensar tudo como tri-uno, a transformar em triádico qualquer conceito ou fato, a corrigir explicações monádicas ou diádicas, a situar-se sempre no contexto triádico sistêmico da Ciência Social Geral.

1.11 AMPLIFIQUE-SE: DO MONÁDICO E DIÁDICO ATÉ O TRIÁDICO

✓ Exercite-se para sempre "achar" três em tudo.

✓ É a **triadização** ou completação triádica de conceitos e fatos.

CÉREBRO ESQUERDO	CÉREBRO CENTRAL	CÉREBRO DIREITO
Superego	Id	Ego
Ciência	Práxis	Fé
Representações visuais	Represent. cinestésicas	Represent. auditivas
Pensamento abstrato	Pensamento concreto	Pensam. imaginativo
Subjetivo	Objetivo	Onírico
Realidade simbólica	Realidade factual	Realidade icônica
Inteligência	Experiência	Criatividade
Pensamento	Ação	Intuição
Análise	Ensaio/erro	Adivinhação
Universidade	Empresa	Ateliê
Explicar	Fazer	Crer
Investigar	Realizar	Iluminar-se
Saber	Sexuar	Amar
Conscientizar	Sofrer	Sublimar
Conhecer	Ter	Ser
Linear	Trançado	Ondulado, não linear
Passado	Presente	Futuro
Biblioteca	Mercado	Templo
Internet	Patrimônio	Sinfonia
Classificação	Organização	Livre associação
Instrutor	Exigidor	Motivador
Filosofia	Tecnologia	Arte
Matemática	Educação física	Ética, moral

CÉREBRO ESQUERDO	CÉREBRO CENTRAL	CÉREBRO DIREITO
Comunicação verbal	Comunicação factual	Comunicação cinésica corporal
Cultura	Saúde	Alegria
Hipótese	Utilitarismo	Dogma
Semiconsciente	Inconsciente	Subconsciente
Serpente	Boi	Pomba
Azul	Vermelho	Amarelo
Sinfonia	Rock	Bolero
Discurso	Contrato	Poema/salmo
Linha	Triângulo	Ponto
Vinho	Aguardente	Licor
Formal	Solene	Informal
Discussão	Dominação	Afinação
Violência psicológica	Violênc. físico-econômica	Violência emocional
Yang	Tao	Yin
Antítese	Tese	Síntese
Bruxa	Mãe	Fada madrinha
Bicho papão	Pai	Papai Noel
Doutrina	Obras	Fé e esperança
Neocórtex	Reptílico	Límbico
Homo/*mulier* sapiens	Homo/*mulier faber*	Homo/*mulier ludens*
Lei	Força	Moral
Racional	Material	Emocional
Animus	Animal	*Anima*
Intelectual	Realista	Sonhador
Apolíneo	Hercúleo	Dionisíaco
Crítico	Combativo	Romântico

Se quisermos fazer um levantamento das competências a desenvolver desde cedo, podemos seguir o esquema de três blocos cerebrais que vem adiante. Além dessas competências iniciais, cada ciclo de vida requer mais competências, para a adolescência, para a educação universitária, para a vida profissional e para a terceira idade, de acordo com o momento existencial nas três frentes da vida: cognitiva, profissional e emocional. Na transição de um ciclo a outro, conforme pode ser visto no Fluxograma da Vida, no capítulo 3 deste livro, faria falta algum curso de transição para o fechamento do ciclo anterior e preparação para o ciclo seguinte.

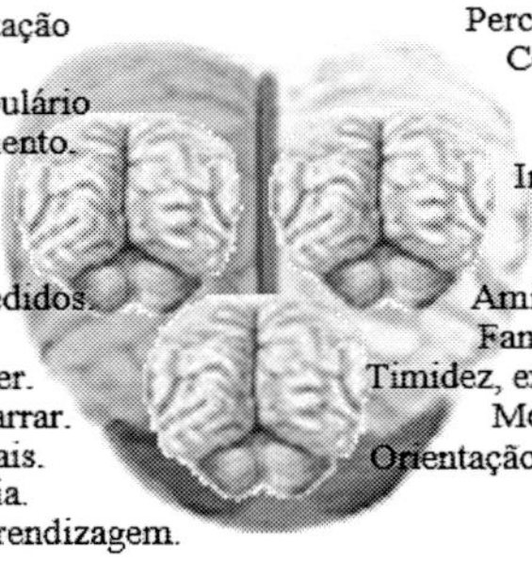

CÉREBRO ESQUERDO
Atenção seletiva, intencional, memorização
Compreensão e uso de normas.
Comunicação verbal, volume de vocabulário
Correção nos verbos, pronomes, tratamento.
Uso de números e medidas.
Prontidão para preguntar e responder.
Gosto por livros, leitura, curiosidade.
Compreensão de ordens, comandos, pedidos.
Domínio de classificações, relações.
Capacidade de pedir, solicitar o que quer.
Articulação de ideias, digressões ao narrar.
Grau de detalhe em todos os operacionais.
Autorizaçãopara a crítica, a divergência.
Percepção da realidade. Hábitos de aprendizagem.
Uso de relógio, balança, calendário.

CÉREBRO DIREITO
Percepção de si mesmo e de seu corpo.
Conhecimento de símbolos e sinais.
Interesse por religiosidade.
Expressão artística, criatividade.
Interesse e assimilação da televisão
Respeito pelos valores maternos.
Sensibilidade à estimulação.
Amizades, afetividade, relacionamento.
Fantasia, imaginação, sonho desperto.
Timidez, extroversão, riso, humor, ludicidade.
Moralismo, ética. Vaidade, elegância.
Orientação espacial, dança, aprumo corporal.
Hobbies particulares, gostos.
Autoestima, susceptibilidade.
Cores e sons preferidos.
Capacidade de relax, concentração.

CÉREBRO CENTRAL
Funcionamento dos sentidos.
Coordenação de maxilares, lábios, língua, respiração.
Coordenação motora ampla e fina. Gestos nervosos.
Modo de caminhar, correr, sentar-se, levantar-se, gesticular.
Interesse pelo funcionamento de brinquedos, aparelhos.
Independência na execução de tarefas. Liderança.
Interesse em iniciar, planejar, dirigir atividades.
Eficiência em Educação Física, movimentos. Lateralidade.
Pontualidade, precisão. Organização pessoal e de objetos.
Resistência física e mental. Autocontrole da saúde.
Manifestação de sexualidade, de gula, de agressividade.
Manualidades, disposição geral para a ação.
Participação em experiências, trabalhos. Disciplina.
Expectativa de recompensa pelo que faz.
Preocupação com o dinheiro, seu manejo e poder de compra.

Fig. 22. COMPETÊNCIAS TRICEREBRAIS A DESENVOLVER DESDE A INFÂNCIA

1.12 QUEM ATIVOU OS PODERES DOS TRÊS PROCESSOS MENTAIS

A educação, para tornar-se mais efetiva, terá que diminuir o exagerado enfoque no atual currículo de ciências para dar mais centralidade ao desenvolvimento de competências tricerebrais. Com elas, pode-se aprender de tudo. Por isso será útil conhecer e reconhecer os pioneiros do processo tricerebral e as mudanças ou as revoluções que propiciaram.

O primeiro dos três processos mentais em ser potencializado foi, evidentemente, o central. A própria luta, o próprio meio ambiente, a própria sobrevivência são o maior estímulo para o desenvolvimento do cérebro central, falando em termos evolutivos dos bandos, dos clãs e das tribos, e não em termos educativos modernos.

Em seguida, para domesticar um pouco o cérebro central-animal, deu-se a grande potenciação do cérebro direito por líderes religiosos. Houve o descobrimento da meditação, dos rituais, dos jejuns, das orações, dos cânticos, da arte, e de diversas técnicas como respiração, relaxamento, para reduzir a ciclagem eletromagnética e produzir as ondas cerebrais alfa, theta e delta. Eles não sabiam que se tratava de ondas de ciclagem reduzida; acreditavam tratar-se de coisas sobrenaturais, revelações, milagres etc. Quando há redução da ciclagem cerebral, saímos dos limites da percepção dos sentidos e passamos a um modo de percepção instantâneo, amplo e global que se denomina gestáltico, holístico, quântico, sensitivo, extrassensorial, místico, metafísico etc.

Modernamente, isso se consegue mediante o uso de drogas, aparelhos de alfagenia, luz estroboscópica e outras modalidades que a ciência vem desenvolvendo. Antigamente só os religiosos sabiam potencializar ou aumentar o potencial do cérebro direito, como Zaratustra, Buda, Lao Tse, Pitágoras etc. Depois, temos a figura de Jesus Cristo como grande potencializador, centrado no cérebro direito.

A potencialização feita por Jesus Cristo consistiu em recordar a todos que somos filhos do mesmo processo energético, ou do mesmo "pai", portanto irmãos. A partir daí, desencadeou uma série de perspectivas novas de ação, de intervenção, de comportamento e de enfrentamento das diferenças políticas, econômicas e sociais, primeiro contra as elites judias e, depois, contra todo o Império Romano. Foi essa potencialização que produziu o cristianismo e a Idade Média ocidental, com suas artes e progressos, seguida depois por suas atrocidades.

Maomé, lá pelo ano 622 depois de Cristo, foi o grande potencializador dos cérebros da cultura Árabe-Islâmica com seu florescimento matemático, científico, arquitetônico, agrícola, e seu expansionismo na África, no Oriente e até o sul da Europa, com a posterior decadência no fim da Idade Média.

Quando o cristianismo deixou de ser o potencializador dos processos mentais, no início do século XVI, surgiu Martinho Lutero, seguido por Zwinglio e outros, liberando o cérebro esquerdo frente ao clero e frente a Deus. Isso significava que cada um poderia entender-se diretamente com Deus, que tinha o potencial mental para interpretar sua Bíblia, que tinha autonomia e liberdade mental para lidar com o natural e o sobrenatural. Isso desencadeou o processo científico ou o método analítico que desenvolveu as Ciências Exatas, com grandes personalidades como Francis Bacon, depois Galileu, Descartes e Newton e, ultimamente, Darwin, Einstein etc. Foi essa potenciação do processo esquerdo-lógico que deu origem ao pensamento científico indutivo/dedutivo, à pesquisa, aos processos de medição, de questionamento, de descobrimento e de avanço tecnológico, dos quais a humanidade se tem beneficiado muito, até virarem pesadelo com a destruição do ecossistema e a ameaça à vida de todas as espécies.

A Reforma/revolução protestante, que surgiu como protesto contra a mercantilização do cristianismo de Roma, aos poucos mercantilizou-se com Jean Calvino, contemporâneo de Lutero, que afirmava: a salvação eterna não se dá pela pobreza e o sofrimento como no tricerebrar católico. Conquista-se pelo trabalho produtor de prosperidade e riqueza, que são os únicos sinais de salvação e aprovação divina. Com isso, retornou-se à doutrina da salvação eterna judaica segundo a Torah, que é só o velho testamento para os cristãos; mas criou-se, também, a ética protestante do trabalho que se tornou a mais produtiva do planeta.

Os potencializadores do cérebro esquerdo no século XIX foram Hegel e Marx porque introduziram a lógica diádica, ou seja, ajudaram o cérebro esquerdo da humanidade a raciocinar em termos de pares opostos em lugar de unidades. A lógica diádica favoreceu enormemente o desenvolvimento do espírito crítico, a análise das contradições. Isso significou um salto mental enorme em relação ao paradigma e aos processos anteriores, principalmente no campo das Ciências Sociais e Humanas, e a regulação social. Mas o modelo marxista-socialista foi derrotado e o mundo regressou ao paradigma monádico. Nessa era de enorme complexidade e incerteza, o paradigma monádico é muito simplório, embora seja o preferido pelos subgrupos oficiais de todas as épocas, credos, cores, ideologias, sexos, classes etc.

A maior potenciação do processo central, do lado prático, foi a invenção de extensões a seu serviço, que são os instrumentos, máquinas e todos os aparelhos que aumentam a capacidade humana de trabalho e de produção. Com a tecnologia, criou-se outro tipo de potenciação, que foi a administração, a gerência, o processo de dividir tarefas em partes menores, de organizá-las de forma sequencial ou em série, e treinar as pessoas para o processo de gerência e produtividade. Agora é a vez da robótica e da gestão do conhecimento e das competências.

A revolução microeletrônica, a inteligência artificial, com seus computadores cada vez mais potentes e a internet, pareciam encaminhar-nos a uma nova solução no uso do tricerebrar. Mas parece que só reforçou o modelo iniciado por Bacon e Descartes, ou seja, do unipensar, do paradigma monádico ou do monopólio oficialista do conhecimento e da tecnologia das Ciências Duras ou Exatas. A teoria de sistemas e a teoria do caos não se firmaram o suficiente para ser uma alternativa ao método analítico monádico que tem produzido tanto conhecimento, mas também tanta selvageria e caos.

O paradigma sistêmico triádico, com suas neuroferramentas que trataremos no capítulo 4 e seguintes, e a ética numérica do Proporcionalismo podem ser uma nova força potencializadora para superar a atual crise e transição de época.

Mas há o outro lado da questão, que são as misérias de nossos três cérebros. Para enfrentar as anormalidades dos três processos mentais, aqueles que se destacaram primeiro foram os filósofos gregos com sua lógica e seu combate aos sofismas e falácias; depois, foi Freud, ao descobrir as patologias dos três processos mentais, que preexistem ou surgem em todas as idades, até sua decadência na velhice e morte. Segue a listagem de algumas "Misérias do Tricerebrar".

"Misérias" do cérebro esquerdo:

Intoxicação ideológica, doutrinária. Fragmentarismo, cortinas antiglobais, estreiteza mental. Estatística uniformizadora, monádica. Contradição entre o teórico e o fático. Racionalização ou ideologização. Superintelectualização. Pedantismo (orgulhoso de seu saber). Cérebro defensivo, que não assimila *feedback*, que já não aprende. Absolutização de "leis" de ciência, de mercado, de direito. Crença no poder absoluto da ciência ou da "deusa" razão. Irracional, ilógico, que não tem treinamento científico, que fala como papagaio repetidor. Mentiroso, falsificador. Memorístico. Perda de memória. Desordenado. Cibernótico, que cria confusão. Citador de autores e citador bíblico (uso do argumento de autoridade). Ingênuo (sem sentido crítico, sem dúvida metódica). Verborrágico, gongórico, prolixo. Preciosista, que fala difícil. Falar bem e escrever mal; e o contrário: escrever bem e falar mal. Pouca educação, inconsciência da língua e da cultura em que vive. Escassez de vocabulário e gramática. Inexpressividade com números, não sabe cálculo, preços, ganhos e perdas.

"Misérias" do cérebro central:

Vencedor revanchista. Avarento, ego apoiado na riqueza. Jogo de esconder do oficialismo por trás de palavras como "o mercado, a economia, a conjuntura, o destino, a globalização" etc. Entronização da razão de mercado do subgrupo oficial como regulador supremo, em lugar da razão dos três subgrupos. Endeusamento do dinheiro e da tecnologia. Confusão entre a realidade factual e a virtual. Materialismo que exclui valores dos outros dois cérebros. Batalha de "egos" pelo poder. Alienação político-econômica. Marketing cada vez mais enganador. Analfabeto na linguagem e Gramática do Dinheiro. Falta de sentido prático. Ativismo, produtivismo, estresse. Competição maximocrática, de gladiadores, guerra econômica, guerra fria, paz fria. Consumo de drogas para energizar-se. Medo à iniciativa, ao risco. Espontaneísmo, falta de planejamento e de controle. Percepção retardada das incapacidades e dos equívocos. Esquecimento dos compromissos, ou postergação. Preguiça. Decadência biológica, deficiências pela idade, Alzheimer. Descoordenação motora, quebra tudo o que toca. Individualismo. Tarado por sexo ou por trabalho e dinheiro. Absolutização da família, criação de dinastia.

"Misérias" do cérebro direito:

Ignorância mística. Mito da superação dos contrários ou desaparecimento do princípio triádico e da disputa, chegada à paz e ao descanso absolutos, eternos, nirvana. "Criação" de deuses e fantasmas segundo a recorrência familiar e de sua cultura. Tomar só as teologias e os livros religiosos como guia da realidade e da verdade. Fantasia de comunicar-se diretamente com os mortos. Dividir a realidade em natural e sobrenatural, em ciência e fé, em Estado e Igreja. Negar ou desconhecer a percepção do cérebro em ciclagem reduzida ou declará-la percepção religiosa ou algo sobrenatural. Tipos: megalomaníaco, maximocrático. Narcisista ou autoencantado. Egocêntrico, sem visão holística de interdependência. Insensível, sem sentido artístico, estético, empático. Amoral, imoral, cínico, psicopata. Mentalidade mágica, credulidade, superstição, bruxaria, feitiçaria, esperando manipular o céu e a terra com ritos mágicos e não com o esforço e a inteligência. Recusa à inovação que muda crenças. Paralisado por complexo de culpa familiar-religioso. Lírico, iludido, romântico, apaixonado, movido por impulsos, por extremismos. Pessimista, triste, misantropo, movido por sucedâneos. Insensível à comunicação não verbal, ou linguagem silenciosa.

> Por que começamos a estudar as estrelas antes que o cérebro?

1.13 BREVE HISTÓRIA DA "CONQUISTA do CÉREBRO"

1. Em 2014, o neurocientista brasileiro, Miguel Nicolelis, inventa membros robóticos, movidos por um computador conectado ao grupo de neurônios responsáveis por tais membros de paraplégicos. Ray Kurzweil publicou *Como Criar uma Mente – Os Segredos do Pensamento Humano*. A "Década do Cérebro" dos anos 90 foi relançada agora como Projeto Brain nos EUA e "Ondas Cerebrais" na Inglaterra.

2. Em 2011, António Damásio escreveu *E o Cérebro Criou o Homem*.

3. Em 2004, foi escrito *The Balanced Brain* por Karen Taylor & W. Gregori.

4. Em 2002, John Horgan publicou *The Undiscovered Mind*, uma síntese das mais recentes pesquisas e métodos terapêuticos.

5. No ano 2000, publicou-se pela primeira vez o livro *Construção Familiar-Escolar dos três Cérebros* de W. Gregori em espanhol. Nessa época começou-se a cogitar sobre a *Singularity* (inteligência artificial ultrapassando a humana) com os livros de Ray Kurtzweil, o que levou à fundação da Universidade da Singularidade, em 2007.

6. Em 1998, Steven Pinker publicou *Como a Mente Funciona*.

7. Em 1994, publicou-se pela primeira vez o livro *Os Poderes de Seus Três Cérebros* de W. Gregori. António Damásio publicou nos EUA *O Erro de Descartes* em que afirma que o primeiro não é "penso, logo existo", mas "sinto, logo existo" - o sentir os estímulos que entram pelo cérebro central, passam pelo cérebro direito, antes de chegar ao esquerdo, que os analisará, que é o pensar/filosofar.

8. Nos EUA, Marilyn Ferguson, autora de *A Conspiração Aquariana* e diretora de *Brain & Mind Bulletin*, publica em 1993 o livro *Pragmágica*, tratando de juntar o cérebro central com o direito.

9. Anos 90. Declarados pelos EUA a década do cérebro. Popularização da Neurogenética, das Bioneurociências. Avanços na Neuroquímica com o Prozac, Zoloft, Deprenyl-Eldepryl etc. Descobrimento do vírus da tristeza senil chamado Borna. Jogo triádico da Neuroquímica com a

Psicoterapia e religiões, por suposta invasão de áreas. Popularização da internet e da realidade virtual, que são extensões do cérebro esquerdo e direito. Pesquisa para desenvolver a "Inteligência Artificial" – uma tentativa de imitar o Ciclo Tricerebral humano pelos computadores.

10. Anos 80. Carl Sagan dos EUA, Wilson Sanvito do Brasil e Mauro Torres da Colômbia publicam livros divulgando os descobrimentos de Roger Sperry sobre os dois hemisférios, junto com os descobrimentos de Paul MacLean, de L. Vygotsky e Alexander Luria sobre os três cérebros. Henri Laborit da França produz o filme *Meu Tio da América*, ilustrando a teoria dos três cérebros de Paul MacLean.

11. Karl Pribram e David Bohm, com base nos progressos em teoria quântica, difundem suas teorias sobre o universo e o cérebro como hologramas, regentes de uma ordem implícita, profunda, invisível, antimaterial, cujas aparências visíveis são os corpos.

12. Anos 70. Roger Sperry e sua equipe divulgam seus descobrimentos sobre os dois hemisférios. Paul MacLean, Alexander Luria e John Eccles propõem a teoria dos três cérebros e seus três blocos de funções. Depois, Henri Laborit, Carl Sagan e Edgar Morin puseram-se a divulgá-la.

13. Anos 60. Piaget propõe as fases da construção do conhecimento em *Epistemologia Genética* que hoje se chama construtivismo. Paulo Freire, no Brasil, questiona a programação mental do oprimido e a transição da consciência ingênua à conscientização crítica. A partir dos anos 30, renasce a Parapsicologia nas universidades norte-americanas, liderada pelo psicólogo Joseph Banks Rhine, da Universidade Duke. O ocidente é invadido pelas filosofias espiritualistas orientais – meditação, yoga, budismo zen, pensamento positivo, seitas messiânicas, carismáticas e milagreiras etc. – que fazem uso da ciclagem reduzida do cérebro, sem dar-se conta. Somando componentes do espiritualismo oriental e do psicologismo ocidental surgiram outros movimentos como a psicologia transpessoal junguiana; o Movimento do Potencial Humano com Abraham Maslow e o Instituto Esalén na Califórnia; o Movimento da Nova Era; o Movimento Holístico com a Universidade Holística Internacional de Paris, de Brasília etc.

14. Em 1930, Wilder Penfield, neurocirurgião canadense, descobre a estimulação eletromagnética de algumas regiões do cérebro. Um neurocirurgião português, Egas Moniz, inventou a lobotomia, dramatizada no filme *Um Estranho no Ninho*.

15. Ivan Pavlov, falecido em 1936, John Watson falecido em 1958, Skinner falecido em 1990 e Umberto Maturana do Chile aprenderam a manejar os circuitos neurais ou os reflexos condicionados que é criar, modificar comportamentos, refazendo e abrindo novas vias para as redes neurais.

Chama-se a isso de "ressinaptização". É a reflexologia, o behaviorismo ou comportamentalismo, em que preponderam os estímulos externos de hétero-condução, em oposição a Freud e ao ascetismo místico que são mais intrapsíquicos e apostam mais na autocondução. Mas são todos monádicos. Se fossem triádicos diriam que há uma composição proporcional de hétero e autocondução. Freud é autor de uma teoria da mente mais para a área da saúde e não tanto das funções mentais para a educação e para o trabalho.

16. Hans Berger (1873-1941), psiquiatra alemão, desenvolveu o eletroence-falograma, por volta de 1920. Em 1923, o etnólogo Lévy-Bruhl publicou *Primitive Mentality*, traduzida depois como *O Pensamento Selvagem*, com o sentido de orientação pelo cérebro direito ou orientação da vida a partir do nível 1 dos três cérebros, e não no sentido de irracional ou ilógico.

17. O neurólogo espanhol Santiago Ramón y Cajal, no começo do século XX, estudou os axônios, depois que o italiano Camilo Golgi tinha feito a descoberta dos neurônios. L. Vygotsky, um dos professores de Alexander Luria, com sua *História do Desenvolvimento das Funções Psicológicas Superiores,* em oposição a Pavlov, põe as bases da educação infantil apoiado em Freud. A Física Quântica começa a propor a raiz triádica e sistêmica da energia com Niels Bohr, razão pela qual outros cientistas começaram a buscar a tri-unidade em seus próprios campos.

18. William James, em 1870, propôs sua teoria mais ou menos oriental da consciência: o "eu-beta" como conjunto de papéis sociais, e o "eu-alfa" como a raiz quântica do ser de cada um: a consciência é um rio, um fluxo de estados mentais. Rodolfo Llinás (2002), um neurocientista atual da Colômbia, propõe algo semelhante: "consciência não é um lugar, um sólido; é um fluxo de cruzamentos de informação". Karl Marx propôs que a consciência é uma construção de superestrutura nascida das condições de vida material de cada indivíduo, segundo sua classe para justificação/preservação de seus privilégios.

19. Charles Darwin, em 1849, unificou plantas, animais e seres humanos numa só rede ou cadeia e história de existência, unificando-os do biológico até o psíquico com sua teoria da evolução das espécies, num jogo triádico de sobrevivência e procriação com resultado determinado pela seleção natural, isto é, sobrevivência-reprodução do quem melhor se adapte, ou de quem pode. A teoria da evolução contempla principalmente o cérebro central, mais forte e mais feroz. Que tal civilizá-lo? Em 1872, Darwin publicou *A Expressão das Emoções no Homem e nos Animais* (2009). Suas obras geraram uma explosão de psicologia experimental-animal, reflexos condicionados em cães, ratos, pombos, rãs, macacos e com os humanoides.

20. O médico alemão Franz Anton Mesmer (1734-1815) introduziu a ideia de "magnetismo" que deu origem à hipnose, cujas aplicações tornou famoso o médico francês Charcot (1825-1893), que teve influência sobre Freud e

pôs as bases para a investigação científica dos fenômenos da mente. Franz Joseph Gall, um médico anatomista alemão, que viveu de 1758 a 1828, começou com a ideia das localizações cerebrais (hoje topologia cerebral). Criou a "Frenologia" ou a "Psicognomia", que era uma tentativa de decifrar a personalidade pela configuração externa do crânio e do rosto, como formato dos ossos, caroços, protuberâncias etc. Chamou-se, também, a isso de "caracterologia". Desse "fundamento" sem fundamento de Gall, o jusnaturalista italiano, Carlo Lombroso (1835-1909), extraiu sua "teoria" do criminoso nato. O médico inglês, A. L. Wigan, em 1844, propunha a dualidade da mente, ou seja, dois conjuntos de funções, mas não anatomicamente. Em 1861, o fisiologista francês, Paul Broca, estabeleceu que um foco do hemisfério esquerdo era a sede principal da fala, batizada como área de Broca, seguido pelo neurologista Carl Wernicke, que estabeleceu um foco da compreensão linguística, conhecido como área de Wernicke. O neurocirurgião escocês David Ferrier (1843-1924), antes do descobrimento da radiografia, sabia localizar tumores cerebrais por seus sintomas e publicou, em 1876, *The Functions of the Brain*.

21. O médico belga, Andreas Vesalius (1514-1564), publicou o primeiro livro "moderno" de anatomia com ilustrações detalhadas do cérebro, em 1543. O filósofo e matemático francês, René Descartes (1596-1650), com sua teoria de *res cogitans* ou mente pensante e *res extensa* ou matéria/corporeidade, propôs o par – sujeito/objeto, causa/efeito – que é uma repetição de alma/corpo, amo/escravo, dominador/dominado, superior/inferior... Descartes matematizou o processamento da informação com seus binômios, seu plano cartesiano etc. Com sua obra mais famosa, o *Discurso Sobre o Método*, pôs as bases, junto com Bacon, Galilei e Newton, junto ao método monádico da pesquisa, para o racionalismo e a tirania das Ciências Exatas. Quando se diz paradigma cartesiano quer dizer "monádico", analítico, fragmentador, dissociador, subdividido etc. Quer dizer "método de estudo" das partes de um todo separado da rede sistêmica geral. Dizer velho paradigma, positivismo e método das Ciências Exatas é a mesma coisa.

22. Tempos Antes de Cristo. Enquanto os orientais afirmavam que a mente tinha sede no estômago ou noutros órgãos como o coração ou o fígado, o médico grego Hipócrates, que viveu 400 anos antes de Cristo, colocou a sede do pensamento e das emoções no cérebro. Sua teoria foi reforçada por Galeno, médico de origem grega, três séculos mais tarde. Aristóteles estabeleceu uma série de regras para o uso correto das funções mentais: a lógica. Os discípulos de Asclépio faziam curas nos templos através de sonhos dirigidos, que eram técnicas para induzir o cérebro à ciclagem reduzida, sem sabê-lo. Os povos mayas, indoamericanos da Guatemala e do sul do México, faziam trepanação ou cirurgia de cérebro até para a cura de resfriados. O humanoide de 100.000 anos atrás foi narcisisticamente batizado de "homo sapiens". Seria, somos, seremos?

NEUROEDUCAÇÃO PARA O ÊXITO:
CONSTRUÇÃO-PRODUTIVIDADE-DECADÊNCIA DOS TRÊS CÉREBROS E SUAS COMPETÊNCIAS

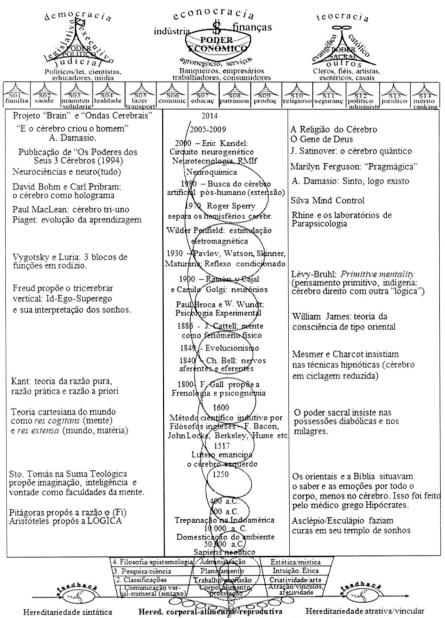

Fig. 23. Fluxograma Sistêmico Tri-uno da Conquista do Cérebro

CAPÍTULO 2

DINÂMICA DE GRUPOS

A VIDA É UM JOGO TRIÁDICO DE GANHAR, EMPATAR OU PERDER

EU ME AUTOAUTORIZO A SER GANHADOR PROPORCIONAL

2 O JOGO TRIÁDICO DA VIDA COMANDADO PELO TRICEREBRAR

Três cérebros. Três subgrupos de comportamento. Três poderes.

> Sem esse conceito/ferramenta, você não chegará a entender as misérias da convivência e, muito menos, a dar com propostas para melhorá-la.

Você já se deve ter dado conta que, em qualquer grupo, seja família, escola, clube, empresa, associação, comunidade religiosa, país, partido ou bloco econômico, sempre há alguém que manda ou que dirige, que é o líder, que organiza, se impõe e conduz aos demais. É o que se chama de **subgrupo oficial,** que é o regente, gerente, hegemônico e louco para exercer algum poder e explorar. Não importa se é homem ou mulher, branco ou negro, capitalista ou comunista, oriental ou ocidental, religioso ou ateu: o subgrupo oficial ou o oficialismo terá sempre as mesmas características gerais de comportamento, porque a posição o requer e o instinto de soberania e maximocracia se impõem.

Você terá notado, ademais, que nunca falta alguém do contra, alguém que critica, nega, questiona o subgrupo oficial que está no poder. É o divergente, o inconformado, o crítico, o rebelde ou revolucionário, chamado **subgrupo antioficial,** divergente, subversivo, inovador e anti-hegemônico, convencido de ser um salvador dos injustiçados e louco para tomar o poder e explorar os demais. É o subgrupo que faz oposição ao primeiro porque quer tomar seu lugar, ou seja, tornar-se subgrupo oficial e gozar de seus privilégios inerentes à posição hierárquica mais alta. Um salvador de si mesmo, antes de tudo.

E você terá percebido, também, que uma grande maioria não está nem a favor nem contra. Não se define nem pelo oficial, nem pelo antioficial: quer manter-se neutra, porque é cheia de medo e se retrai. É o que chamamos **subgrupo oscilante,** que é o disponível, maria vai com as outras, crédulo e fácil de enganar por salvadores charlatães tanto do subgrupo oficial como do antioficial, em busca eterna de pai e mãe. Dizemos oscilante porque há momentos em que oscila ou pende para o lado do subgrupo oficial, e momentos em que oscila ou pende para o lado do subgrupo antioficial, numa espécie de ziguezague ou movimento de pêndulo. São as alianças ou coalizões horizontais, verticais e transversais, no formato quase sempre "dois contra um", pela disputa dos bens satisfatores, que se pode dar em qualquer um dos quatro níveis cerebrais-grupais em que condensamos todas as hierarquias.

Daqui em diante podemos abandonar a denominação dos três subgrupos em direita, esquerda e centro, que é exclusivamente política, e adotar a denominação de oficial, antioficial e oscilante que é universal, isto é, se aplica tanto a uma tribo indígena e a uma família como a uma religião, a um país e a um império. Igualmente, podemos abandonar a denominação de classes sociais, que é um conceito exclusivamente econômico, porque o conceito de classes nada mais é que a denominação dos três subgrupos e seu jogo triádico numa de suas três dimensões: a vertical. As classes são apenas a confluência dos demais jogos horizontais e transversais que as constituem; sem entender todos esses subgrupos e seus jogos não se chega a um entendimento mais claro do jogo triádico vertical que se denominou "luta de classes".

— Por que as famílias, as bandas musicais, as instituições, os grupos, os partidos, as sociedades obedecem a esse formato tripartite ou triádico gerador de conflitos?

— Porque não podem escapar ao formato sistêmico tri-uno imposto pela matergia-natureza que se projeta nos três cérebros; e os três cérebros se projetam e exteriorizam nesses três subgrupos de comportamento bem diferenciados. Não é porque uns nascem para mandar e outros nascem para ser mandados; ou porque uns nascem superiores ou escolhidos para abusar de outros que nascem inferiores, segundo a ideologia dos dominadores. "Ficar por cima ou por baixo" é uma consequência da hierarquia tricerebral tetranivelada do indivíduo, grupo ou etnia. É construção materna, paterna, familiar e ambiental e não um destino genético ou divino. Mas todos são urgidos a "ficar por cima" por impulso da matergia-natureza. E todos imaginam e usam truques para chegar lá. É o impulso para a maximocracia.

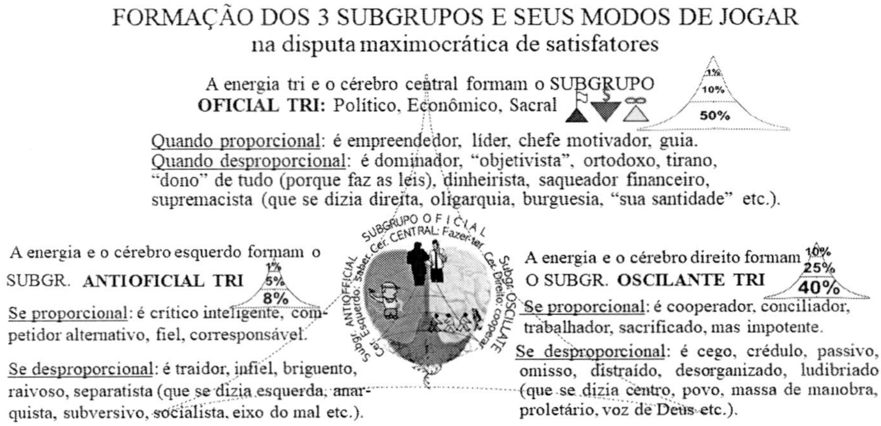
FORMAÇÃO DOS 3 SUBGRUPOS E SEUS MODOS DE JOGAR
na disputa maximocrática de satisfatores
A energia tri e o cérebro central formam o SUBGRUPO
OFICIAL TRI: Político, Econômico, Sacral
1%
10%
50%
Quando proporcional: é empreendedor, líder, chefe motivador, guia.
Quando desproporcional: é dominador, "objetivista", ortodoxo, tirano, "dono" de tudo (porque faz as leis), dinheirista, saqueador financeiro, supremacista (que se dizia direita, oligarquia, burguesia, "sua santidade" etc.).
SUBGRUPO OFICIAL
Cér. CENTRAL: Fazer-ter
Subgr. ANTIOFICIAL
Cér. Esquerdo: Saber
Subgr. OSCILLATE
Cér. Direito: cooperar
A energia e o cérebro esquerdo formam o SUBGR. ANTIOFICIAL TRI
1%
5%
8%
Se proporcional: é crítico inteligente, competidor alternativo, fiel, corresponsável.
Se desproporcional: é traidor, infiel, briguento, raivoso, separatista (que se dizia esquerda, anarquista, subversivo, socialista, eixo do mal etc.).
A energia e o cérebro direito formam O SUBGR. OSCILANTE TRI
10%
25%
40%
Se proporcional: é cooperador, conciliador, trabalhador, sacrificado, mas impotente.
Se desproporcional: é cego, crédulo, passivo, omisso, distraído, desorganizado, ludibriado (que se dizia centro, povo, massa de manobra, proletário, voz de Deus etc.).

Fig. 24. Comportamento previsível dos 3 subgrupos e de cada um de seus membros, com seus respectivos arsenais

O cérebro central forma o subgrupo OFICIAL, em quatro níveis, com características de comportamento dominante, conquistador, depredador e conservador, que acredita ser uma espécie superior por direito natural (ou divino, como crê um deles); num grupo qualquer, mais ou menos entre 15% e 20% tem predominância de cérebro central e seu correspondente comportamento oficialista.

O cérebro esquerdo forma o subgrupo ANTIOFICIAL, em quatro níveis, com características de comportamento competidor, desafiante, crítico e revolucionário, que acredita ser um justiceiro social, mas com ânsias de poder; num grupo qualquer, mais ou menos entre 3% e 5% tem predominância de cérebro esquerdo e seu correspondente comportamento antioficialista.

O cérebro direito forma o subgrupo OSCILANTE, em quatro níveis, com características de comportamento cooperador, conciliador, seguidor, manhoso, e disponível para quem lhe prometa mais migalhas; num grupo qualquer, mais ou menos entre 70% e 80% tem predominância de cérebro direito e seu correspondente comportamento oscilante.

> A competição desperta o que há de melhor nos produtos e o que há de pior nas pessoas.

Em qualquer grupo, cada qual se aninha/instala numa das três posições ou vagas subgrupais, em qualquer de seus quatro níveis; e se comporta de acordo com o subgrupo e nível que ocupa, ambientado histórica e geografi-camente. Qualquer uma das três posições determina o respectivo espaço de movimento e suas regras frente às outras duas. Quer dizer que as posições preexistem; são da natureza da matergia tri-una e são mutuamente deter-minadas, como num teatro ou qualquer jogo. Por isso, quando alguém de um partido antioficial, ou ex-esquerda, ganha as eleições e chega ao poder, pouco a pouco tem que abandonar suas posições e passar a agir como o antigo oficial ou ex-direita.

Uma pessoa, um partido, uma equipe de futebol podem ir rotando pelas três posições e mostrando três caras, quando transita de um subgrupo a outro. Pode-se, também, notar os três comportamentos numa mesma pessoa quando está em situações diferentes. Por exemplo: um gerente age como oficial em sua empresa; age como oscilante no consultório médico; e pode agir como antioficial frente ao governo. Outro exemplo: a igreja católica é subgrupo oficial nas culturas latinas; age como oscilante frente ao judaísmo; mas é antioficial frente ao islamismo.

Isso parecerá estranho para os monádicos, tradicionalistas e conservadores que reclamarão: onde está a coerência, por que essa volubilidade e essa falta de fidelidade a si mesmo? Que se pode esperar de pessoas, grupos, partidos tão volúveis? No entanto, isso acontece todos os dias, todos os anos e em todos os ciclos da vida de uma pessoa, de um grupo, de um partido, de um país; também acontece com os monádicos, tradicionalistas e conservadores: todos apostando numa corrida ao topo, ao máximo, ao infinito, atraídos pela maximocracia, mas sempre ocultando isso.

— Por que, afinal, se dá a mudança de posição, a mudança de perspectiva, por que se dão as conversões religiosas, as traições matrimoniais e políticas?

— É porque as três posições subgrupais de poder e suas hierarquias são fixas, são da natureza da matergia que é tri-una e impõe o formato do palco e o dinamismo "tri" a tudo e em tudo. São as pessoas, os partidos ou os bandos que vão mudando de posição subgrupal, de linha, de reduto ou de vaga e de nível, segundo suas aspirações de maximocracia, de megalomania, de "quanto mais tem mais quer". Maximocracia é a fome eterna, a pior de todas. Em essência, partidos, religiões, empresas, esquerda, direita, liberais, conservadores, idealistas e cínicos são apenas diferentes apostas e estratégias para chegar mais longe e mais alto na escalada da maximocracia. Por isso muda-se tanto de lado, de ideais e de parceiros.

Um estudo do psicólogo Paul Piff e sua equipe da Universidade de Berkeley, que apareceu na edição de 16 de março de 2012 no *New York Times*, sobre a relação entre a ascensão socioeconômica e a ética, concluiu:

À medida que uma pessoa ou instituição sobe, vai diminuindo suas preocupações éticas e legais. Ou seja, a escalada dos postos mais altos do oficialismo econômico e político não provém só do trabalho, mas também do abandono progressivo de preocupações éticas e legais, o que leva o ambicioso a mentir, enganar, corromper-se e depredar mais.

É o perfil do psicopata. Isso tem confirmação diária com os escândalos e as ladroagens de políticos, funcionários públicos, banqueiros, grandes empresas de todo o mundo e, até, do banco do Vaticano e da FIFA.

> Ambições mais altas, moralidade mais baixa.

Então, a chave para explicar a opção inicial ou inconsciente das pessoas por um ou outro subgrupo está, primeiro, nos três cérebros e seus níveis de desenvolvimento; depois, à medida em que o indivíduo e seu bando vão ficando mais espertos, apostarão no subgrupo e nível que lhes traga mais benefícios ou que os ajude a escalar o degrau mais alto possível da maximocracia. Vamos explicar melhor.

- Se você tem um comportamento de quem manda, de quem dirige ou lidera, é porque preferiu posicionar-se no subgrupo oficial. Mas isso não foi por acaso, nem por destino. Foi porque você tem o cérebro central como dominante. Geralmente, num grupo qualquer, é de 15% a 20% o número de pessoas com essa tendência. Elas lutarão entre si pelo poder ou para ocupar a posição de subgrupo oficial, que tem a missão de coordenar o conjunto, mas que tem, também, a oportunidade de aproveitar-se dos outros dois subgrupos em benefício próprio, conforme o estudo mencionado antes. Dizer que os concentradores de riqueza são só 1% e as vítimas são 99% serve para assinalar escândalos, mas não para entender o jogo triádico. Entre a base e a cúpula há muitos níveis; e em cada nível, há três subgrupos horizontais e transversais, cada um deles com subgrupos oficiais, antioficiais e oscilantes.

- Se você é dos que questionam, dos que brigam, querem mudanças, fazem críticas, que não concordam com as coisas como estão, é porque preferiu posicionar-se no subgrupo antioficial. Mas isso não foi por acaso, nem por destino. Foi porque você tem o cérebro esquerdo como dominante. Este é um subgrupo de oposição que, geralmente, não tem mais que 3% a 5% do total dos membros de um grupo dado. Poucos se atrevem a ser antioficiais porque temem o subgrupo oficial, que sempre os espiona, persegue e elimina. Há que dizer que o sempre minoritário antioficial também persegue o oficial e quer derrubá-lo, ocupar seu posto, para ter acesso aos privilégios inerentes ao oficialismo mais alto, sempre próximo da ditadura e do absolutismo.

- Por último, se seu comportamento é intermédio, indefinido, "em cima do muro", num momento apoia os de cá, e noutro momento apoia os de lá, então você se posiciona preferencialmente no subgrupo oscilante, o qual está disponível tanto para os chamados e promessas de migalhas do oficial como do antioficial. Mas isso não é por acaso, nem é uma condenação do destino ou maldição dos deuses. É porque você tem o cérebro direito como dominante. Nessa categoria de comportamento estão mais ou menos de 70% a 80% do total de um grupo, de um clube, de uma cidade, de um país e dos países. São "a massa", são "o povo" que mendiga, são a maioria silenciosa e pisoteada pelo oficialismo.

O cérebro é a fonte da qual brotam os três subgrupos de comportamento, as três culturas e os três poderes máximos: o poder político, o poder econômico e o poder sacral, cada qual com a pretensão de ser autônomo, separado, independente e supremo.

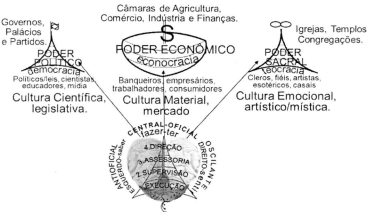

Fig. 25. Três cérebros, 3 subgrupos, 3 culturas, 3 poderes supremos

O cérebro direito, com seus quatro níveis, gera a cultura romântica, artístico-espiritual e o poder sacral teocrático, constituído por religiões e igrejas como poder dominador supremo. O cérebro esquerdo, com seus quatro níveis, gera a cultura científica, informacional, legislativo-judicial e o poder civil ou democracia, constituído por partidos e governo como poder dominador supremo. E o cérebro central, com seus quatro níveis, gera a cultura laboral-industrial-financeira-executiva e o poder econômico ou econocracia como poder dominador supremo. Esses três poderes estão em eterna competição entre si, com alianças e traições pela disputa da supremacia, como em qualquer jogo triádico menor, só que é menos frequente. E quando os de baixo esquecem suas lutas horizontais que são menores, e se unem para uma luta vertical contra os de cima, os três poderes das elites se unirão para defender sua causa comum que é o "direito" de dominar e explorar os de baixo.

É muito esclarecedor compreender essa conexão entre os diversos níveis de complexidade do padrão triádico, desde a Física Quântica, que atravessa e vai alinhavando a família, a escola, a empresa, as três culturas e os três poderes máximos. No universo, tudo são sistemas em rede, funcionando com sua lógica tri-una que é uma espécie de loteria triádica: a extração dos números da sorte se faz de três fontes e não de uma só, como na loteria comum ou nos bingos.

A maior parte e mais oculta dessa lógica lotérica e sua trança de concatenações repetitivas e amplificadoras do mesmo padrão triádico não é percebida pelo cidadão comum. Os cientistas da cultura material--econômica, que trabalham com a loteria da Física, Química, Biologia, Matemática, Astronomia ou Ciências Exatas, alcançam conhecimentos e previsões com bastante mais certezas. É porque, em sua área, a loteria com suas incertezas corre a prazos muito longos e para fenômenos bastante estáveis ou regulares como os eclipses, as reações químicas etc. Entretanto, os cientistas sociais e humanistas - antropólogos, psicólogos, psiquiatras, neurólogos, pedagogos, sociólogos, politólogos, economistas, comunicólogos, historiadores, geógrafos, militares, teólogos etc., que trabalham com a loteria referente aos eventos do cérebro, do indivíduo, da família, da educação e da organização social, alcançam pouca certeza e previsibilidade. É porque, nesses campos, a loteria corre em prazos mais breves e sobre fenômenos sempre em mudança veloz, tumultuada e opaca. A eles impõe-se trabalhar menos com teorias acabadas e mais com métodos e ferramentas que permitam captar as sempre mutantes combinações caleidoscópicas e os significados de tais eventos. Assim, poderiam prevenir-se contra as suas sequelas.

As pessoas e cada um dos três subgrupos têm diferenças no modo de atuar e viver. Dizemos que usam diferentes táticas/arsenais, truques e armadilhas, para sair ganhando dos demais e escalar níveis de vivência ou qualidade de vida cada vez mais altos nos três cérebros, imantados pela maximocracia. Na divisão de trabalho que existe em todas as instituições, formam-se hierarquias e pilhas de postos ou cargos em quatro ou mais níveis porque as pessoas têm competências tricerebrais diferentes. Todos tratamos de escalar essas hierarquias ou organogramas em nossas carreiras, usando os devidos arsenais.

Esses quatro níveis são um mínimo; podem ser mais, segundo o organograma de cada instituição, ou segundo o plano de carreira de cada profissão. Basta lembrar, por exemplo, quantos níveis tem a carreira militar, desde soldado até marechal. Mas qualquer hierarquia pode ser reduzida a quatro níveis de agendonomia. Agendonomia é a nova denominação para trabalho ou o conjunto de todas as ocupações. Aos quatro níveis da agendonomia correspondem quatro níveis de vivência (bem viver) tricerebral.

É bom ressaltar que se trata de vivência pelos três cérebros. Quando se menciona a renda *per capita* ou a situação econômica, isso abrange só os satisfatores do cérebro central, omitindo os satisfatores do esquerdo como educação e informação, e omitindo também os satisfatores do cérebro direito, como a vida familiar, o desenvolvimento espiritual e o desfrute de nossos fugazes momentos. A felicidade cresce com a satisfação proporcional das necessidades dos três cérebros em seus quatro níveis. A felicidade não vem só do cérebro central ou dinheiro e poder, embora a ideologia financeira queira convencer-nos que felicidade consiste em melhorar o saldo bancário. Felicidade se compõe de êxitos nos três cérebros.

Pela lei da expansão da energia, tudo é empurrado aos extremos, à maximocracia, ao infinito. Mas a civilização trata de fugir aos extremos: nem muito de um lado, nem pouco do outro; nem igualação ou desigualação máximas, aceitando limites dentro do Proporcionalismo, quer dizer: diferenças, mas em níveis proporcionais aceitáveis e dignos.

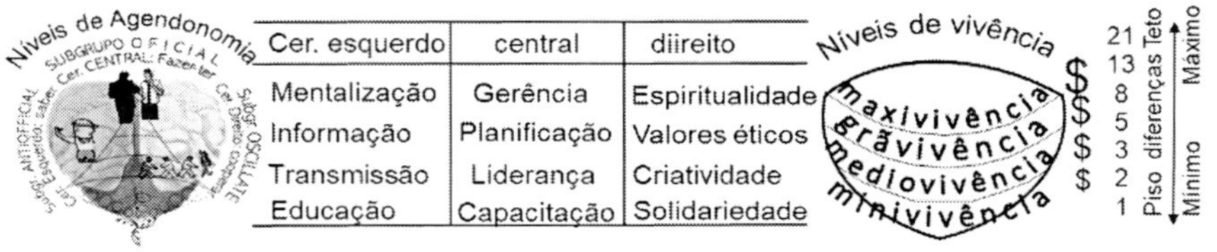

Cer. esquerdo	central	diireito
Mentalização	Gerência	Espiritualidade
Informação	Planificação	Valores éticos
Transmissão	Liderança	Criatividade
Educação	Capacitação	Solidariedade

Fig. 26. Níveis de agendonomia (divisão de trabalho) e de vivência (estratos sociais)

Os níveis de agendonomia ou divisão de trabalho que todos somos forçados a escalar são quatro, no mínimo, sempre em forma de pirâmide, com base mais larga, se há muita injustiça, ou mais estreita se houver menos injustiça na distribuição dos frutos da agendonomia de todos. Da base ao topo, seus nomes são: nível de execução, que é o nível 1; nível de supervisão, que é o nível 2; nível de assessoria, que é o nível 3; e nível de direção que é o nível 4.

A esses quatro níveis ou posições no mundo da agendonomia ou das ocupações correspondem quatro níveis de vivência, apresentados numa pirâmide invertida. Ao nível de execução, que é ocupado por uns 60% da população, corresponde o nível de minivivência; ao nível de supervisão corresponde o nível de mediovivência; ao nível de assessoria corresponde o nível de grã-vivência; e ao nível de direção, que é ocupado por uma minoria, corresponde o nível de maxivivência.

2.1 NÍVEIS, HIERARQUIAS, DIVISÃO DE TRABALHO

A estrutura ou hierarquia dos três subgrupos e seus muitos níveis condensados em apenas quatro níveis ou escalões tem as diferenças entre eles baseadas na série ou sequência Fibonacci, em que cada número seguinte é a soma dos dois anteriores (0, 1, 1, 2, 3, 5, 8, 13, 21).

Em sua família, em sua escola, seu trabalho, sua ONG, seu clube, sua roda de amigos, sua carreira, seu partido, sua religião, você está em algum dos três subgrupos e em algum desses quatro níveis. Não me venha com "aqui somos todos iguais"; "aqui somos um colegiado de iguais"; "aqui estamos todos no mesmo nível", porque tudo isso são desculpas ingênuas para ocultar o quase sempre sujo e odioso jogo triádico do poder, dominado pelo subgrupo oficial. Ou será você um inocente oscilante que não se dá conta de quem o manipula por trás de mentirinhas de igualdade e democracia?

De cima para baixo, corre o oficialismo subordinante, desde o Papa ou Dalai Lama, desde o Presidente dos EUA e desde o Presidente do Banco Central norte-americano, que são o poder sacral, político e econômico internacional, até o nacional, estadual, municipal e até o chefe ou a chefa de uma família e de uma gangue. De baixo para cima, corre a subordinação dos subgrupos oscilantes. Ou seja, o nível de supervisão é oscilante em relação ao nível de assessoria e de direção; mas é oficial em relação ao nível de execução.

> Escravo, sim; mas que, por sua vez, pode escravizar os de baixo.

É o mesmo que ocorre com os impostos: os de cima pagam impostos, mas os repassam embutidos nos preços ao seguinte imediato; este os repassa ao que tem abaixo de si; este ao de mais abaixo, até que o último não tem a quem repassá-lo e é, realmente, o único que paga. Por isso é tão difícil tributar os mais ricos. Por isso, também, todos querem escalar níveis de poder e agendonomia mais altos, para livrar-se de uma vida de escravo.

Quanto mais alto o nível de poder, mais gostosa, livre e impunemente se pode abusar dos de baixo.

O que os três subgrupos disputam entre si é: mais e mais poder, para conquistar e acumular mais e mais meios de sobrevivência-procriação-convivência, rumo à maxivivência. Daqui em diante, podemos falar de "tri-satisfatores tetranivelados" e de suas correspondentes "tri-vivências tetraniveladas". Dizemos "tri-satisfatores" porque estão ordenados ao redor dos três cérebros, que vêm com "tri-necessidades": de informação, de sobrevivência-procriação e de convivência.

Resumidamente, as necessidades de cérebro esquerdo são: educação, conhecimento, informação, pesquisa, ciência, normas de comportamento e legislação reguladora da convivência etc. As necessidades de cérebro central são: bom ambiente físico e comunitário, alimentação, sexo, vida saudável, transporte, segurança, energia, recursos, capital, instalações industriais e comerciais, liderança, trabalho e administração etc. As necessidades de cérebro direito são: afeto, família, amizades, moral, criatividade, alegria, arte, ética, reconhecimento, estética, espiritualidade, sentido para a vida e desfrute da mesma etc.

Dizemos que as necessidades e os satisfatores são "tetranivelados" porque há diferenciação em tudo: entre o melhor, o médio e o pior; entre a equipe campeã, o segundo e o terceiro lugar; entre crianças, adultos e idosos; entre oriente, médio-oriente e ocidente; entre países desenvolvidos, emergentes e submergentes etc.

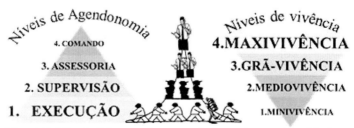

Fig. 27. Níveis/hierarquias que desmentem a igualdade, tanto ao nascer como ao longo da vida

Essas diferenças geográficas, históricas, de idade, de superação e mérito, postas aqui em quatro níveis como mínimo, podem ter 21 níveis como máximo, pela sequência Fibonacci e pela lei da proporcionalidade, que trataremos mais adiante. Os quatro ou 21 níveis de agendonomia são necessários para a produção suficiente de satisfatores, mas têm que ser corresponsáveis.

Dizemos "vivência tricerebral" porque a felicidade é uma composição de bem-estar tricerebral – educativo-financeiro-emocional – em proporções horizontais, verticais e transversais, segundo as aspirações e os esforços de cada um. O ser humano não pode ter como medida só a endeusada renda *per capita* que é só de cérebro central. O dinheiro não é mais que um terço de tudo; o resto depende do cérebro esquerdo e direito.

A comparação entre a pirâmide dos quatro níveis de agendonomia se faz com a pirâmide dos quatro níveis de tri-vivência invertida, para mostrar a relação quase sempre perversa entre os ocupantes de cada nível de agendonomia e seu correspondente nível de tri-vivência, que se resume em "poucos em cima com muito, e muitos embaixo com pouco". O nível de execução, o mais baixo, é o que tem mais gente, mais ou menos 60% da mão-de-obra, ocupada ou não. Esse povão desfruta sua minivivência, com ameaça permanente de cair na subvivência tricerebral por desemprego, por substituição pela tecnologia etc. As metas do milênio da ONU queriam sanar a miséria da vivência tricerebral – não só a econômica.

Já é hora de ir superando a simplificação que reduz tudo a dois níveis: os de cima e os de baixo; patrões e proletários; opressores e oprimidos; nobres e plebeus; elites e ralés; classe alta e classe baixa; os "escolhidos" e os "preteridos" etc. Depois de compreender e aceitar os quatro níveis, pode-se complexificar expandindo os níveis. Pela sequência Fibonacci podem chegar até um teto máximo de 21 níveis, com tribenefícios equivalentes a 21 vezes o valor do piso básico de minivivência. Assim, o conceito de organograma ou níveis de agendonomia poderia ampliar-se até uma pilha de 21 postos ou escalões; e o conceito de classes ou padrões de vida ou níveis de vivência, também.

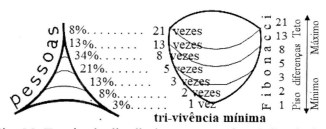

Fig. 28. Ensaio de distribuição proporcional da tri-vivência pela série Fibonacci

Mas onde começa o oficialismo e quem predestina os demais a subalternos, medíocres e, até perdedores e vítimas? Começa no determinismo da matergia que é triforme, hierarquizante, piramidal. Sua fórmula é que o de menor complexidade sirva de suporte alimentar ao de maior complexidade, ou seja, "o peixe maior vive do peixe menor", que é a cadeia alimentar-reprodutiva.

— Mas será que isso é assim também entre os humanos?

— O filósofo judeu alemão-americanizado, Leo Strauss, falecido em 1973, defendia que quem deve governar são os que descobrem que não há moralidade; que só existe o direito natural de quem é superior a dominar o inferior. É a filosofia de Maquiavel e de Nietzsche requentada. Mas é a filosofia seguida pelo império judeu-anglo-americano e qualquer império da História.

Entretanto, os estadistas, os profetas, os reformadores tratam de que essa lei da hierarquia alimentar-reprodutiva seja menos cruel, menos injusta e menos dolorosa para a espécie humana.

— E como o fazem?

— Propondo utopias igualitárias, tipos de organização social menos injusta, sistemas religiosos e jurídicos reguladores da informação, do trabalho, da sobrevivência, da procriação e da convivência, com ideais de paz etc.

— Se na natureza o oficialismo e sua hierarquização férrea tem sua origem e força na matergia tri-una, quem lhe dá continuidade entre os humanos?

—Entre os humanos, quem encarna essa força e a institucionaliza é a família, com as mães no comando; depois, essa propulsão oficialista vai escalando, degrau por degrau, até instalar ditadores e tiranos.

A mãe foi a primeira "autoridade", o primeiro subgrupo oficial, a criadora da noção de obediência, culpa e castigo e, se abusou de seu poder, terá sido a primeira ditadora de nossa vida. Algumas vezes, o pai colabora com essa ditadura ou se torna, ele mesmo, ditador. Depois da família, o subgrupo oficial seguinte está no dono ou diretor da escola e na professora. Depois, encontraremos o oficialismo na catequista, no padre, pastor, rabino, clérigo etc. Depois, está no esporte, no educador físico, no *coach*/treinador ou no capitão da equipe. Depois, encontraremos o oficialismo no patrão, se é empresa familiar, ou no executivo, se é uma sociedade anônima. Depois, descobrimos que somos obrigados a escolher e pagar um subgrupo oficial político, municipal, estadual e nacional, para que nos explore e maltrate como e quando quiser. Por fim, uns se conscientizam que somos servos oscilantes de um império, um país que é o subgrupo oficial predador dos demais países. Essa é uma pilha abreviada dos subgrupos "OFICIAIS", que são necessários, mas não como exploradores.

Os antioficiais, que são ex-mansos oscilantes que se rebelaram e querem tomar o posto oficial, eles também têm uma pilha de postos. Nosso primeiro ensaio revolucionário foi a adolescência, que é uma "guerra civil" contra a "tirania" do oficialismo do pai, da mãe e dos docentes. Um posto de antioficialismo mais amplo é quando alguém se torna membro de um sindicato, que é um partido de luta por direitos econômicos. Outro mais amplo é quando alguém se torna antioficial da estrutura política, econômica ou religiosa nacional. Por fim, alguém pode chegar a ser antioficial do oficialismo imperial-global. Essa é uma pilha abreviada de antioficiais.

Os oscilantes têm lá, também, seus jogos triádicos e suas raquíticas hierarquias. Basta observar um grupo de crianças brincando ou organizando um jogo; ou observar o recém-descoberto jogo triádico entre adolescentes, denominado *bullying*, como nas touradas, que nada mais é que um subgrupo oficial se impondo à força sobre um pobre oscilante, sob a vista de antioficiais que protestam sem coragem de enfrentar os oficialistas. Não existe diferença de qualidade entre jogos triádicos infantis, adolescentes ou familiares e as greves, os enfrentamentos entre partidos políticos e as guerras; a diferença é apenas de escala e de quantidade, mas é essencialmente sempre o mesmo jogo triádico e a mesma disputa de poder e bens.

Como já foi mencionado, os jogadores do jogo triádico, que somos as pessoas, os grupos, os partidos, os países etc., podem deslocar-se de um subgrupo e nível a outro, em períodos sucessivos; ou podem ter três comportamentos subgrupais ao mesmo tempo, em circunstâncias e situações diferentes. Por exemplo, um ambientalista pode agir como subgrupo oficial de sua ONG; agir como antioficial dos depredadores ambientais; e agir como oscilante em religião ou em situação de guerra. Para ilustrar isso, nada melhor que este exemplo da sabedoria árabe:

COMO E POR QUE OS JOGADORES TRIÁDICOS MUDAM DE SUBGRUPO
(Adaptado de um provérbio árabe. Ler da base ao topo)

Eu, meu irmão, meus primos, meus vizinhos, aldeias, cidades e um bloco econômico contra outro...
Eu, meu irmão, meus primos, meus vizinhos, aldeias, cidades e meu país contra outro país...
Eu, meu irmão, meus primos, meus vizinhos, aldeias e cidades contra o governo...
Eu, meu irmão, meus primos, meus vizinhos, minha aldeia contra outra aldeia...
Eu, meu irmão, meus primos e meus vizinhos contra a aldeia.
Eu, meu irmão e meus primos contra meus vizinhos.
Eu e meu irmão contra meus primos.
Eu contra meu irmão.

Por isso, dizemos que declarar-se de direita ou de esquerda, liberal ou neoliberal, conservador ou progressista, capitalista ou socialista, é muito incompleto e equívoco. Primeiro, há que situar-se em relação aos três poderes máximos, porque alguém pode ser oficial no poder econômico e antioficial no poder político, como o megaespeculador George Soros que é oficial no poder econômico e que foi antioficial político do presidente George W. Bush. O Dalai Lama é oficial de sua religião, antioficial da China e oscilante dos EUA. Estes senhores são de direita ou de esquerda? É melhor identificá-los pelos subgrupos em que se situam e as alianças entre os diversos subgrupos em que se movem. Depois disso, deve-se analisar seu paradigma ou sua mentalidade, para entender que estratégia está por trás de suas posições subgrupais.

A pilha de oscilantes se compõe dos filhos, desde o nascimento até o início da adolescência; aí passam a ser antioficiais, em seus anos de rebeldia contra o oficialismo familiar-escolar-policial. Superada a adolescência, a pessoa se torna oscilante como seguidora ou admiradora de algum caudilho, de um partido, de uma seita, sempre em busca de salvadores que não passam de substitutos inconscientes do pai ou da mãe. Os oscilantes são a multidão de indivíduos soltos, impotentes e perdidos no caos, sem compreender as sucessivas jogadas triádicas da vida, arquitetadas pelos subgrupos oficiais ou antioficiais, como faziam seu pai e sua mãe. Podem chegar a organizar-se em associações culturais, em associações de moradores, em ONGs sem fins lucrativos etc., para depois leiloar-se ao melhor arrematador, já que essa é a moda. A resignação dos oscilantes com seu suposto pacifismo e sua encenação religiosa configura mais alienação e covardia que amor à paz e à fraternidade.

O conceito de "três subgrupos", seus níveis e jogos, penetra muito mais a complexidade do mundo que os anacrônicos conceitos de direita-centro-esquerda, capitalismo, democracia social, socialismo etc. com que tratam de enrolar-nos. A História mostra que o oscilante bonzinho ou o revolucionário tão idealista, quando chegam à posição de subgrupo oficial, se comportam como este e repetem tudo o que condenavam quando estavam na oposição. *"Último día del despotismo y primer día de lo mismo"* repetem os equatorianos desde a "independência", ilustrando o que se afirmou antes.

Como parar cada pessoa e subgrupo na escalada do oficialismo maximocrático?

2.3 MAXIMOCRACIA E VIOLÊNCIA

Os indivíduos, as famílias, empresas, os partidos e países têm que se esforçar, ser agressivos, combativos e, mesmo, violentos na disputa dos tri-satisfatores tetranivelados. Darwin chamava isso de luta pela sobrevivência entre indivíduos; Marx chamava isso de luta de classes ou de subgrupos, como redefinimos pelo paradigma triádico. Ou seja, é uma imposição da matergia-natureza que se lute pela sobrevivência e procriação. Mas esse impulso de luta, de agressividade, tem diversos graus e diversos meios ou arsenais crescentes de intensidade, desde os aceitáveis ou "democráticos" pela regulação social da civilização até os mais bárbaros da violência gratuita e da brutalidade da guerra.

Nesses embates triádicos, os indivíduos, subgrupos, países etc. podem ter um comportamento e resultados positivos, pouco positivos, e negativos. Em linguagem de Cibernética Social se diz: comportamento e resultados proporcionais, menos proporcionais e desproporcionais, para medir numa escala de um a três. Mas pode-se medir numa escala de um a cinco, como faremos mais adiante; ou numa escala de qualquer extensão.

O comportamento de um subgrupo é positivo/proporcional quando toma em conta os demais subgrupos para alcançar uma divisão proporcional de direitos e deveres, de satisfatores, de resultados do trabalho ou da agendonomia: será um ganha-ganha-ganha, diferenciado, mas proporcional, em que cada um tira aproximadamente o equivalente à sua contribuição (como se mede?) para o resultado. O comportamento é negativo ou desproporcional quando um indivíduo ou subgrupo não se preocupa com a divisão proporcional entre os três subgrupos e seus membros, querendo o máximo para a si, deixando as sobras para os outros. É o individualismo, o exclusivismo, o egocentrismo, a lei do mais forte, a maximocracia monádica.

O que tenta um indivíduo ou um subgrupo para que seja negativo, egoísta, individualista, é o impulso maximocrático, a maximocracia, que é inerente à natureza expansiva da energia que constitui o nível 1 do cérebro central. Nos níveis seguintes, que são educacionais-culturais, o desenvolvimento da solidariedade do cérebro direito e da racionalidade do cérebro esquerdo teriam que servir de contrapeso à maximocracia do cérebro central. Decidimos usar esta palavra "maximocracia" para identificar a moda, irresponsável e desregulada, da corrida ao topo, à fama, à riqueza, à celebridade, a ser o nº 1, a ser a *prima donna*, a ser o campeão, a ser o máximo etc.

> A crença e o compromisso universal dessa ridícula humanidade são:
> "Fazer tudo, sacrificar-se, renunciar, sofrer, para morrer rico".
> "Trate de fazer-se rico ou morra tentando".

O indivíduo ou subgrupo que se deixe arrastar pela maximocracia desata uma competição violenta com os demais e entra numa corrida sem fim e sem saída, porque o todo, o máximo, o absoluto, nunca se alcançam, e quem a busca nunca ficará saciado. E, algum dia, morre desesperado porque faltou muito para conquistar e, assim mesmo, tudo há que deixar.

> Frente à maximocracia tudo é pouco e escasso.

Esse impulso, que tanto seduz como sacrifica a humanidade e a cada indivíduo, foi camuflado como ideal de progresso e desenvolvimento ilimitados. E fica animalizado quando se cria um clima de guerra.

Qual subgrupo usa mais o discurso do desenvolvimentismo e do clima de guerra ou de guerra permanente?

— É o subgrupo oficial. Quem é mais viciado em maximocracia e a busca com mais ímpeto são os subgrupos oficiais mais altos, pois têm e acumulam cada vez mais os arsenais ou meios para depredar, saquear, espoliar ao máximo os de baixo com cada vez menos risco, com o máximo de rendimentos e o máximo de impunidade. O arsenal de táticas, recursos ou meios para impor sua desvairada maximocracia pode ser condensado numa escala progressiva de sete degraus, cada um representando um tipo de arsenal e de intensidade.

Fig. 29. Propulsão da matergia tri-una rumo à maximocracia, por graus de intensidade

Primeiro degrau. A violência oficialista onde tudo começa é o oficialismo de mãe e pai sobre os filhos e, o oficialismo da escola sobre os alunos; embora a violência física esteja quase abolida, a violência ideológico-emocional é totalmente livre. Esta consiste em pressões feitas sobre ideias, teorias, educação com afastamento da realidade, crenças alienantes, artimanhas afetivas, emocionais, psicológicas, subornos, falsas promessas, ameaças de abandono, discriminação, humilhações, sedução pelo consumo etc., para conseguir a domesticação e submetimento inicial, básico e essencial da criança ao oficialismo familiar-escolar. Este servirá de fundamento para aceitar o oficialismo político, econômico e religioso pela vida afora.

A socialização e humanização de cada recém-nascido é necessária, indispensável. Mas não pode ser abusiva, enganosa, deixando-o tão crédulo e abobalhado que não consiga desvencilhar-se de pai, mãe e autoridades políticas, econômicas e religiosas na vida adulta. As crianças não têm como defender-se da violência ideológico-emocional da família e do ambiente cultural-étnico e social.

O segundo degrau de intensidade refere-se ao submetimento dos jovens à violência ideológico-moral das religiões, aos distrativos das telinhas e outras tecnologias entorpecedoras, à incitação a diversões desregradas e alienantes, à violência física da polícia etc. A resposta é a rebeldia quase irracional dos adolescentes e jovens que se tornam críticos e negadores da família, das autoridades e, ateus frente ao poder religioso.

O terceiro degrau de intensidade é a manipulação pelo mercado, com seu violento bombardeio de marketing para o consumo, sua liberalização das leis trabalhistas, já que os políticos são testas de ferro do poder econômico das grandes empresas industriais e financeiras. A reação dos sindicatos de trabalhadores é cada vez mais débil por causa do desemprego e da redução salarial e os ajustes fiscais que são de austeridade para os de baixo para locupletar os de cima. A reação dos consumidores sem dinheiro, mas convencidos pelo marketing que têm direito à felicidade pelo consumo máximo, é entregarem-se a atividades ilegais e autodestrutivas como tráfico de drogas, assaltos, prostituição etc.

O quarto degrau de intensidade é usar o poder político para fazer reformas constitucionais a favor do oficialismo político e econômico, mas sob pretextos de salvação nacional, ou de combate à corrupção, que é deles mesmos. Tais reformas reduzem direitos e impõem sacrifícios para os antioficiais e oscilantes. Como os abusos do oficialismo levam as vítimas a descrer do governo e do mercado, as reformas são acompanhadas de ameaças para quem pensar em rebelar-se.

O quinto degrau de intensidade é um maior aperto econômico, com restrição de crédito, elevação de preços, inflação, aumento dos impostos, endividamento, quebra ou absorção das pequenas empresas, criação artificial de escassez pelos monopólios etc. O objetivo é concentrar riqueza para instaurar o governo econômico como poder supremo, submetendo tudo ao dinheiro e aos donos do dinheiro. Os indivíduos não têm como defenderem-se e não têm a quem apelar, pois a justiça, a política, a imprensa e todas as instituições estão subordinadas ao poder econômico. No mundo internacional, para submeter países não alinhados, aplicam-se sanções econômicas, bloqueios, derrame de moeda como o dólar, espionagem, serviços secretos, sequestros, "desaparições" etc., o que é conhecido como guerra fria. Para derrubar governos desses países resistentes, financiam-se marchas de protesto, ataques pela imprensa, desestabilização e, até manipulação de legislativos para golpes brancos ou suaves, tudo sistematizado pelo método Gene Sharp (1993). Os arsenais de resistência dos países atacados são medidas internas de prevenção, como buscar novas alianças, apelar para o nacionalismo e o sacrifício, entrar numa corrida armamentista etc.

O sexto degrau. Se as vítimas, individuais ou nacionais, não se renderem em nenhum dos graus anteriores de violência oficialista, explode o sexto grau de intensidade que é a guerra armada para o extermínio ou subjugação da etnia, do país ou bloco recalcitrante. A guerra é o arsenal de grau máximo usado pelos oficialistas para defender e conservar seus privilégios, sem escrúpulos. Até guerra preventiva se atrevem a fazer.

O sétimo degrau de intensidade são as negociações de rendição ou paz, depois do veredicto dado pela última batalha. Aí o vencedor estabelece a nova ordem nacional ou internacional, que será um imperialismo renovado, travestido dos melhores títulos como democracia, liberdade, paz, justiça etc. A nova ordem encerra um ciclo do jogo triádico em seus sete degraus, que recomeçará no degrau 1. A paz não é mais que uma trégua, pois os vencidos, dominados e explorados, ensaiarão reações cada vez mais intensas. Isso promoverá uma escalada a graus progressivos de violência entre os três subgrupos. E assim caminha a humanidade.

O que acabamos de descrever são graus de dominação e violência oficialista que se impõe por trás de aparências democráticas, religiosas, ou científicas, a serviço do suposto livre mercado, baseado na lei da seleção natural, ilegitimamente aplicada à civilização humana. O uso desses arsenais progressivos se caracteriza como uma escalada de violência e terror do oficialismo com a correspondente resposta do antioficialismo e o horror dos oscilantes, em toda a rede ecossistêmica, com aumento do caos geral. É a violência primordial, violência original, violência oficial ou violência 1ª. Esta terá reações correspondentes a violência 2ª do antioficial, com aumento simultâneo da violência comum de quadrilhas e assaltantes de rua, que é a violência 3ª. Até um animal domesticado, se oprimido um pouco cada vez até ultrapassar certos limites, reagirá com violência repentina contra o amo; e este, para inocentar-se, declarará o animal louco, ou agressivo, ou feroz, ou ingrato...

Não se pode aceitar nenhuma interpretação monádica ou unilateral da violência ou terrorismo. Caso contrário, o subgrupo oficial forjará qualquer ideologia de autojustificação e caracterizará como violência só a reação das vítimas, enquanto a dele será justificada como manutenção da ordem e para o bem de todos. É mais ou menos isso que faz o manual de estudo do mal -

Ponerologia: Psicopatas no Poder (2015). A interpretação que o Ocidente e, em especial, os EUA têm dado ao ataque de 11 de setembro às torres gêmeas de Nova York são uma demonstração da miséria da razão monádica.

O antioficial revolucionário e guerrilheiro, quando for monádico e unilateral, também forjará alguma ideologia de autojustificação de sua violência de número dois, caracterizando como violência só o que faz o subgrupo oficial. Os traficantes, quadrilheiros e assaltantes saídos do subgrupo oscilante, que é o povão, e que se dedicam à violência comum nas ruas do mundo, consideram violência só a reação da vítima ou a ordem de prisão dos policiais e a cadeia. Em seu raciocínio, eles alegam ter direito à boa vida sem ser pelo trabalho legalizado, como os predadores e corruptos de cima. Esquecem-se eles que os de cima têm o monopólio do assalto legalizado e os de baixo serão perseguidos como competidores e assaltantes "desleais".

VIOLÊNCIA 1ª: do oficialismo
Violência "legalizada" com aperto crescente pelos subgrupos oficiais (mães/pais, chefes, governos e impérios), camuflada de vontade divina, de razões de Estado ou de mercado (bancos e bolsas), fazendo-se passar por SUJEITO OCULTO (não fui eu!). Corresponsável por 62% da desordem tri.

VIOLÊNCIA 2ª: do antioficialismo
Reação à violência 1ª imposta pelo oficialismo, tida pelo oficial, como "ilegal", terrorista, satânica, "eixo do mal" e injusta. É a contraviolência. Corresponsável por 30% da desordem tri.

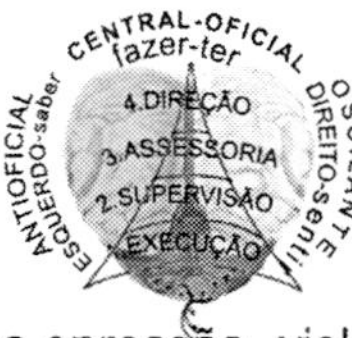

VIOLÊNCIA 3ª: do oscilantismo
É a violência popular, comum, de rua. O povão acaba achando que tem os mesmos "direitos" que "os de cima" (riqueza à força). Corresponsável por 8% da desordem tri.

Fig. 30. Ordem em que se dá a opressão, violência e o terrorismo tri-grupal

Como tudo, a violência também tem que ser triadizada e situada em quatro níveis. Há violência entre três subgrupos horizontais em cada um dos quatro níveis. Há violência vertical, permanente, de cima para baixo nos quatro níveis e, algumas vezes, de baixo para cima, como nas greves e nas revoluções. E há violência transversal quando se formam alianças entre subgrupos de níveis diferentes. O jogo triádico com seus diversos graus de violência é conhecido, também, como lei da ação e reação na rede ecossistêmica ou a lei do bumerangue, que é universal e eterna. Por isso, nenhum império, nenhum tirano político/econômico ou familiar conseguiu e conseguirá evadir essa lei por muito tempo. Uma frase atribuída a Abraham Lincoln diz o mesmo:

> "Você pode enganar uma pessoa por muito tempo; algumas por todo o tempo; mas não consegue enganar a todas por todo o tempo."

Há que esclarecer que não há "inocentes" no jogo triádico. Todos são corresponsáveis, com suas correspondentes porcentagens de culpa ou mérito. Nas guerras entre nações e nas revoluções nacionais, há sempre um subgrupo oficial e um antioficial lutando pelo poder econômico e sua fachada política, enquanto o resto oscilante, chamado de população civil, fica entre o fogo cruzado. De um modo geral, considera-se a população civil como inocente. Mas não é. É cúmplice menor do conflito e, cúmplice oportunista. Porque, enquanto se alargava a desproporção, os oscilantes se beneficiavam, fechando os olhos ao processo que acumulava ódios para a anunciada reação revanchista, em lugar de protestar para impor limites à maximocracia de seus subgrupos oficiais e de seus subgrupos antioficiais. Os três subgrupos são corresponsáveis, proporcionalmente: o subgrupo oficial tem uns 62% da responsabilidade; o antioficial, uns 30%; e o oscilante uns 8%.

Ao conjunto de táticas e recursos, armadilhas, espertezas, estratégias, corrupção, truques, enganos e traições de cada subgrupo para sair ganhando mais, nos jogos triádicos de disputa de tri-satisfatores, denominamos "arsenais". Segundo o grau em que se usem, os arsenais se caracterizam como brandos ou de intensidade baixa; rigorosos ou de intensidade média; e violentos ou de intensidade máxima, como o abuso de poder, o terrorismo, a guerra; ou então pelos sete degraus de intensidade como descrito antes.

Vamos apresentar algumas táticas e alguns arsenais triadizados ao redor dos três cérebros, sem mencionar em que nível de intensidade eles podem ocorrer, e sem indicar se se aplicam às relações familiares, empresariais ou político-econômicas.

- ARSENAL FÍSICO-ECONÔMICO, mais típico do cérebro central do macho, de ditadores, grandes empresas, banqueiros e bolsas. É o discurso do macho ou do poder fálico, da imposição pela força física e pelo dinheiro. O bullying, embora atribuído aos adolescentes escolares, feito de provocações, forçamento e humilhações impostas pelos mais fortes aos mais indefesos, ocorre em todas as idades, situações, esferas e níveis. O arsenal físico-econômico começa com gritos, ameaças, golpes, ferimentos, tortura, estupro, sequestros; cresce com espionagem, invasão da vida privada, prisões, monopólios e tirania econômica, pelo consumo forçado imposto pelos truques do mercadismo; e termina em ditadura econômico-política, perseguição, repressão e guerra etc.

- ARSENAL IDEOLÓGICO, mais típico do cérebro esquerdo, empregado na guerra psicológica e manipulação da informação pelo marketing econômico, político, religioso e, por adultos sobre crianças. Começa com o "buzinar" no ouvido (fala interminável e atormentadora) para "fazer a cabeça" de outrem ou "matar no cansaço", geralmente no ambiente doméstico. Usa-se também a mentira, a discussão sem lógica, os insultos e as falsas acusações só para vencer ou "ter razão". No meio social, é a imposição doutrinária ou ideológica pelos meios de comunicação, das telinhas, da educação e da pregação. Há também legisladores e tribunais legislando em causa própria ou com viés partidista, fazendo apelos patrioteiros para acobertar os interesses dos oficialistas que se portam como donos da Pátria (patrimonialismo). Enquanto o assédio sexual é condenado, o assédio pelo marketing consumista, que se parece cada vez mais com o conto do vigário, é cada vez mais permissivo e intenso.

- ARSENAL EMOCIONAL-MORAL DISSIMULADO, mais típico do cérebro direito da fêmea, das artes, das religiões e da demagogia. O mais comum é o discurso do amor, que encobre a grande cumplicidade das mulheres com as religiões. A pequena listagem que segue dissolve o suposto mistério do comportamento feminino e "sagrado", que é apenas um oficialismo estrategicamente recoberto de doçura. Assim é a criação de complexo de culpa-expiação para os que se esquivam do controle oficialista, sempre negado com a alegação "é para seu bem"; a cobrança por lágrimas, chantagem afetiva, sexual, econômica, infantilização, mutismo, tromba ou mutismo; a camuflagem do oficialismo fazendo-se de inocente ou de pobre e eterna vítima sofredora; o uso de terrorismo religioso, magia, insinuação de poderes ocultos com perigosos demônios, deuses terríveis e castigos tenebrosos para pecados inventados segundo os interesses do oficialismo feminino-religioso; discriminação, desqualificação, assédio moral, tirania afetiva, crueldade psicopatológica etc. E, por cima, com maciças relações públicas para "vender" boa imagem...

```
        ARSENAL IDEOLÓGICO                        ARSENAL EMOCIONAL-MORAL
    5     4     3     2     1                      1     2     3     4     5
   "Buzinar" no ouvido (fala ator-                Discurso do amor (mulherismo).
   mentadora). Fazer a cabeça.                    Lágrimas. Sedução. Infantilização.
   Discussão sem lógica. Insultos.                Chantagem afetiva e sexual.
   Imposição doutrinária, legal.                  Desqualificação. Mutismo. Enganação
   Denúncia/acusação. Difamação.                  Negar seu oficialismo e ofender-se.
   Manipulação da mídia. Fake News.               Fazer-se de vítima. Crueldade moral.
   Recurso à excepcionalidade.                    Criação de complexo de culpa. Ódio.
   Manipulação ideológica/doutrinária.            Terrorismo espiritual, condenação.

                        ARSENAL FÍSICO-ECONÔMICO:
                   1      2      3      4      5
           Discurso do Falo (machismo). Bullying, Assédio. Fraude.
           Discriminações. Gritos, ameaças, golpes, estupros.
           Imposições. Roubo. Castigos. Perseguições. Tiros.
           Concentração de poder. Tortura. Violência de Estado.
           Exploração do trabalho. Concentração da riqueza.
           Consumismo forçado. Obsolescência forçada.
           Desperdício e depredação ambiental. Guerras.
```

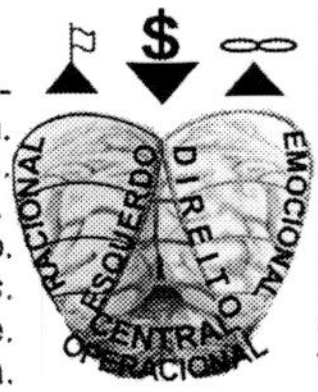

Fig. 31. Arsenais e abusos de poder individual, subgrupal e dos 3 poderes supremos

Assim foram sintetizados arsenais e táticas em busca de dominação e ganhos entre subgrupos na família, na escola, na empresa, na comunidade, no mercado, nas religiões e nos Estados. Começam pelas táticas mais dissimuladas e quase imperceptíveis do cérebro direito; se não conseguem o que querem, passam a usar o arsenal mais verbal que é do cérebro esquerdo para convencer ou dobrar o outro pela argumentação ou pelo cansaço; se nem assim conseguem o que querem, então põem em marcha o arsenal do cérebro central para o submetimento e abuso do outro pela força bruta ou por arrocho econômico.

Mas cuidado ao desmascarar intenções disfarçadas e os arsenais de qualquer pessoa e grupo. Estes, primeiro, negarão tudo; segundo, acusarão você de calúnia; e terceiro farão um contra-ataque usando os mesmos arsenais que você acabou de desmascarar, para defender o que você denunciou. Somos todos jogadores com algum grau de clandestinidade ou somos agentes disfarçados de nossa própria causa ou, algumas vezes, até agentes duplos. São farsas e hipocrisias dos três subgrupos, ainda que em proporções diferentes.

De fato, os três arsenais são usados simultaneamente, mas em doses diferentes, segundo o cérebro predominante. Por exemplo: o macho usa, geralmente, uns 62% do arsenal físico-econômico do cérebro central, que é ruidoso e indisfarçável; usa uns 30% do arsenal ideológico do cérebro esquerdo para discussões que o homem aguenta pouco; e usa uns 8% do arsenal emocional-moral do cérebro direito para comover o outro e terminar dominando-o, no qual o macho é simplesmente incompetente. A fêmea usa, geralmente, uns 62% do arsenal emocional-moral dissimulado para comover e demover; usa uns 30% do arsenal ideológico do cérebro esquerdo para "buzinar no ouvido" e matar no cansaço; e usa, raramente, uns 8% do arsenal físico-econômico do cérebro central, violento e indisfarçável, para vencer e dominar o outro, isto é, tornar-se subgrupo oficial.

É preciso ter entendido bem os três cérebros e os três subgrupos do jogo triádico; é preciso distinguir bem a maneira como o homem e a mulher usam táticas e arsenais para, por fim, podermos perceber a mulher como subgrupo oficial e seu poder sutil, de controle remoto. O paradigma monádico sustenta o mito de que o líder é sempre o mais forte pela força física e econômica, com ruído e bravatas. Nas relações familiares, a suposta liderança machista monádica está condenada e termina na cadeia. Pelo paradigma triádico há três tipos de líder ou subgrupo oficial. A liderança ou o subgrupo oficial é de quem consegue que os demais façam o que ele quer, por meio de qualquer tipo de tática/arsenal ou da combinação dos três.

O oficialismo feminino é exercido, geralmente, com o arsenal emocional-moral, que pode ser brando, sutil e erotizado, deixando a impressão que é o macho que conquista a fêmea, que o homem é o rei do lar etc. Esse arsenal refinado pode ser exercido com progressiva intensidade, impondo cada vez mais exigências ao macho, que reclama e discute; com o tempo, pode tornar-se tão opressor que leve o macho a rebelar-se. Como o arsenal típico do macho é, quase sempre, a violência física, ele apela para os golpes e, até, para o assassinato. A esse extremo ele chega quando se descobre vítima da violência ideológico-emocional da fêmea ou quando é contrariado seu mito machista de proprietário da fêmea; e tem a revelação de que era, na verdade, a versão pública de um títere doméstico. O homem não tem direito de oprimir a mulher pela violência física e ideológica; e a mulher não tem o direito de oprimir o homem pela violência emocional-moral-ideológica. Além do encantamento do amor, ambos precisam de reeducação para administrar proporcionalmente o jogo triádico e, de moderação no uso dos respectivos arsenais.

Cada dia se agrava mais a questão da convivência e coexistência entre os três diferentes subgrupos, em seus quatro diferentes níveis. São as relações humanas que estão piorando entre subgrupos horizontais na família, na escola e nas empresas; são as relações de classes, níveis ou subgrupos verticais; são as relações internacionais que se vão deteriorando e dando lugar à escalada de competição, forçamento e abusos, até apelar para os arsenais da violência, do crime e da guerra.

Os velhos preceitos morais, a crença na razão e império da lei, têm fracassado em controlar a ferocidade humana. Entraram em crise todas as medidas, os indicadores sociais, morais, o sentido de justiça, de compreensão, tolerância, moderação, de limites e de regulamentação etc. A sociedade já não é capaz de conter nem "os pequenos" violentos que usam o arsenal emocional-moral, e muito menos "os grandes", principalmente em seus crimes econômico-políticos.

Propomos o conhecimento do jogo triádico tridimensional como uma teoria explicativa para esse fenômeno; e insistimos no Proporcionalismo como base para uma nova ética, uma nova justiça triádica para melhorar a convivência em todo o ecossistema. Uma educação familiar-escolar que não consiga inculcar o conhecimento do jogo triádico e a necessidade de sua regulação triádica pelo Proporcionalismo estará formando ingênuos para a base da pirâmide social e, monstros de muito baixo quociente moral, no alto da pirâmide.

> O oficialismo, quanto mais oficialista, mais estúpidos precisa que sejam os oscilantes e mais reprimidos os antioficiais. Por que esse déficit racional, moral, legal e de ordem?

É urgente abandonar o paradigma monádico, unilateral, de egos maximocráticos e centralistas, para compreender e aceitar a natureza triádica de tudo, educando-se para conduzir melhor e moderadamente esse jogo competitivo. Sem jogo triádico, não haveria suficiente pressurização, ou seja, impulso, estímulos, desafios e cobrança para ativar a criatividade e a produtividade. Os empresários aceitam bem a competição por entender que é um fator indispensável para criar esforço em busca de inovação e melhoria. Os três subgrupos se produzem e alimentam mutuamente.

Despois de criar a consciência de que tudo é três, como três cérebros, três subgrupos com quatro níveis, será inadequado dizer "os brasileiros" são corruptos, "os norte-americanos" são violentos. Será mais adequado dizer: os três subgrupos de brasileiros são assim e assim, os três subgrupos de norte-americanos são isso e aquilo. Igualmente, em lugar de dizer "as religiões", é mais correto dizer: "os três subgrupos de religiões". Da mesma maneira, em lugar de dizer "todos os homens", "todas as mulheres", é mais correto dizer os três subgrupos masculinos, os três subgrupos femininos. Em lugar de dizer "os judeus" ou os islâmicos", é mais correto dizer os três subgrupos judaicos ou os três subgrupos islâmicos. Em lugar de dizer "os políticos", é melhor dizer os três subgrupos de políticos; em lugar de dizer "o saber", "a ciência", é mais correto dizer os três subgrupos de saberes ou de ciências; em lugar de dizer "a cultura", é mais correto dizer as três culturas etc.

O monolítico, os coletivos, as generalizações não têm lugar no paradigma sistêmico tri-uno. Tudo tem que ser tomado, no mínimo, em suas três forças e comutações básicas. Tem que ser triadizado. Se a vida é um jogo, então não haveria inimigos, apenas adversários; não haveria mal, apenas sequências de perdas e ganhos com preços maiores ou menores a pagar etc.

A criação de conceitos como mal, desgraça, infidelidade, traição, desordem etc. é feita pelos monádicos que querem ter tudo e algo mais. A criação de entidades como demônios, espíritos do mal, inferno, exílio, ostracismo, também é obra dos monádicos e oficialistas que se julgam no direito de apoderar-se de tudo, sem nem ser criticados, e muito menos xingados e enfrentados. Por esse paradigma ou mentalidade, o mal são os outros que não se deixam montar. Mas pelo paradigma tri-uno – o trabalho em seus quatro níveis, os ganhos, as perdas e os preços a pagar com seus altos e baixos – são direitos e responsabilidades compartilhadas pelos três subgrupos, proporcionalmente, sem apelar para velharias como bem e mal, deuses e demônios, sorte e desgraça, destino ou caos etc.

2.4 O QUE É A PROPORCIONALIDADE TRI-TETRA?

Temos empregado muitas vezes o conceito de Proporcionalismo. É um conceito central e indispensável, quando se trabalha com o conceito de três cérebros, três subgrupos, três culturas, três poderes máximos e a inclusão e simultaneidade de três, sempre. É a pluralidade com suas diferenças ou desigualdades. Que peso, que importância, que direitos, que deveres, como contribui e é recompensada cada uma das três partes ou cada um dos três subgrupos de jogadores? E como chegar a compatibilizar a convivência das três ou muitas forças que disputam os tri-satisfatores com os arsenais e graus de intensidade que já conhecemos?

Esqueçamos o truquezinho que diz que todos nascemos iguais, que todos temos os mesmos direitos, que todos somos iguais perante a lei, que todos somos igualmente filhos de Deus. As diferenças são normais, mas não a diferenciação máxima atual, criada pelos manipuladores do dinheiro. A vida é um jogo cujos resultados são determinados ou pela seleção natural somente, como no nível 1 tricerebral, ou pela seleção natural com alguma regulação humana nos demais níveis. Para escapar da ingenuidade da igualação absoluta do comunismo e da criminosa desigualação absoluta do neoliberalismo, apresentamos o PROPORCIONALISMO.

A percepção (não a realização) da proporcionalidade é algo inato, natural nos três cérebros:

a. Para o cérebro direito é dada pelo sentimento intuitivo-místico de ética, moral, justiça, humanismo, harmonia, beleza, arte e estética.

b. O cérebro esquerdo traduziu essa percepção pela lei matemática da média e extrema razão que aparece nos desenhos arquitetônicos, no formato de livros e cartazes de publicidade, aproximando-se de 62% de base por 38% de altura ou vice-versa. Essas partes, frações, ou esses módulos se denominam também "fractais". O matemático grego, Pitágoras, quatro séculos antes de Cristo, descobriu que a melhor maneira pela qual a natureza divide um segmento de linha em dois é pela média e extrema razão. Para encontrar a média e extrema razão basta multiplicar o tamanho da linha, ou do que se quer dividir, pelo número φ (Fi ou Phi), que equivale a 1,618, sendo o inverso 0,618, que podemos arredondar para 62% (popularmente, 60 por 40). O ponto que divide a média e a extrema razão se chama "seção áurea" ou "Ponto de Ouro". A média e extrema razão já foi chamada de divina proporção, proporção áurea, razão áurea, número de ouro etc., porque é um padrão ou uma geometria que se repete universalmente, como o teorema de Pitágoras.

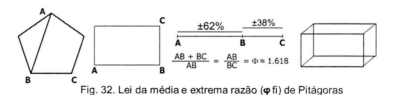

Fig. 32. Lei da média e extrema razão (φ fi) de Pitágoras

Nosso corpo é uma vitrine desta lei da proporcionalidade. Ao aplicarmos o número Fi ao tamanho de um braço, teremos mais ou menos 62% da ponta dos dedos até o cotovelo; e teremos mais ou menos 38%

do cotovelo até o ombro. Se aplicarmos o número Fi só do cotovelo até a ponta dos dedos, teremos mais ou menos 62% do cotovelo até o pulso; e teremos mais ou menos 38% do pulso até a ponta dos dedos. O padrão Fi se repete, é recorrente tanto quando dividimos e subdividimos miniaturizando, como quando somamos e agregamos magnificando. Esse padrão repetitivo, em diferentes escalas, se chama também "fractalidade" ou "conjuntos de Mandelbrot", o matemático que criou o conceito de fractais (1997).

Para a representação em proporções triádicas, usa-se a curva de Gauss, também chamada curva das distribuições ou curva de sino, porque tem, aproximadamente, a forma de sino:

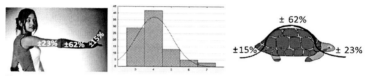

Fig. 32.1. Proporcionalidade trimodal (lei das distribuições de Carl Gauss)

c. O cérebro central busca realizar a proporcionalidade por meio de um esforço organizativo de impor instituições reguladoras e preservar o estado de Direito com suas leis, seus códigos penais e sua justiça, em busca de ordem.

Religiões, ciência, revoluções, filosofias políticas, ideologias, tudo são expressões e interpretações do jogo unitriádico e, ao mesmo tempo, são propostas para controlá-lo, para ser jogado dentro dos limites da proporcionalidade político-econômica e, diminuir-lhe o caráter doloroso e devorador que tem.

Segundo o Proporcionalismo, não há nada fixo, estável, imóvel, linear. Tudo ondula, oscila, flui, se transforma, com rumos e resultados de menos acaso e caos, ou mais disso. Esse movimento autotransformativo do todo se vê também no movimento elíptico da terra ao redor do sol; no pulmão que se dilata e se contrai, mas sempre dentro de certos limites de variação, que são dados pelos números do Ponto de Ouro.

Em teoria, o distributivismo proporcional teria 38% da parte superior de uma sociedade desfrutando, aproximadamente, de 62% dos tri-satisfatores; e teria os 62% da parte inferior da pirâmide social gozando, aproximadamente, de 38% dos tri-satisfatores. Pode-se lembrar que a pressão arterial e todas as medidas bioquímicas tem um Ponto de Ouro, ou seja, um piso mínimo e um teto máximo. A proporcionalidade ou Ponto de Ouro significa homeostase, harmonia, bem-estar, funcionamento com atrito mínimo. O afastamento do Ponto de Ouro vai gerando diversos graus de desproporcionalidade e mal-estar, como: os 20% do andar de cima da pirâmide social gozando de 80% dos tri-satisfatores, enquanto os 80% do andar de baixo gozariam de apenas 20% dos tri-satisfatores; ou os 10% do andar de cima gozando de 90% dos tri-satisfatores, enquanto os 90% do andar de baixo penariam com apenas 10% dos tri-satisfatores, o que serve de fermento para as revoltas.

É obvio que não há só dois andares ou níveis (ricos e pobres): são pelo menos quatro ou, de acordo com a sequência Fibonacci, o razoável seria ter 21 níveis como máximo. Isso porque, em momentos históricos de distributivismo mais equitativo em sociedades mais civilizadas e pacíficas, os intervalos da sequência Fibonacci – de 1 a 21 – são toleráveis para os níveis mais baixos e, suficientes para os que têm aspirações e competências mais altas, mas não ilimitadas ou maximocráticas como os 1% de cima e os 99% de baixo.

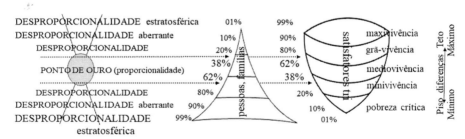

Fig. 32.2. Proporção e graus de desproporção nos níveis de vivência

Todos os jogos triádicos formam um só e único grande jogo unitriádico, ao redor da informação, da sobrevivência-reprodução e da convivência em todo o planeta. Muda de nomes, de máscaras, de protagonistas abusivos, antagonistas revolucionários e figurantes abusados, em cada época e em cada lugar, mas é sempre o mesmo.

No ocidente, o subgrupo oficial se chamava Império Romano; o antioficial, primeiro se chamava Cartago; depois, foi Espártaco; depois foram os cristãos. Quando os cristãos se tornaram o subgrupo oficial, o Império Romano chamava-se Império Cristão dos Papas, e o subgrupo antioficial se chamava "os bárbaros do norte"; depois foram os mouros ou islâmicos e, por fim, os renascentistas. Expulsos os mouros ou islâmicos, o subgrupo antioficial foram os anglo-saxões com a reforma Protestante que criou a cultura e o desenvolvimento moderno dos últimos 500 anos. Quando os anglo-saxões se tornaram o subgrupo oficial, tiveram como antioficial primeiro os espanhóis, depois Napoleão, depois a Alemanha, depois os comunistas e, agora, a China e Rússia capitalistas. Os oscilantes são os respectivos povos explorados e vitimados tanto pelos subgrupos oficiais como pelos antioficiais de todas as épocas, que os mandam matarem e morrerem na guerra para salvar os subgrupos oficiais. Ou estes surrupiam os oscilantes para pagar contas de guerra ou de seus privilégios e desmandos.

Por aí se percebe a vantagem de analisar e entender os fatos pelos três cérebros e seus três subgrupos e não por suas máscaras registradas nos livros de História, onde vencedores oficialistas se autoglorificam, autocanonizam, se dedicam monumentos etc.; e onde os perdedores são demonizados, enquanto os oscilantes seguem convocados para o sacrifício da reconstrução até a próxima... Por trás das supostas diferenças, os três subgrupos têm a mesma essência, a mesma identidade e forma de mover-se e atuar, aproximando-se ou distanciando-se da proporcionalidade. O modo de agir de um subgrupo oficial é sempre o mesmo: opressor, aproveitador; assim se trate de um subgrupo oficial familiar, escolar, empresarial, religioso, econômico ou político, pequeno, médio ou grande. O mesmo vale para um subgrupo antioficial: sempre crítico, opositor, discurseiro e tumultuador. O destino de um subgrupo oscilante é ser um eterno explorado, resignado, pedinchão, medroso e omisso, seja religioso, comunista ou capitalista.

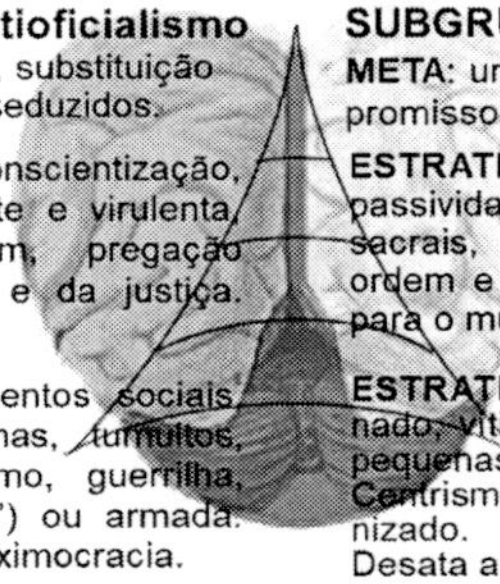

SUBGRUPO OFICIAL/OFICIALISMO
(pais, chefes, líderes, governos, banqueiros, impérios)

META: manter poder e riqueza, sabotar o crescimento de competidores, eliminar antioficiais para ter o mercado livre e livremente depredar os oscilantes indefesos.

ESTRATÉGIA IDEOLÓGICA: Simular virtudes de civismo, sacrifício pelo bem comum, ética. Autocanonizar-se. Ser fonte exclusiva da verdade, legalidade, buscar unanimidade, porque é dono único da mídia doutrinadora.

ESTRATÉGIA FACTUAL: Assalta "legalmente" desde o trono, protege-se com exército e polícias, espionagem, golpes de Estado (militar ou *lawfare*), burocracia, leis e controle da informação, do dinheiro e dos empregos. Desata a violência 1ª para sua maximocracia.

SUBGRUPO ANTIOFICIAL/antioficialismo
META: mudança social, renovação, substituição do oficial com ajuda de oscilantes seduzidos.

ESTRATÉGIA IDEOLÓGICA: Conscientização, crítica, denúncia, retórica brilhante e virulenta, paixão pelo debate sem fim, pregação messiânica a favor dos pobres e da justiça. Fantasias de salvação e utopia.

ESTRATÉGIA FACTUAL: Movimentos sociais, sindicatos, reivindicações, marchas, tumultos, greves, clandestinidade, terrorismo, guerrilha, revolução "branca" ("democrática") ou armada. Desata a violência 2ª para sua maximocracia.

SUBGRUPO OSCILANTE/oscilantismo
META: unidade, amor, paz, família, descompromisso, boa vida, ser cuidado, gozadeira.

ESTRATÉGIA IDEOLÓGICA: Inconsciência, passividade. Justificações mitológicas, sacrais, familiescas. Uso de palavras de ordem e provérbios como "sabedoria". Fuga para o mundo da fantasia. Infantilismo.

ESTRATÉGIA FACTUAL: Trabalhador alienado, vítima aliada a seu verdugo. Tráfico de pequenas vantagens. Suaviza os extremos. Centrismo político e conformismo religionizado. Aguenta qualquer tipo de poder. Desata a violência 3ª para sua maximocracia.

Fig. 33. Arsenais de cada subgrupo rumo à sua maximocracia irresponsável

ARSENAIS E JOGADAS DO OFICIALISMO

A meta de um subgrupo oficial é maximizar e manter seu poder, riqueza e privilégios. Para isso tem que se cuidar ou livrar-se dos antioficiais, para poder depredar os oscilantes a quem se impõe pelo terror. Sua estratégia é fazer-se passar como invisível, como sacrificado pelo bem comum, promovendo a autocanonização, o solenismo, apresentando-se como fonte única da verdade e legalidade. Na prática, ele é um assaltante autolegalizado, o terrorista número 1, que usa o exército e a polícia, a burocracia, a lei, o controle da informação, do dinheiro e do emprego para ir, cada dia, o mais longe que puder na maximocracia. Damos a isso o nome de violência 1ª, ou terrorismo permanente, que é a violência intermitente inerente à natureza, mas institucionalizada e tornada permanente pelos oficialistas político-econômico-sacrais desenfreados.

ARSENAIS E JOGADAS DO ANTIOFICIALISMO

A meta de um subgrupo antioficial é a mudança social, a renovação, a substituição do subgrupo oficial com a ajuda dos oscilantes, para ele mesmo tornar-se oficial e fazer o mesmo. Sua estratégia é a conscientização das injustiças cometidas pelo oficialismo, por meio de uma retórica brilhante e virulenta, de uma pregação messiânica a favor dos pobres oscilantes com fantasias de salvação e outras utopias. Na prática, ele é um terrorista número 2, que funda sindicatos, faz marchas, greves, guerrilha, revoluções eleitorais ou armadas para a tomada do poder. Damos a isso o nome de violência 2ª, ou terrorismo intermitente, que é uma reação à violência permanente e exacerbada do oficialismo.

ARSENAIS E JOGADAS DO OSCILANTE

A meta de um subgrupo oscilante é muita gozadeira e pouco trabalho, ser protegido, guiado e cuidado como criança, na paz, no amor e na boa vida. Sua estratégia é manter-se inconsciente e irresponsável, justificando-se com mitologias e lendas religiosas, das quais só sabe citar alguns slogans e alimentar fantasias otimistas sem fundamento. Na prática, é uma vítima que defende o algoz, dá sempre algum jeitinho, odeia os extremos, cultiva o centrismo e o baixo perfil, aguentando os abusos de qualquer tipo de oficialismo, seja político, religioso ou econômico. Como um animal doméstico, pratica pequenos assaltos e roubos, a que damos o nome de violência 3ª ou terrorismo rústico, arcando com a fúria do oficialismo desrespeitado.

Esses três estilos do agir dos subgrupos são fixos porque o papel e a posição que cada um ocupa no teatro triádico tem esse formato; e obriga o incumbente a enquadrar-se e desempenhar o papel que lhe cabe. Os três estilos podem ter gradações desde um estilo mais brando, crescendo para um mais ríspido e violento. O desejável, se houvesse educação, aprendizado e intervigilância baseada no Proporcionalismo, seria que cada subgrupo fosse cada vez mais positivo ou proporcionalista.

O oficial seria democrático, organizador, condutor, permitiria a participação dos outros dois subgrupos em política; na economia, seria ecossistêmico, construtivo, proporcional e enriquecedor de todos.

O antioficial seria consciente, questionador responsável, um inovador que lutaria por todos, não só para ele, em política; na economia, seria propositor, alternativo, cocriador e facilitador, e não obstrutor dos processos sociais.

O oscilante seria integrador, conciliador, pacifista e equilibrador dos extremismos do oficial e do antioficial, em política; na economia, seria cooperador, profissional, produtivo e cumpridor de seus deveres.

ANTIOFICIAL POSITIVO				OFICIAL POSITIVO	
Dinâmica	Dinâmica			Dinâmica	Dinâmica
de Grupo	Prestusuária	OSCILANTE POSITIVO		de Grupo	Prestusuária
Consciente	Propositor	Dinâmica	Dinâmica	Democrática	Ecossistêmico
Questionador	Alternativo	de Grupo	Prestusuária	Organizador	Construtivo
Inovador	Cocriador	Integrador	Cooperador	Condutor	Proporcional
Lutador	Facilitador	Conciliador	Profissional	Participativo	Enriquecedor
		Pacifista	Produtivo		
		Equilibrador	Cumpridor		

Fig. 34. Modo proporcional de cada subgrupo fazer o seu jogo

Há jogadores individuais, subgrupais, classistas e nacionais que lutam pela proporcionalidade entre os três jogadores, mas são sempre uma minoria antioficial de uns 5%. A maioria, que é oscilante, lamenta a desproporcionalidade, mas não luta pela proporcionalidade. Os que lutavam pela igualação máxima, no comunismo, foram desautorizados pela natureza que é de superação proporcionalista e não, igualitária. As minorias oficialistas, que são apenas 15% da humanidade, mas supremamente fortes, lutam pela desigualação máxima. Os oficialistas de todos os níveis são corporativistas, quer dizer, se unem para depredar e para defender-se de qualquer reação das vítimas, por mais insignificante que seja a reação. Quem não fizer isso será considerado um traidor do oficialismo. Por isso, nunca se viu uma aliança dos oficialistas do Primeiro Mundo ou do Grupo dos Sete Grandes ou do Grupo dos 20, para resolver o problema da pobreza, para criar convivência pacífica entre todos ou para o ambientalismo; só se unem para devorar o planeta e a maioria da humanidade. Não esquecer que, o bonzinho e santo quando pobre, vai convertendo-se gradualmente em psicopata, à medida que escala níveis mais altos.

Uma democracia real e triádica, proporcionalista, que substitua a atual ditadura econômica, só será viável depois de existir a percepção sistêmica triádica da realidade e do planeta todo. Enquanto se insistir na atual visão anglo-americana monádica, unicista, maximocrática e unilateral da realidade, o planeta terá sempre mais conflitos e ameaças à continuidade da vida.

Estética, ética, justiça (Proporcionalismo) significam aproximação ao Ponto de Ouro; feiura, mentira, injustiça, violência, significam distanciamento do Ponto de Ouro.

> Quanto mais perto do Ponto de Ouro, mais longe da anarquia e da guerra.
> Quanto mais longe do Ponto de Ouro, mais perto do ponto de estouro.

A regulação para manter-se próximo às porcentagens trigrupais e tetraniveladas sugeridas pelo Ponto de Ouro se dá pela correlação e contrapeso dos três cérebros e suas correspondentes três culturas subgrupais. Isso se aplica a tudo: aos três cérebros, à saúde, família, escola, empresa, à sociedade. Cada um dos subgrupos dessas esferas deveria ter leis, poder e força para se defender. Isso porque os subgrupos oficiais têm monopolizadas e pervertidas as instituições e suas burocracias, para favorecê-los e para explorar os oscilantes indefesos, depois de reprimir os antioficiais desarmados.

Para chegar à democracia triádica proporcionalista, entretanto, será indispensável renunciar à maximocracia e aderir ou ser submetido a uma Ética do Ponto de Ouro em tudo, começando por impor limites a todo e qualquer oficialismo, seja individual, grupal, nacional e imperial, fazendo o mesmo com o antioficialismo e o oscilante. O primeiro passo é exigir TRANSPARÊNCIA em tudo que venha do oficialismo político, econômico e sacral, que é o único que tem sigilos. Os antioficiais e oscilantes já são minuciosamente vigiados e nada deles é sigiloso para o oficialismo; depois da internet, celulares, cartões de crédito, GPS, Echelon etc. estamos todos cadastrados sob um algoritmo.

A transparência, se existisse, se chamaria controle externo das instituições de poder. Os entronizados no poder político são pagos pelos impostos da sociedade; os entronizados no poder econômico são pagos pela mais-valia dos trabalhadores e os sobrepreços pagos pelos compradores, já que a riqueza não cai do céu; e os entronizados no poder sacral são pagos por doações e dízimos arrancados dos fiéis por terrorismo espiritual. Já nos fizeram esquecer que "democracia" é o poder de todo um povo. Se pagamos, queremos serviços, e prestação de contas de riqueza, de negócios, de alianças, de planos etc. A credibilidade e a confiança nas "autoridades" e instituições estão morrendo, porque se tornaram mafiosas, precisamente porque se escaparam do controle social.

Além de controlar "os de cima" é necessário evitar que os que sobem se corrompam. Recordemos que o primeiro oficialismo, a base ou semente de todos os oficialismos posteriores é o oficialismo das mães sobre os filhos e, algumas vezes, o do pai. E esse oficialismo, que é a raiz de todos os demais oficialismos, também requer controle externo, pois há cada vez mais mães e pais disfuncionais ou autoritários.

Em resumo: o oficialismo, ainda o mais proporcional, tem que saber que está sendo controlado, e tem que temer, para que não ceda à tentação de ser abusivo. Para temer, os oficialistas desproporcionais teriam que ser julgados e punidos por tribunais populares, e não por seus pares, geralmente em cumplicidade corporativa. Será preciso, também, substituir essa justiça do Império Romano, monádica, de um só culpado, por uma justiça em que haveria sempre três partes com responsabilidades proporcionais, como propõe o Dr. Sebastião Batista (2004) em sua tese de doutorado "A Base Triádica da Justiça". Nela, Dr. Batista propõe sentenças com base na corresponsabilidade familiar em que respondem, solidariamente com o réu principal, os pais, irmãos, avós paternos e maternos, tios e primos, até segundo grau, bem como filhos, netos e ex-esposos. A sociedade pode e deve recuperar o poder e a autocondução que lhe sequestraram em tantos anos de "democracia" a serviço do poder econômico dos "de cima".

O esquema básico para identificar graus sucessivos de desproporção pode ser este:

a. Qualquer um dos três subgrupos com menos de 10% da população, desde a família até um império, que concentre ao redor de 90% do poder e dos tri-recursos, deverá ser eliminado por criminosamente injusto. A justificativa para a desobediência civil e a resistência e, até o tiranicídio, é dada tanto pelo católico Santo Tomás de Aquino (1225-1274) na parte da Suma Teológica em que trata do *Regime dos Príncipes e no Comentário às Sentenças de Pedro Lombardo*, bem como pelo filósofo e jurista protestante (1632-1704), John Locke, em seu *Segundo Tratado sobre o Governo*.

b. Qualquer um dos três subgrupos, com menos de 15 ou 20% da população, desde a família até um império, que concentre ao redor de 80% do poder e dos tri-recursos dos demais, é imoral ou, pelo menos, amoral e será preciso denunciá-lo, pressioná-lo, persegui-lo e encarcerá-lo. A justificativa é que o patrimônio ecossistêmico é de todos, que a riqueza é produzida pelos três subgrupos e deve ser partilhada proporcionalmente. Os depredadores maximocráticos vão reclamar que somos contra o sucesso e o enriquecimento. Quem foi que disse e justificou que eles têm o direito de saquear o ecossistema e o abocanhar o máximo dos excedentes da produção? Somos a favor do sucesso e do enriquecimento proporcional, até 21 vezes acima do mínimo vital.

c. Qualquer um dos três subgrupos, com mais ou menos 38% da população, desde família até um império, que disponha de aproximadamente 62%

do poder e dos tri-recursos, deverá ser louvado e premiado por estar dentro do Ponto de Ouro; significa ser viável para todos e de estar de acordo com uma economia de equivalência, de moderação e respeito frente aos limites físicos do ambiente.

	90/10% Infernal: ELIMINAR	85/15% Imoral, criminoso: Prender	80/20% Amoral, nada proporcional: Controlar	75/25% Moral, menos proporcional: Pressionar	62/38% Ponto de ouro, proporcional: BENDIZER
SUBGRUPO OFICIAL	Tirano, autoritário, ditador, cruel, monstro	Manipulador, gângster, corrupto, ga- nhador por qualquer meio	Organizador de ganhos só para o subgrupo oficial, por via "legal" (anomia)	Organizador de ganhos só para dois dos subgrupos	Organizador de ganhos para os três subgrupos
SUBGRUPO ANTIOFICIAL	Negador, clandestino, terrorista, salteador, destruidor	Obstrutor, sectário, dilapidador, adepto da vio- lência gratuita	Anárquico, autopromovedor, incitador dos ou- tros à luta para ele tirar proveito	Competidor, lutador e cobra- dor de mudan- ças e moraliza- ção dos outros dois subgrupos	Propositor, co-criador, co-gerente e co-inovador para os três subgrupos
SUBGRUPO OSCILANTE	Vadio, assaltante, delinquente, reincidente	De má vontade, desmotivado, descumpridor, omisso, mentiroso	Espontaneista, individualista, dissimulado, malandro oportunista	Disciplinado, cumpridor, co- laborador e so- lidário com 2 dos subgrupos	Conciliador, confiável, pro- dutivo e soli- dário com os 3 subgrupos

Fig. 35. Aproximação a critérios para controle dos subgrupos.
(Lê-se da esquerda à direita: quando a distribuição é tal que 10% das pessoas desfruta de 90% dos satisfatores de tri-vivência e vice-versa, ou seja, que 90% das pessoas detêm tão só 10% dos satisfatores de tri-vivência o subgrupo é...)

Para que isso seja viável, será necessário reformulação "tri" da vida e do mundo, difundida desde a família e a escola, por uma educação consciente, mais comprometida com a vida que com a ciência e as perversões oficialistas.

A História registra diversos movimentos, estratégias e tentativas para impor limites aos abusos do oficialismo que tem toda a liberdade de ação, enquanto o antioficialismo e o oscilante são estritamente controlados por ele. Na Bíblia judaica, há referências ao ano sabático e ao jubileu a cada 50 anos, para deter a acumulação de riqueza pelo oficialismo econômico. A plebe romana, em 495 a.C., impôs os tribunos do povo para defendê-la contra abusos do oficialismo. Os ingleses comemoram 800 anos da conquista da Carta Magna de 1215, que foi um conjunto de medidas, um pré-constitu-cionalismo para frear a maximocracia do oficialismo dos monarcas.

O constitucionalismo de hoje em dia está dominado pelos poderosos e serve mais para aumentar seu poder que para submetê-los a um mínimo de limites. A Reforma ou a Revolução Protestante foi uma reação contra os abusos de poder do oficialismo dos Papas. Daí em diante o novo oficialismo se entrincheirou no trono e teve que ser derrubado por revoluções, seguidas de enforcamento, guilhotina, fuzilamento etc. Exemplos: a Revolução Inglesa de Cromwell, em 1649, para impor o parlamentarismo; a Revolução Francesa em 1789; a Italiana em 1870; a Soviética em 1917; a Cubana em 1959; as revoluções islâmicas atuais etc.

Como um dos arsenais do oficialismo é o secretismo, o sigilo, o camaleonismo, o gatopardismo etc., começou uma reação para forçar o oficialismo a dar TRANSPARÊNCIA a seus atos, ganhos, declaração de bens etc.

Não se trata só da corrupção, nem só do oficialismo político. Trata-se de todos os níveis de oficialismo, de todos os oficialismos e de todos seus abusos: abuso político, econômico, público e privado, religioso, jurídico, masculino, feminino, manipulação da informação, abusos na dosagem do "ópio" moderno ao povo, como futebol, novelas, carnavais, reality shows, jogos olímpicos, marchas etc., que são orgias coletivas.

Mas não basta legislação para que os oficialistas "informem" o que fazem. Eles são geniais na mentira e maliciosos no engano; e sabem como burlar a legislação ou usá-la a seu favor. Trata-se não só de conhecer suas maquinações, mas de conter sua maximocracia em tudo.

Há mais de 90 países no planeta que implementaram alguma legislação sobre transparência, às vezes sob o nome de liberdade e direito de informação. A Noruega é pioneira, com uma lei de 1766. Em 2009, Lord Myners, um ministro britânico, propôs, sem resultados, que qualquer organização pública ou privada fosse obrigada a informar a identidade e o salário de seus 20 membros mais bem pagos. Os bancos norte-americanos, depois do golpe do 2008, têm que informar às agências de fiscalização o nome dos seus cinco membros mais bem pagos, já que seus executivos ganhavam até cento e cinquenta milhões anuais em bônus, além do salário regular anual de trezentos mil dólares. Desde 2009, a Espanha está informando quanto ganham os membros do Conselho de Governo. Isso pode causar alguma intimidação, mas não vai deter o abuso econômico dos oficialistas, pois sabem que com dinheiro tudo se ajeita.

Recordemos que não se trata só de frear os abusos econômicos de qualquer dos três subgrupos, principalmente dos subgrupos oficiais. Trata-se de frear todo tipo de prepotência e abuso, seja político-econômico-sacral de direita-centro-esquerda; seja ditatorial, social-democrata ou democrata; seja de brancos, amarelos ou negros; seja masculino, homoafetivo ou feminino; seja ocidental, médio-oriental ou oriental; seja cristão, islâmico ou budista; seja empresarial, escolar ou doméstico etc.

Pelo truque de "ficar invisível" que todos os subgrupos oficiais usam para ficarem como sujeito oculto e, assim, melhor protegerem seus privilégios e desmandos, surgiu outra modalidade de torná-los transparentes, que está em: www.wikileaks.org. Este é um sítio ou site que rebusca temas "confidenciais" dos altos mandos de qualquer parte do mundo e os põe na internet.

Como os consegue? Da mesma maneira que o oficialismo consegue saber tudo sobre seus adversários e sobre nós que somos suas vítimas: por espionagem. Os antioficiais e oscilantes aprendem com os exemplos dados pelo oficialismo e sua tecnologia.

2.4 COMUNICAÇÃO TRIÁDICA

A comunicação é uma tática ou um arsenal que se usa para motivar/desmotivar, persuadir/dissuadir/forçar a conquista de satisfatores num jogo triádico. Sua utilidade maior seria adiar guerras.

Fig. 36. O processo da Comunicação "Tri"

A comunicação é a maneira mais branda ou suave de jogar o jogo triádico. Mas deixará de ser arsenal brando à medida que "a vítima" resiste à investida. Isso de "direito e liberdade de expressão", "democracia", "igualdade de oportunidades" é um ideal que funciona só quando favorece plenamente o oficialismo. Quando se arma uma ameaça a suas pretensões leoninas, se acabam a "democracia", a "liberdade" e a "igualdade perante a lei"; e entra o oficialismo com seus arsenais mais pesados para impor seus privilégios por direito "divino", pois se julgam deuses ou escolhidos pelos deuses.

Ao comunicar-se, a pessoa está jogando um jogo triádico numa dada posição subgrupal, frente aos outros dois subgrupos, donde sairá ganhando ou perdendo satisfatores, ou empatando. Não existe comunicação neutra e sem consequências. Essa é a ilusão do subgrupo oscilante, que sempre trata de agradar a Deus e ao diabo, ou ao oficial e ao antioficial ao mesmo tempo, o que o deixa perdido em meio a um fogo cruzado.

A comunicação de um monádico, individualista, egocêntrico, não busca o mútuo entendimento e a colaboração. Busca vitórias.

A comunicação tem três formas:

1. Primeiro, a **comunicação verbal-numérica,** que é o que você diz, através das palavras faladas ou escritas, textos, livros e teorias.

2. Segundo, a **comunicação não verbal,** que é aquela que você expressa, comunica ou informa silenciosamente, isto é, através da expressão corporal, dos gestos, do olhar, da postura, do seu visual, do seu modo de caminhar, do tom de voz, das cores, das piadas, dos jogos, das artes, do entorno etc.

3. Terceiro, a mais importante, que é a **comunicação factual** ou fáctica. Factual quer dizer fatos, poder, decisões, comportamentos, exemplos, trabalho, mercado, dinheiro etc. E essa é a que decide, a que marca, é a que cria fatos e rumos históricos, por isso se diz factual.

ESQUERDO VERBAL:
Temas. Assuntos. Interesses.
O que se diz e escreve sobre
eles por palavras e números.

Vocabulário mais típico:
Ver, observar, descrever, contar,
analisar. Linhas, regras, porcentagens,
horários, estudo, memória, ciência.

Estilo e Uso: ANTIOFICIAL opositor
com ameaças para os subgrupos oficiais
e sedução para os oscilantes.

DIREITO NÃO VERBAL:
Temas. Assuntos. Interesses. O que se
manifesta sobre eles por palavras, expressões faciais, gestos e emoções.

Vocabulário mais típico:
Escutar, cantar, amar, sentir, orar.
Ritmo, harmonia, som, sonoro, mistério,
Deus, arte, belo, feio, ruído, ódio, missão.

Estilo e Uso: OSCILANTE conciliador
querendo agradar o oficial e o antioficial
com "talvez sim, talvez não".

CENTRAL-FACTUAL
Temas. Assuntos. Interesses.
O que se manifesta sobre eles por ações, ordens, exemplos.

Vocabulário mais típico:
Pegar, cheirar, tocar, comer, trabalhar, gastar, sofrer, dormir, preocupar-se.
Bom, duro, brando, perfumado, malcheiroso, salgado, sem sabor, forte.

Estilo e Uso: OFICIAL dominador
com ameaças para os antioficiais
e paternalismo para os oscilantes.

Fig. 36.1. Três modalidades cerebrais e três estilos subgrupais de comunicação

Todas as pessoas, em qualquer dos quatro níveis, utilizam esses três tipos de comunicação de maneira integrada, diferenciando-se na proporção e forma de expressão de cada pessoa e subgrupo, de acordo com sua hierarquia tricerebral.

Quem tem predomínio do cérebro direito tem uma comunicação mais carregada com características desse cérebro, como roupas mais coloridas, soltas, muita decoração corporal, muito movimento de corpo, com pequenas dosagens dos outros dois cérebros.

Quem tem predomínio do cérebro esquerdo tem uma comunicação mais carregada com suas características, como apresentação descuidada, crítica aguda e desabrida, lances de valentia e gestos agressivos, com pequenas dosagens dos outros dois cérebros.

Quem tem predomínio de cérebro central tem uma comunicação mais carregada com suas características, dentre elas: a sobriedade, o solenismo, a grandiosidade, o falar sem comprometer-se, o tom sobranceiro, autolaudatório e superior, como quem dá ordens para ser obedecido, com pequenas dosagens dos outros dois cérebros.

A comunicação verbal e não verbal é muito mais desinformacional que informacional; como em qualquer jogo, é quase tudo blefe para induzir os adversários ao engano. A comunicação que realmente conta é a factual, concreta, operacional. Portanto, há que dar maior atenção à comunicação factual, isto é, dar mais atenção ao que é feito do que ao que é dito e teatralizado. Há que aprender e dedicar-se mais a "ler" e interpretar a comunicação factual de todos os subgrupos, verticais, horizontais e transversais; isso é mais importante que ler e interpretar seus escritos, discursos, suas mensagens de internet, declarações de amor e lágrimas comovedoras.

Agora que está na moda a gestão de conhecimento ou de saberes passados, presentes e futuros, que se faz via comunicação, vale a pena apresentar sua forma sistêmica triádica, num fluxo de três momentos ou fases, que são: inputs, processamento, outputs com *feedback*.

Na fase dos inputs ou abastecimento de recursos, requer-se informação de mercado sobre tipos de recursos necessários: compra, armazenamento e controle de estoque; no momento do trabalho de processamento ou transformação, requer-se informação sobre *know-how*, comunicação de ordens e instruções nas três dimensões do sistema corporativo; no momento dos outputs, requer-se informação sobre controle de qualidade, estocagem, marketing, venda, entrega, encaixe e partilha dos valores com controle contábil e *feedback* percorrendo o caminho inverso.

Fig. 37. Fluxo da gestão sistêmica do conhecimento

No caso de gestão por competências, estas têm que existir e serem distribuídas para cada um dos três momentos do fluxo, tanto na horizontal, como no fluxo vertical e transversal. O problema maior será fazer circular a comunicação informativa de forma coerente e nada ambígua pelos três momentos do fluxo e suas três dimensões.

Oitenta ou até noventa por cento de toda comunicação verbal e não verbal é mutreta para atrapalhar o adversário. A isso se denomina comunicação tática, despistadora. Não é preciso entender de guerra para notar isso; basta observar o marketing comercial e político. Portanto, não aceite palavras; observe os fatos. Sempre haverá dissonância normal ou gritante entre o que as pessoas fazem e o que dizem. Jesus Cristo já advertia sobre isso: façam o que eles dizem, mas não o que eles fazem.

Na hora de enfrentar um auditório, trate de saber, antes, que tipo de cérebros e de subgrupos estarão à sua espera, para adaptar seu linguajar tricerebral e trigrupal à maioria de seus ouvintes. Proceda então à organização de seu vocabulário, de seu visual e de seus chamamentos à ação, dando a cada tópico três versões: uma para cada cérebro ou subgrupo e no nível de complexidade de cada subgrupo. Os três subgrupos têm suas expressões, seus circunlóquios e palavrões, em cada um dos seus quatro níveis. Gírias são expressões do nível 1, enquanto o "tecnocratês" é linguagem do nível 3, o nível da tecnocracia.

VERBAL-ESCRITA
Vocabulário à altura dos ouvintes
Pronunciação, articulação bucal
Tipo de frases: curtas, longas, intercaladas
Pontuação: vírgula, ponto, interrogação
Fluência sem tropeços; altos e baixos.
Ritmo. Ordem direta/inversa.
Uso de números, estatísticas, ciência.

DIFICULDADES
Ideias confusas. Incorreção gramatical
Monólogo (não interrogar a audiência).
prolixidade, cantinflismo, cacoetes.
(entendeu? Ééé, né, bom, assim, então)

CORPORAL, NÃO VERBAL
Olhar (olhar nos olhos de todos)
Mobilidade de cabeça e rosto.
O que informou, cada parte do corpo
Gestos (enriquecedores ou banais)
Tom de voz (graduação ao ambiente)
Aprumação (penteado, adornos, vestuário, cores)
Capacidade de emocionalização.

DIFICULDADES
Poucos gestos. Gestos abaixo da cintura
Gestos pornográficos inconscientes
Dissonâncias entre gestos e palavras
Muletas psicológicas: tiques, apoiar-se em algo.

FACTUAL
Chamamento para a ação, a prática. Comunicação operacionalizada.
Conhecimento do assunto de que fala. Capacidade de comando e convencimento.
DIFICULDADES
Ficar só em palavras sem propostas e planejamento. Medo de sujar as mãos, a tomar partido
Desconhecer insumos, tecnologia, produtos. Desconhecer preços e problemas de mercado

Fig. 38. Características do Comunicador "TRI"

REFORÇANDO ALGUMAS DICAS DE COMUNICAÇÃO TRI

- O cultivo da **comunicação verbal** supõe falar corretamente. Isso signi-fica: falar a língua dos subgrupos oficiais, da academia, a língua erudita, culta, quando for preciso. Tem que saber escolher entre substantivos e adjetivos, escolher entre frases curtas e frases longas, porque é sempre melhor uma frase curta, na ordem direta. É preciso saber usar um ponto de interrogação, um ponto de exclamação, as reticências etc. É preciso saber usar frases em forma afirmativa e em forma negativa. Deve-se ter fluência, bom vocabulário, bons temas, ideias oportunas, sem deter-se a pensar olhando para cima, sem tropeçar ou gaguejar.

Há defeitos que empobrecem a comunicação, como o uso de cacoetes ao começo e ao final das frases; empregar incorretamente as palavras e os tempos verbais; falar com muito estilo e pouco conteúdo, ou muita palha e pouco milho; citar autores de forma excessiva no lugar de ideias próprias etc. Evite o uso de termos que produzam cibernoses, isto é, ambiguidades ou mal-entendidos.

- O cultivo da **comunicação não verbal** supõe esforço, porque as pessoas são inconscientes e fazem gestos mecânicos. É preciso, pois, cuidar da maneira de usar os olhos, o rosto, a cabeça e os ombros, para se conectar com todos os presentes. Tratar de fazer gestos da cintura para cima, sem esquecer uma das mãos, e que sejam gestos que estejam de acordo com o que se está dizendo e não fazer gestos banais de abrir e fechar os braços, descuidadamente. Evitar gestos que possam sugerir alguma alusão pornográfica. Também é necessário dar atenção à apresentação corporal, cuidando do penteado, da decoração, combinação de cores, da postura. Esse é o modo como se mantêm e se movem as pernas, como se mantém o corpo – ereto ou encurvado – ficando firme ou balançando frente aos ouvintes. É a aprumação pessoal. Será bom injetar alegria, brincadeiras, histórias e emoção no discurso. Os de cérebro direito são sempre a maior parte de um auditório. Uns 70%.

- Para a **comunicação factual** é necessário que se tenha experiência de vida prática, de trabalho e de negócios, que se tenha exemplos para apresentar e, propostas para oferecer. Sem isso, a comunicação verbal e não verbal pode ser enganosa. Mas a comunicação factual não. Esta é documentável e tem testemunhas, câmeras de vídeo em todas as esquinas e portas, fotos, gravações e registro de tudo o que circule pelos satélites de comunicação etc. Acabou-se a vida privada. Então não fale do que não sabe e não faz, porque as pessoas pesquisam e vasculham a vida dos demais. É necessário ter coerência factual ou tricerebral e ficha limpa para que as pessoas possam aceitar a mensagem ou proposta, e para que o passado não desminta ou condene o orador. No caso de personagens públicas, há que ater-se à comunicação factual, porque a verbal é sempre empulhação.

Mas também há que aprender a escutar, classificar, analisar e desdobrar as possíveis intenções ocultas do comunicador, para entender e planejar as respostas. Falta treinamento para esse tipo de escuta. Há muita oratória e pouca "escutatória".

2.4.1 Sintonia com os três subgrupos

O jogo triádico, que é a interação dos três subgrupos, joga-se por meio da comunicação, que é comando, é criar estados de ânimo, é obter reações ou compromissos. Cada um dos três subgrupos usa os três tipos de comunicação – a verbal, a não verbal e a factual – à sua maneira, para tirar proveito máximo. Cada subgrupo tem seu estilo. Cada indivíduo faz o mesmo, tem seu estilo. Mas isso de três estilos e de comunicação com os três subgrupos é, quase sempre, muito inconsciente.

Os indivíduos e cada um dos três subgrupos precisam conscientizar isso para aprender a conviver decentemente entre si; e cada indivíduo tem que saber disputar a vida jogando em qualquer um dos subgrupos, segundo as exigências de cada jogo. Para isso, é indispensável detectar em que subgrupo se está posicionando, a cada momento, a pessoa com quem vamos jogar. Algumas regras para a boa convivência e a tolerância são:

a. Com uma pessoa oficialista, que gosta de mandar e ser atendida, adota-se uma comunicação de oscilante positivo, submisso, que dá ao oficial os créditos que ele espera. Mas isso só enquanto você estuda o oficialista, para começar de maneira correta; depois, pouco a pouco, você vai assumindo a liderança e levando o jogo a um ponto proporcional.

b. Com uma pessoa oscilante, com pouca decisão, sem metas próprias e que necessita ser "adotada" e mandada, usa-se uma comunicação de oficial positivo, paternalista ou maternalista para começar; depois, busca-se o proporcional.

c. Com uma pessoa antioficial, que gosta de discussão e de contrariar, começa-se dando-lhe logo razão, ainda que não a tenha, mas pedindo-lhe ajuda para encontrar a solução que se está buscando. Isso significa aliar-se para desarmar a discussão e criar colaboração.

2.5 COMO CADA SUBGRUPO JULGA E PENSA OS OUTROS DOIS

Características gerais dos três subgrupos mutuamente acusatórios e insultantes, por monádicos, embora na prática sejam simbióticos, internecessários e corresponsáveis.

NOÇÕES GERAIS

Oficialistas são os ocupantes das posições dominantes e mais altas de qualquer grupo nas três culturas, desde a família até os três poderes supremos – político, econômico e sacral.

O subgrupo oficial e o antioficial são um par de danças puxando-se e empurrando-se de um lado a outro, observados pelos filhos, empregados, cidadãos e fiéis, sem saber que partido tomar, pois o subgrupo oscilante é um seguidor.

Há três tipos de "sangue" em jogo: sangue frio é o do subgrupo oficial; sangue quente é o do antioficial; e sangue de barata é o do oscilante.

Quando qualquer um dos três subgrupos é positivo ou tri-proporcionalista vê, nos outros dois, amigos, complementos, e até adversários, mas que há que respeitar porque são necessários para que se dê o jogo da vida. Quando um subgrupo é negativo, monádico, unilateralista, egocêntrico e desproporcional, vê, nos demais, inimigos dos quais há que defender-se e, quando possível, aproveitar-se, espoliar, submeter ou destruir, por meio da violência 1ª do oficialismo, da contraviolência 2ª do antioficialismo e da miniviolência 3ª do oscilante. Essa é a origem das triacusações e dos tri-insultos.

No paradigma monádico, individualista e unilateralista, qualquer dos três subgrupos tende ao corporativismo, à enfeudação, clubização, guetização, clanização, mafialização, esquadronização, endogamia, exclusão de quem "não é dos nossos", embora tenham que conviver em simbiose com os outros dois como trigêmeos siameses, mas indesejáveis. A corresponsabilidade simultânea em tudo o que acontece é de 62% do oficialismo por sua violência 1ª, primordial e permanente; é de 30% do antioficialismo por sua violência 2ª, em irrupção intermitente; e é de 8% do oscilantismo por sua omissão passiva e violência 3ª, torpe, primitiva, de animal caçador-coletor.

A triadicidade, com a aliança de dois contra o terceiro, ainda é inconsciente para quase todos. Uns poucos, quando sentem sua presença dolorosa, aludem a ela vagamente, em termos de bem e mal, desordem, luta de classes, conflitos, problemas etc.

Um indivíduo e um subgrupo monádico só veem a si mesmos e seu próprio umbigo oficialista, mesmo sendo uns pobres diabos; e ignoram ou negam os outros dois; o diádico vê o oficial e o antioficial, mas não vê o oscilante; o triádico é o que menos distorce a realidade, porque trata de ver os três simultaneamente, cada um percebendo-se no jogo, fazendo rodízio nas posições do eu, do tu e do ele, ou do subgrupo oficial, do antioficial e do oscilante, sob critérios e limites de proporcionalidade.

Os 3 subgrupos são irredutíveis um ao outro, ou estão impedidos, pela natureza da matergia, de se tornarem um só, ou seja, não desaparecem, são inextinguíveis. Embora os indivíduos passem de um bando a outro, nunca haverá um só subgrupo ou monobloco, nem nas ditaduras mais exterminadoras do capitalismo, nem no centralismo democrático ou, classes não antagônicas do socialismo; o oscilante sabe que está por baixo e é pisoteado pelo oficialismo; e o antioficial pode ficar oculto, clandestino, nas catacumbas, mas existe e espreita; e, no momento apropriado, sai de sua hibernação e vai à luta. Cada subgrupo monádico gostaria de ficar sozinho. A realidade nega.

A interação, fricção ou disputa entre os três subgrupos tem um só nome: jogo triádico, que é o motor oculto de todos os divisionismos e de todas as guerras. É o agente de bastidores de todas as tramas, das quais poucos se dão conta.

Os embates triádicos produzem fumaça que dificulta chegar a uma visão clara do jogo e seus subgrupos. Mas é preciso aceitar que existe e esforçar-se para entendê-lo.

Quando os três subgrupos se consideram inimigos entre si e não complementares, o enlouquecido jogo triádico que eles desencadeiam os empurra para um holocausto, para uma tragédia planetária. A muito difícil solução seria aprender a conviver na proporcionalidade, limitando a maximocracia de cada um.

Quanto mais alto um nível de oficialismo ou próximo ao mesmo, mais forte é o instinto "natural-automático" centrípeto, de unificação-uniformização-integração; por isso perde menos "átomos" ou membros, tem menos cismas, traições, rupturas. É a tendência às máfias "naturais" ou coerência natural, por identidade de objetivos. Quanto mais baixo o nível, mais débil será a força centrípeta e mais forte a centrífuga e divisionista; mais atomizados e pulverizados serão os membros de um sistema ou subgrupo, com mais tendência a perder membros, mais tendência aos rachas, cismas, às traições etc. Essas são as perversões e misérias de cada subgrupo, em seus diversos níveis.

Fig. 39. Perversão e misérias de cada subgrupo monádico

Trajetória histórica do oficialismo: de primitivo macho alfa, matriarca/patriarca, xamã, cacique, caudilho, capitão, presidente, rei, imperador de direito divino, chegou, finalmente, a testa-de-ferro do poder econômico, comerciante, agiota, banqueiro vampiro e especulador financeiro;

pelo cérebro direito, começou como feiticeiro, adivinho, profeta, guru, rabino, bispo, e chegou a aiatolá, cardeal e sumo pontífice.

Trajetória do antioficial: de Lúcifer, Caim, ovelha negra, Espártaco, traidor, anarquista, insurgente, chegou a revolucionário, guerrilheiro e esquerdista/marxista; pelo cérebro central começou como escravo, bandoleiro, contrabandista, agora virou sindicalista, cooperativista; pelo cérebro direito, passou de pagão, infiel, materialista, herege, cismático, chegou a ateu e agnóstico.

Trajetória histórica do oscilante: de massa amorfa inicial, virou povo, vassalo, eleitorado, cidadão, e chegou mas durou pouco na "ditadura do proletariado", retornando à condição de João Ninguém; no cérebro central passou de servo a proletário, a recurso humano, a consumidor forçado; pelo cérebro direito, começou como filho/voz de Deus, fiel, devoto e chegou a pagador de promessas e dízimos.

> Entretanto, o mundo se move e "La Nave Va".

2.6. TRI-MOTIVAÇÃO. Que é motivar?

Motivar é apontar ganhos pelos três cérebros e criar nas pessoas o desejo de obtê-los, mostrando o caminho e as regras, garantindo que se cumpram.

— Por que tri-motivação?

— Porque por maior diversidade que haja numa organização, pode-se agrupar toda essa diversidade em três grandes subgrupos, três blocos de hierarquia tricerebral. De acordo com hierarquia cerebral, alguém sente atração prioritária pelos ganhos típicos do cérebro dominante; depois, dá prioridade aos ganhos típicos do cérebro subdominante; e o entusiasmo menor será pelos ganhos de seu cérebro mais débil. Quer dizer: nem todos se motivam pela mesma coisa e com o mesmo grau de entusiasmo.

São, portanto, três tipos de motivações, correspondentes a três tipos de ganhos. E se queremos ser mais bem enfocados, fazemos um plano de motivação que, além de ser triádico, seja tetranivelado. Alguém de cérebro esquerdo mais alto gostará do vinho, mas o de cérebro esquerdo mais baixo gostará de cerveja. A um alto executivo apetecerá um jantar com caviar e cozinha francesa, enquanto um peão preferirá um churrasco.

Podemos ordenar as muitas alternativas de motivação pelo tricerebrar:

- Motivações típicas para o cérebro esquerdo são: ganhos de aprendizagem; educação; visão crítica; domínio técnico; conhecimento do negócio da empresa; saber o que acontece; direito à autoavaliação etc.
- Motivações típicas para o cérebro direito são: ganhos de reconhecimento e status; autorrealização; respeito e dignidade; sentir-se parte importante; poder criar algo; relações de amizade; convivências, *happy hour* etc.
- Motivações típicas de ganhos para o cérebro central são: ser admitido como colaborador, associado; benefícios econômicos; equidade na partilha; acesso a cargos de liderança e poder; possível ascensão salarial; crescimento profissional; bom ambiente físico; segurança no trabalho etc.

Aprendizagem
Educação
Visão crítica
Domínio técnico
Conhecer o negócio
Saber o que acontece
Autoavaliação

Reconhecimento, status
Autorrealização
Respeito, dignidade
Sentir-se membro
Poder criar algo
Relações de amizade
Happy hour, convivências

Associado, colaborador. Equidade
Liderança e poder. Benefícios
Ascensão salarial e de posto
Crescimento profissional
Bom ambiente físico, segurança

Fig. 40. A motivação tri-tetranivelada

Estamos, sem dúvida, em transição de época, embora não se saiba o nome da época a que vamos chegar. Mas sabemos que estamos saindo do atual modelo monádico e maximocrático de organização política, econômica, eclesial, familiar, escolar, empresarial etc. Somos já uma sociedade pós-capitalista, pós-socialista, pós-eclesial. Estamos numa situação semelhante à de Maquiavel, Lutero, Cromwell, Locke, Descartes, Newton, da Revolução Francesa, que tiveram que criar outra explicação da realidade, criar novas instituições, um novo modo de pensar e uma correspondente nova linguagem para superar a Idade Média papal.

Qual será o novo paradigma mental e sua nova linguagem? Pelo que se apresentou até o momento, terá que ser uma linguagem sistêmico-triádica. Teremos que nos deseuropeizar, desaportuguesar, desembarcar do século XX e suas batalhas, para criar outra explicação da realidade, criar novas instituições, um novo modo de usar os três cérebros, aprender a nova linguagem sistêmico-triádica e suas ferramentas amplificadoras das funções mentais, com uma Ciência Social Geral.

SEM PROPORCIONALIDADE NÃO HÁ CIVILIZAÇÃO.

CAPÍTULO 3

PROGRAMAÇÃO TRICEREBRAL E INSTALAÇÃO DOS CÓDIGOS CULTURAIS E TRILHAS MENTAIS PELA FAMÍLIA

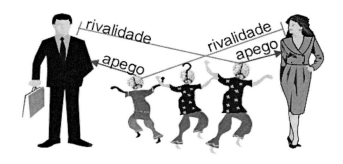

A mão que move o berço move o mundo (frase do escritor francês V. Hugo).

Para compreender um homem, devemos observar a criança nos braços da mãe. O homem todo pode ser visto no berço (frases do escritor e político francês Alexis de Tocqueville, no livro Democracia na América, de 1830, depois de visitar Estados Unidos).

Quem educa um homem educa um indivíduo; quem educa uma mulher, educa uma sociedade (Rose Marie Muraro).

3 COMO SÃO PROGRAMADOS OS TRÊS CÉREBROS?

Para responder essa pergunta há que estudar os primeiros 7 anos na família. Ao nascer, nos ajustamos à família para sobreviver. Como a família é um sistema unitriádico – um grupo com três subgrupos disputando pessoas e fontes de satisfatores ou de sobrevivência – isso vai moldando os três cérebros em seus quatro níveis; vai programando e treinando as crianças como jogadoras do jogo triádico mercadológico da vida. Aprendizagem é isso: a composição de redes neurais e sinapses em cada um dos três cérebros e de seus quatro níveis, para o tri-desempenho existencial, segundo os educadores-programadores de cada etnia e sua classe social. Só na adolescência alguns começam a mudar e a reconstruir seus três cérebros, dada a plasticidade (o deixar-se mudar ou reconfigurar) do cérebro.

Mãe, pai e outros membros da família são disputados pela criança como fontes de satisfatores para sua sobrevivência. Isso determina que, por um lado, vai-se criando adesão, laços, fixação, amor, endorfina, para com a fonte de satisfatores cooperadora (amorosa); pelo outro, significa que se vai dando competição, rivalidade, rejeição e adrenalina entre os disputantes. Como a matergia se move em forma de trança, em forma cruzada ou contralateral, o filho é impelido a apegar-se mais à mãe ou a uma figura feminina; a filha, a apegar-se mais ao pai ou a uma figura masculina.

O filho que conquista sua mãe ou uma figura feminina como fonte principal de satisfatores terá algum tipo de competição com o pai ou figura masculina e com outros irmãos homens, da constelação familiar e vice-versa. E o cerebrozinho, em explosão quântico-biológica, vai assimilando a aprendizagem tricerebral familiar-ambiental. A filha que conquista o pai ou figura masculina como sua fonte principal de satisfatores terá a situação oposta. Quem não ganhe nem o pai nem a mãe buscará outra fonte – avô/avó, tio(a), irmão(ã) maior etc. Assim vão-se formando os três subgrupos na família, com todos os jogos triádicos possíveis e imagináveis, que instalam arquétipos, trilhas mentais e respostas automáticas inconscientes nos três cérebros. Essa programação inicial se manifestará em recorrências ou repetições pela vida afora, sem nos darmos conta (mas aparece nas médias estatísticas, sim). "O peixe não compreende a água" diz o psicólogo Clotaire Rapaille (2007).

Qual terá sido o resultado da composição biológica, familiar e étnica para cada um de nossos três altamente programáveis cérebros infantis?

A pessoa a quem nos apegamos mais, amorosamente, acaba por ser nosso principal programador mental, principalmente para o cérebro direito – os gostos, o humor, a religião, os sentimentos, a estética, a vaidade, a autovalorização, a apreciação do ambiente etc. A pessoa com quem mais tivermos rivalizado acaba por forçar o desenvolvimento do cérebro esquerdo – vocabulário, crítica, discussão, insultos, a luta pela última palavra, estudo, pensamento etc. O cérebro central (projeto e prática de vida, trabalho, dinheiro, modo de caminhar, comer, de lidar com o ambiente, brigar etc.) será resultado, primeiro, do grau de competição e confrontação física com o progenitor rival e, segundo, da disputa com os irmãos e com o ambiente.

Isso tudo fica enterrado no inconsciente; e aparecerá mais tarde em forma de projeto de vida emocional-econômica-intelectual, disposição de luta e capacitação para realizá-lo; denomina-se "recorrência", projeção ou reiteração, a essa reaparição dos comportamentos iniciais. É como o script de um filme feito na infância e que se vai revelando e apresentando na vida adulta. Ou é como um projeto arquitetônico que se vai construindo e realizando ao longo dos anos. Nada que ver com astrologia...

Por isso, necessitamos entender melhor o cérebro de nossos programadores familiares primeiro; depois, de nossos programadores escolares e religiosos, porque eles seguirão funcionando como controle remoto ou piloto automático. Todos esses programadores instalaram, também, em nosso inconsciente, o complexo de culpa-expiação, ou sentimento penitente, que acende a luz vermelha (consciência moral, remorso) sempre que contrariamos suas programações. Daí a necessidade de autoautorização, na vida adulta, para romper com o controle remoto dos primeiros programadores e do automatismo dos primeiros programas ou mapas mentais.

Na adolescência, acontece uma tentativa de emancipação de nossos três cérebros por autorreprogramação. Quer dizer que vamos mudar o que pudermos para conquistar sempre mais autonomia, mais autocondução. Mas, a maior parte da programação da infância permanecerá no inconsciente. Estar inconsciente é não se dar conta de algo, não o perceber, não o poder explicar e, portanto, não o poder controlar ou mudar. A pulsão da energia tri-una inconsciente e da programação familiar que permanece submersa em nosso imemorial inconsciente nos fará atuar como marionetes, por controle remoto, sem nos darmos conta de quem maneja tal controle remoto. Há uma quase total amnesia da infância e de sua programação.

A maioria de nós está inconsciente que é um sistema energético movido pelo jogo triádico da energia, que nos vai empurrando, que é o inconsciente coletivo. A maioria está inconsciente do formato triádico da família e de como isso vai moldando nossos três cérebros. A maioria está inconsciente que a sociedade é um grande jogo triádico que repete os anteriores, principalmente o da família, controlado pela mãe (algumas vezes pelo pai).

Essa forma de repetir, replicar, reiterar formas e fórmulas desde o átomo até o universo todo se chama RECORRÊNCIA, porque ocorre sempre de novo ou se projeta imaginando o futuro como o passado, ou repetindo o passado no futuro. Somos recorrência triádica na estrutura e nos comportamentos subgrupais, condicionados pela família, pela etnia e pela cultura nacional. Simpatizar, à primeira vista, com pessoas que têm características de nossa primeira fonte de satisfatores é recorrência. Sentir antipatia por alguém, à primeira vista, é recorrência de nossos primeiros rivais.

Por recorrência, também, na vida adulta preferimos o subgrupo em que o jogo triádico da família nos encaixou. No jogo da vida, fazemos as mesmas jogadas que fazíamos no jogo familiar, com os mesmos arsenais. Tudo será recorrência mecânica de marionete, projeções de nosso inconsciente triádico, enquanto formos inconscientes desse jogo. Nesse caso, opera mais a recorrência que a causalidade ou a probabilidade. A pessoa inconsciente é um robô ensinado a ter e proclamar a ilusão de vontade própria, liberdade e de livre arbítrio. Assim também são ensinados os papagaios.

Conhecer isso é adquirir capacidade para o autoconhecimento, para a automudança, para ampliar a liberdade pessoal, para ir superando as limitações e dificuldades da vida triádica, em todos os ciclos, representados no Fluxograma da Vida, a seguir.

OS QUE LIBERTAM SUA MENTE SEUS AMIGOS SÃO;
OS QUE A APRISIONAM, INIMIGOS SERÃO.

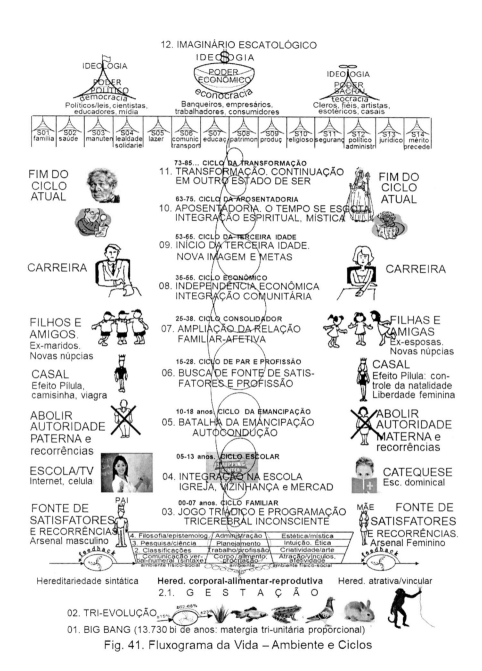

Fig. 41. Fluxograma da Vida – Ambiente e Ciclos

3.1 FLUXOGRAMA DA VIDA COMENTADO

A vida é uma sequência de ciclos como infância, adolescência, juventude, maturidade, velhice, morte e *post-mortem*. Mas essa nomenclatura é da psicologia popular. Podemos melhorá-la, introduzindo outra classificação e denominação para esses ciclos do mapa da vida, como uma sequência de 12 ciclos que chamamos de Fluxograma da Vida.

Os 12 ciclos da nossa vida transcorrem num dado ambiente espacial, geográfico, social e histórico, que abrange desde o Big Bang, na origem, até o imaginário escatológico, ou seja, o que se espera depois da transformação, morte ou fim.

O conceito de "ambiente", que é um conjunto de esferas geográficas e sociais, é importante, já que todos admitem que a educação depende muito do tal ambiente. Aqui, o ambiente geográfico coincide com o país, estado, comunidade e hereditariedade biológica e familiar em que nascemos e nos criamos; mas o ambiente social é o tipo de organização política, econômica e sacral que encontramos ao nascer e que nos vai ser imposta.

Nossa família é orientada por sua etnia com suas tradições e, pelas autoridades da comunidade. A comunidade é orientada pelo poder político que é o prefeito, o governador, o presidente; pelo poder econômico que é a principal empresa do lugar, a associação comercial, as federações de indústrias, de bancos, da bolsa de valores especulativos ou do mercado etc.; e é orientada, mais que pelos políticos e negociantes, pelas religiões, suas igrejas, suas doutrinas e seus líderes. Essa triorientação comunitária municipal, estadual, nacional, planetária, acompanhada de uma história e uma tradição, é assimilada de maneira diferente pela criança, segundo a classe social ou nível de vivência da família.

Cada um dos 12 ciclos do Fluxograma da Vida tem um lado feminino com sua função, um lado masculino com sua função e, um centro, um cenário ou mercado, que resume o que acontece em cada ciclo, entre o lado masculino e feminino.

O ciclo 1 é o do Big Bang, o da dinâmica matergística ou da energia tri-una. Quer dizer que tem três lados, não importando se identificamos o próton com o lado feminino, o nêutron como o centro/homo e, o elétron com o masculino ou qualquer outro arranjo; mas são três forças ou elementos em interação complementar.

O ciclo 2 é o da dinâmica potencial-ambiental ou da evolução. Também tem seus três lados, comumente chamados de predador, seu competidor e a presa. Esse é um resumo da natureza triádica da matergia de que somos feitos, de nossa evolução biológica, e do produto dessa evolução que é o ser humano, cujo centro é o cérebro, e que denominamos esfera da "dinâmica mental-individual-familiar", com base em sua tri-hereditariedade: sintática-corporal-afetiva.

Da vida intrauterina em diante, vêm os ciclos em que nos desenvolvemos pela educação escolar, religiosa e mercantil, para a vida e o trabalho ou "dinâmica prestusuária". Em algum momento, ingressaremos às instituições profissionais, comunitárias e políticas, isto é, ingressaremos à "dinâmica de grupos e poder" até o ciclo 11, em que esperamos o final da vida. Aí nos situamos frente ao futuro, ao universo eterno e à morte, que denominamos "dinâmica futuro-universal" ou ciclo da escatologia.

O conjunto dos 12 ciclos da vida e seu ambiente tem três comandos nascidos dos três cérebros:

- O "poder político" ou Estado, mais ligado aos ciclos masculinos, porque política e governantes são recorrência inconsciente do pai.

- O "poder sacral" de religiões e credos esotéricos, mais ligado aos ciclos femininos, porque igrejas e religiões são recorrência inconsciente da mãe.

- E o "poder econômico", que é a soma de trabalho, empresas, mercado, finanças, bancos, bolsas, onde ocorre o jogo triádico da sobrevivência, que é recorrência do jogo triádico que ocorreu na família.

Os titulares e donos desses três poderes supremos, que nos manipulam e exploram, têm suas respectivas ideologias. Ideologia é o conjunto de argumentos e truques de cada um desses três poderes supremos para justificar ou disfarçar sua inclinação para dominar, oprimir e depredar.

Quando surgimos, provenientes da matergia do ciclo 1, na realidade não nascemos, não "viemos" a este mundo; somos deste mundo, somos energia eterna que se transformou em ser humano e que se transformará em algo diferente no futuro, depois do ciclo 11. Ninguém e nada nasce, ninguém e nada morre; tudo se transforma. A vida é um prêmio de viagem em 12 ciclos, que são estações turísticas ou estações de uma via sacra, caso se considerar o planeta um parque de diversões ou um vale de lágrimas.

Os três poderes supremos nos fazem trabalhar para pagar-lhes a viagem de turismo ou de via sacra da vida, em seus 12 ciclos. A vida de cada ciclo está organizada em 14 subsistemas (Müller, 1958) ou setores, chamados instituições, cada uma com quatro níveis, pelo menos. É nesses 14 subsistemas que acontece a manipulação e espoliação, por meio de esquemas de repressão, de recompensas e, principalmente, de promessas que nunca se cumprirão. A essas promessas chamamos "iscação", por manter expectativas, e fazer as pessoas correrem atrás delas sem alcançá-las.

3.1.1 Os 14 subsistemas nos ciclos do fluxograma da vida

Tudo que existe no universo são sistemas ou conjuntos de três partes mínimas em seu fluxo de inputs-transformação-outputs. A matergia tri-una é o dinamismo ou motor oculto de autopropulsão de todos os sistemas. E a circulação dessa matergia no interior de cada sistema se faz por 14 canais que chamamos de 14 subsistemas.

Os 14 subsistemas, setores ou áreas de interesse, são como canais de irrigação da vida de qualquer sistema. Os 14 setores ou canais da vida são os mesmos tanto para um sistema-pessoa, um sistema-família, um sistema-empresa, como para um sistema-país etc. O referencial dos 14 subsistemas é uma expansão da classificação das necessidades e dos correspondentes bens satisfatores que, até aqui, classificávamos pelos três cérebros. É bem mais eficiente que a classificação socioeconômica dos economistas anglo-saxões.

Agora já temos uma metalinguagem sistêmica, universal, supradisciplinar, que abrange as Ciências Sociais e Humanas e ajuda a ver a realidade muito mais clara e ordenadamente que a velha linguagem de Adam Smith. Quem aprender a usar esse referencial dos 14 subsistemas não tem que mudar de linguagem quando passa da Ecologia à Psicologia, da Sociologia à Economia, da Economia à Política, enfim, a todas as Ciências Sociais e Humanas; porque elas são ramificações ou especialidades desse tronco comum que chamamos Ciência Social Geral.

Esse referencial classificatório foi tese doutoral do antropólogo e economista brasileiro, professor da FESP, Antônio Rubbo Müller (1958), defendida em Oxford:.

S01 Parentesco – gêneros, sexualidade, família, demografia, comunidades.

S02 Saúde pessoal/pública – hospitais, farmácias, profissionais, cemitérios.

S03 Manutenção – abastecimento, feiras, comércio, cozinha, dietas.

S04 Solidariedade – amor, lealdade, confiança, associações, cooperação.

S05 Lazer – descanso, artes, clubes, esportes, férias, turismo.

S06.1. Comunicação– idiomas, correio, mídia, internet, informação, marketing.

S06.2. Transporte – vias, terminais, equipamento, circulação, depósitos.

S07 Educação – escolas, educadores, manuais, pesquisa, ciência.

S08 Patrimonial – propriedade, bancos, bolsa, corretoras, seguros, negócios.

S09 Produção – energia, prestusuárias, trabalho, oferta de satisfatores.

S10 Religioso – templos, livros sagrados, ritos, fé num mundo "sobrenatural".

S11 Segurança – forças armadas, polícias, presídios, violência, defesa, paz.

S12 Político-administrativo – organização social, Estado, gestão do bem-
-estar coletivo.

S13 Jurídico – leis, moral, justiça, tribunais, poder legislativo e judiciário.

S14 Precedência ou ranking – maximocracia, fama, mérito, reconhecimento.

Se quisermos, podemos triadizar ou organizar os 14 subsistemas ao redor ou sob o comando de cada um dos três cérebros.

Comandados principalmente pelo cérebro esquerdo são: S06.1 ou subsistema de comunicação; S07 ou subsistema de educação e pesquisa; e S13 ou subsistema jurídico.

Comandados principalmente pelo cérebro central são: S01 ou subsistema de parentesco ou família; S02 ou subsistema de saúde; S03 ou subsistema de manutenção; S06.2 ou subsistema de transporte; S08 ou subsistema patrimonial; S09 ou subsistema de produção; S11 ou subsistema de segurança; S12 ou subsistema político-administrativo.

Comandados principalmente pelo cérebro direito são: S04 ou subsistema de lealdade; S05 ou subsistema de lazer; S10 ou subsistema religioso; S14 ou subsistema de mérito e ranking ou precedência.

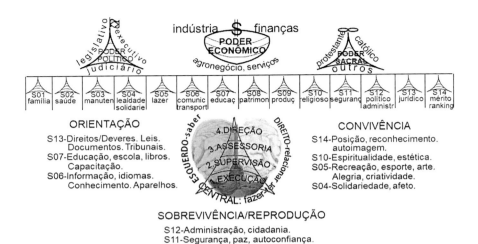

Fig. 42. Classificação de necessidades/satisfatores pelos 14 subsistemas e três cérebros

Cada recém-nascido é um novo sistema triádico que vai atravessar os 12 ciclos previstos no Fluxograma da Vida, disputando satisfatores, primordialmente para o estômago ou a sobrevivência e esta para servir ao sexo ou à procriação. Mas, à medida que vai crescendo, em cada novo ciclo crescerão suas necessidades, que vão despontando nos três cérebros ou nos 14 subsistemas, setores ou canais da vida.

Cada ciclo do Fluxograma da Vida dura entre 7 e 9 anos, aproximadamente. Transcorre sobre trilhos preestabelecidos pela materga quântico-biológica desde baixo, e pela manipulação dos três poderes supremos desde cima, segundo a maior conveniência para eles. No imaginário inconsciente, o trilho masculino é formado por uma pilha de recorrências do pai, que podem ser professores, chefes, até o grande pai inconsciente que é o Estado, o Governo, ou o Deus de cada cultura. No imaginário inconsciente, o trilho feminino é formado por uma pilha de recorrências da mãe, que podem ser professoras, chefas, superioras, até a grande e reverenda Mãe inconsciente, a Igreja, a Virgem Maria e Deusas de cada cultura. Ao centro, entre os dois trilhos ou as duas margens corre o jogo triádico de disputa de satisfatores entre irmãos e pais, cuja recorrência é o mercado, a riqueza, o dinheiro, o rei Midas, o bezerro de ouro, o Deus Mamon etc.

3.1.2 Síntese de cada ciclo do fluxograma da vida

Examinemos uma breve explicação, muito geral, de cada ciclo e, a possível presença de dificuldades e enfermidades hereditárias ou incidentais a superar em cada um deles.

Ciclo 1, ou ciclo matergístico, o do Big Bang. Antes de transformar-te em ser humano, tu eras energia; e como a energia é eterna e tri-unitária, tu és eterno e tri-unitário. Chamamos a isso **inconsciente matergístico, ou inconsciente coletivo-universal,** que funciona de acordo com leis sistêmicas triádicas, iguais para todo o planeta, determinadas no domínio quântico, segundo o que se sabe do domínio quântico da Física. Para mais detalhes, consulte o texto *Leis do Modo de Ser e Operar dos Sistemas Tri-unos* em: www.triadicmind.com

Esse inconsciente coletivo-universal aparece na poesia, na arte, nos sonhos, como dois lados em contraposição. Alguns exemplos: sol e lua, fogo e água, luz e trevas, dia e noite, vida e morte, pai e mãe, Estado e Igreja, deuses e deusas, Yin e Yang ou outros símbolos assim comparados, combinados, que são chamados arquétipos, e são recorrentes. Em Física, aparece como matéria e antimatéria, matéria luminosa e matéria escura etc. Seria melhor triadizar esses pares, intercalando um terceiro elemento que está latente. Por exemplo: próton, nêutron, elétron; positivo, neutro, negativo; luz, meia luz, trevas; frio, morno, quente; amor, indiferença, ódio; Deus, semideus, diabo; causa, processamento, efeito; tudo, algo, nada; sol, terra, lua; fogo, vento, água; Estado, mercado, Igreja; deuses, anjos e deusas; Yin, Tao, Yang; sim, talvez, não etc.

Ciclo 2, ou ciclo evolutivo, que também é recapitulativo. Existem basicamente três teorias ou narrativas sobre nossas origens.

- A mais antiga, de cérebro direito, é a **Teoria da Criação,** que vem narrada por todas as Bíblias, a dos judeus, mayas, incas, muçulmanos, hindus etc.

- Outra narrativa, de cérebro esquerdo, é a do **Big Bang** da Ciência Moderna.

- E a terceira narrativa, de cérebro central, é a **Teoria da Evolução** de Darwin, como continuação do Big Bang, e que se prolonga na teoria do mercado, em que vale a lei do mais forte, mais apto ou mais vivo, chamada lei da seleção natural. Não há que brigar por causa dessas narrativas ou teorias. Basta respeitar o direito de cada cérebro de conectar-se com a realidade segundo sua hierarquia tricerebral.

Mas teríamos, sim, que brigar pela saúde do ecossistema do qual os oficialistas devoram uns 62%, os antioficiais uns 30% e os oscilantes uns 8% de sobras. O conteúdo, o ímpeto do ciclo 1 da energia, e o desse ciclo 2 da evolução, com seu molde ou arquétipo tri-uno, desemboca no nível 1 dos três cérebros. O que vem depois, nos níveis 2, 3 e 4 dos três cérebros, será construção familiar-escolar-cultural étnica, sobre o "material" energístico-evolutivo recebido gratuitamente. É preciso tomar consciência que somos compostos de uns 38% de um arquétipo tri-uno <u>energístico-evolutivo</u> natural, igual para todos na concepção, salvo defeitos de gestação, e de uns 62% de um arquétipo tricerebral cultural construído depois pela família-escola-etnia de cada um. Essa dupla composição e suas dosagens nos fazem diferentes.

Alguns fatores de risco para a felicidade. Pelo cérebro esquerdo (E): grau de atitude científica na explicação e controle da realidade. Pelo cérebro central (C): o grau de sanidade/morbidez ambiental, seja rural, periferia urbana, centro ou metrópole. Epidemias, parasitas, controle de pragas, fumigação, vacinação de animais, controle da água etc. Pelo cérebro direito (D): crenças religiosas sobre vida/morte, saúde/enfermidade, origem do universo, culpa-expiação etc.

Ciclo 3, que é o ciclo familiar, até os 7 anos, aproximadamente. Depois do ciclo energístico e evolutivo, vem esse ciclo da transformação em ser humano e sua **integração familiar,** porque surgimos dentro de uma estrutura de família onde iremos disputar nossas primeiras fontes de satisfatores, que são mãe, pai, irmãos, avós, tios, padrinhos e parentes ou substitutos. A arquitetura básica tricerebral ou educacional é aí desenhada; e começa a ser construída nesse ciclo pelo jogo triádico que se dá na família, como veremos mais adiante, no estudo do familiograma.

Além de repassar uma mescla da hereditariedade genética masculina e feminina, a família repassa outra "hereditariedade": a "familiar-étnica", que denominamos "hereditariedade tricerebral". É chamada "hereditariedade" porque é quase sempre inconsciente para a família que a atribui à natureza, ou acha que tal criatura "nasceu assim". A família teria que saber que repassa a "hereditariedade tricerebral" de uma cultura familiesca com suas trilhas mentais típicas. Não é o mesmo ser de família judia, árabe, saxã, africana, latina, esquimó ou indígena. Desde o útero, a família começa a conformar um perfil tricerebral genético-endócrino-neuronal no feto, e trilhas mentais para tudo, que irão projetar-se como recorrência ou reiteração pelos demais ciclos, sem que seu dono se dê conta.

Depois que o exame de ultrassom informa o gênero do feto, os pais começam a fazer planos e preparativos. Muito cuidado para não projetar alguns preconceitos sobre ser menino ou menina e fazer um condicionamento inadequado. O filho adotivo terá outra carga genética e terá outra programação inicial, que começará a mudar no dia da adoção. O filho com algum tipo de deficiência ou de necessidades especiais requer cuidados especiais de programação. Filhos gêmeos não podem ter estimulação e programação iguais, como supõem mães supersticiosas. Na disputa, cada gêmeo se vinculará a uma fonte de satisfatores diferente (favorecido por pai ou mãe, impelidos estes por suas recorrências) e receberá dessa fonte os estímulos de programação tricerebral que o farão diferente do outro.

Alguns fatores de risco para a felicidade: (E) Iniciação à comunicação número-verbal. Pré-escolar e aptidões fonoaudiológicas. Educação para a saúde preventiva. (C) Problemas durante a gestação, hereditariedade genética, nascimentos prematuros, deficiências congênitas, as enfermidades infantis, as vacinas, a falta de amamentação, a deficiência alimentar, infecções parasitárias que prejudicam a inteligência, a dentição; iniciação à higiene pessoal, à psicomotricidade; os acidentes domésticos; (D) Criação de laços afetivos com uma fonte do gênero oposto e de rivalidade com fontes do mesmo gênero; vida em ciclagem cerebral reduzida; iniciação à convivência; fobias etc. Complexo de culpa-expiação pela violência psicológica de pais, educadores, religiões e meios de comunicação, ou por "derrotar" irmãos na competição.

Ciclo 4 ou ciclo escolar, de 5 a 13 anos, aproximadamente. Chama--se **ciclo escolar,** porque, à medida que se cresce, a família vai inserindo a criança na escola, na comunidade de vizinhos, no mercado, nos meios de comunicação e suas telinhas, na catequese ou escola dominical. Vai também viciando-a no labirinto do consumo, do dinheiro, da propriedade, do trabalho e da profissão. É recomendável que, desde os 10 anos de idade, a criança receba informações sobre seus três cérebros; sobre seus vínculos de fixação-rivalidade-neutralidade com pai/mãe/irmãos e o seu triplo comportamento subgrupal desenvolvido em família, bem como das recorrências a que está sujeita na escola e em todos os ciclos de sua vida. A criança busca, entre professoras ou professores, um substituto de mãe/pai, simpáticos e antipáticos e, entre colegas, substitutos de irmãos simpáticos e antipáticos. Há que informar e alertar, também, que os docentes têm, igualmente, suas recorrências nos estudantes, as quais se manifestam em preferências e discriminações no trato diário e, principalmente, na hora da avaliação. O conselho de classe, que é uma equipe de professores avaliadores, pode corrigir ou compensar esse viés, se conhece esse fato.

Na universidade, os professores se queixam que os estudantes não têm base de ensino médio. Os professores do ensino médio se queixam que os estudantes não têm boas bases de fundamental. E os professores do pré-escolar vão queixar-se que as crianças não têm boa base de onde? Da família. Aí a queixa ou o mérito tem que dirigir-se a quem? Uns 70% à mãe.

> A sociedade cometeu o erro de substituir a educação familiar pela escolar.
> Uma traição das mulheres... ou foram elas as traídas?

Alguns fatores de risco para a felicidade: (E) Desadaptação escolar. Orientação sexual. Problemas fonoaudiológicos. Transição educativa de puro cérebro direito e livre no jardim a um máximo de cérebro esquerdo e disciplinado na primeira série. Deficiência cognitiva. (C) Higiene pessoal autônoma, dentição, problemas de postura, acidentes na escola, estresse, anemia, comida gororoba, obesidade e outros vícios alimentares; violência psicológica; assédio consumista pelo marketing; contágios propiciados pelos agrupamentos, alergias; distúrbios do crescimento. (D) Iniciação ao machismo (brinquedos de luta, armas); iniciação ao "mulherismo" (brinquedos de dominação de bonecas e bonecos); obsessão pelas telinhas; regressão à primeira infância; atitudes necessárias de gratidão, de obediência e aceitação em relação à família e à escola; fixação em professoras(es) como substitutos de fontes de endorfina-oxitocina da família.

Ciclo 5 ou da autocondução, que vai dos 10 aos 18 anos, aproximadamente. Ser adulto é deixar de ser oscilante, deixar de ser propriedade de papai, mamãe, avós, tios, enfim, deixar de ser propriedade do sistema familiar; se alguém quiser romper com o primeiro sistema de dominação, o mais próximo, terá que enfrentar a autoridade da família e da escola –

mães e professoras, principalmente, com seus sutis e adocicados métodos/ arsenais de domesticação.

A adolescência é o primeiro ensaio de rebeldia, a primeira batalha para conquistar algo de liberdade individual ou autocondução. Em cada ciclo haverá outras batalhas pela liberdade ou autocondução, como no matrimônio, na empresa, na política, na religião etc. Entre os 10 e 12 anos, a criança deveria tomar consciência do currículo familiar-escolar do cérebro esquerdo, para começar a comprometer-se com sua autoeducação; do currículo emocional-moral, centrado no "Fluxograma da Busca do Alguém Amado", para iniciar sua educação afetiva e espiritual; e do currículo da Gramática do Corpo, trabalho e dinheiro, para iniciar sua educação financeira.

Com o surgimento dos métodos contraceptivos, a educação para amar e sexuar pode começar mais cedo, e o fazê-lo também, se houver mais corresponsabilidade e autocondução masculina e feminina. Como a mulher é o subgrupo oficial, há que preparar melhor as meninas para a condução dessas relações, que sempre obedecem à meta suprema da natureza: sexo e procriação.

Alguns fatores de risco para a felicidade: (E) Início da orientação vocacional e profissional; gagueira; atropelo da linguagem nas mensagens por internet. (C) Doenças venéreas, ortodontia, convulsões, estresse, timidez. Vergonha do crescimento, da separação dos pais; hiperconsumo por vaidade ou por competição com seus "pares". Hemorragias. Gravidez e paternidade precoces. Formação de gangues. (D) Primeiros amores, conflito entre homo/heteroafetividade. Vergonha da menstruação, dos primeiros fios de bigode. Fobias. Orfandade. Dificuldade de integração e convivência. Predomínio do inconsciente. Decepções afetivas, sucedâneos. Piercing, tatuagem. Obsessão por internet.

Ciclo 6 ou de casal e profissão, que vai dos 15 aos 28 anos, aproximadamente. É um período de definições essenciais e opções deliberadas: ideologia, estudos, formação profissional, emprego; e, a aventura mais importante, a **experiência afetiva.** O amor é a busca de outra pessoa, de outra fonte de satisfatores e endorfina, de quem alguém se enamora e com quem se associa para ter um projeto de vida, como casal. A isso se chama "formação do núcleo afetivo", que é um conceito mais amplo e mais claro que o tradicional conceito de "família". "Núcleo afetivo" abrange as uniões homoafetivas, os segundos e terceiros matrimônios etc. Num "núcleo afetivo" estão os que realmente se gostam e são solidários, enquanto numa "família" podem estar também os odiados e os inimigos.

Em Cibernética Social, oferecemos um treinamento de Lealdade/Solidariedade ou de Filoterapia para esse ciclo. Vale lembrar que é sempre a fêmea a que seleciona o macho, quando o matrimônio não é imposição da família; a impressão oposta é porque ela oculta isso com seu arsenal emocional-moral-sexual de extrema sutilidade.

O "efeito pílula", que foi mencionado como inerente a esse ciclo, refere-se à conquista de maior liberdade e independência sexual/procriativa da mulher, frente ao macho e às instituições que querem controlá-la. Também significa direito a uma vida profissional/financeira feminina própria, mesmo com a tal dupla ou tripla jornada.

Já é tempo de rever os contratos matrimoniais pelos 14 subsistemas, para que a vida de casal não se torne prisão/opressão para nenhum dos dois, quando falta a suficiente "educação afetiva", em que as escolas são analfabetas.

Alguns fatores de risco para a felicidade: (E) Aprendizagem da vida adulta (autocondução). Busca da cidadania e documentação legal. (C) Sexualidade, enfermidades ligadas ao esporte, estresse, comportamento violento, acidentes com veículos. Tabagismo. Dificuldade de emprego e autoprovimento. Serviço militar. Acidentes com armas. TPM, contraceptivos, gravidez, partos. (D) Aprendizagem da vida afetiva e das relações humanas. Mãe/pai solteiros. Depressões, droga. Problemas de autoimagem. Possessividade, escondida sob a palavrinha "ciúmes". Dependência afetiva ou viciado na endorfina produzida por meio da pessoa amada. Distúrbio bipolar ou ciclotímico. Psicopatia ou ausência de sentimentos e escrúpulos.

Ciclo 7 ou de consolidação de casamento e profissão, que vai dos 25 aos 38 anos, aproximadamente. É o ciclo em que chegam os filhos, próprios ou adotivos. É o ciclo em que se está dedicado a uma carreira e dedicado a sentar bases de poder político-econômico para o futuro, ou seja, para os demais ciclos. Diz-se **consolidação/ampliação** porque aí entram amigos e amigas, parentes, colegas de trabalho, pessoas de influência e amigos do esposo e da esposa; é a construção de redes de apoio e convivência, mas que pode afetar a relação básica do casal. Cada pessoa que ingresse/saia desse círculo modificará o jogo do núcleo afetivo e sua rede de contatos/expectativas. Com as aceleradas mudanças familiares e econômicas, é preciso levar em conta as relações com ex-esposos(as), ex-sogros(as), filhos próprios/adotados de diferentes matrimônios etc. Isso faz crescer o labirinto de jogos triádicos, violência, gastos extra e complicações educacionais para os ex-filhos e os novos filhos e parentes.

Alguns fatores de risco para a felicidade: (E) Aprender a ser pai/mãe, a ser fonte de satisfatores. Enfermidades mentais (esquizofrenia, psicoses, neuroses, demência). (C) Enfermidades profissionais, cardiopatias, obesidade, problemas de coluna, divórcio, estresse. L.E.R., que é Lesão por Exercício Repetitivo ou D.O.R.T. que é Distúrbio Osteomuscular Relacionado ao Trabalho; sedentarismo, preventivos de câncer etc. Descontrole sexual/natal. Ligação de trompas, vasectomia. Pobreza. (D) Descompensação por lutas familiares. Aprender a conviver com os familiares do esposo e da esposa e namoradinhos(as) dos filhos(as). Dificuldades de um segundo matrimônio e conflitos com os ex-esposos(as), filhos(as).

Ciclo 8 ou de luta pela independência econômica, que vai dos 35 aos 55, aproximadamente. É o ciclo de busca de **projeção na liderança grupal/comunitária e de acumulação econômica.** É uma etapa da vida decisiva para a realização/escalada profissional/econômica, pois os anos criam aumento de custos/problemas e, escassez de oportunidades. Alguns lutam/escalam pelo lado oficial, outros pelo lado antioficial, porque ambos são caminhos para o poder; outros simplesmente são explorados ingenuamente, alienadamente, inconscientemente, como oscilantes, porque não têm poder algum. Enfim, é o jogo triádico de subgrupos ou classes que têm um determinado destino político-econômico de maxi, grã, médio, minivivência ou subvivência. Para os indivíduos e famílias, isso depende do domínio que cada qual tenha da Gramática do Dinheiro; para as comunidades, depende da "Gubernética Social", que é a arte de governar ou administrar o bem comum, em que as escolas são analfabetas.

Alguns fatores de risco para a felicidade: (E) Pedantismo. Incompreensão, intolerância. Atualização profissional, educação continuada. (C) Acidentes, estresse, pressão arterial, diabetes, cardiopatia, geriatria; estresse matrimonial. Preventivos de câncer e check-up. Andropausa. Menopausa, climatério. Histerectomia. (D) Perda da função paterna/materna. Divórcio. Fanatismo religioso, delírios. Ilusões que morrem.

Ciclo 9 ou da terceira idade, que vai de 53 a 65, aproximadamente. É o ciclo em que se inicia a chamada, politicamente correta... **terceira idade** ou decadência biológica. Não quer dizer envelhecimento psicológico ou social. Pode-se estar socialmente comprometido com uma luta cada vez mais lúcida, cada vez mais forte; mas, biologicamente, a pessoa sente/sabe que começa a perder um pouco da vitalidade, um pouco da agilidade, um pouco da elegibilidade sexual e prestígio social etc. Começa a corrida aos geriatras, aos cirurgiões plásticos e esteticistas para prolongar a existência e a beleza.

Alguns fatores de risco para a felicidade: (E) Reabilitação cognitiva, dificuldade para manter-se informado, isolamento. (C) Gastrite, mau hálito, estresse, infarto, irritabilidade; reabilitação, terapia ocupacional. Formação de nova família. Distúrbios hormonais. Calvície. Estresse dos amantes. Varizes. Hérnia de hiato. (D) Melancolia involutiva, depressão. Alcoolismo e outros sucedâneos. Rejeição ou sentimento de exclusão, instabilidade ou perda de companheiros e grupos. Reinserção na espiritualidade, retorno a alguma religião. Competição com amantes. Amargura ou reconciliação. Plásticas.

Ciclo 10 ou da aposentadoria, que vai dos 63 aos 75, aproximadamente. A aposentadoria de empregado ou de autônomo é um retirar-se do trabalho habitual para outro tipo de atividade menos exigente. A desocupação, nesse ciclo, é um convite ao Alzheimer. A aposentadoria de empregados chega cada vez mais tarde porque os subgrupos oficiais têm o vício de explorar os mais débeis, nesse caso, os idosos. Mas há que preparar-se para isso em tempo, segundo a Gramática do Dinheiro. Nesse ciclo já se é avô/avó e acontecem muitas perdas de amigos, familiares e outras. Será preciso **refazer uma série de rumos,** uma série de situações de vida e de núcleo afetivo. Isso requer estar lúcido, compreender o jogo da vida, não só economicamente, politicamente, mas também psicologicamente. Nessa hora, então, se notará a importância de ter cumprido/conduzido bem todos os ciclos anteriores. Colheita supõe semeadura. Embora o envelhecimento seja inevitável e, até desejável para os que querem vida mais longa, a recomendação é manter os três cérebros bem ativos.

Alguns fatores de risco para a felicidade: (E) Esclerose, amnesia. Caducidade. Hemicrania ou percepção de um só lado das coisas. Hipermnésia ou hiper-reminiscências de conteúdos dos cinco sentidos que estavam "no arquivo morto" e que reaparecem. Perda progressiva da memória breve. (C) Aposentadoria. Hipertensão, osteoporose, artroses, surdez, presbiopia, quedas e fraturas, estresse, dietas de saúde; hipercinese iterativa ou tiques/agitações incontroláveis; bulimia ou apetite insaciável; satiríase ou hiperexcitação sexual insaciável; descontrole do hemograma, AVC, CA etc. Impotência. Próstata. Dilema de passar o comando e os bens aos filhos. (D) Solidão. Infantilização e tratamento infantilizador da pessoa idosa ou doente. Perda de elegibilidade afetiva, sexual, profissional. "Duplicação da consciência" ou saída do corpo, que é ver a si mesmo como em espelho ou desde "fora". Alucinações, visões ou fotismo, "revelações".

Ciclo 11 ou da espera da transformação, que vai dos 73 aos 85 anos, aproximadamente. É o ciclo das **transformações finais** do presente estado de ser ou forma humana da energia-matéria. Embora para a sociedade e o mercado os idosos sejam considerados um peso descartável, o idoso não deve submeter-se a isso e entrar na melancolia. Liberdade e amor são valores para sempre e não devem ser perdidos, abandonados ou negados, nem na última idade. O que se tem que abandonar e negar é o deus mercado e seus frívolos e fugazes caprichos e suas fúteis fantasias. Para encarar a transformação, pois não há morte propriamente, é importante recusar a cultura espiritual terrorista de muitas religiões e, também, a cultura economicista de um mercado que quer lucrar sempre mais com a doença e a morte. Chegam até a cobrar aluguel do morto em alguns cemitérios. É melhor dar um chute neles todos, preparar-se sem pânico, deixar as coisas arrumadas, agradecer e desapegar-se de tudo, recomendando aos que ficam, que celebrem a vida e não a morte, para que sofram menos o luto.

Alguns fatores de risco para a felicidade: (E) Inventário. Conversação mórbida sobre doenças e mortes. (C) Enfermidades crônico-degenerativas, morte, pacote funerário, sepultamento ou cremação, suicídios, incapacitação física crescente, estresse, insônia, perda de autonomia nos cuidados pessoais; eutanásia. (D) Hipocondria. Controle e perdão de desgostos. Tipos de assistência espiritual, terrorista ou consoladora. Viuvez.

Ciclo 12 é o do imaginário escatológico, ou do que se espera depois da transformação. Desde a infância, ainda antes que as religiões o façam explicitamente, a família e o ambiente metem no cérebro direito da criança um imaginário escatológico de acordo com cada religião ou etnia. Os cristãos o fazem de uma maneira, os hindus de outra, os antirreligiosos ou materialistas de outra. Cada imaginário escatológico é manejado pelo poder religioso como iscação para conseguir o submetimento e "bom comportamento" de seus seguidores; quando não consegue isso pelas boas, apela para ameaças de um terrível inferno depois de um juízo final de revelação e castigo de pecados e de "comportamentos clandestinos", cometidos para safar-se do controle do poder sacral/religioso. O poder político-econômico aproveita para nutrir o esperançoso cérebro direito com "iscações" mais terrenais, como a promessa de paraíso socialista na terra, ou o sonho de riqueza capitalista e de sociedade do ócio para todos...

Alguns fatores de risco para a felicidade: (E) Neuroses, dúvidas religiosas acerca do absurdo da morte, questionamentos do passado. (C) Correrias por clínicas geriátricas e experiências exóticas de prolongamento da vida, inclusive recurso à clonagem e à criobiologia, que é o congelamento do cadáver à espera da descoberta da cura para a enfermidade que matou o tal ricaço; desistência de viver. (D) Depressão e pânico, por saber-se imperfeito, pecador, culpado de algo ou pelas perdas afetivas; luto, tentativa de "reter" o falecido.

3.1.3 Ritos de entrada, travessia e saída de cada ciclo

Para cada um dos 12 ciclos, a biologia tem seus programas previsíveis, sobre os quais as três culturas e seus três poderes de cima ajustam seus programas para explorar os de baixo. Mas cada indivíduo também tem seu programa, seu querer, sua intencionalidade, que não é mais que o querer da natureza através dele e o querer da família, da etnia e da sociedade. Assim é na infância; mas poderá ir-se diferenciando em cada ciclo, se o indivíduo quiser lutar para libertar-se desse condicionamento natural e social.

Para sinalizar e garantir seus programas em cada ciclo, os três poderes máximos da cultura inventaram ritos, sacramentos ou cerimônias, conhecidos também como ritos de passagem de um ciclo ao outro. Um ciclo pode ser dividido em três fases, como num ciclo sistêmico, com inputs, transformação e output, ou entrada no novo ciclo; travessia; e saída do ciclo, para entrada no próximo.

Como estamos submetidos aos três poderes supremos, os ritos de passagem também são triadizados: ritos políticos, ritos econômicos, e ritos religiosos, ao longo do Fluxograma da Vida.

NEUROEDUCAÇÃO PARA O ÊXITO:
CONSTRUÇÃO-PRODUTIVIDADE-DECADÊNCIA DOS TRÊS CÉREBROS E SUAS COMPETÊNCIAS

Fig. 43. Ritos de Passagem: cruzando fronteiras político-econômico-religiosas

3.2 COMO DESCOBRIR O FAMILIOGRAMA E A PROGRAMAÇÃO LÁ ESCONDIDA

Recordemos o Fluxograma da Vida, com seus 12 ciclos e o trilho masculino e o trilho feminino. A pilha de posições e recorrências acima da figura do pai, sob o poder político, já é dessacralizada, é laicizada, profana, desmitificada, desprestigiada. Mas a pilha de posições e recorrências acima da figura da mãe continua sacralizada, mitificada, ostentando supostos poderes e privilégios misteriosos e exagerados. Superioridade da mãe.

Por isso, a programação do pai sobre as filhas é menos eficiente, isto é, menos aprisionadora. Que sorte, porque isso propicia que as adolescentes se emancipem mais facilmente. Entretanto, a programação da mãe sobre os filhos é muito mais aprisionadora, como estratégia da mulher para ter fonte afetiva e suporte vital no futuro; por isso, a maioria das esposas não investe em maridos, investe nos filhos. Daí que a emancipação do adolescente masculino seja mais difícil e quase sempre fracassada frente à mamãe, pois ela o deixa abobalhado e dependente de mulheres pelo resto da vida. É o que afirma Ester Villar em *O Homem Domado* (1973).

O movimento de libertação da mulher, dos homoafetivos e a urbanização da vida transformou a família, tornando-a cada vez mais inadequada e incompetente para o *upaya-coaching* ou condução emancipadora dos filhos, que formam um conjunto de irmãos desconhecidos entre si, porque são de dois ou três matrimônios. Por isso a escola é cada vez mais convocada a complementar a família: educação familiar-escolar.

A família se diz célula *mater* da sociedade porque é o primeiro centro de treinamento para o jogo triádico da vida. A sociedade mesma é uma recorrência da família e vice-versa. Até as concepções do mundo "sobrenatural" o são, projetadas no inconsciente escatológico (o que vem depois da morte/transformação). Na família, geralmente, a mãe ou uma mulher é o subgrupo oficial, proporcional ou desproporcional, disfarçando suas táticas de manipulação pela sutileza da força ideológico-emocional, e disparando queixas contra o machismo, real ou fictício, para despistar. Os demais ciclos, instâncias, níveis ou esferas sociais por onde transitamos, os tomamos e vivemos inconscientemente como recorrências ou símiles da família inicial e seus jogos triádicos.

Este oficialismo e centralidade da mãe e mulher são apoiados pelo poder sacral, porque a mãe é a primeira catequista de todos. A mãe é também apoiada pelo poder político e econômico porque ela é a primeira a impor a noção de oficialismo, autoridade, obediência etc.; e é a primeira que toda criança identifica como fonte de abastecimento e consumo a quem, depois, o mercado se dirige por ser ela que toma 70% das decisões de compra.

Que programação tricerebral seria melhor desde o início, e que mudanças teria alguém que fazer depois para viver bem e ter êxito em cada ciclo do Fluxograma da Vida?

É necessário recordar que a dinâmica inata e a programação ambiental, tanto do cérebro esquerdo, como do cérebro direito e do cérebro central estão condicionadas pela necessidade de sobrevivência da criança, por sua luta para ganhar o pai, a mãe, vencendo os irmãos, ou disputando com eles o poder sobre os meios de sobrevivência e procriação. E cada família faz o mesmo com as demais famílias; e as famílias de uma classe social disputam com as de outras classes; e o país disputa com os demais no planeta globalizado. Isso está muito bem ilustrado neste dito árabe que vale a pena repetir:

COMO E POR QUE OS JOGADORES TRIÁDICOS MUDAM DE SUBGRUPO
(Adaptado de um provérbio árabe. Ler da base ao topo)

Eu, meu irmão, meus primos, meus vizinhos, aldeias, cidades e um bloco econômico contra outro...
Eu, meu irmão, meus primos, meus vizinhos, aldeias, cidades e meu país contra outro país...
Eu, meu irmão, meus primos, meus vizinhos, aldeias e cidades contra o governo...
Eu, meu irmão, meus primos, meus vizinhos, minha aldeia contra outra aldeia...
Eu, meu irmão, meus primos e meus vizinhos contra a aldeia.
Eu, meu irmão e meus primos contra meus vizinhos.
Eu e meu irmão contra meus primos.
Eu contra meu irmão.

Esse processo de jogos triádicos recombinatórios é o que estimula o desenvolvimento maior de um lado ou de outro do cérebro, o qual culmina numa dada hierarquia tricerebral como resultado dessa seleção natural--cultural. Resulta num "estilo" de tricerebrar. Alguns desses estilos foram ilustrados pela literatura: *Peter Pan, Robin Hood, A Gata Borralheira, Polyana, O Zorro, Édipo Rei, Chapeuzinho Vermelho, Alice no país das maravilhas, Dom Quixote, Sancho Pança* etc.

Evidentemente, a mãe é a rainha nesse ambiente inicial, porque a mãe é o primeiro ambiente e meio de sobrevivência de todos nós, "nosso vínculo e vício mais antigo" (Ângelo Gaiarsa, 1992).

Ela é o artífice, a construtora primeira de nossos três cérebros, desde a vida intrauterina. Ela é o árbitro do jogo triádico extrauterino com o pai, com os irmãos, com os elementos domésticos e vizinhos, com a terra e com a sociedade que são extensões da mãe, do pai e da família, como recorrências.

Ela é o subgrupo oficial e dela dependemos para sobreviver e ter as primeiras experiências sensoriais de sobrevivência, de emoção, de erotização e de aprendizagem.

Valeria a pena entender melhor algumas mães: Maya, a mãe de Buda, e seu jogo triádico familiar; Maria, a mãe de Jesus, e seu jogo triádico familiar; Khadija, tia e esposa de Maomé, e seu jogo triádico familiar; a mãe de Oliver Cromwell, de Napoleão, de Zumbi, de Casimiro de Abreu, de Juscelino Kubitschek etc. e seus jogos triádicos familiares... Igualmente, valeria a pena estudar a mãe e o jogo triádico familiar dos fracassados, dos criminosos, dos drogados etc.

Graças à mãe sobrevivemos. E graças a ela, também, temos nossos rolos mentais, nossas desproporcionalidades entre os três cérebros e nos comportamentos. Seria muito bom conhecer nosso familiograma para identificar quem influenciou cada lado de nosso cérebro.

Tudo o que seja aprendizagem do cérebro direito vem mais da pessoa que é nossa principal fonte de satisfatores, que está mais próxima sensivelmente de nós, que nos causa prazer e nos torna viciados em seu tipo de endorfina/oxitocina, a qual buscaremos reencontrar em outras mulheres ou em outros homens pelo resto da vida. Tudo que seja aprendizagem do cérebro esquerdo se desenvolve principalmente por meio da competição com a pessoa ou pessoas que são ou foram nossos rivais na disputa pela principal fonte de satisfatores, que nos acostuma à adrenalina, à discussão, ao debate agressivo/defensivo. Tudo que seja aprendizagem do cérebro central é imitação do exemplo do cérebro central paterno e materno e pelos jogos de rivalidade entre irmãos; segundo o tipo dessa rivalidade, ficaremos mais condicionados à peleja ou à ação, ao trabalho, ao dinheiro, à conquista, ao estresse, à adrenalina e ao cortisol.

Se o bebê é um menino, vai apegar-se naturalmente à mãe, o que lhe produz endorfina/prazer e, disputá-la com o pai, o que lhe produz adrenalina. Quando aparecer outro irmãozinho, a competição se dará principalmente entre os dois, pois o pai é um competidor "civilizado" que "cede" a vez ao filho, quase sempre; mas o irmãozinho é um competidor feroz, que foi representado, na mitologia, por Caim e Abel. É um jogo de ganhar, empatar e perder; e de eliminar ou ser eliminado. O perdedor se encherá de adrenalina/raiva e seguirá lutando por alguma outra fonte de apego.

Se o bebê é uma menina, pouco a pouco irá se apegando naturalmente ao pai, o que lhe produz endorfina, disputando-o à mãe, o que lhe produz adrenalina (em ciclos futuros, disputará satisfatores nos 14 subsistemas). Quando aparecer uma irmãzinha, a competição se dará principalmente entre as duas, terminando com uma ganhadora do pai, compensada com endorfina, e uma perdedora da figura paterna, cheia de adrenalina. Esta buscará outras fontes, enfrentando outros jogos triádicos até que saia vencedora em algum.

Fig. 44. Primeiros vínculos naturais no familiograma

Com isso, ganhando ou perdendo, vai desenvolvendo-se cronologicamente a criança, montando redes neurais tri-tetracerebrais, com predominância ou hierarquia determinada pelas exigências do ambiente, com raízes ou centros de onde partem repercussões para todo o espaço cerebral: o cérebro como holograma.

Quando, na família, há mais de um irmão e mais de uma irmã, a disputa por papai e mamãe como fontes de tri-satisfatores será mais dura para eles. É que papai e mamãe também disputam entre eles os(as) filhos(as) como fontes de endorfina. Aí, o inconsciente paterno/materno será guiado por suas recorrências de infância: o pai ou a mãe vão preferir e favorecer o filho ou a filha que mais evocações lhe traga de sua primeira fonte de apego na infância. Um pai de duas filhas, se teve apego maior à sua mãe, preferirá a filha que lhe traga mais evocações inconscientes da mãe dele. A mãe de dois meninos, se teve apego maior a seu pai, preferirá o filho que lhe traga mais evocações inconscientes do pai dela. Isso resultará em filhos preferidos e filhos preteridos, embora mães e pais insistam em dizer que querem a todos os filhos igualmente. Os filhos sabem que não. Todos são amados, mas não igualmente.

Havendo duas filhas, o pai tem que aprender a ser o "namorado" das duas, já que ninguém, muito menos as crianças, quer ser igual a ninguém: quer ser superior, melhor, única ou único. A solução é tratar as duas filhas em separado, levando cada uma a crer que é a preferida e única, até que isso seja descoberto. Aí, é parar para conversar sobre o jogo triádico familiar ou familiograma. Havendo dois meninos, cabe à mãe fazer o mesmo. Isso de um menino ser da mamãe e outro do papai não é correto, o mesmo com as filhas.

Fig. 44.1. Evitando competição entre pai e mãe por filhos(as)

Quando não sabem fazer isso, os pais estarão preparando futuros ressentidos, neuróticos, fracassados na vida, ou eternos rebeldes, agressivos, vingativos, porque tiveram um começo atrapalhado e turbulento.

Outra coisa muito importante: é necessário que a criança viva num contexto de jogo triádico completo, isto é, com figura feminina/maternal e figura masculina/paternal, não necessariamente pai/mãe biológicos. Se faltar a figura masculina/paternal, o menino se apega muito à figura feminina, desenvolvendo um hipercérebro direito romântico, com risco de atrofia do cérebro esquerdo e central; torna-se um frouxo, efeminado, sem garra; tudo por falta de competição com a figura masculina.

Se faltar figura masculina/paternal, a menina desenvolverá um hipercérebro esquerdo e central competitivos, com risco de atrofia do cérebro direito; torna-se dura, masculinizada, sem afetividade; tudo por excesso de competição com a figura materna. Se faltar a figura feminina/maternal sucederá o mesmo. A menina desenvolverá um hipercérebro direito por apego ao pai, com risco de atrofia do cérebro esquerdo e central por falta de competição com a figura feminina; e o menino desenvolverá um hipercérebro esquerdo e central por excesso de competição com o pai, correndo o risco de atrofia do cérebro direito por ficar sem a experiência da afetividade com a figura materna. Essa é a tese central de Pearce (*A Criança Mágica*, 1982): o aumento de filhos e jovens disfuncionais é proporcional ao aumento de famílias incompletas ou disfuncionais. Mais adiante apresentaremos o Projeto de Carreira de Mães construtoras de cérebros.

O filho único ou filha única, num contexto familiar com figura masculina/paternal e figura feminina/maternal que não conheçam ou não saibam desempenhar seus papéis dentro do familiograma, correm o risco de serem disputados como fonte de endorfina tanto pela figura paterna como pela figura materna. A disputa se dá pela "compra de afeto ou lealdade" do filho ou da filha por meio de presentes, promessas, subornos etc. Não são os presentes que estragam o filho único. Este, ao dar-se conta que o estão leiloando, convence-se que tem o poder de exigir apostas cada vez mais altas pelo seu afeto e vai tornando-se um ditador precoce. Mais tarde, fora da família, ninguém se submeterá a suas manhas ditatoriais e sofrerá muitas frustrações e raivas porque suas manipulações não funcionam. Crer que o filho único se estraga por excesso de mimo é falso: se estraga porque caiu em mãos de pai e mãe irresponsáveis que se puseram a disputá-lo como objeto de propriedade particular.

O impulso para disputar fontes de sobrevivência e procriação com os demais, o impulso para usar sinais de informação e comunicação para entender o jogo e os adversários, o impulso para vincular-se afetivamente e ter aliados – isso tudo é inato, é hereditário, programado pela evolução biológica de uns três milhões de anos. Esse impulso corresponde ao nível 1 dos três cérebros, que é um padrão universal comum, quase indiferenciado entre as diversas etnias. As diferenças serão cada vez mais notórias na medida de sua evolução, para níveis crescentes do tricerebrar: nível 2, 3 e 4; quanto mais alto o nível, maiores serão as diferenças; quanto mais baixo, maiores as semelhanças.

Algo do nível 1 e quase tudo mais dos níveis 2, 3 e 4 são construídos: é aprendizagem, é montagem neuronal de hábitos ou trilhas mentais, desde a aventura de explorar, pelos cinco sentidos, o ambiente inicial, até os ambientes que emergem nos ciclos que vêm depois, que se exploram, também, com ferramentas de abstração matemáticas e filosóficas.

O desenvolvimento do potencial inicial do cérebro central é aprendizagem motora, quer dizer, mover-se para a luta, indiferença ou fuga, sexual e profissional. O desenvolvimento do potencial inicial do cérebro direito é aprendizagem afetiva e lúdica, quer dizer, vinculação, indiferença, ou rejeição e abandono. O desenvolvimento do potencial inicial do cérebro esquerdo é aprendizagem informativa ou comunicativa, quer dizer, observação, balbucio, palavras, frases.

Se a educação familiar-escolar for de boa qualidade tricerebral, a criança, o jovem e o adulto deixarão, pouco a pouco, de ser totalmente influenciados e teleguiados pela família e ambiente, e passarão a ser mais autônomos influenciadores do ambiente. Toda essa programação será melhor detalhada mais adiante, ao exemplificar "Educação para o Desenvolvimento de Competências Tricerebrais até os 18 anos".

Dizer que a vida tem três linhas que se intercruzam – a formação, o trabalho e o desfrute – é um enfoque triádico, sim, mas muito genérico. É melhor compreender a formação, que é cérebro esquerdo, o trabalho, que é cérebro central, e o desfrute, que é cérebro direito pelos ciclos do Fluxograma da Vida, porque tudo vai mudando em cada ciclo.

Todo esse treinamento e assimilação de programas tricerebrais se dá, principalmente, pela expressão corporal, não verbal, de sentimentos e atitudes do cérebro direito dos educadores; se dá bastante pelo exemplo, pelo modo de viver e de atuar, pelo fatual do cérebro central; e se dá muito pouco através da comunicação verbal, sequência de comandos, explicações e conselhos dos educadores, pois o cérebro esquerdo da criança é o último a entrar em funcionamento. Apesar disso, os três cérebros deverão receber estimulação simultânea em todas as idades.

Assim que, para entender-me e entender os demais, o método é o exposto até aqui, e não fazendo perguntas de crédulos sobre "destino", "signo", "horóscopo", "bênçãos ou maldições dos deuses" e outras superstições.

> A tri-programação tem uma espécie de reóstato ou piloto automático: sempre reajusta o aparelho cerebral ao que foi previamente programado, quer dizer, se submete a um "controle remoto" operado pela família e figuras recorrentes dela.

3.2.1 Como elaborar o familiograma

Para elaborar o familiograma será preciso recuperar memórias da infância até os 7 anos. O pouco que lembramos se completa perguntando a quem nos viu crescer. Não é tão fácil, pois é como penetrar num nevoeiro, que é o inconsciente coletivo e o inconsciente familiar dos primeiros anos. Mas como todo nevoeiro, pouco a pouco vai-se dissolvendo.

POSIÇÃO RELATIVA ou ordem de nascimento. Começa-se estabelecendo nossa posição relativa, quer dizer, se sou o primogênito, o segundo, o terceiro etc. dos filhos, que é preciso identificar pelo nome e idade. Não se contam irmãos falecidos até um ano de idade, pois só ao redor de um ano de idade a criança sai da simbiose com a mãe e começa a perceber-se em jogo triádico com os demais. Se a criança troca de família antes dos 5 anos, será necessário fazer dois familiogramas: o primeiro será o da família de origem; o segundo será da nova família, porque haverá cruzamento, entrechoque e contradição entre as programações da família de origem e as da nova família.

É o caso dos que foram criados pelos avós, o dos filhos de um matrimônio que foram criados noutro, dos filhos adotivos, dos órfãos recolhidos em algum centro de atenção, das crianças da rua etc. Quanto menos idade tenha a criança, menos lhe importa quem tenham sido seus genitores biológicos; importa-lhe somente ter sua fonte de tri-satisfatores e aguentar os rivais na busca dessa fonte. Os laços de sangue são um mito de quando não se sabia dos laços tricerebrais, que são os que realmente valem.

1. Relações de amor e rivalidade (em sua falta: sucedâneos)
2. Identificar subgrupo oficial, antioficial, oscilante
3. Arsenal desenvolvido para conquistar e defender-se
4. ITS: aspectos atrativos e produtores de endorfina
5. Recorrências: Repetição de simpatias/antipatias e hábitos

Fig. 45. Passos para o familiograma ou sociograma familiar

MINHA PRINCIPAL VINCULAÇÃO AFETIVA ATÉ OS 7 ANOS. Essa vinculação ou apego refere-se a uma fonte de amor, de energia, fonte de tri-satisfatores, das tri-necessidades infantis, e não só de carinho, como crê a psicologia popular. Os meninos buscam vinculação com figuras femininas, começando pela mãe, se não houver nenhuma interferência;

as meninas buscam vinculação com figuras masculinas, começando pelo pai, se não houver nenhuma interferência. A tarefa aqui é identificar a primeira fonte ou vinculação afetiva maior: pai, mãe, avô, avó, tio, tia, padrinho, madrinha, irmão, irmã, empregado(a) etc. Se alguém não conseguiu conquistar/ganhar o pai ou a mãe, poderá conquistar/ganhar alguma outra das figuras mencionadas. Mas se não conseguiu uma vinculação afetiva satisfatória com ninguém, então vai-se agarrar a um sucedâneo, que consiste em apaixonar-se por algo não humano, como um travesseiro, um brinquedo, uma árvore, um bicho de estimação, livros, jogos etc., que mais tarde poderão ser as drogas. É imprescindível descobrir quem foi a primeira fonte afetiva.

É importante descobrir isso porque essa primeira fonte afetiva foi a que mais contribuiu para a programação de meu cérebro direito em seus 4 níveis: o tipo de pessoas de quem gostamos e o modo de conquistá-las; o humor e o sentido da arte; a visão de futuro e o otimismo; o sentido estético-místico etc. Pode-se perguntar:

— Por que fulano tem tal cérebro direito tetranivelado?

Resposta:

— Porque é como uma fotocópia ou clone do cérebro direito da pessoa que foi sua primeira vinculação afetiva e fonte de tri-satisfatores. Se o fulano tem o cérebro direito em grau de intensidade alta, é porque quem o programou tinha o cérebro direito alto; se o tem baixo, é porque quem o programou o tinha baixo, salvo interferências melhoradoras ou empobrecedoras de uma fonte posterior com mais peso que a fonte anterior.

MINHA PRINCIPAL FONTE DE RIVALIDADE ATÉ OS 7 ANOS. Como o molde da vida é de três lados-ângulos-forças, ao buscarmos uma fonte de satisfatores entraremos em competição com alguém mais, igualmente interessado(a) na mesma fonte. É o famoso triângulo amoroso que existe desde a infância entre filho(a), mãe e pai. Identifique essa fonte de rivalidade: pai, mãe, avô, avó, tio, tia, irmão, irmã, primo, prima, empregado(a) etc. É mais difícil admitir isso se a primeira fonte de rivalidade foi o pai ou a mãe, porque na infância ensinam a recalcar ou reprimir o ódio.

Mas é importante descobrir isso porque essa primeira fonte de rivalidade foi a que mais contribuiu para a programação do cérebro esquerdo e central em seus 4 níveis. É que o cérebro esquerdo se desenvolve quando é desafiado pela discussão, pela crítica, pela mentira, pela provocação, pela obrigatoriedade de pensar; e o central se desenvolve quando é desafiado fisicamente pelo trabalho, pela briga, pela perseguição, pela pressão física e econômica etc. Pode-se perguntar:

— Por que fulano tem o cérebro esquerdo tetranivelado alto ou baixo?

— Porque o rival tinha o cérebro esquerdo alto ou baixo e a rivalidade foi alta ou baixa.

— Por que fulano tem o cérebro central alto ou baixo?

— Porque o rival tinha o cérebro central alto ou baixo e a competição e briga físico-econômica foi alta ou baixa.

TRI-PROGRAMAS de conquista, arsenais ou mecanismos desenvolvidos e usados para ganhar e conservar a fonte de tri-satisfatores e aliados. Apresentamos, a seguir, uma breve lista para identificar tais programas ou mecanismos tricerebrais.

Arsenal pelo cérebro central: obedecer; submeter-se em tudo; tratar de ser forte; imitar e repetir seu modo de atuar; ajudar a fazer coisas; acompanhar em tudo; levar comida, roupa, calçados etc.; cuidar da higiene pessoal; evitar brigas; sentar-se em suas pernas, tocar; dormir a seu lado etc.

Arsenal pelo cérebro direito: esperar na porta sua chegada; beijar, abraçar, dar carinho; cantar, dançar; declamar; orar pela fonte de satisfatores; elogiar, dizer coisas bonitas; vestir-se bem, tratar de ser elegante; tratar de agradar; tratar de imitar suas expressões emocionais; tratar de seduzir, fazer declarações "amorosas"; brincar, jogar juntos etc.

Arsenal pelo cérebro esquerdo: aprender suas palavras e modo de falar; estudar muito; mostrar o que sabe; tratar de ser inteligente; ler para a fonte de satisfatores escutar; ver televisão juntos; perguntar e escutar sua história de vida; mandar mensagens, cartinhas; aceitar suas normas, seus critérios de certo e errado; não responder mal etc.

Às vezes é duro reconhecer que tínhamos "inimigos", adversários, competidores na família; é duro admitir que qualquer um de nós tenha um lado bom para quem é sua fonte de gosto e endorfina; e tenha um lado "mau" ou de guerra para quem é fonte de desgosto e adrenalina.

TRI-PROGRAMAS de luta: arsenais ou mecanismos desenvolvidos e usados com os rivais para combatê-los e defender-se na disputa pela fonte de tri-satisfatores. Quais são os tri-programas ou arsenais considerados "maus comportamentos" ou mecanismos de infância para fazer raiva ou guerra aos rivais, sejam eles pai, mãe ou irmãos? Apresentamos, a seguir, uma breve lista para identificar tais programas ou mecanismos tricerebrais.

Arsenal pelo cérebro central: desobedecer; fazer tudo ao contrário; rebelar-me; esconder as coisas; romper, roubar coisas; ter medo; comportar-me bem quando na presença de outros e comportar-me mal quando fora da vista ou vice-versa; evitar encontros; "adoecer"; recusar-me a comer; provocar brigas; fazer maldades; fechar a cara e a comunicação; fugir de casa etc.

Arsenal pelo cérebro direito: rejeitar carinho, dizer que não gosto, maldizer, desejar o mal, criar desconcerto, fazer gozação, recusar cantar, orar; mau humor, "cortar relações", fazer-se o indiferente etc.

Arsenal pelo cérebro esquerdo: responder, discutir; criticar, acusar; mentir; descuidar os estudos; "perder" livros e materiais escolares; falar mal dos professores e da escola; falar errado de propósito; fingir que não escuta; guerra de silêncio; insistir em fazer as coisas erradas; fazer-me de ignorante etc.

LEI DA ATRAÇÃO: O que eu mais gostava dos três blocos de atrativos (que chamamos *"its"*, ou algo especial e inconsciente que forma o charme ou o poder de atração de alguém) de minha fonte afetiva de satisfatores eram:

- Traços físicos do cérebro central como corpo, cabelo, voz, olhos, dentes, pele e sua cor, força, trabalho, modo de mandar, relação com o dinheiro etc.

- Traços intelectuais do cérebro esquerdo como inteligência, modo de pensar e falar, relação com o estudo, a conversação, amor à verdade etc.

- Qualidades afetivas e morais do cérebro direito como atenção, carinho, alegria, elegância, artes, jogo, religião, justiça, modo de tratar etc.

O mesmo vale para a LEI DA AVERSÃO OU REJEIÇÃO: Os traços dos três cérebros da pessoa que era meu rival e que mais me desagradavam e eu rejeitava, ao que chamamos anti-its, ou algo inconsciente que provoca antipatia, eram:

- Traços físicos do cérebro central como corpo, cabelo, voz, olhos, dentes, pele e sua cor, força, trabalho, modo de mandar, relação com o dinheiro etc.

- Traços intelectuais do cérebro esquerdo como inteligência, modo de pensar e falar, relação com o estudo, a conversação, a verdade etc.

- Qualidades afetivas e morais do cérebro direito como atenção, carinho, alegria, elegância, artes, jogo, mística, justiça, modo de tratar etc.

JOGO DE PODER DOS TRÊS SUBGRUPOS na família. Há três forças, três blocos de interesses, três "partidos", três tipos de comportamentos com três tipos de táticas/arsenais em qualquer família. Não importa se é de brancos-negros-amarelos; de hétero-homo-bissexuais afetivos; de humanos, de chimpanzés, de cobras, de vegetais etc. Sempre haverá um oficialismo feminino-masculino-homoafetivo, com sua combinação típica dos três arsenais; sempre haverá um antioficialismo feminino-masculino--homoafetivo com sua combinação típica dos três arsenais; sempre haverá um oscilantismo feminino-masculino-homoafetivo com sua combinação típica dos três arsenais.

Distinguindo entre liderança por força físico-econômica, estereotipada como machista e, liderança por força ideológico-emocional, estereotipada como "mulherista", com seu arsenal de bate-boca, resistência passiva, lágrimas, chantagem emocional ou religiosa, fazer-se de vítima, inspirar compaixão, entre outros truques para impor-se; o SUBGRUPO OFICIAL muito-pouco- ou nada proporcional em minha família até meus 7 anos foi:

a mãe___ a avó___ uma tia___ o pai___ o avô___ etc.

O ANTIOFICIAL muito __ pouco __ ou nada __ proporcional era:

OS OSCILANTES muito __ pouco __ ou nada __ proporcionais eram:

MINHAS RECORRÊNCIAS. Recorrências são comportamentos ou programações inconscientes da infância que voltam a ocorrer outras vezes, inconscientemente, nos ciclos seguintes e em outros campos de vida.

Um exemplo de recorrência da relação afetiva inicial: um jovem ou uma jovem quando busca namorada(o), em geral simpatiza de imediato com quem, em seu inconsciente, lhe evocar a figura de sua primeira fonte afetiva (mãe, avó, tia, pai, avô, tio etc.) e despertar os gostos/endorfina que isso lhe causava. Por que nos apegamos ao nosso grupo, ao nosso time, à nossa empresa e religião e ao nosso país? Porque é recorrência de nossa família.

Um exemplo de recorrência da rivalidade inicial: na escola, o professor mais "antipático" é o que, no inconsciente do estudante, lhe evoca a figura de sua primeira fonte de rivalidade na família e os "maus momentos" que lhe causou. O mesmo se repetirá na empresa, no Estado, nas figuras religiosas etc. Isso explica "amor à primeira vista" e também "antipatia e rejeição à primeira vista" que não vêm de nenhuma causa externa, mas nascem do condicionamento inicial de nossos três cérebros que projetarão essa "sua" maneira de "perceber", que lhe foi introjetada. Se é recorrência de amor, põem-se todas as virtudes na pessoa que substitui nossa primeira fonte de apego; se é recorrência de rivalidade/antipatia, põem-se nela todos os defeitos: sempre faltará algo, nunca satisfaz. Se amamos, endeusamos; se somos relegados, demonizamos; se nos reconciliamos, endeusamos outra vez. Coisas do cérebro direito e suas recorrências inconscientes. Os três cérebros fazem recorrências.

PARA AMIGOS OU AMIGAS PREFIRO gente com as seguintes características, lembrando as listagens anteriores para cada um dos três cérebros:

- Traços físicos de cérebro central:
- Traços intelectuais de cérebro esquerdo:
- Qualidades afetivas, estéticas e morais de cérebro direito:

E agora tente identificar as razões para isso, porque têm a ver com recorrências familiares. De que e de quem?

NÃO GOSTO, NÃO ME ATRAEM PESSOAS com as seguintes características, lembrando as listagens anteriores para cada um dos três cérebros:

- Traços físicos do cérebro central:
- Traços intelectuais do cérebro esquerdo:
- Qualidades afetivas, estéticas e morais:

E agora tente identificar as razões para isso, porque têm a ver com recorrências familiares. De que e de quem?

PARA ESTUDO OU TRABALHO EM EQUIPE na escola, universidade, na empresa, na política etc. prefiro atuar num dos três subgrupos a seguir, como:

- Oficial, coordenador, diretor, chefe, cérebro central:
- Antioficial, crítico, rebelde, inconformado, cérebro esquerdo:
- Oscilante, obediente, tranquilo, colaborador, mediador, cérebro direito:

PARA MELHORAR A CONVIVÊNCIA e meu desempenho trigrupal quero desenvolver competências próprias num dos três subgrupos seguintes:

- Oficial, coordenador, diretor, chefe, cérebro central:

- Antioficial, crítico, rebelde, inconformado, cérebro esquerdo:

- Oscilante, obediente, tranquilo, colaborador, mediador, cérebro direito:

Qualquer decisão ou proposta tem que ser operacionalizada para encontrar o caminho de sua realização.

ESTUDO DO TRICEREBRAR DE MEUS NEUROPROGRAMADO-RES. Com o Revelador do Quociente Tricerebral, temos uma ferramenta para examinar e conhecer cada vez melhor o conteúdo de nossos três cérebros e seus respectivos modos de atuar. Mas falta o porquê desse modo de atuar. A resposta é o familiograma.

— E como se faz para saber mais sobre como fomos programados desde a concepção?

— Para saber mais sobre a origem de meus programas para pensar, sentir e atuar, que instalaram em meus três cérebros e seus quatro níveis, vou estudar os três cérebros de meu pai, mãe, professor(a), catequista, sacerdote, pastor, chefe e autores de livros que marcaram minha vida.

3.3 *CURRICULUM VITAE* DO MEU TRICEREBRAR

3.3.1 Meu atual quociente tricerebral tem esta pontuação

No cérebro esquerdo:___

No cérebro central: ___

No cérebro direito:___

3.3.2 Minha hierarquia tricerebral é uma das seis seguintes

1º esquerdo, direito, central; ou esquerdo, central, direito;

2º direito, central, esquerdo; ou direito, esquerdo, central;

3º central, direito, esquerdo; ou central, esquerdo, direito.

3.3.3 Meu grau de intensidade do cérebro esquerdo situa-se num dos quatro intervalos ou escores da escala seguinte

Inferior, que vai de nove até 27 pontos, indicando subdesenvolvimento, incompetências e poucas chances de êxito; médio, que vai de 28 até 34 pontos, indicando competências medianas e boas ou regulares chances de êxito; superior, que vai de 35 até 40 pontos, indicando competências superiores e grandes chances de êxito; e genial, que vai de 41 até 45 pontos, indicando competências geniais e chances totais de êxito.

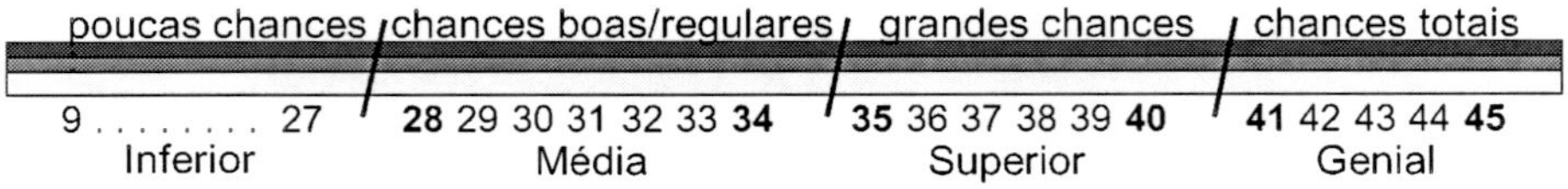

poucas chances	chances boas/regulares	grandes chances	chances totais
9 27	**28** 29 30 31 32 33 **34**	**35** 36 37 38 39 **40**	**41** 42 43 44 **45**
Inferior	Média	Superior	Genial

Fig. 46. Escala de intensidade tricerebral

3.3.4 O bloco cerebral que quero estimular e desenvolver mais por enquanto é o esquerdo, ou central ou direito (escolher um)

3.3.5 No cérebro escolhido, a competência que quero desenvolver é a seguinte

3.3.6 A operacionalização da meta ou competência a desenvolver se faz:

Indicando o onde e o quando isso vai acontecer; quem (a própria pessoa) e colaboradores se necessário; quais atividades e como serão executadas; que método e técnicas serão utilizados; orçamento a ser empregado; dificuldades esperadas ao longo do percurso; resultados esperados no fim do prazo estipulado; técnicas de confirmação dos resultados (estatística ou opiniões de terceiros); e quem será o exigidor desse meu compromisso

Os itens de uma operacionalização são dos Quatro Fatores Operacionais: espaço, cronologia, personagens, procedimentos e suas subdivisões.

Meta ou propósito a realizar:

1. Onde: Em que lugar e com que equipamento se buscará realizar a meta.	
2. Quando: Início e fim. Frequência por dia/semana.	
3. Quem: EU. Colaboradores, profissionais.	
4. Que, Como e Resultado: - Lista de atividades a executar. - Dificuldades esperadas. - Resultado esperado. - Como será medido/avaliado. - **Custos:** em conhecimento, em dinheiro, em emoção/risco.	
Comemoração: Forma de comemorar a meta alcançada.	
 Nome do Exigidor. Multa por descumprimento	

Fig. 47. Operacionalização da meta ou competência a conquistar

3.3.7 Eu fui escolhido(a) como exigidor(a) de (nome de quem me escolheu)

3.3.8 A função mental que vou monitorar é a de N°... do QT, ou qualquer outra:

Nessa busca de sobrevivência entre os extremos de neguentropia e de entropia, de esforço e descaso, de adrenalina ou cortisol e endorfina ou oxitocina, de estresse e de distensão, de prazer e de dor, você começou a desenvolver seus três processos mentais. A inteligência não foi herdada. Não herdou tampouco a capacidade mística, nem herdou a capacidade administrativa para ganhar dinheiro e fazer negócios. O que herdou foi um potencial tricerebral do nível 1 que se foi desenvolvendo segundo as circunstâncias do jogo triádico que começou em sua família e continuou, depois, na educação escolar-ambiental de primeiro, segundo e terceiro grau e ao longo dos anos etc.

O processo de ser usuário e prestadio é contínuo e progressivo nos três cérebros. Enquanto se vive, se aprende e se modifica. O resultado não é a seleção natural "pura" como propunha Darwin. É uma seleção modificada e intercondicionada pela origem e programação familiar-étnica que, por sua vez, é condicionada pelas regras de jogo estabelecidas pelo poder político, econômico e sacral de seu ambiente comunitário, nacional e imperial.

Sabendo que, entre 60% e 70%, o cérebro é resultado do matricondicionamento, não será difícil descobrir através de quais experiências, quais peripécias existenciais vão-se formando uma mentalidade e seus comportamentos. O resto dos familiares tem importância como partes do jogo triádico familiar que é o palco de estreia de todos.

3.4 UM ESTUDO DE CASO
(adulto) seguindo o CCF

1 Tema. "Borges Filho"

2 Coleta de Dados

O Dr. Borges Filho é um pouco médico, um pouco diretor de Faculdade, um pouco político, um pouco presidente da sociedade filantrópica, um pouco casado, um pouco pai, um pouco filósofo e muito espiritualista. É católico, mação, Rosacruz e dirige uma sociedade de Parapsicologia. Herdou de seu pai uma boa posição socioeconômica. Por linhagem materna, pertence a uma tradicional família de pensadores, filantropos, artistas, políticos e homens de espírito. Na faculdade de Medicina, mais preocupado com a alma que com o corpo, sobressaia como modelo de cavalheirismo e de cientista clássico frente ao mistério da vida. Era assaltado por mil interrogações metafísicas.

Passou por todos os movimentos sociais e retiros em conventos, até que, no primeiro amor seguido de matrimônio, reencontrou o eixo de sua vida, a base para todas suas incursões heroicas pela vida. Surgiu como um novo e mais vigoroso Dr. Borges Sênior.

Hoje, entretanto, com duas filhas, Sílvia de 17 anos, Eva de 15 e o filho Borges Neto de 13, chegou a beco sem saída: a esposa é alcoólatra; a filha mais velha está apaixonada por um professor casado; o pai deixou a esposa, e esta veio viver com o filho único; seu filho caçula, Borges Neto, o acusa de destruir a família; e seu velho pai faz o escândalo de viver com uma jovem concubina...

O Dr. Borges Filho gastou toda sua vida até aqui, altruistamente, atendendo a todos. Agora, interroga o céu que lhe manda essas provações. Como Jó, busca explicações enquanto estoicamente aguenta essas desgraças terrenais.

Em suas meditações revive sua história. A linda história de uma aurora existencial quando lhe apareceu Naná, uma fada loira, com o mapa de todos os caminhos, a chave de todos os segredos e a altura senhorial que era a soma da nobreza dos mais nobres espíritos. Apresentada em casa, foi declarada imediatamente como "uma senhora" e dada como continuação da família. "O filho casado não se desvincularia da família" disse a mãe. "Eu e ela condividiremos nossa missão".

A lua de mel foi um tempo de poesia, de lirismo e de elegância na intimidade. Depois vieram os filhos e apesar do apetite sexual de dona Naná, sempre houve muitos motivos para diminuir os encontros sexuais. Era a gravidez, eram as responsabilidades sociais, era a mamãe que necessitava dele cada vez mais e a política cada vez pior!

Com o terceiro filho, mandou esterilizar dona Naná, sem que ela o soubesse, mas por amor a ela... Daí em diante, o inferno que era remoto, começou a fazer-se cada vez mais próximo, um inferno de discussões, de mesquinharia, de perda da dignidade, de desmoralização da tradição familiar, da derrocada do amor e da visão sagrada da figura sublime de dona Naná.

Começava a pensar, sem admiti-lo, que o casamento e a família eram como uma tênia solitária desvitalizadora do organismo, que cortava qualquer carreira heroica e minava qualquer militância que não fosse a família mesmo. Pouco a pouco, afastou-se das reuniões sociais. Recorrer a psicólogos? "Não entendem nada da transcendência do espírito humano, desrespeitam o mistério com um par de frases tolas sobre sexo, uma meia dúzia de acusações ao pai e, principalmente, à mãe, que se aplicam a todos, negando a unicidade de cada pessoa". Recorrer à religião? "Padres e ministros têm vida secreta e não passam de uma sociedade comercial com o escritório no altar e o balcão no confessionário".

Enquanto não aparece uma saída, o Dr. Borges Filho vê que ele e tudo a seu redor seguem funcionando normalmente. Ele, funcionando como um boneco de corda, sem empenho, sem paixão. E o resto do mundo funcionando com aquele ar otimista típico das propagandas.

Então, por quê? "Economicamente estou bem, intelectualmente estou atualizado. Sempre fui austero, incansável na prática do bem, honesto, humanitário". Será estresse? Estarei ficando antiquado aos 45 anos, como me dizem os filhos?

No momento, o Dr. Borges Filho está confiado à sabedoria do tempo. Espera. A maior parte do tempo fica na chácara, acompanhado pela mãe e sua segunda filha, Eva, que brigam entre elas, enquanto ele lê livros de Neurolinguística e de pensamento positivo.

3 Processamento dos Dados

3.1 Quociente Tricerebral. Que pontuação aproximada tem o Dr. Borges Filho em cada um dos três cérebros e qual seria sua hierarquia tricerebral? Ele tem o cérebro direito como dominante, com 43 pontos, o esquerdo como subdominante, com 42 pontos e, o cérebro central como o mais baixo, com 32 pontos.

3.2 Faça o familiograma de Borges Filho com seu pai Borges Sênior e sua esposa; e entre os dois, o filho único.

3.2.1 A quem se vinculou afetivamente Borges Filho quando menino e filho único, para obter satisfatores para seus três cérebros? À mãe! Com quem teve que disputar, entrar em competição? Com o pai! Teve, além disso, algum sucedâneo ou outras fontes obsessivas de fixação não humanas como um bicho de estimação, uma árvore, um cobertor, um brinquedo, um esporte, livros, religião etc.? Não!

3.2.2 Que características dos três cérebros da mãe, que "its" ou atrativos se tornaram marcantes para dar-lhe prazer, dar-lhe endorfina/oxitocina, formar-lhe o gosto por figuras femininas no futuro? Firmeza, desembaraço e soluções para tudo do alto de sua elegância loira. Que características do pai se tornaram marcantes para causar-lhe desprazer, provocar-lhe adrenalina ou cortisol e a rejeição? Individualismo, materialismo e independência sem escrúpulos.

3.2.3 Quem foi o subgrupo oficial, positivo, neutro ou negativo, de força psicológica para o menininho Borges Filho? Foi a mãe com exercício desproporcional do poder. E quem foi o antioficial positivo, neutro, ou negativo da mãe? O esposo, dedicado à carreira e ao dinheiro, isolado pela aliança fechada entre mãe e filho. Em que subgrupo se encaixou o menininho Borges Filho frente à mãe e frente ao pai? Foi absorvido e abobalhado pela ventosa materna, fazendo dele seu clone e marionete oscilante; frente ao pai, tornou-se antioficial crítico, mas tímido e distante.

3.2.4 Que programas mentais ou comportamentos e arsenais para os três cérebros lhe impôs a mãe para continuar sendo sua fonte de satisfatores, e que programas desenvolveu ou aprendeu o menino Borges para dar gosto a ela e não a perder? Impôs-lhe submissão incondicional ao oficialismo e caprichos femininos e a receita materna para dar continuidade à linhagem materna, que aceitou para agradá-la. Que programas mentais desenvolveu para disputar a mãe com o pai, para defender-se dele, combatê-lo e superá-lo? Entrou em competição silenciosa para superá-lo como médico e ativista social; seu raciocínio inconsciente era: "se meu pai como médico e rico conquista minha mãe, eu a conquistarei fazendo o mesmo e melhor que ele".

3.2.5 Recorrências. A crise do estudante Borges Filho na faculdade de Medicina são projeções ou recorrências de que programas infantis? São mais de origem materna ou paterna? A crise religiosa é símbolo da crise de adulto por falta de emancipação da mãe e seus valores, na adolescência; e a crise intelectual e outras surgem pelo complexo de culpa-expiação por superar o pai, o que, psicologicamente, significava "matar o pai" e "roubar-lhe" a mulher. Que tipo de "its" ou atrativos tinha a esposa que escolheu? Eram os "its" ou atrativos de sua mãe. Era dona Naná prolongamento ou reposição de alguma outra figura feminina? Era reposição da mãe. Sua posição subgrupal frente a sua esposa Naná é de subgrupo oficial, antioficial ou oscilante, e é manifestação de alguma recorrência? É de oscilante em adoração, como recorrência do que fazia com sua mãe. Sua rejeição progressiva ao sexo terá relação com alguma recorrência inconsciente? Seria "fornicar" com a mãe. Quando, em meio à crise, rejeita com força o auxílio de psicólogos, padres e outros profissionais, trata-se de recorrência de alguma figura hostil de sua vida familiar? É recorrência de sua rejeição/negação do pai.

3.2.6 Desdobramento. Desdobramento quer dizer pôr-se na roupa do Dr. Borges Filho e interpretar seu raciocínio inconsciente, suas "racionalizações", seu raciocínio "maya", (que aceita as aparências e jogos de cena como reais, autoengano) em busca do raciocínio triádico, **raciocínio mais real.** A técnica do desdobramento torna clara a disputa triádica fundamental da sobrevivência e procriação, desde a gravidez e os demais ciclos até a transformação ou morte; e indica em quais jogos a pessoa saiu GANHADORA ou perdedora em cada ciclo e, se ela reconhece ou aceita isso, ou se esquiva com desculpinhas para não se sentir fracassada.

Todos têm o cérebro programado para defender-se sempre, mesmo das suas próprias necessidades. Os pais fazem com que a programação seja "protegida" como nos CDs protegidos contra regravação, que seja autodefensiva, embora seja desastrosa para o dono que é o filho. As justificativas dadas pelo raciocínio inconsciente ou maya são as aprendidas ou programadas de forma monádica na infância centrada no ego, de acordo com o jogo triádico de sobrevivência na família e no ambiente mais amplo. Por exemplo: se perguntássemos ao Dr. Borges Filho, por que se dedica tanto às atividades sociais, sua resposta poderia ser: "porque é um dever social de todos".

Essa é uma resposta de raciocínio maya, inconsciente, cego, porque não está correlacionada com seus jogos triádicos de infância e suas recorrências. Todos temos esse dever social porque somos corresponsáveis por tudo e todos. Mas podem existir motivos ocultos, inconscientes. A resposta com desdobramento triádico poderia ser: "Eu, Borges Filho, me dedico tanto às atividades sociais porque, no jogo triádico de infância, com isso agradava e conquistava minha mãe, ao mesmo tempo em que competia com meu pai".

Aí está o jogo triádico infantil com seus três participantes, mãe-filho--pai; aí estão os condicionamentos ou programações de luta-passividade-fuga para ganhar e defender-se; e aí está a recorrência na vida adulta.

Outro desdobramento. Se perguntássemos: por que escolheu dona Naná como esposa? A resposta poderia ser: "porque estava muito apaixonado e ela me fazia vibrar de felicidade". Essa é uma resposta comandada pelo raciocínio maya inconsciente, monádico, cego, unilateral e autocentrado. A resposta com desdobramento triádico poderia ser: "Eu, Borges Filho, disputei e conquistei a Naná frente aos demais, porque ela tinha os 'its', ou os atrativos e características agradáveis de cérebro direito por ser elegante, loira, muito senhora etc. e que me produziam endorfina ou prazer, como minha mãe". Aí estão os elementos do jogo triádico infantil: ele, os its ou atrativos que são como ímãs do gosto, criados pela mãe, os programas de competição frente aos demais e a recorrência adulta de marionete da natureza e do jogo da família.

Outros possíveis desdobramentos: por que, dona Naná, você se entregou ao sucedâneo da bebida? "Porque na disputa triádica entre mim, a sogra e meu marido Borges Filho, a sogra me ganhou, me tirou o esposo como minha fonte de satisfatores. A programação de filho foi mais forte que a de esposo, e eu, no desespero, busquei na bebida um sucedâneo, uma fonte compensatória". Novamente, aí estão os elementos mínimos para o raciocínio triádico, mais real.

Outro desdobramento. Por que, Sr. Borges Sênior, rompeu com sua senhora para viver com outra muito mais jovem? "Porque no jogo triádico entre minha mulher, o filho e eu, me senti por fim derrotado, me fez trabalhar muito para deixar uma boa herança ao filho e a ela se ficasse viúva; faz tempo que deixou de ser minha fonte de tri-satisfatores físico-econômicos, afetivos e de diálogo". Teríamos que investigar por que escolheu essa companheira e não outra, dado que aos 67 anos segue dominado por suas recorrências; seria uma recorrência de sua primeira fonte infantil de tri-satisfatores? Ou seria uma "antirrecorrência", por rejeição à sua esposa?

Por que, senhora esposa de Borges Sênior, se agarrou tão ferozmente a seu filho a ponto de estragar seu casamento? "Porque, tratando de garantir-me fontes de satisfatores entre Borges Sênior e o filho, percebi, desde cedo, que Borges Sênior estava dedicado mais à sua carreira e a seus negócios que a mim; e eu escolhi o filho como minha eterna fonte de satisfatores; sinto muito". O desdobramento poderia continuar assim: "Eu me apaixonei e me tornei ganhadora de Borges Sênior frente às demais competidoras, porque era uma recorrência de minha primeira fonte de tri-satisfatores e me produzia muita endorfina; mas o filho, pouco a pouco, foi manifestando características de minha primeira fonte de satisfatores (meu pai), de uma forma tão superior à de Borges Sênior, que me dominou completamente pela inundação de endorfina que me produzia, enquanto começava a rinha com Borges Sênior, que me amargurava com adrenalina.

Todos têm a mesma trajetória de vida nos 12 ciclos pré-determinados pela energia físico-química-biológica, representada pelo Fluxograma da Vida. Mas nos tornamos diferentes, porque, para cada um dos ciclos, recebemos da família, principalmente da mãe, quase sempre em aliança com alguma religião, programação para os comportamentos básicos, complementados pela escola, a catequese religiosa e a catequese das telinhas. Ao fim do ciclo familiar que ocorre quando se entra na adolescência, cresce um pouco mais a autonomia e também a influência de colegas; por outro lado, aumenta o cerco legalista do Estado e o assédio economistoide do mercado. Por isso, insistimos tanto em adquirir capacidade de desdobramento triádico ou de raciocínio "mais real" em busca de compreensão do jogo e de mais liberdade e autocondução. Isso para jogar melhor.

4 Diagnóstico. O Dr. Borges Filho tem um tricerebrar desproporcionado: 43 pontos de cérebro direito; 32 pontos de cérebro central; e 42 pontos de cérebro esquerdo, sendo a hierarquia tricerebral: direito-esquerdo-central. Vive em clima de dúvida porque seus lados direito e esquerdo anulam sua capacidade de discernimento pela escassa diferença entre eles; e tem pouco poder de autocondução no sistema familiar e pouco poder de manejo do jogo na rede sistêmica da sociedade, porque tem o cérebro central demasiado baixo. O mais grave, entretanto, é que continua sem dar-se conta que isso é fruto da programação doméstica e suas recorrências. Com isso tem baixo poder de autocompreensão de si mesmo e, portanto, de automodificação.

5 Futurologia e Criatividade. Dr. Borges Filho foi viver na chácara, dedicado aos livros de mentalismo e de autoajuda. Não lhe vai servir porque são só pílulas de otimismo e, sem o familiograma, não lhe revelam e não lhe mudam os programas inconscientes que traz desde o jogo triádico familiar, sobre os quais não terá nenhum controle, enquanto ficarem inconscientes. Ao descansar um pouco, longe do centro do jogo e "fogo" triádico que é a família, poderá lançar-se outra vez à luta; mas logo sucumbirá, quando acabar a bateria, porque o problema de fundo é a falta de manejo dos jogos triádicos dos quais ele nem suspeita. Um neurolinguista poderá fazer-lhe algumas reprogramações mais superficiais e meter-lhe pensamento positivo, otimista, sem tocar o problema de fundo. O efeito dessa pílula duraria pouco.

6 Decisões. A solução mais duradoura é buscar meios de compreender sua programação tricerebral, cultivar-se, reprogramar-se; depois de algum tempo, dedicar-se a solucionar as situações em que foi envolvido e nas quais ele meteu outras pessoas. No caso de haver menos de dois pontos ou mais de sete pontos de diferença, é preciso, primeiro, escolher metas para diminuir a exagerada diferença e distanciar os cérebros com pouca diferença.

7 Planejamento. Implementação, supervisão e *feedback*. Tomadas e hierarquizadas as decisões, faz-se a operacionalização e começa-se a pô-la em prática, sob a supervisão de um exigidor. Quando um novo QT ou o *feedback* do exigidor e da prática indicarem que o tricerebrar está retornando à proporcionalidade, escolhem-se novas metas de reorganização familiar e profissional, retomando uma vida menos sobrecarregada, mais sadia e prazerosa.

Vamos a outro exemplo, onde se aplica o CCF da mesma maneira que no caso anterior.

3.4.1 Estudo de caso para orientação educacional

1 Tema. O caso "Sílvia Borges"

2 Coleta de Dados

Sílvia, 17 anos, é primogênita do Dr. Borges Filho e dona Naná. Tem uma irmã de 15 anos e um irmão caçula de 13. Sílvia cursa o 3º ano do 2º grau. Vai muito mal. O pai a botou no cursinho, aonde vai a contragosto. Prefere tomar aulas particulares com o professor de Biologia. Vive de chiclete na boca, desligada, paradona, desleixada, não joga mais direito. Começou a sair sempre com a mãe para a igreja. Está pensando em sair para um centro maior, morar numa pensão de moças, trabalhar e estudar. Pra passar o fim de semana fora, foi a um encontro de jovens. No fim do dia, chamou o orientador, Jorge.

— Jorge, eu preciso desabafar!

— Está bom, Sílvia. O que é que rola?

— Estou gamada no professor de Biologia. Que é que eu faço, hein?

— Assim no cá e no já não dá pra falar nada não. Você tem que me contar um pouco de sua infância, de sua família com seus irmãos, do seu crescimento, do caso com o professor. Sem isso, o que eu dissesse seria um tremendo chute. Eu não entenderia você e não poderia ajudar você a se autoconhecer, que é a coisa mais bonita do mundo.

— Tá bom. Por onde começo?

— Não tem uma sequência lógica. Vai desfiando que eu ponho os dados em ordem na minha cabeça.

— Minha vida está toda na contramão. Eu sempre fui boa. Agora fico grilada à toa. Ia bem nos estudos. Agora só dá zebra. Todos elogiavam minha figura de princesa, minha elegância loira, herdada de minha avó paterna. Agora estou detestando isso. Puxa, como é duro ser neta e filha dessa família, ser estudante, ser desta sociedade, quando não se tem liberdade de amar. Esse professor foi o primeiro que rompeu as trincheiras do meu coração. Sempre tive medo de amar. E tenho razão. Basta ouvir as músicas do Legião Urbana, de Leandro e Leonardo, da Marina... E as novelas, então? Não são feitas para mostrar o sofrimento da mulher, a ilusão do amor?

Mas esse professor me pegou mole, mole! Foi só começar as aulas, já estava na dele. Louca pra ficar! Sua firmeza, liderança, seu desembaraço de movimento e de ideias tomaram conta de mim. De lá pra cá, minha vida tá um negócio. Ele é casado. Mas e daí? Quem ama tem direitos!

A mulher dele não o faz feliz. Ele está amarrado no casamento há 15 anos só por causa da nota dela. Num caso assim, tem que haver divórcio ou Deus tem que dar um jeito. Porque é uma injustiça o que eu sofro e ele também. E não é por sexo, não. É amor puro. Nem é por dinheiro, que eu não ligo a mínima pra isso. Eu já não aguento mais. Vou ter que abrir o jogo com ele.

— Sílvia, você já soltou isso pra sua mãe, pro seu pai?

— Deus me livre! O clima lá em casa é insuportável. Mamãe está arrasada pela bebida. Quando não bebe, chora. Dói ver a "fada loira", como papai a chamava, descontrolada. Papai é rico, médico, muito espiritualista, benemérito da sociedade, presidente de tudo que é coisa. É a tradição da linhagem materna. É filho único, mas, diz a vovó, saiu melhor que o pai dele.

Vovó, com sua firmeza, seu desembaraço e sua elegância loira, foi líder e centro da família. Ela sempre me preservou sexualmente e me ensinou a lidar com os homens. Mesmo papai recebeu dela uma educação refinadíssima, sempre trajado à mesa, gestos nobres, conversa amena, cheia de gentilezas. Mas não serve pra nada. É só show.

Agora isso tudo me grila. Papai está afastado de mamãe. Vovô largou de vovó e vive amasiado por aí. Meu irmão caçula começou a acusar papai de ser culpado de tudo (acho até que ele tem razão). Papai, em vez de reagir, passou a morar na fazenda, onde vive meditativo, atendido em tudo por minha irmã que foi sempre o xodozinho dele. Assim não dá, pô! É só sofrimento. Até droga dá vontade de tomar. E tem muita coisa ruim que passa pela cabeça.

A vontade que tenho é ir para um canto qualquer. Ou sumir no mundo...

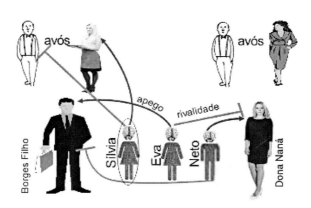

3 Processamento dos Dados

Cumpra com todos os passos como se fez com o Dr. Borges Filho.

3.1 A pontuação que teria Sílvia: no cérebro esquerdo 37, no central 28 e no direito 37.

3.2 Faça o familiograma de Sílvia:

3.2.1 A quem se vinculou Sílvia, em quem se fixou quando menina, primeira e única (antes que nascesse sua irmã), para obter seus tri-satisfatores?

Pode-se dizer, também, quem foi sua fonte cooperativa de tri-satisfatores. Como estava só, vinculou-se ao pai como sua fonte de tri-satisfatores e endorfina.

Com quem teve que disputar, entrar em competição? Com a mãe, o que se pode expressar, também, como a fonte de rivalidade. E quando nasceu sua irmãzinha, Eva, que lhe aconteceu? Houve competição entre as duas, disputando o pai; terminou com Sílvia como perdedora do pai, e Eva como ganhadora do pai, ajudada pela preferência do pai por ela. E teve que procurar outra fonte de vinculação. Agarrou-se a algum sucedâneo (apego a fontes não humanas como um bichinho de estimação, uma árvore, um cobertor, um brinquedo, livros etc.) ou se agarrou a uma figura humana entre as que estavam a seu alcance? Agarrou-se à mãe e, depois, à avó paterna, que estava mais próxima e era a que mandava no clã!

3.2.2 Que características dos três cérebros da avó, que "its" sobressaíram para dar-lhe prazer, dar-lhe endorfina, formar-lhe o gosto por figuras humanas? A firmeza, a segurança de si, o desembaraço, a liderança com soluções para tudo.

3.2.3 Quem foi o subgrupo oficial - positivo, neutro, ou negativo - de força psicológica para a menininha Sílvia? Foi a avó paterna. E quem foi o antioficial competidor - positivo, neutro, ou negativo - frente à avó? O avô. Em que subgrupo se encaixou a menininha Sílvia frente a eles? No oscilante, submissa, até a adolescência.

3.2.4 Que programas mentais (comportamentos e arsenais para os três cérebros) lhe impôs a avó para seguir sendo sua fonte de satisfatores, e que programas desenvolveu (aprendeu) a menina Sílvia para dar-lhe gosto e não a perder? Todo o receituário da avó matriarca para dar continuidade à linhagem materna; e Sílvia aceitou e cumpriu, como estratégia para ganhá-la e conservá-la como sua fonte de endorfina. Que programas mentais desenvolveu para disputar a avó com o pai, com o avô e com os irmãos, e para defender-se, combatê-los e superá-los? Deixar-se guiar em tudo pela avó, estudar, cultivar elegância, isolar-se dos demais.

3.2.5 Recorrências. Em sua adolescência, por que Sílvia rejeita seu pai? Porque na adolescência desabrocha a agressividade e o pai, sendo seu rival junto à mãe e avó, deve ser negado. Por que Sílvia busca o professor de Biologia? Porque é o início de seu ciclo afetivo e ela busca um namorado que substitua a avó. Por que a crise em seus três cérebros? Porque anda confusa e quer mudar sua programação, que a está atrapalhando. Por que Sílvia "guerreia" a esposa do professor? Porque é sua rival junto ao professor. Por que se tornou aliada do irmão menor e da mãe? Porque são adversários do pai e ela os toma como aliados. Por que alega não querer sexo, só amor platônico com o professor? Porque tem programação de rejeição de sexo, feita pela avó. Que acontece em seu cérebro para ir mal nos estudos? Porque o cérebro direito cresceu com a paixão pelo professor, e está empatado com o esquerdo, gerando indecisão. Por que quer ir-se de casa? Para sair do círculo de fogo que é o jogo triádico em família, que a faz sofrer; mas como tem cérebro central baixo, não tem forças para tomar decisões.

3.2.6 Agora desdobre triadicamente, pondo-se no lugar dela, e começando por "Eu Sílvia" todas as questões do número 3.2.5, que já estão desdobradas, mas não triadizadas. Por exemplo: Por que, Sílvia, você combate o pai? Eu Sílvia combato o pai porque ambos estamos disputando a avó como fonte de endorfina e eu a quero só para mim. Outro: Por que, Sílvia, você se apegou ao professor de Biologia? Na busca de fonte de endorfina adulta, fora da família, eu escolhi o professor de Biologia porque ele é recorrência de minha primeira fonte, que foi a avó, com os mesmos its; para isso vou ter que tirá-lo da mulher dele. Etc., etc., etc.

Desdobre triadicamente também os comportamentos e situações de dona Naná; da irmãzinha Eva que foi morar na chácara com o pai, e da avó que fez o mesmo; desdobre as atitudes do irmão contra o pai, do pai refugiando-se na chácara, com suas leituras e suas meditações (seus sucedâneos).

Faça você, leitor, o mesmo que se fez com o Dr. Borges e com Sílvia. Destapar o inconsciente familiesco e aceitar a nova realidade triádica conscientizada é um processo lento e que exige coragem. Jesus Cristo já sabia disso e proclamava: "quem não abandonar seu pai e sua mãe"...

3.5 A ÁRVORE NOOLÓGICA TRICEREBRAL LHE DIRÁ MUITO MAIS QUE A ÁRVORE GENEALÓGICA SEXUAL

A educação dada pela família é, em grande parte, implícita, inconsciente, sem técnica alguma. Não é psicológica, não é didática, tem um "currículo oculto", isto é, nem a família sabe o currículo que segue. É simplesmente reprodutora, se reproduz automaticamente, inconscientemente, segundo a tradição familiar, religiosa, étnica, piorada pelas telinhas. Os pais vão transmitindo a seus filhos suas tradições, seus modos de pensar e modos de fazer; os filhos farão o mesmo para seus filhos e seus netos, e assim indefinidamente. Saber isto – a genealogia noológica (tricerebral) – é mais importante que saber ou conhecer a genealogia biológica. Não é "o sangue", mas o cérebro que nos dá identidade.

Vamos esquematizar, formatar, delinear e diagramar os possíveis conteúdos da programação dos três processos mentais que a família retransmite, para instalar ou montar o CCF do filho.

Lembre que cada parte do cérebro pode ter sua evolução diagramada ou estruturada em quatro níveis que correspondem à hierarquia mínima de qualquer sistema triádico: o nível de execução, o nível de supervisão ou animação, o nível de assessoria e o nível de direção ou comando, aos quais correspondem os quatro níveis de vivência: minivivência, mediovivência, grã-vivência e maxivivência. Vamos memorizar o título do conteúdo dos quatro níveis.

Para o cérebro esquerdo, o nível 1 é o da comunicação por palavras e números; o nível 2 é das classificações e memória; o nível 3 é o da pesquisa e ciência; e o nível 4 é o da filosofia ou do pensamento crítico global. Para o cérebro central, o nível 1 é o da motricidade, sobrevivência e procriação; o nível 2 é o da profissão e dinheiro; o nível 3 é o de planejamento e tecnologia; e o nível 4 é o da administração e seu resultado, que é o dinheiro. Para o cérebro direito, o nível 1 é o da afetividade e relações humanas; o nível 2 é o da criatividade e arte; o nível 3 é o dos fenômenos que ocorrem com a ciclagem reduzida do cérebro, como parapsicologia e meditação; e o nível 4 é o da espiritualidade mística.

Aqui só mencionamos os títulos de cada um dos quatro níveis tricerebrais, sem fazer a listagem dos conteúdos, o que já foi feito no capítulo 1 deste livro, sob o ponto.

1.2 O Cérebro em Evolução-Complexificação.

Podemos também memorizar os títulos do conteúdo dos três cérebros de cada nível, em linha horizontal: o primeiro título será do cérebro esquerdo, o segundo do central e o terceiro do direito.

No nível 1, horizontal, dos três cérebros, estão: comunicação; sobrevivência e procriação; afetividade. No nível 2 dos três cérebros estão: classificações; profissão; criatividade. No nível 3 dos três cérebros estão: ciência; planejamento; fenômenos da ciclagem reduzida. No nível 4 dos três cérebros estão: filosofia; administração; espiritualidade estético-mística.

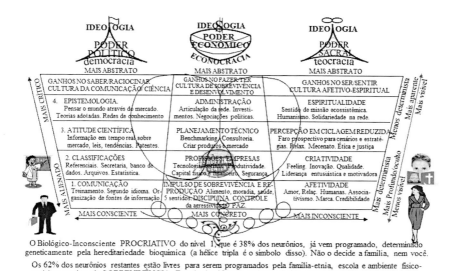

Fig. 48. Mapa do desenvolvimento tricerebral em 4 níveis

O currículo educacional de família, mais condicionador que educacional, começa no nível 1 dos três cérebros da criança, que é o nível de execução, o nível que é mais genético-hereditário-procriativo, mais próximo dos animais; aí a criança aprende a comer e caminhar, pelo cérebro central; ela aprende a conquistar afetivamente os pais com a endorfina que lhes produz, pelo cérebro direito; e ela aprende a falar depois de balbuciar, pelo cérebro esquerdo. Depois, buscará o nível 2 que é de supervisão ou animação, junto com a escola e a arte; daí para o nível 3, que é de assessoria técnica, quando precisará da ajuda da universidade e da iniciação à ciclagem cerebral reduzida; para chegar ao nível 4, que é de alta filosofia, direção/administração, se requerem longos anos de experiência e estudos de pós-graduação, com sentido de missão e espiritualidade estético-mística.

O nível 1 é mais de corporeidade física, é o da criação inicial dos filhos, com a ajuda de pediatras e creches; já os demais níveis são culturais e dedicados a progredir nos níveis de vivência.

Ao nascer, a criança sabe algo, não nasce como *tábula rasa*. Ela traz tri-saberes genéticos ou biológicos hereditários, que são uns 38%. Os restantes 62% dos neurônios, a família e o ambiente irão organizando ou torcendo, "educacionalmente", para alcançar níveis superiores nos três cérebros; ou só em dois cérebros que são os preferidos e o terceiro deixado de lado; ou num só dos três para ter um gênio e ser a glória da família...

É preciso dominar a estrutura das competências tricerebrais em seus quatro níveis, porque há três maneiras de analisá-la. A primeira, horizontalmente, distinguindo as competências predominantes em cada cérebro. A segunda vez, verticalmente, analisando o desenvolvimento gradual de cada cérebro em seus quatro níveis, seguindo a direção do crescimento, de baixo para cima, porque de cima para baixo é a direção da decadência e desmontagem do tricerebrar, que ocorre por enfermidade ou por envelhecimento. A terceira vez, fazendo combinações transversais entre distintos níveis tricerebrais que compõem distintos perfis de CCF. Pode-se perguntar quais níveis tricerebrais se combinaram para formar o CCF de Einstein, Chiquinha Gonzaga, Getúlio Vargas, Marcelo Gleiser, Oscar Niemeyer etc.

Depois de dominar os quatro níveis e os conteúdos de cada um deles, pode-se subdividir cada um deles em quatro subníveis também. Por exemplo, o nível 1 do cérebro esquerdo é de comunicação. Ao dividir esse nível 1 em seus quatro subníveis, teremos quatro níveis de comunicação verbal: o da comunicação infantil primeiro; o da comunicação dos secundaristas segundo; o da comunicação dos professores terceiro; e o da comunicação dos grandes oradores e escritores quarto. Faríamos o mesmo ao estabelecer quatro subníveis da Matemática. O mesmo se poderá fazer com o conteúdo de cada nível do cérebro central e direito.

O resultado disso tudo é a composição do CCF, que é sempre uma combinação dos diversos níveis e subníveis de cada cérebro. Isso significa, também, que ninguém terá um CCF de nível 1, nos três cérebros; o CCF terá sempre um perfil que combina níveis mais altos e outros mais baixos porque a hierarquia tricerebral sadia é sempre diferenciada.

Para nós, as pessoas valem por seu tricerebrar ou por seu CCF, isto é, pela combinação do nível de desenvolvimento de cada um dos três cérebros articulados. Segundo nossa escala, os graus de intensidade do CCF pelos quais avaliamos as pessoas são: inferior ou de incompetência; médio ou de mesocompetências; superior ou de supercompetências; genial ou de maxicompetências. Não serve muito avaliar pelo grau de formação acadêmica como segundo grau, universidade, mestrado e doutorado, ou pelo posto numa dada hierarquia, como capitão ou soldado, alto executivo ou menino de recados, cardeal ou coroinha; nem por grau de santidade ou pecador, de riqueza ou pobreza. Porque as aparências são quase sempre teatrais. O que vale mesmo é o que está detrás de tudo: o tricerebrar tetranivelado e suas combinações no CCF.

3.6 DESENVOLVIMENTO DE COMPETÊNCIAS EM CADA CICLO DA VIDA

O currículo escolar da educação fundamental, mais condicionador que educacional, está escravizado pelo mito da razão desde a Revolução Francesa, ou seja, está quase todo dedicado ao cérebro esquerdo. A educação superior está dedicada às profissões, às teorias e práticas delas. As Ciências Exatas, além das teorias, têm laboratórios e experimentos, ou seja, ensino prático. Mas as Ciências Sociais e Humanas têm quase só teoria e discurso em que predomina o cérebro esquerdo. Entretanto, a vida segue sendo tricerebral e multinivelada, o que supõe um trançado de competências tricerebrais e não uma pilha monocerebral de especialistas. A interdisciplinaridade é cada vez mais urgente; e é cada vez mais viável quando se tem uma Ciência Social Geral. O problema será sua implementação e as resistências que sofrerá do que já está estabelecido, ainda que esteja com prazo de validade vencido.

Vamos apresentar, primeiro, um muito sintético programa da construção-produtividade-decadência tricerebral que cobriria, aproximadamente, os ciclos do Fluxograma da Vida, condensados em apenas cinco: o primeiro é o genético-natural-biológico, hereditário, da infância; o segundo é o da adolescência; o terceiro é o da juventude; o quarto é o da maturidade; e o quinto é o da decadência e fim.

O desenvolvimento do ser humano e suas competências transcorrem dentro de limites estabelecidos pelos subgrupos oficiais do poder político, econômico e sacral, que têm olhos, braços, controles e ameaças onipresentes. Isso de que "todos nascem livres e iguais", "nascem para ser felizes" ou "nascem para a grandeza" são mitos primários e bobos.

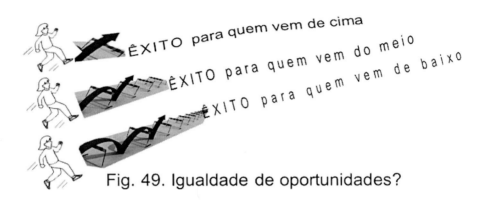

Fig. 49. Igualdade de oportunidades?

Todos nascem ignorantes, completamente dependentes da natureza e da sociedade, pequenos e impotentes, alguns em posição inicial melhor que outros, até conquistar alguma posição de poder, lutando até morrer para ter alguns momentos de descanso, paz e felicidade, que não passam de migalhas.

Será que o dinheiro compensa o que nós fazemos por ele? Será que o Estado compensa o que nós fazemos por ele? Será que a vida, a natureza, os deuses compensam o que fazemos por eles?

Ninguém pede para nascer, poucos pedem para morrer, mas, no intervalo de tempo entre essas duas imposições, podemos ter sonhos, ensaiar aventuras e inventar festas. Quanto melhor conhecermos esse intervalo de tempo, organizado em cinco ciclos na ilustração adiante, melhores serão nossos sonhos, aventuras e festas.

FINAL	Preparação para a perda da atenção e da memória breve. O cérebro se apaga como a cebola apodrece: de fora para o centro.	Preparação para a desatualização. Decadência biológica, perda de motricidade e saúde. Perda de autonomia. Dependência.	Preparos para despedir-se da vida e dos apegos, para ser ignorado e humilhado. Soledade, ressentimentos ou "Graças à Vida".
MATUR	Epistemologia: crítica do cérebro, do conhecimento, dos métodos, linguagens e teorias das 3 culturas. Filosofia.	Política. Corresponsabilidade histórica pela vida, pelo ecossistema planetário. Administração para todos. Transpersonalidade.	Mística e Estética: místico unificado ao todo, e alegre. Esteta: contempla o todo enquanto belo. Sentido de missão.
JUVENTUDE	Estudos universitários e pós-graduação. Generalização. Busca interdisciplinar monádica, diádica, triádica. Ciência cartesiana especialista. Pesquisa. Pensamento hipotético, crítico.	Administração específica, gestão de conhecimentos. Dinâmica de Grupo. Habilidade de Planejamento, supervisão e *feedback*. Assessoria, consultoria. Profissionalização. Economia. Produção. Produtividade.	Nível alfa, theta, delta: concentração, meditação. Parapsicologia. Ecologia. Percepção holística, paz. Futurologia. Visão estratégica. Amor solidário. Associativismo. Ética, moral. Proporcionalismo.
ADOLESCÊNCIA	Uso de linguagem e referenciais número-verbais, classificatórios, relacionais. Raciocínio e linguagem dicotômicos, por palavras opostas, mutuamente exclusivas. Pensamento repetitivo por citação de autores e Bíblias. Cultura memorística.	Busca de sobrevivência por negócios. Competição. Lutas de poder. Adaptação à vida grupal e à divisão de papéis e tarefas. Pragmatismo. Manejo de instrumentos, máquinas. Trabalho. Salário. Mercado. Individualismo.	Percepção mística do infinito, eterno, do todo. Mitologias. Percepção do outro como rival ou fonte de satisfatores. Necessidade de valores. Arte, espírito lúdico. Curiosidade. Criatividade. Imaginação, fantasia.
INFÂNCIA	"Raciocínio" e linguagem por clichés, slogans, provérbios, frases de publicidade. "Pensamento" concreto. Livre associação, casuísmo mental. Pastosidade. Conceitos. Balbucio. Grito. Sintaxe número-verbal hereditária.	Coordenação espaço-temporal de si, do meio ambiente, em loteamentos vários. Reflexos triádicos de procriação e sobrevivência. Conexões (redes) neuronais. Autopropulsão triádica maximocrática e automática da energia neuro-endócrino-genética hereditária.	Percepção do corpo e de suas emoções. Aprimoramento dos sentidos. Sonhos. Afetividade egocêntrica. Sensibilidade. Endorfina/oxitocina (recompensa, prazer). Simbiose com o meio. Início da discriminação sensorial entre mãe-filho. Vínculos afetivos hereditários.

O primeiro ciclo é o genético-natural-biológico hereditário da infância, que é universal, igual para todos. O desenvolvimento do cérebro esquerdo começa pelo balbucio, as primeiras palavras, as primeiras frases sobre o que está ao alcance dos sentidos, aprendizagem da leitura e dos números, de slogans, de ditos populares e citações bíblicas e frases de autores, ao crescer. O desenvolvimento do cérebro central começa pelo impulso de sobrevivência que reclama a amamentação e o contato erótico oral, anal e genital, vai despertando a motricidade, a combatividade, a força, a iniciação nos serviços de casa, no trabalho manual e consumo. O desenvolvimento do cérebro direito começa com as sensações primárias, a vinculação afetiva à mãe, o apego à endorfina e o egocentrismo, o brinquedo e a imaginação.

O segundo ciclo corresponderia à adolescência. O desenvolvimento do cérebro esquerdo assimila os princípios comparativos da linguagem dicotômica, das classificações e da memória. O desenvolvimento do cérebro central adquire domínio sobre as tecnologias do entorno, escolhe alguma profissão, participa de equipes, começa a ganhar dinheiro e independência para um maior acesso à sexualidade e ao consumismo. O desenvolvimento do cérebro direito começa a admitir os outros e aceitar conviver e compartilhar, pratica algum esporte, começa os namoricos e aplica a criatividade a tudo para gozar mais prazeres.

O terceiro ciclo é da juventude. O desenvolvimento do cérebro esquerdo é feito na universidade, onde se familiariza com o pensamento hipotético-científico e a diversidade do conhecimento. O cérebro central se especializa numa profissão, aprende a planejar e a organizar sua vida econômica rumo ao enriquecimento. O cérebro direito é dedicado aos amores até afunilar-se num casamento, é confrontado com princípios ético-morais, e é convocado para associações e sindicatos.

O quarto ciclo é o da maturidade. O desenvolvimento do cérebro esquerdo pode chegar à interdisciplinaridade e aos estudos pós-graduados, ao pensamento geral ou filosófico e à crítica das três culturas. O cérebro central pode chegar a postos administrativos cada vez mais altos e, até, a posições políticas e à responsabilidade social ou ecossistêmica. O cérebro direito pode chegar à solidariedade geral, ao altruísmo humanitário e ecológico, com experiências místicas, via meditação e sentido de missão.

O quinto ciclo é o da decadência e terminalidade da existência. O cérebro esquerdo começa a desconjuntar as redes neuronais, das superiores às inferiores, com perda da memória e do raciocínio, isto é, vai-se decompondo como a cebola: de fora para o centro e do recente para o passado. O cérebro central vai perdendo forças, saúde, motricidade, autonomia, se desatualiza e vai-se apagando biologicamente. O cérebro direito vai ficando solitário, melancólico, vivendo de afetos, resistindo temeroso ao fim que se aproxima, embora alguns deem graças à vida.

É bom repensar nosso começo hereditário, inato, genético e biológico dos três cérebros, imposto pelo arquétipo/molde tri-uno sistêmico de tudo. É a energia-natureza, o instinto, o impulso vital do nível 1 dos três cérebros, com sua sintaxe lógica, existencial e relacional, hereditária. Este é o piso, é a prisão da natureza, mas é também o primeiro degrau que nos ajudará a escalar degraus superiores, passando por complexizações progressivas. Alguns poucos seres humanos conseguem chegar bem alto no desenvolvimento vertical dos três cérebros, com forte conexão tridimensional entre os três, resultando num eficiente CCF. Se a conexão tridimensional entre os três processos fosse débil ou nenhuma, resultaria num cérebro fragmentado, cartesiano, dissociado e com CCF em pedações.

A constatação é que, infelizmente, a grande maioria da humanidade nasce e fica presa no nível um dos três cérebros, onde quase tudo é pré-determinado, com pouca conexão tridimensional, muito próxima ao tipicamente animal, ao primitivo. Esses robôs da natureza passam a vida sem dar-se conta dos mecanismos que os movem, sem articular as partes e sem ordenar o começo, a metade e o fim de seus procedimentos, porque o CCF não foi montado adequadamente. Muitas crianças são vítimas de noofagia, quer dizer, "comem" seus miolos ou abortam seu desenvolvimento mental e permanecem robôs da natureza. Outros poucos seres humanos se superespecializam em um só dos três cérebros, virando gênios verticais de um lado do cérebro e idiotas nos outros dois. Nesse caso, faltou proporcionalidade, ou o CCF não se completou. Tudo se origina e deriva de um bom ou mau começo tricerebral. Um pequeno erro inicial se converterá em uma provável tragédia futura.

Por isso, vamos examinar um programa para um bom ou mau começo, que é o ciclo familiar-escolar, desde a vida intrauterina até os 18 anos. Por volta dos 18 anos, considera-se concluído o *upaya-coaching*, com a emancipação e autocondução dos filhos e estudantes, tanto avaliados pelos três cérebros como pelos 14 subsistemas. Os manuais elaborados por pediatras contemplam mais a programação ou o desenvolvimento do cérebro central, cobrindo principalmente o subsistema S02 de saúde, e o S03 de manutenção; o cérebro esquerdo e direito, bem como os outros 12 subsistemas são, solenemente, omitidos e descuidados. Por que não redesenhar a pediatria pelos 14 subsistemas, tendo o S02-Saúde como eixo?

O processo de formação, educação e desenvolvimento do programa de 0 aos 18 anos que propomos é chamado *upaya-coaching*. É um processo dedicado a preservar, alimentar, organizar, potencializar, mover os três cérebros do impotente recém-nascido para que consiga adquirir e desenvolver, de degrau a degrau, as competências para ser cada vez mais autoconduzido e poderoso. O *upaya-coaching* é o processo de condução feito pelos pais nos filhos, do chefe nos seus colaboradores, do médico no o paciente, para dar-lhes ou restituir-lhes a autocondução, a autonomia ou a autossuficiência.

Pode-se representar esse processo como duas linhas onduladas. Na linha de cima, algo ascendente, movem-se a mãe, o pai, o médico, o supervisor, o educador, enfim, os upayadores ou *coaches*. Além destes, podem estar nessa mesma linha, ajudando ou atrapalhando o *upaya-coaching*, as avós, tias, sogras, babás, cuidadoras de creche, os docentes etc.; na linha de baixo, que começa bem distanciada da de cima, mas que sobe para, ao final, cruzar-se com a linha de cima, move-se o educando, o supervisionado, o conduzido, o paciente, rumo a mais autonomia, mais competência e mais realização pessoal. Esse é o ideal. Mas o processo poderá percorrer três tipos ou trilhas diferentes para o educando:

- Se lhe montam cadeias neuronais positivas, potencializadoras e desembobadoras, ele caminhará para a autonomização.

- Se as condições de *upaya-coaching* e de quem conduz o processo forem sofríveis e restritivas, o resultado será o cidadão medíocre.

- Se lhe abortarem o cérebro ou se houver erros e omissões na montagem das tais cadeias neuronais, caminhará para o fracasso como ser humano, como cidadão, e será um eterno dependente ou um parasita social.

Einstein e um mendigo têm o mesmo número de neurônios. Mas o gênio tem uma tessitura mais densa de redes neuronais, típicas dos níveis culturais 2, 3 e 4, enquanto o mendigo ficou estagnado no nível 1 ou pouco mais, e só com as redes neurais biológicas ou primárias.

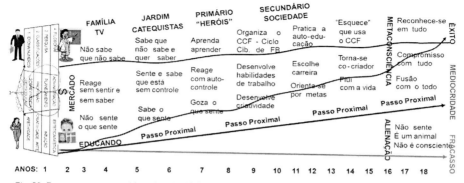

Fig. 50. Processo upaya-coaching tricerebral infanto-juvenil até os 18 anos

Ninguém conseguirá desenvolver com igual eficiência seus três processos mentais. O resultado será um trançado de competências com porcentagens e níveis diferentes em cada um deles. A palavra "metaconsciência" como ponto mais alto de evolução mental pode ser substituída por "metatricerebrar" que é o tricerebrar consciente de si mesmo. A metaconsciência ou metatricerebrar se define aqui como o mais alto ideal de realização de uma pessoa, ou de uma civilização em cada um de seus três cérebros ou culturas: "se reconhece em tudo, se compromete com tudo, se unifica com o todo".

O programa a ser desenvolvido neste processo *upaya-coaching* familiar-escolar se concentra nos primeiros 18 anos de vida. Podemos resumi-lo em três vertentes que correspondem aos três cérebros; e cada vertente com quatro blocos verticais que correspondem à primeira e segunda infância, e à primeira e segunda adolescência.

O programa não poderá ser executado pelos currículos atuais, nem pelos pais e docentes atuais sem a correspondente capacitação baseada nesta Ciência Social Geral e na Neuroeducação. Remendar os currículos com os temas transversais é um completo autoengano e escapismo dos docentes; e é suma esperteza do oficialismo político-econômico-sacral e seus legisladores que lucram com o atual sistema de formação de mão de obra e consumidores para o mercado, sem formação de personalidades e cidadãos livres e independentes (ignorância convenientemente planejada). Acrescente-se a isso o clima anti-intelectual, de materialismo grosseiro e salazarista portuga-brasileiro grosso, preservado pelas elites do triângulo das bermudas brasileiro, e tem-se o quadro do atraso civilizatório por aqui.

Fig. 51. Programação e desenvolvimento de competências tricerebrais até os 18 anos

As três vertentes ou três blocos de competências a desenvolver têm o título de Gramática número-verbal da Matemática, do idioma e da ciência para o cérebro esquerdo; Gramática do Corpo, do trabalho, do dinheiro e da administração para o cérebro central; e Gramática Emocional, artístico-espiritual para o cérebro direito. Esse programa tri-uno começa na vida intrauterina e seu contexto familiar. Daí a importância de conhecer o familiograma do feto, da criança e do adolescente, junto com as competências tricerebrais maternas e paternas, para fazer o *upaya-coaching* de seus rebentos.

O programa é proposto em quatro ciclos contínuos, sendo que o fim de um e o começo de outro são imprecisos, porque o fim de um ciclo e o surgimento do outro se sobrepõem como escamas de peixe, como a noite e o dia, ou como as estações do ano. Depois da vida intrauterina, vem a primeira infância, que vai do nascimento aos 7 anos, aproximadamente; depois vem a segunda infância, que vai dos 6 aos 10 anos, aproximadamente; em seguida, vem a primeira adolescência, que vai dos 9 aos 15 anos, mais ou menos; e por fim, vem a segunda adolescência que vai dos 14 aos 18 anos, que desemboca na juventude ou vida adulta.

Na primeira infância, algumas das competências do cérebro esquerdo a tratar são: choro, olhar, balbuciar, escutar, explorar o ambiente, aprender seu nome, aprender o nome de cada coisa ao alcance dos sentidos, descobrir as primeiras relações de causa e efeito, conhecer limites, regras, aprender sequências, familiarizar-se com a topologia, aprender a perguntar e a responder, manuseio de livros de brinquedo, aprender a contar e a ler etc.

Na primeira infância algumas das competências do cérebro central a tratar são: contato físico, carícias, amamentação, alimentação, banho, sono, abrigos, sentir segurança, colo, firmar o olhar e a cabeça, pegar e segurar objetos, virar-se, engatinhar, ficar sentado, ficar em pé, caminhar, cair e levantar, equilíbrio, perceber o corpo, regular a agressividade, a birra, as rivalidades familiares e as manifestações da sexualidade, melhoria da motricidade em geral, toques, higiene corporal, comer sozinho, vestir-se, manter-se limpo, posturas corporais corretas e iniciação à ordem nas coisas e no ambiente etc.

Na primeira infância algumas das competências do cérebro direito a tratar são: estimular os cinco sentidos, sorrir, reconhecer gente, sentir afeto, alegria, beijos, abraços, brincar, expressões faciais, reações emotivas, vinculação afetiva a pai/mãe e rivalidade com pai/mãe/irmãos e irmãs, cantar, dançar, contar histórias, teatralizar com "heróis" preferidos, busca de aprovação dos adultos, frustração, interpretação e imitação do comportamento não verbal dos adultos, expressão de emoções diversas.

Desde os primeiros anos começa a diferenciação entre as competências a desenvolver para o sexo masculino e feminino, segundo a filosofia de vida e crenças tradicionais da mãe, do pai, dos avós, bem como da etnia e da nação, o que produzirá, depois, as diferenças de gênero. Desde cedo começa, também, a influência do ambiente, que interfere na educação familiar. A interferência no cérebro esquerdo é feita pelas telinhas e programas de creche e jardim; a interferência no cérebro central é feita pelos centros comerciais e marketing de consumo; e a interferência no cérebro direito é feita pela religião da família, pela catequese e pela ostentação da vaidade e artificialidade modernas.

Podem-se estabelecer pesos diferentes na estimulação das competências tricerebrais em cada ciclo. Na primeira infância, por exemplo, sugere-se que se dê um peso de 15% ao programa do cérebro esquerdo; um peso de 60% ao programa do cérebro central; e uns 25% ao programa do cérebro direito. Cada uma das competências a ser adquirida pela criança deverá ser operacionalizada, isto é, estabelecer o que é mais oportuno tanto no espaço, como na cronologia, nos personagens e procedimentos. Quando falta o hábito da operacionalização, tudo é deixado ao acaso e guiado por hábitos inconscientes, o que fará os pais se perguntarem depois: onde foi que eu errei?

O programa tri-uno para crianças com necessidades especiais pode tomar essas sugestões, adaptando-as segundo o tipo e severidade de cada caso, obedecendo a um ritmo mais lento ou mais intensivo. Para os considerados precoces ou excepcionais positivos num dos três cérebros, o mesmo programa pode ser mais carregado nos outros dois cérebros, para corrigir alguma desproporção.

Na segunda infância algumas das competências do cérebro esquerdo a tratar são: fazer com que o currículo familiar e o escolar sejam compatíveis e complementares, estimular a curiosidade para aprender, disciplinar os deveres de casa, aprender a anotar tarefas, cuidar da boa pronúncia e boa escrita, geometria do entorno, gosto pela quantificação matemática, crítica da TV e internet, hábitos de estudo de todas as matérias, pensamento abstrato, aprender com o ambiente, segunda língua, consciência do Quociente Tricerebral e do Ciclo Tricerebral mínimo etc.

Na segunda infância algumas das competências do cérebro central a tratar são: motricidade grossa e fina, manejo do lixo, iniciação às TIC, autocontrole da agressividade, ajudar nas tarefas da casa, trato da sexualidade com naturalidade, espírito de equipe, alimentação universal, esportes e movimento, ambidestrismo, trabalhos manuais, aprumação completa, cadastro dos bens pessoais, prestação de contas da mesada, participar do mercadinho escolar, entender o familiograma sem ressentimentos etc.

Na segunda infância algumas das competências do cérebro direito a tratar são: aceitação de si mesmo, narração de sonhos, admitir "o outro", elegância, bom gosto, sentido de reverência e gratidão, bom humor, contar piadas, criatividade, arte, estética, desenho livre, amizades, educação icônica, aprender a ganhar e também a perder, aprender com o fracasso, bons modos, urbanidade, reconhecer as recorrências familiares na escola etc.

Nesse ciclo, o peso do programa poderá mudar. Como exemplo, sugere-se que seja de 25% para o cérebro esquerdo; de 45% para o cérebro central; e de 30% para o cérebro direito. O mesmo peso poderá ser usado para a avaliação, ou seja: 25% para a avaliação por meio de exames escritos; 45% para a avaliação por meio da observação do desempenho factual; e 30% para a avaliação por meio da observação das relações e trato intra e interpessoais.

Na primeira adolescência algumas das competências do cérebro esquerdo a tratar são: linguagem de relações humanas, expansão do vocabulário, diálogo escola/família, sentido crítico proativo, cumprir normas e compromissos, avaliar pessoas, orientação espacial por mapas, estudar sozinho, participar moderadamente das redes sociais, uso de mapas mentais tricerebrais, iniciação à atitude científica, estudo biológico da própria adolescência, palavras cruzadas, autoconhecimento pelos três cérebros, método de estudo, desdobramento de recorrências etc.

Na primeira adolescência, algumas das competências do cérebro central a tratar são: identidade de gênero, manejo de tecnologias, noção de tempo e disciplina, seguir horários, autorresponsabilização frente às drogas e brigas, entender/solucionar jogos triádicos, sexualidade segura sem gravidez e sem doenças sexualmente transmissíveis, escolher comidas e roupas, aprender a cozinhar, lavar, passar e limpar, praticar o antidesperdício, a poupança, controle do consumismo, ordem no seu ambiente, reconhecer-se adolescente e controlar a rebeldia e a raiva etc.

Na primeira adolescência, algumas das competências do cérebro direito a tratar são: educação ambiental, educação artística em alguma modalidade, decoração, linguagem não verbal, saber-se fonte de endorfina, buscar e ser buscado para relações afetivas, convivência entre gêneros e com amigos, folclore nacional, superação de mitos e superstições, conquistar/evitar pessoas, prática de esportes, natação, viagens, linguagem galanteadora, expressão corporal, desculpar-se, perdoar, visão de futuro, sonhar um projeto de vida, cultivo de ideais, valorização da família, educação afetiva etc.

Nesse ciclo, já será notória a maturidade maior das meninas em relação aos meninos, porque as mães os envolvem muito e assim atrasam os meninos, enquanto os pais são menos envolventes e liberam mais facilmente as meninas. Mas as diferenças de gênero, com exceção para a sexualidade e procriação, deverão ser cada vez menores.

Na segunda adolescência, algumas das competências do cérebro esquerdo a tratar são: domínio de fontes de informação, leitura dos grandes livros, linguagem erudita, estatística, leitura dinâmica, fazer resenhas de livros, conhecer leis, direitos e deveres, consciência das injustiças, argumentação em debates, falar em público, redigir textos, sistemas de classificação, autocrítica, educação autoconduzida de forma permanente, preparar-se para a universidade e carreira de esposa/mãe e de esposo/pai etc.

Na segunda adolescência, algumas das competências do cérebro central a tratar são: saúde autoconduzida, jogos de educação financeira, iniciação aos negócios, saber decidir e pagar seus preços, liderança, fazer consertos, planejar e operacionalizar, trabalho em equipe, cidadania participativa, identificação e vigilância do poder político-econômico-sacral (como na Suécia), noção de custos gerais, definição vocacional, empreendedorismo, condução de veículos, emancipação da família etc.

Na segunda adolescência, algumas das competências do cérebro direito a tratar são: solução criativa de problemas, compaixão, solidariedade, fidelidade na amizade, cautela com os desafetos, autoconfiança, otimismo, metas pessoais, vida afetiva responsável, sentido de missão, ética proporcionalista, controle da maximocracia, astúcia estratégica, ajustar-se a situações novas, controle da ciclagem reduzida do cérebro, corresponsabilidade social etc.

Esse programa supõe que as mães, pais, docentes e seus colaboradores desejem e promovam a emancipação dos filhos/educandos para que estes adquiram o maior grau possível de autonomia/autocondução nos três cérebros, com critérios de proporcionalidade e autorresponsabilização. O êxito aqui consiste em que mães, pais e docentes se tornem ex-mães, ex-pais e ex-docentes; e os filhos se tornem ex-filhos, ex-alunos e novos grandes parceiros de seus familiares e educadores.

Enquanto as intenções não forem essas, a adolescência será uma batalha cada vez mais renhida entre dominadores e adolescentes insurgidos, o que gerará abandono precoce do lar e da escola, ou parasitas eternos da família e da sociedade. Infelizmente, esse é um caso cada vez mais frequente com pais e docentes disfuncionais, e filhos e alunos também, porque não há programas explícitos e adequados para os três cérebros, nem um pré-vestibular para a vida adulta, como havia nas sociedades tribais.

3.6.1 Neuromães, neuropais e neurodocentes tricerebrais

As famílias ignoram, em grande parte, que estão desenvolvendo esse neurocurrículo de formação e direcionamento dos três processos mentais dos filhos, partindo dos processos básicos hereditários e projetando-se para os níveis culturais máximos. Por isso, fala-se em "currículo oculto". Seria importante que soubessem melhor o que estão fazendo. Por isso, o título de "Neuromães" dado às mães, conscientes construtoras do tricerebrar, apoiadas por "neuropais" e "neuromestres".

E a escola sabe o que está fazendo? Essas duas instituições pretendem ignorar que estão trabalhando na mesma tarefa, que é a construção tricerebral; insistem em ignorar o trabalho uma da outra; e resistem a fazer a integração de seus currículos (Oliveira, 2015).

A escola desenvolve um currículo denominado "acadêmico", de cérebro esquerdo (com muitas partes ocultas também), de disciplinas muito teóricas, que vão fragmentando-se e subdividindo-se em subdisciplinas, entrechocando-se, anulando-se com didáticas e avaliações contraditórias. O educando recebe um treinamento mental tão confuso, fragmentado, disperso, e tão pobre em racionalidade, humanismo e operatividade que, dificilmente, poderá compatibilizar essa miscelânea pelo resto de sua vida. Pode-se comparar o resultado deste tipo de formação de cérebros com uma panela de espaguete ou um vidro de minhocas retorcendo-se: um emaranhado mental sem saber onde está o começo, o meio, e o fim de cada coisa. Pessoas assim terão dificuldades em seu equilíbrio mental e em seu êxito profissional.

Só repassar os conteúdos da ciência e da cultura não serve já como currículo educacional. É preciso repassar instrumentos de construção dos processos mentais, de produção dos saberes dos três cérebros, instrumentos de construção e crítica da cultura, das relações pessoais, sociais e mercadológicas, para uma cidadania consciente e ativa. Por isso, a proposta de um currículo de educação/desenvolvimento tricerebral até os 18 anos. Por isso, o título "neuro" anteposto a mães, pais e docentes, quando conscientes de que são construtores tricerebrais. Pais e docentes que não fazem isso são pouco mais que domadores de crianças para o circo humano.

Uma das propostas deste livro é a Carreira de Mães-pais-docentes como construtores de cérebros.

Para uma proposta mais ampla de educação ou ensinagem global/integral, pode-se expandir e completar o que está condensado nas três vertentes tricerebrais, distribuindo seu conteúdo pelos 14 subsistemas, chamado "Currículo da Vida", no capítulo 5. Por agora, queremos postular o Lar-Escola, nossa primeira escola, de fato, onde a professora é a "Neuromãe", com a colaboração dos demais membros do lar. O "currículo" do Lar-Escola é tudo que vimos até aqui. Mas o ambiente também é educador. Por isso, a "Neuromãe" tem que começar por organizar seu ambiente, utilizando os 14 subsistemas, mais ou menos assim: .

LAR COMO AMBIENTE PROGRAMADOR	
S01-Familia, parentesco	Casa com espaços para os 14 subsistemas. Dormitórios ambientados para dormir. Educação e regras para atividades sexuais. Controle de interferências "educacionais" de parentes... Privacidade. Relações "casa/rua". Chegada de filhos e novos membros da família, por nascimento ou adoção etc.
S02-Saúde	Saúde tricerebral. Higiene ambiental, plantas, animais. Primeiros socorros. Controle de medicamentos. Morte na família.
S03-Manutenção	Cozinha, despensa, lavanderia. Armários, guarda-roupas. Bar. Horários e hábitos de alimentação. Controle de excessos. Drogas.
S04-Lealdade, Solidariedade	Sala, cantinho dos namorados e amigos. Cantinho das mascotes. Relações com vizinhos e com "inimigos".
S05-Lazer	Ambiente para jogos, diversões, TV, rádio. Materiais de esporte.
S06-Comunic. Transporte	Telefones, computadores, internet, imprensa, quadro de avisos. Arquivos de documentos. Garagem, uso de veículos. Viagens.
S07-Educação	Ambiente e materiais de estudo. Biblioteca. Deveres de casa. Boletins. Títulos e Diplomas.
S08-Patrimonial	Cofre ou lugar seguro para objetos de valor. Cartões de crédito, cheques. Compras, negócios. Contabilidade doméstica, preços de tudo. Impostos.
S09-Produção	Trabalho de escritório. Divisão do trabalho doméstico. Ferramentas para pequenos consertos domésticos. Jardinagem. Artesanato.
S10-Religioso	O "cantinho" religioso da casa e seus símbolos. Práticas.
S11-Segurança	Trancas, chaves, alarme, seguro, armas. Controle da violência doméstica masculina, feminina e de filhos. Prevenção de acidentes.
S12-Político-Administrativo	Hierarquia familiar. Projeto de vida. Local e horário de reunião para discussões, avaliações, decisões. Organização familiar, cronograma e horários.
S13-Jurídico	Exposição das normas. Solução de conflitos domésticos. Atos legais e ilegais. Documentação.
S14-Mérito e Ranking	Galeria da fama, retratos, condecorações, obras de arte. Decoração. Premiação.

A carreira da Neuromãe se justifica de mil maneiras e todos a aprovam. A dificuldade consiste "só" em convencer as autoridades e "tão só" em convencer as mulheres. Examinemos como se está propondo a carreira pública ou carreira de Estado mais importante de todas, a carreira da real criadora e formadora da cidadania: a carreira de mãe.

3.7 PROJETO DE *COACHING* FAMILIAR TRICEREBRAL

As novas gerações estão à mercê de pais, mães, educadores escolares, religiosos e mediáticos que são cada vez mais disfuncionais, não prestam contas a ninguém e não têm nem reconhecimento nem sanções. Como as crianças – de todas as classes, migrantes, de rua, com necessidades especiais, órfãs etc. – não têm sindicato, elas estão à mercê das qualidades ou dos caprichos desses adultos educadores ou domesticadores e do respectivo ambiente.

Legislações sobre direitos das crianças, estatutos de crianças e adolescentes, Direitos Humanos, feitos por legisladores com sensibilidade social, só se aplicam a posteriori, depois de algum mal feito, para punir abusos. Nenhum político estará junto às crianças, educando-as, protegendo-as. Quem faz isso são as mães e suas assessoras em casa, na creche ou no pré-escolar. Por um lado, o sacrifício de muitas mães é tanto e, por outro, a irresponsabilidade de outras é tanta, que é necessário instituir algum sistema de formação, avaliação, premiação ou penalização de "neuroeducadores".

Os "neuroeducadores" são a pilha de pessoas, instituições e correlatos que atendem os primeiros 18 anos de todos: são a mãe, o pai, serviçais da casa, crecheiras, educadores, catequistas e criadores de programas mediáticos. Os marqueteiros, os catequistas, os pregadores e a internet estão bombardeando e manipulando o cérebro da criançada, para seu condicionamento, enquanto os pais e os professores continuam apegados a simplórios e velhos mitos sobre a infância...

OBJETIVO DA PROPOSTA DO *COACHING* FAMILIAR TRICEREBRAL

O **primeiro** será capacitar mães, pais, famílias, docentes, catequistas e programadores dos meios de comunicação para atuarem como construtores mais conscientes e efetivos do tricerebrar de crianças e jovens e não, como corruptores ou domesticadores.

O **segundo** objetivo é instituir legalmente:

- A CARREIRA DE MÃES de até três filhos.

A trabalhadora-mãe japonesa tem 3 anos pagos para dedicar-se à programação do filho(a), em tempo completo, pelo "currículo" tradicional. Aqui propomos inscrever noivas e mães jovens no Programa de Carreira de Mães para capacitá-las como construtoras de cérebros. Desde a gravidez até o fim do primeiro ano de vida, se pagará à mãe para dedicar-se à criança em tempo completo; por outros 5 anos, ela dedicará meio período, remunerado, à criança e o outro, a um trabalho profissional externo para não a marginalizar do mercado de trabalho e profissão. Seria remunerada como funcionária pública temporária, equiparada a uma professora do ensino fundamental. Como qualquer outra carreira, a Carreira de Mãe terá direitos sociais, aposentadoria etc., por considerar-se que a mãe é quem põe as bases sadias e dá um bom começo à futura cidadania. Por isso, deve ser considerada a mais importante funcionária do Estado.

Inicialmente, seria um programa com uma Escola de Mães, informal, com a correspondente capacitação de casais para a educação tricerebral. Com a introdução do programa de "Carreira de Mães" no currículo das escolas regulares da educação fundamental, com supervisão de educadores e orientadores familiares, a Escola de Mães se extinguiria pouco a pouco.

O dinheiro para custear tal projeto é o que se esbanja atualmente em polícias, casas do menor infrator, prisões, hospitais, terapias, em fracasso escolar, em tribunais e outros custosíssimos programas para combater as drogas, a deserção escolar, a violência, a desordem e o conflito social devido à cada vez mais deficiente programação tricerebral das novas gerações.

Para convencer as autoridades que tenham alguma boa vontade e visão de futuro, aqui está um argumento na linguagem que eles entendem, do economista da Universidade de Chicago, Prêmio Nobel de 2000, JAMES HECKMAN:

JAMES HECKMAN (Universidade de Chicago):
CUSTOS DA NÃO-EDUCAÇÃO FAMILIAR
Prêmio Nobel de Economia 2000

Tentar inculcar em adolescentes ou que deveria ter sido feito 12 ou 15 anos antes, custa uns 60% mais caro e será menos eficiente.

Quanto antes a criança receba estimulação, mais chances terá de ser um adulto bem-sucedido (e sai mais barato).

Mais que a escola, importantes são os programas de apoio à família.

O investimento em educação familiar-escolar precoce custa 10 vezes menos do que se gasta em segurança.

Um país que busque altos índices de produtividade depende de altos índices de "produtividade" em educação familiar-escolar.

A família é ou fator (seja no capitalismo ou no socialismo) mais determinante das desigualdades numa sociedade.

Cada dólar de investimento na infância tem um incremento de 18 vezes na produtividade do adulto (ONU)

Todos os neuroeducadores seriam avaliados. Os neuroeducadores do ciclo em que o educando se encontra no momento da avaliação o serão com peso maior. Os neuroeducadores seriam avaliados por um TRIBUNAL, recebendo prêmios e sanções segundo seus desempenhos e méritos. De 14 anos em diante o educando também será avaliado, como corresponsável. O TRIBUNAL PARA JULGAR NEUROEDUCADORES e suas normas estaria sob a responsabilidade de especialistas em Educação e Orientação Familiar, Psicologia, Sociologia, Direito, Medicina, Administração, Política, Espiritualidade etc.

Dos 15 aos 16 anos, todos os jovens, moços e moças, terão seu ano de "INTRODUÇÃO À VIDA ADULTA", com programas especiais para obter sua emancipação familiar e responsabilizar-se por sua vida adulta, tricerebralmente autoconduzida. No programa de "Introdução à Vida Adulta", entraria a Carreira de "Neuromães" para as moças e a de "Neuropais" para os moços. Ao término dos programas de Introdução à Vida Adulta, moças e moços participarão do TRIBUNAL PARA JULGAR SEUS NEUROEDUCADORES. A implementação do TRIBUNAL PARA NEUROEDUCADORES requererá alguns anos de preparativos e ensaios, depois de anunciado, e antes de entrar em vigor como lei.

Faz falta uma reformulação urgente e drástica dos estatutos ou códigos de proteção a crianças e adolescentes, porque neles só constam seus muitos direitos, mas não seus deveres; neles só estão restrições à autoridade dos pais e educadores, mas não seus direitos. Esses estatutos e códigos são fruto de um escandaloso lobby do mercado para impor um enlouquecido consumismo mediante um marketing que é tão violador de crianças e adolescentes como os violadores sexuais. Por que será que tais estatutos e códigos não têm nenhuma restrição aos abusos e ganância do mercado e seus marqueteiros?

Vamos acrescentar um argumento para convencer mulheres e homens que queiram filhos exitosos e não filhos disfuncionais.

A EDUCAÇÃO QUE VEM DO BERÇO

"O Estadão", um dos principais jornais do Brasil, publicou um estudo onde afirma que o ambiente familiar é responsável por 70% do desempenho escolar de um estudante, enquanto o contexto escolar influencia apenas 30%.

A pesquisa, realizada pela Fundação Itaú Social, mostra que na equação para uma boa formação entram fatores como escolaridade dos pais, renda familiar, tipo de moradia e acesso a bens culturais. O estudo surpreende, pois sugere que melhorias no ambiente escolar, tais como educação pré-escolar, qualificação dos professores e uso de computador em sala de aula, têm impacto relativamente pequeno na formação dos alunos.

A pesquisa deixa claro que para melhorar a educação, as políticas públicas devem promover uma integração maior entre o ambiente familiar e o escolar. Mas a influência aparentemente pequena da própria escola na educação não pode ser vista como um convite a um abandono ainda mais grave das escolas

(O Estado de São Paulo, 30/10/2008).

CAPÍTULO 4

MONTAGEM ESCOLAR DO TRICEREBRAR EM TODOS OS NÍVEIS EDUCACIONAIS

4 A CONSTRUÇÃO DE COMPETÊNCIAS TRICEREBRAIS E TRIGRUPAIS TETRANIVELADAS

> O paradigma monádico-diádico-triádico e o referencial a ele acoplado se sobrepõem à realidade, dando-lhe forma e significado. É a lei do instrumento. Até agora, a didática vem instalando, secretamente, o paradigma monádico neoliberal dos donos do mundo...

Em cada país, em cada bloco de países, existe a intenção dos três poderes máximos de modelar os processos mentais de crianças e jovens. Uns países investem mais no cérebro prático, em segundo lugar no lógico, e deixam o último lugar para o cérebro emocional. Outros investem mais no cérebro central prático, depois no cérebro direito e, por último no cérebro esquerdo. Outros investem principalmente no cérebro direito, tido como o cérebro do futuro, segundo o exitólogo Daniel Pink (2005), depois no esquerdo e, pouco ou nada no central, prático. Os mais monádicos investem só no lado prático da produção, dos negócios e da guerra, ou só no cérebro direito da religião e circo, ou só no cérebro esquerdo da ciência e filosofia.

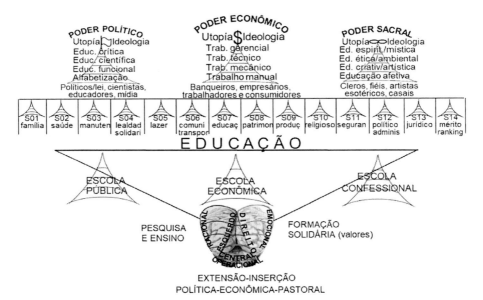

Fig. 52. Políticas educacionais dos 3 poderes supremos

Faça um balanço para descobrir em que porcentagem seus neuroeducadores fizeram investimento em cada cérebro seu e, até que nível de cada um deles você chegou. Cada um dos três cérebros está sob o controle dos três poderes máximos que determinam o tipo e o nível educacional geral que lhes convêm. Além disso, o poder político determina a porcentagem de cientistas, professores e escola pública que lhe convém, investindo quase só no cérebro esquerdo de ensino, pesquisa e extensão; o poder econômico determina a porcentagem de gente de cérebro central-empresarial-profissional que lhe convém por meio de institutos especializados, como o sistema S, mas principalmente pós-graduações em Administração e Negócios; e o poder sacral se encarrega da maioria de robôs sociais, distanciados da luta político-econômica, por meio de suas escolas e universidades confessionais, que apontam para o "sobrenatural". Chamamos ao novo modelo educacional de "**NEUROEDUCAÇÃO**" para reivindicar mudanças drásticas na Pedagogia, na Psicopedagogia, na educação familiar-escolar, emocional e profissional-financeira.

> Cada qual vale por seu tricerebrar tetranivelado em seu desempenho no CCF.
>
> Na aula cada um usará seu crachá com o Perfil de Competências Tricerebrais, porque ele indica o estilo de aprendizagem do estudante; e, assim, o *upayador-coach* poderá fazer uma educação que seja a mais personalizada possível.

4.1 EDUCAÇÃO E MONTAGEM DO CICLO CIBERNÉTICO DE FEEDBACK. A NEURODIDÁTICA TRICEREBRAL MOSTRA COMO

As operações, habilidades e faculdades ou competências tricerebrais são muitas. Pelo QT são 27, em três blocos e quatro níveis. Pelo CCF completo são 10 em quatro níveis. Mas, para começar, é melhor tratar de criar o hábito de juntar as três operações mínimas, chamadas CCF ou Ciclo Tricerebral mínimo: Saber, Criar, Fazer.

Tudo supõe saber da situação com que se tem que lidar, principalmente do estilo de ensinagem dos docentes e estudantes, dos chefes e subordinados; supõe criatividade para contornar dificuldades ou agregar inovação; e supõe um agir ou fazer pondo em prática ou aplicando o conhecimento e a criatividade para obter os ganhos esperados.

Dizemos que as três operações formam um "ciclo" para indicar que funcionam em giros sem fim, um depois do outro, como numa espiral.

A palavra "cibernético" é para indicar um sistema de processamento e simulação de resultados.

A palavra *"feedback"* é para indicar que há que fazer controle de cada passo a executar até o último, que é revisão e controle de todo o processo, pois é preciso iniciar o próximo ciclo com melhorias e redução de erros. É a aprendizagem baseada na experiência e na correção progressiva de erros.

- Em que ordem e em quais combinações essas três operações do CCF mínimo se podem ensinar e convém usar? Em que ordem costuma você usá-las?

- Primeiro imagina, depois pensa e termina fazendo?
- Ou primeiro imagina, depois faz e termina pensando no que fez?
- Ou primeiro atua seguindo o impulso da hora, depois pensa e termina chorando de arrependimento?

Quando conseguimos que um educando ou um grupo de trabalho adquira o hábito de cumprir, em qualquer situação, com essas três operações, dizemos que tem o CCF bem instalado. Do contrário, dizemos que a mente funciona por livre associação, confusamente, ao acaso, ou que é desarticulada, para não dizer coisas piores. A livre associação é só para o cérebro direito; para o esquerdo, ela produz longas listagens arbitrárias, sem mapa estruturador/relacionador, sem hierarquia e criando dificuldades enormes de assimilação, memorização e pensamento. A superação desse estágio primário da mente se faz pelo uso de referenciais organizadores como os três cérebros e seus quatro níveis, os Quatro Fatores Operacionais, os 14 subsistemas etc.

- Como fazer para montar e treinar o CCF? O começo está na família, depois na escola fundamental e por fim na universidade e na empresa. Atualmente, as pessoas só se enfrentam com o CCF em cursos de pós-graduação, à hora de fazer pesquisa e tese de mestrado e doutorado. É um lamentável descuido retardar tanto a aquisição da racionalidade e da atitude científica.

Já que a família ainda não tem consciência e método para a montagem do CCF, isso terá que começar na escola, em aulas e didática onde se ensina tudo sobre os três cérebros, realizando práticas pela sequência do CCF mínimo, organizando os estudantes em equipes com representantes de cada cérebro. Isso quer dizer que antes de exigir qualquer aprendizagem, é preciso que o educando conheça e aprenda a usar a cabeça pelo CCF mínimo. Assim, o aprendiz terá consciência que pelo cérebro esquerdo ele adquire conhecimento e memória; pelo direito cria caminhos; e pelo central, realiza. Essa é a sequência dedutiva.

Pela sequência indutiva, se dá ao educando uma tarefa para o cérebro central; ele terá que criar caminhos para realizá-la pelo cérebro direito; e terminará criando conhecimento e memória para o cérebro esquerdo; é a ensinagem por projetos ou aprender fazendo que é como uma reconstrução do conhecimento.

Outro caminho é o do ensaio e erro: o estudante imagina e sonha algo pelo cérebro direito; dedica-se alternadamente ao cérebro central e esquerdo até acertar, que é a sequência criativa ou de ensinagem ao gosto do educando. Isso exemplifica o processo individual de ensinagem, isto é, de ensino-aprendizagem. No processo grupal de ensinagem, exige-se um processo com muito mais organização.

A ensinagem ou trabalho em equipe exige uma didática mais complexa. Requer-se o uso explícito do CCF durante a aula ou reunião, assim como a organização da dinâmica de grupo explícita; senão a competição vai consumir muito tempo, improdutivamente.

Usar o CCF quer dizer que triadizamos os temas que ensinamos ou vamos discutir, e os expomos em, pelo menos, três etapas ou passos, em sequência dedutiva ou indutiva. A sequência dedutiva é esquerdo-informação; direito-criatividade e central-realização. A sequência indutiva é o caminho inverso. Em cada ocasião, vota-se a sequência dedutiva ou indutiva a ser seguida.

Cérebro esquerdo	minutos	**INFORMAÇÃO:** expor, questionar, pesquisar, explicar, perguntar, opinar, aprender. É o saber teórico.
Cérebro direito	minutos	**FUTUROLOGIA:** projetar/imaginar o tema estudado no curto, médio e longo prazo. **CRIATIVIDADE:** fazer *brainstorming* para intuir problemas, necessidades e soluções para o tema estudado, com propostas de ação que se discutem e aprovam por votação. É o saber intuitivo.
Cérebro central	minutos	**Fluxograma da proposta aprovada**: decompor cada atividade ou projeto, em passos sequenciais para sua realização. **Operacionalização**: detalhar cada passo do fluxograma pelos operacionais. *Feedback*: revisar o que se fez durante a realização, para melhorar na próxima ocasião. É o saber prático.

Como toda aula ou reunião é um CCF, será preciso dividir o tempo que se tem, entre cada uma das três grandes etapas, sob a supervisão e condução geral do educador ou supervisor. Se tivermos 45 minutos, e a aula for dedutiva, podemos dar 20 minutos à informação; 10 minutos à futurologia ou criatividade; e 15 minutos para decidir e praticar atividades ou projetos. E "cabeça à obra" com esforço maior do cérebro esquerdo! Essa seria uma aula ou reunião que dá mais importância à ensinagem tradicional de cérebro esquerdo. Seria mais produtivo se a aula/reunião fosse de 90 minutos, distribuídos nas mesmas proporções.

Numa aula ou treinamento de arte-educação, daríamos 25 minutos à criatividade e futurologia, 15 minutos à coordenação motora e, cinco minutos à informação sobre alguns fundamentos necessários. E "cabeça à obra" com esforço maior do cérebro direito! Seria a sequência criativa por ensaio e erro.

Numa aula ou exercício de Educação Física ou de laboratório, daríamos 25 minutos ao trabalho, cinco à futurologia ou criatividade e, 15 à informação. E "cabeça à obra" com esforço maior do cérebro central! Seria a sequência indutiva ou de ensinagem por projetos, a partir da prática. Quer isso dizer que, segundo a natureza do tema, isto é, segundo a hierarquia tricerebral exigida por cada matéria, se faz uma distribuição diferente do tempo.

> Ponha-se, logo, a pensar quanto de cada um dos três cérebros exige cada uma das diferentes disciplinas, matérias ou tarefas a enfrentar.

Esse uso do CCF muda a metodologia e a didática de uma aula ou reunião. Deixará de ser o discurso do docente ou do chefe que é só de exposição ou explicações de cérebro esquerdo e a complementa com a criatividade e outras atividades de cérebro direito, finalizando com a operacionalização e prática de cérebro central. Deixará de ser uma aula ou reunião em que só o professor ou chefe ensina e pontifica, transformando-a em equipe de ensinagem, onde todos ensinam e todos aprendem, embora em proporções distintas, e que vão mudando gradualmente à medida que o educando evolui.

Uma aula ou reunião organizada pelo CCF é mais equitativa com a hierarquia tricerebral de todos os estudantes ou membros de uma equipe de trabalho. Na parte de exposição do tema, brilham os que têm predomínio de cérebro esquerdo e os demais aprendem com eles. Na parte de criatividade, futurologia, busca de soluções alternativas e propostas, brilham os que têm predomínio do cérebro direito e os demais aprendem com eles. Na parte de operacionalização de atividades e da prática, brilham os que têm predomínio de cérebro central e os demais aprendem com eles.

4.2 PODER E PAPÉIS DE LIDERANÇA EM AULAS E REUNIÕES QUE SE TORNAM EQUIPES DE ENSINAGEM E TRABALHO

Para a execução de qualquer tarefa, os membros de um grupo competem, altercam e entram em disputa, sem saber bem o porquê. É porque sempre existem e existirão três subgrupos, bandos ou facções em disputa de poder e outros satisfatores. É o jogo triádico. A parte mais visível do jogo é o desempenho de papéis de liderança. Quais papéis e quem os designou e como os exerce? O jogo do poder é sempre meio clandestino e safado para quem não conhece o jogo triádico. Na aula e na empresa, o professor e o chefe tradicional concentram diversos papéis que podem ser mostrados e situados em cada parte da aula ou reunião. Quando se distribuem, descentraliza-se o poder e ameniza-se o jogo triádico.

- A liderança que controla os minutos para cada etapa é o "cronometrista".
- A liderança de preparar o salão, de criar ambientação e recepcionar as pessoas na porta é o "recepcionista".
- A liderança que comanda e apresenta a informação é o "expositor, instrutor, explicitador ou facilitador" etc.
- A liderança que orienta a futurologia, a prospectiva ou os cenários é o "futurólogo".
- A liderança que recolhe as propostas de atividades práticas ou projetos é o "secretário propositor".
- A liderança que faz avaliação para buscar melhorias para aula ou reunião e para cada equipe de ensinagem é o *feedbacker*.
- A liderança que conduz e move a aula ou reunião nas sucessivas etapas do CCF é o "coordenador ou animador".

Quando um professor, chefe, pastor religioso, líder etc. concentra muitos papéis se diz que se trata de Dinâmica de Grupo Implícita, que é centralismo e ditadura; e quando os papéis são conhecidos e compartilhados com os membros do grupo se trata de <u>Dinâmica de Grupo Explícita (DGE)</u>, que é democratização, porque todos conhecem a sequência, a distribuição de papéis, a distribuição de tempo para cada passo da aula/reunião, as normas etc. e podem fazer o controle recíproco.

As normas e sanções são necessárias para regular a interação dos três subgrupos, por isso é recomendável que sejam estabelecidas com a participação deles, mas de maneira progressiva. Isso quer dizer que se começa com um mínimo de normas e que só se criará uma nova norma quando surgir um problema que a requeira. Elas devem ficar penduradas ou projetadas no ambiente da aula ou reunião. As que apresentamos a seguir são um exemplo. Não se propõem todas de uma vez, mas pouco a pouco, começando com as essenciais.

4.2.1 Normas mínimas para a convivência trigrupal proporcionalista

00. ELEIÇÃO do COMITÊ ARBITRADOR TRI-UNO, composto pelo docente ou chefe de turno e de outros dois membros do grupo. Esses dois membros do grupo serão substituídos quinzenal ou mensalmente.

01. Bons modos e respeito de todos por todos.

02. Abolição ou uso moderado de títulos profissionais.

03. As decisões são tomadas por votação simples ou tripla, quando não forem técnicas ou de lei.

04. Uso da palavra só com autorização, depois de levantar a mão, e com tempo limitado.

06. É obrigatório o uso da língua erudita, sem gíria e sem palavrões.

07. Nenhuma crítica sem contraproposta e corresponsabilidade.

08. O cochicho em aula ou reunião está permitido, se breve e em tom confidencial.

09. É obrigatória a memorização imediata do nome dos membros do grupo.

10. Respeitar e apoiar as lideranças de serviço e de cultivo, que serão trocadas ao final de cada sessão, de cada dia ou semana, segundo cada grupo.

11. Desvios não se corrigem com protestos. Pede-se "questão de ordem".

12. Respeitar as divergências, propor negociação ou buscar intermediação.

13. Quem está decide, quem não está cumpre.

14. Cumprimento exato e total do horário da aula/reunião, da disciplina ou do trabalho. Multa para atrasados e descumpridores, sentenciada pelo Comitê Arbitrador.

15. Exigir que a ensinagem se faça cada vez mais por redescobrimento ou método indutivo de projetos ou atividades (Fig. 53) e por integração de

cada disciplina com as demais, de acordo com os mapas do conhecimento pelos 4 fatores operacionais (Fig. 71 ou pelo Hológrafo Fig. 70, adiante).

16. Em cada aula/reunião será feita a mudança de lugar e de vizinhos.

17. Realização completa dos deveres e tarefas de casa e da escola ou do trabalho.

18. Autorresponsabilização pela limpeza e beleza ambiental.

19. TER e valorizar um exigidor ou monitor que ajude a realizar metas de cultivo pessoal.

20. Não vale justificar-se, diminuir-se, ser prolixo.

21. O grupo faz e altera suas normas por votação.

22. Antes de brigar, solicita-se esclarecimentos, propõe-se diálogo e negociação; se a questão não se soluciona, contrata-se um mediador ou advogado.

Algo semelhante se pode organizar para a família, sem transformá-la num quartel ou numa empresa. Não creia que na família não existem normas. Essa ilusão existe porque na família as normas são implícitas, isto é, não declaradas ou não conscientizadas. Mas na hora de um conflito aparecem as normas, proclamadas ou inventadas, instantaneamente, por algum adulto. Seria melhor que as normas fossem explícitas e expostas em algum lugar, para evitar a história de dois pesos e duas ou três medidas, ou de duas morais.

Vamos fazer uma lista de alguns tipos de papéis de liderança que ocorrem nos grupos, com indicações de como desempenhá-los. Quando se queira usar algum desses papéis em aula ou reunião, o docente ou supervisor terá que desempenhá-lo primeiro, para demonstrar e modelar o papel.

4.2.2 Desenvolvimento de competências tricerebrais por exercício de lideranças

ADMIRADOR - Frente a cada pessoa, expressa admiração por alguma característica, com uma frase assim: eu te admiro por... e menciona o aspecto que admira. O admirador pode também fazer circular uma folha com o nome de todos para que cada um expresse sua admiração por todos.

AFINADOR - Busca restabelecer relações de amizade depois de algum atrito ou quando há algo que perturbe a relação. Não é o papel de exigidor;

é o papel de conciliador. Pede tempo para esclarecer o que aconteceu, pede desculpas; se o pedido for aceito agradece e reconfirma a amizade.

AMORIZADOR - "Eu amorizo" é um modo de vincular-se ou tratar afetivamente sempre mais coisas ou fatos, principalmente o que nos custa mais aceitar.

ANIMISTA - Fala em nome de animais, plantas, coisas, dando mensagens a seus exterminadores: os humanos.

APRUMADOR - Estuda os recursos corporais de alguém; depois faz sugestões para sua melhor utilização. "Você tem que virar uma tentação".

AQUI E AGORA - Alguém que lembra frequentemente que é preciso aproveitar o momento e lugar presentes para viver e ser feliz: aqui e agora.

AUTOIMAGEM - Alguém diz como se sente frente a si mesmo e frente aos demais; os que escutam o ajudam a corrigir e a melhorar sua autoimagem. Há um roteiro de Sessões de Autoimagem ao final do capítulo 6 deste livro.

CARISMÁTICO - Fala de altos ideais e causas sublimes, com muito entusiasmo.

CINESISTA - Faz observações e descrições da linguagem não verbal de outros. Pode também pedir que as pessoas representem determinadas emoções ou atitudes.

COMPLETADOR TRIÁDICO - Quando alguém menciona um só lado de uma questão ou grupo, o completador triádico pergunta pelos outros dois lados complementares.

CONDECORADOR - Distribui prêmios, medalhas ou títulos fictícios aos que se sobressaíram numa aula ou reunião.

COORDENADOR - O que comanda os passos do CCF de uma aula ou de uma reunião.

CRIATIVO - O que coloca um problema a solucionar e as regras do *brainstorming* ou chuva de ideias, que são: treinar-se na autoautorização para imaginar soluções inovadoras ou "loucas"; suspender a censura lógica do cérebro esquerdo e a censura de factibilidade do cérebro central; dar as soluções por palavras soltas ou frases muito curtas; criar um clima alegre ou de distensão fazendo o grupo levantar-se, espreguiçar-se, gritar etc. para que se faça o exercício alegremente, provocando gargalhadas e catarse; por fim, ordenar que se comece a chuva de ideias. Pode-se fazer uma "chuva" de ações ou de qualquer outra coisa que requeira imaginação, liberdade e fluência mental.

CRONOMETRISTA - O que controla os tempos de cada passo do CCF de uma aula ou reunião.

DEFINIDOR OPERACIONAL - O que apresenta definições ou pede definições através dos Quatro Fatores Operacionais. Quando a definição se baseia no verbo ser é uma definição "essencial"; quando explica o significado das partes que compõe a palavra é uma definição etimológica. A maioria das palavras são ambíguas, polivalentes, polissêmicas (com muitos significados diferentes) e a gente sofre de "inconsciência linguística" (não se dá conta de que o sentido de uma mesma palavra pode ser diferente para quem a diz e para quem a escuta). Lembre-se da logoterapia.

DESACELERADOR - O que faz falar mais devagar as "matracas" da comunicação.

DESPALHADOR - Alguém que exija brevidade e precisão de quem esteja falando; se este se alonga, diz "muita palha pouco milho", "não faz falta repetir", "não use palavras inúteis"!

DESDOBRADOR - O que se põe no lugar de outra pessoa de cada um dos três subgrupos e pensa e fala segundo a cabeça, os interesses e a linguagem de cada um deles. É recomendável fazer isso sempre, porque cada um só percebe seu terço de realidade e só sabe de seu terço de verdade (tudo tem três partes ou três lados, segundo o paradigma unitriádico).

DESOBSTRUTOR - Alguém que observa um diálogo em que as pessoas não conseguem chegar a um acordo por alguma cibernose (mal-entendido) de que não se dão conta; o desobstrutor se dá conta e intervém para desfazer a cibernose.

DETETIVE DO SUJEITO OCULTO - O que recusa nominalizações (palavras genéricas) que ocultam pessoas ou subgrupos com termos gerais como o mercado, o capital, a situação, o poder, o governo, as circunstâncias, a pátria, a humanidade, e aponta as pessoas e subgrupos que se ocultam atrás desse truque.

DICIONARISTA – Ajuda a memorizar ou a adquirir palavras novas.

EMISSOR FANTASMA - Um espontaneísta que fala a qualquer hora, por impulso, sem propósito, só porque tem coceira na língua.

EXPRESSÃO CORPORAL - Propõe exercícios para entrar em contato artístico e afetuoso com cada parte do corpo.

FEEDBACKER - O que avalia, por si mesmo ou com a ajuda do grupo, resultados e dificuldades ao final de uma aula ou reunião e oferece sugestões para o melhoramento dos papéis, das técnicas, de cada participante e de cada subgrupo. O melhor é perguntar ao grupo: "como foi fulano de tal no papel de cronometrista"? Todos têm que responder "muito bem", embora pouco haja feito. Em seguida, pergunta-se: "em que pode melhorar"? Antes de aceitar respostas, há que estabelecer esta norma: é proibido apontar falhas, defeitos ou fazer críticas negativas; só se pode intervir para sugerir soluções ou dar instruções de melhoria.

GEÔMETRA - O que faz descobrir e dar nome a todas as formas geométricas daquilo que está no ambiente da escola, para acostumar-se a usar a linguagem matemática.

ISCADOR - O que, em nome de pai ou mãe ou de suas recorrências (professor, professora, Estado, mercado, igreja, Deus etc.) faz promessas inalcançáveis e inaveriguáveis, para conseguir cooperação e esforço dos oscilantes.

LOGOTERAPEUTA TRIÁDICO - Escolhe palavras do paradigma monádico capitalista e diádico socialista, leigo ou sacral, e as substitui pelo vocabulário do paradigma sistêmico triádico. Logotriadizador.

MEDIADOR - O que intervém entre dois litigantes e os ajuda a aceitar propostas e contrapropostas progressivas até chegar a um ponto satisfatório para ambos.

NORMÓLOGO - O que propõe novas normas ou mudança de normas para que os três subgrupos sejam positivos ou proporcionais.

OFICIALISTA IDEOLÓGICO-EMOCIONAL - Trata de impor comportamentos, objetivos, normas etc. sem o uso da força física ou econômica, tão só por meio de insistência verbal, mentiras, crenças, carinho, religião, lágrimas, chantagem emocional, ameaças de ruptura afetiva ou ameaças de forças espirituais invisíveis etc.

PILHAS - Alguém que grite "pilhas" ao que fale muito baixo ou molenga.

PLANEJADOR - O que põe uma decisão em fluxograma e a operacionaliza.

POSITIVADOR - O que ajuda a abandonar pontos de vista e linguagens negativas e derrotistas, para reformulá-las sob pontos de vista de aprendizagem, de oportunidades novas, de atitude proativa, positiva e reconstrutiva.

PRAGMÁTICO – Intervém fazendo exigências realísticas aos discursantes: quanto custa, quem vai fazer, como se pode fazer, em quanto tempo se fará etc.

PRESSIONADOR - O que, teatralmente, inventa um ataque a alguém para que este aprenda a ter "cabeça fria" segundo estas normas: não contra-ataque, escute em silêncio humilde, e por fim pergunte "tem alguma sugestão para mim?" Quando a receber - agradece, promete que levará a sério a sugestão e se despede; oportunamente, busca o pressionador para afinar-se, se houver interesse em preservar a amizade.

PSICOSSÍNTESE - É fazer uma síntese positivadora, reconstrutiva, depois que se fez uma análise ou um diagnóstico duro e doloroso para alguém. Análise é "desmontagem"; psicossíntese é remontar, arrumar de novo a cabeça, a personalidade.

QUANTIFICADOR - O que aponta e ensina a ver e expressar tudo que há no ambiente, por números, medidas, porcentagens, escalas.

RASTREADOR DE COMUNICAÇÃO - Observa a comunicação de outros e a analisa; pode ser uma vez rastreador verbal, outra não verbal, outra factual.

REDENOMINADOR - Substitui palavras, denominações, expressões ambíguas ou desatualizadas por outras mais precisas e atuais.

RELATIVIZADOR - O que ajuda a ver outros lados de um mesmo tema, de uma mesma questão (pelo menos três, pelos três cérebros ou pelos três subgrupos); é bem importante esse papel para a mútua compreensão e tolerância porque, pelo condicionamento monádico que temos, cremos que as questões tenham um só lado, uma só verdade, uma só solução e, precisamente, só a de cada um.

RELAX - Emite esse comando – RELAX – quando percebe que o grupo ou alguém está ficando tenso ou preocupado; pode dizer igualmente: dê um suspiro.

REPRESSOR DE CIBERNÓTICOS - Encarregado de conter os que causam cibernose, ruído, confusão, encrencas desnecessárias, ou rompem as normas e perturbam o grupo, sem razão.

RITUALISTA - Cria e induz o grupo a executar ritos correspondentes a algum momento ou evento que valha a pena celebrar ou reforçar.

SECRETÁRIO PROPOSITOR - O que recolhe propostas para aplicação prática do tema de estudo ou reunião, anotando-as. Depois pede emendas. Terminadas as emendas, arma um breve debate com um defensor e um opositor. Encerrado o debate, inicia a votação de cada proposta, por maioria simples, que é de metade mais um dos votantes, ou por votação tripla, perguntando quantos votam a favor, quantos votam contra, quantos se abstêm. Faz a contagem em voz alta e anuncia o resultado. O papel do SECRETÁRIO CONCLUSOR é diferente: ajuda a tirar conclusões teóricas ou de aprendizagem, depois da exposição do professor, instrutor ou chefe.

SENSIBILIZADOR - Cria técnicas e exercícios para agudizar os sentidos; para aprofundar mais, pode-se pedir que a percepção de cada sentido seja operacionalizada.

SIMBOLIZADOR - Indica um objeto e propõe: quais os possíveis significados inconscientes sugeridos por ele ou a ele associados? Ou faz o oposto, indicando palavras, significados ou fantasias e perguntando: com que objetos ou coisas se pode representar isso?

SINTETIZADOR - Terminada uma exposição, faz um resumo em duas ou três frases (não é repetição de quem falou, nem é selecionar frases de efeito; é fazer síntese).

TIA GORDA - Alguém que não entende nada de nada, mas tem conselhos populares ou supersticiosos e palpites para tudo. Temas e linguagem em nível de comadres.

TRIPLECODIFICADOR - Propõe uma frase, um provérbio etc. e pede a alguém que o pronuncie, uma vez à maneira do oficial, outra do antioficial e outra à maneira do oscilante.

UTOPISTA - Informa sobre livros e experimentos de utopia e propõe alguma.

VOZ DO MAYA - Alguém encarregado de recordar frases, recomendações, leis, prêmios e castigos da programação que as autoridades do poder sacral, do poder político e do poder econômico impõem e reforçam, para que o povão não saia dos trilhos oficiais.

Obs.: Pode-se criar outros papéis, segundo a idade, a cultura e as necessidades do grupo como: ambientalista, arquivista, consultor sentimental, demógrafo, fotógrafo, internauta, nutricionista, primeiros socorros, repórter etc.

4.2.3 Neurodidática-t como processo *upaya-coaching*

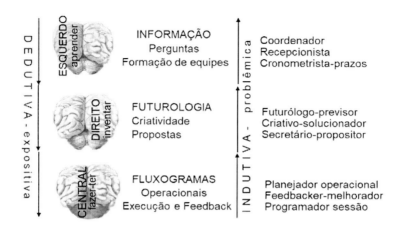

Fig. 53. Aula/reunião com CCF mínimo e lideranças

Para sair da educação e didática ou gerência domesticadoras, o docente ou gerente terá que se automodificar. Terá que transformar-se de amo e senhor autoritário em orientador dos educandos ou trabalhadores, para gerar cada vez mais autoeducação e autocondução. Para conseguir isso, o educador/gerente vai entregando os papéis de cultivo dos três cérebros, ou os papéis de comando do CCF, aos educandos/trabalhadores, orientando-os para desempenhá-los cada vez melhor. A esse processo de educação/gerência de desenvolvimento de competências para autocondução chamamos de **upaya-coaching.** *Upaya* é um termo tomado da Filosofia e dos mestres zen; e *coaching* é um termo tomado de técnicas de conduzir atletas e equipes esportivas a um alto desempenho.

Fig. 54. Processo upaya-coaching da ensinagem tricerebral

O educando ou aprendiz avançará em linha ascendente quando adquirir o hábito de, em tudo, usar o CCF, individualmente; e o hábito de usar o CCF com os diversos papéis de liderança e normas da Dinâmica de Grupo Explícita, quando estiver em equipe. Quando não se consegue isso, em lugar do processo *upaya* estará em andamento o processo "maya", que significa domesticação do educando para submeter-se e aguentar qualquer modelo de dominação política, religiosa e econômica de seu ambiente e cultura. Nesse caso, o educando ou aprendiz avançará em linha paralela à do educador/gerente ou em linha descendente por causa da condução maya ou inibidora. É assim que se produzem medíocres e fracassados.

Depois de umas semanas de ter começado as aulas/reuniões com a didática do CCF mínimo, o docente ou chefe entrega, aos estudantes ou aos membros das equipes, os papéis de recepcionista e de cronometrista. Os papéis trocam-se a cada dia, semana ou quinzena, segundo a frequência das aulas ou reuniões. Depois de duas semanas, o docente ou chefe entrega o papel de criativo, primeiro, depois também o de futurólogo. Após umas quantas demonstrações, entregará o papel de secretário propositor, um papel que exige bastante perícia. Um a um, vai entregando os demais papéis. Os últimos a entregar são o de *feedbacker* e o papel de expositor, reduzindo-se o docente/chefe ao papel de "orientador de ensinagem" ou de monitor. E assim vai se democratizando a ensinagem, o treinamento, o trabalho e a vida em grupo. E os membros do grupo se educam para a cogestão democrática do poder.

NEUROEDUCAÇÃO PARA O ÊXITO:
CONSTRUÇÃO-PRODUTIVIDADE-DECADÊNCIA DOS TRÊS CÉREBROS E SUAS COMPETÊNCIAS

Essa didática ou esse processo *upaya-coaching* educativo ou de treinamento vai tendo êxito à medida que os filhos, estudantes ou membros de um grupo de trabalho cresçam no uso do CCF, dos papéis de liderança, da organização da informação, tudo em forma sistêmica triádica. Quer dizer, à medida que o educando (filhos, estudantes, trabalhadores) assumem cada vez mais compromisso com sua autoeducação, diminuirá a sua dependência da hétero-educação e aumentará a autoeducação. E o processo vai patinando ou fracassando quando continua centrado no professor ou supervisor, quando o conhecimento é linear, memorístico, quando a dinâmica de grupo é repressiva em vez de ser autonomizadora. Êxito quer dizer que o educando ou aprendiz segue o processo até culminar com sua emancipação e autossuficiência, o que o tornará companheiro, colaborador e amigo de quem era seu superior.

Quando não se atua assim, o único que sobra é a continuação do processo maya e Pigmaleão que está em vigor em toda parte. Claro que haverá resistências e protestos, porque há jogo triádico entre estudantes ou trabalhadores e os pais, professores ou chefes, por causa do esforço requerido. Não existe educação fácil.

A motivação para a aprendizagem e a superação tem que tomar em conta o perfil tricerebral/trigrupal que está no crachá de cada aprendiz ou trabalhador. Aí está a matriz do estilo de aprendizagem e de comportamento de cada um. Os que têm predominância do cérebro esquerdo preferem ser do subgrupo antioficial, cuja motivação é discutir, investigar, descobrir, saber mais que os demais; os que têm predominância do cérebro central preferem ser do subgrupo oficial, cuja motivação é o desafio para fazer, aplicar, liderar, organizar, ganhar, ser exemplo; e os que têm predomínio do cérebro direito preferem ser do subgrupo oscilante, cuja motivação é afeto, amizade, vaidade, gozação, busca de status pessoal e familiar e a fantasia de ser benquisto por gregos e troianos.

Aparecem também os mais retardadinhos e os precoces. Não há que forçar a precocidade de um lado do cérebro porque estropiará os outros dois, como se pode ver na história dos gênios que foram geniais de um lado do cérebro e retardados, medíocres ou fracassados nos outros dois. Uma solução é criar a entreajuda entre os aprendizes ou trabalhadores, dois a dois, em que o precoce ajuda o mais lento, o mais desenvolvido num cérebro ajuda os outros. Por isso, ao formar equipes, ter a precaução de juntar, pelo menos um membro com predominância de cérebro central, que será o coordenador *ipso facto*; outro com predominância do esquerdo, que será o secretário *ipso facto*; e, algum ou alguns com predominância do direito, que terão liderança de recepcionista, coringa, integrador, cronometrista ou outras.

Quando há um grupinho de puros cérebros esquerdos, eles passarão o tempo todo discutindo. Quando é de puros cérebros direitos, os membros nunca sabem o que há que fazer e passarão o tempo divertindo-se. Quando são puros cérebros centrais passarão o tempo todo brigando pela liderança e o controle de miudezas. Se um grupinho tem só cérebros centrais e esquerdos, o conflito será eterno porque os de cérebro central querem mandar e os de cérebro esquerdo só querem protestar contra o poder e safar-se.

Depois de uns meses, pode-se ampliar o CCF, agregando-lhe mais passos e papéis de liderança, pouco a pouco. Isso se faz durante o processo de educação ou treinamento; em reuniões de trabalho, os postos de liderança não serão para aprendizes; serão só para veteranos para não comprometer o rendimento da reunião.

O roteiro geral, dedutivo ou indutivo, dessa nova didática, pesquisa ou prática, é o CCF, mais condensado ou mais ampliado. Todos os processos são aqui denominados "fluxograma" tal e tal, porque têm embutida a ideia de permanente fluxo sistêmico em suas três etapas mínimas de input-processamento-output.

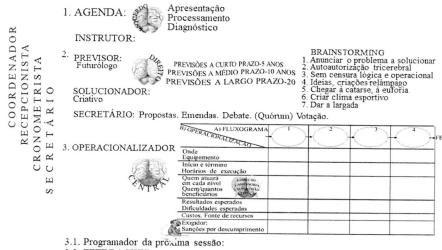

Fig. 55. Neurodidática-T dedutiva/indutiva com DGE avançada

Quando se estiver em sala de aula ou em sessões de treinamento – não em reuniões de trabalho – pode-se complexificar e sofisticar a didática do CCF, acrescentando alguns passos. A execução, um tanto teatral, seria assim:

O coordenador, sentado em círculo com os demais ou, depois de formar a mesa com os que têm papéis de liderança, dá início ao **Passo 1**: declara aberta a sessão. **Passo 1.1:** passa imediatamente a liderança ao recepcionista (passa a liderança ou o comando e não só a palavra, porque se trata de descentralização do poder). Este, depois de ter recebido os participantes na porta e acomodado a todos, recebe o comando e dá as boas-vindas, acrescidas de alguma motivação. Abre a palavra para avisos breves. Ao terminar dirá: "devolvo a liderança ao coordenador". Este vai ao **Passo 1.2:** passa o comando ao secretário que anunciará o que está previamente programado, com o nome dos líderes e os prazos de cada passo; os prazos estarão previamente combinados com o professor ou treinador e o cronometrista. Ao terminar, pergunta se há contrapropostas; se houver, fará os devidos ajustes, depois do que pedirá a aprovação dizendo: "levante a mão quem aprova". Conta os votos em voz alta e, ao chegar à metade mais um, declara aprovado ou rejeitado o programa. Aqui termina seu papel e dirá: "devolvo a liderança ao coordenador". Durante a sessão, o cronometrista avisará a cada liderança quantos minutos terá, antes que comece sua função; e avisará quando estiver esgotado cada prazo, emitindo um alerta alguns minutos antes. Se alguém pedir prorrogação, terá que pedir aprovação ao grupo, mediante votação; se for uma prorrogação de até três minutos, o próprio cronometrista decidirá se concede ou não.

Recebendo a liderança devolvida pelo secretário, o coordenador vai ao **Passo 2**: passa a liderança ao expositor ou facilitador/instrutor/orador para sua exposição. Este anunciará o tema, as habilidades a serem adquiridas e a técnica de processamento uma vez terminada a exposição. Ao terminar, o expositor dará início ao **Passo 3**: organiza a técnica de elaboração da ensinagem, escolhendo uma entre o mutirão (trabalho em plenário); trabalho em equipes com representantes dos três cérebros; painel; trabalho dirigido; ou duplas etc. Um trabalho em equipe terá um coordenador que será automaticamente quem tiver em seu crachá o cérebro central mais alto; quem tiver o cérebro esquerdo mais alto será automaticamente o secretário propositor; outro assumirá a liderança de cronometrista, já que essas são as três lideranças essenciais para qualquer reunião. Outras lideranças serão complementares. Esgotado o prazo para a elaboração, o expositor comanda o **Passo 3.1**: o relatório dos secretários ou outra técnica escolhida. Terminada essa parte, o expositor ou instrutor devolve a liderança ao coordenador (quando o coordenador estiver bem treinado, ele mesmo poderá comandar o Passo 3 e 3.1). Em seguida, o coordenador procede ao **Passo 4**: passa a liderança ao secretário conclusor, que perguntará: "o que foi aprendido e o que faltou aprender?", anotando essas conclusões. Devolve a liderança ao coordenador para o **Passo 4.1**: passa a liderança ao sintetizador, que reproduzirá o tema em duas ou três frases, devolvendo a liderança em seguida. Até esse momento da aula/sessão, predomina o cérebro esquerdo.

Em continuação, o coordenador dá início ao **Passo 5**: passa a liderança ao futurólogo que levará o grupo a fazer previsões sobre o tema, a curto, médio e longo prazo, e devolve a liderança. O coordenador dá andamento ao **Passo 5.1**: passa a liderança ao criativo que organiza o *brainstorming* para solucionar algum problema relacionado com o tema da sessão e devolve a liderança. O coordenador avança para o **Passo 5.2**: passa a liderança a quem tenha que fazer algum cultivo do cérebro direito. Depois, entra no **Passo 6**: passa a liderança ao secretário propositor, que só aceitará e anotará duas ou três propostas de ação, relacionadas com o tema, quando se trate de aula ou treinamento. Em seguida pede emendas; depois organiza o debate com o proponente na defesa e um voluntário na oposição; terminado o debate, anuncia a votação, declarando antes se a aprovação se dará por maioria simples (metade mais um) ou, por votação tripla (quantos votam a favor, quantos contra e quantos se abstêm). Terminada a votação, devolve a liderança. Com isso, se encerra a parte em que predomina o cérebro direito.

Continuando, o coordenador prossegue com o **Passo 7:** passa a liderança ao planejador das decisões, que começará por desenhar um diagrama/fluxograma com sequência de quatro ou cinco círculos ou quadrados com setas conectoras (é a representação de sistemas em série); e colocará as perguntas operacionalizadoras em sequência vertical, à esquerda do fluxograma; agora, volta-se para o grupo e pergunta qual deveria ser o primeiro passo e os seguintes para concretizar a ação em questão. Depois de revisado e concluído o fluxograma, iniciará a operacionalização; isso se faz formando uma pergunta que junte a palavra que está na coluna da operacionalização com o conteúdo do primeiro passo do fluxograma; por exemplo, se a palavra da coluna da operacionalização é "onde" e o conteúdo do primeiro passo do fluxograma é "fazer um levantamento", a pergunta será: "onde será feito o levantamento?", e assim por diante até passar por todas as palavras da coluna da operacionalização; em seguida, repete-se o mesmo processo – a operacionalização – do segundo passo do fluxograma e assim até o último. Aí, devolve a liderança. (Obviamente, haverá um intervalo para execução da tarefa que se acabou de planificar, em casa, na rua ou no trabalho, que seriam os **Passos 8 e 9**). Para finalizar a reunião/sessão buscando melhorias para a próxima, o coordenador vai para o **Passo 10:** passa a liderança ao *feedbacker* que perguntará ao grupo: "como se desempenhou o Coordenador?" Todos dirão: "muito bem". Continua com a pergunta: em que pode melhorar, esclarecendo que só aceitará sugestões bem pontuais, e não aceitará indicação de falhas ou críticas negativas. Fará o mesmo com cada passo da reunião/sessão e suas lideranças. Retornada a liderança, o coordenador vai ao **Passo 10.1:** passa a liderança ao programador da próxima sessão, trocando lideranças, tema, cronograma, conforme seja oportuno. Terminada a programação, o coordenador vai ao **Passo 10.2:** passa a liderança ao recepcionista para o encerramento, fazendo os agradecimentos cabíveis e convidando os presentes para o intervalo ou para a próxima reunião, despedindo-os.

LOCAL _____ Dia _____ Hora _____
CRONOMETRISTA _____ Sessão Nº _____
Tema ou Agenda(s)_____

01	COORDENADOR	_____	Abertura	__min
1.1	RECEPCIONISTA	_____	Saudação. Controla presença. Avisos	__min
1.2	SECRETÁRIO	_____	Leitura deste fluxograma, com prazos	__min
02	EXPLICITADOR	_____	Didatiza o saber, o ser, o poder. Corrige coletivamente a tarefa anterior. Expõe o tema, a meta, os conceitos. Motiva pelos três cérebros. Trabalha provocando respostas por parte dos 3 subgrupos.	__min
03	EXPLICITADOR	_____	Organiza o processamento e relatório	__min
	3.1	TÉCNICAS de elaboração	3.2. Resultados: Feedback da tarefa _____	__min
04	SECRET. CONCLUS.	_____	Pergunta: Que foi aprendido? Que falta aprender? Aponta opiniões	__min
4.1	SINTETIZADOR	_____	Faz a síntese do tema tratado	__min
05	FUTURÓLOGO	_____	Leva o grupo a fazer previsões sobre o tema, problemas, necessidades	__min
5.1	CRIATIVO	_____	Dirige a busca de soluções para os problemas mencionados/esperados	__min
5.2	LIDERANÇA CULTIVO	_____	Comanda a tarefa designada	__min
06	SECRET. PROPOSITOR	_____	Faz ou pede propostas de aplicação prática do tema tratado ou acordo sobre tarefas pendentes	__min
		Pede emendas Organiza o debate Faz a votação	Trabalha uma proposta a cada vez.	
07	PLANEJADOR	_____	Faz o fluxograma e a operacionalização das decisões aprovadas.	__min
(8,9)	PRAZO DE EXECUÇÃO	Exigidores, monitores	Supervisionam diariamente a execução do que ficou planificado	
10	FEEDBACKER	_____	Avalia para orientar	__min
10.1	PLANO DA PRÓXIMA SESSÃO	_____	Preenche outra folha igual a esta, trocando as lideranças	__min
10.2	RECEPCIONISTA	_____	Agradece. Encerra a aula/reunião	__min

Note que o coordenador não passa a palavra: passa a liderança, o comando ou o poder; e os líderes não devolvem a palavra: devolvem a liderança, o comando ou o poder. Para serem autorizados a usar a palavra, os presentes pedem autorização ao líder do momento e não ao coordenador. Com essa coreografia do CCF tão complexa, ao início haverá muitos tropeços, mas o educador, monitor ou treinador que domina esta Dinâmica de Grupo Explícita estará atento aos tropeços para intervir quando necessário. O crescimento do grupo se dará à medida que essas intervenções forem diminuindo.

Por esse último roteiro de reunião ou de CCF expandido, para aulas ou sessões de treinamento, treinam-se novas funções e novas lideranças. Pode-se criar e introduzir lideranças segundo as necessidades do grupo. Por exemplo, se fizer falta que se fale mais corretamente, cria-se a liderança de gramático. Se fizer falta a integração, cria-se o papel de coringa, afinador ou recreador. Em cada matéria ou disciplina escolar e em cada departamento da empresa, vão-se criando os papéis que atendam necessidades do grupo em sua ascensão *upaya-coaching*.

Com a descentralização do poder, aumenta a liberdade individual e subgrupal, o que pode dificultar a convivência e o trabalho. Para isso, expostas na sala de aula ou de treinamento devem estar as normas citadas antes. Como se podem criar novas lideranças, podem-se também criar novas normas, segundo as necessidades. Os grupos não funcionam bem na completa anomia, nem no excesso de legislação ou burocracia. Bom senso, proporcionalismo, negociação, mediação e nada de perfeccionismo e absolutismo.

Quando se chega a esse grau de treinamento, pode-se gravar ou colar na estante ou mesa de trabalho, o CCF pleno. Pode-se tê-lo, também, como maquete em forma de pirâmide triangular, ou em forma de um porta-canetas. O educador ou o gerente pode exigir, de quem lhe leve um problema, que o leve já elaborado pelos passos do CCF, incluindo o passo seis com duas ou três possíveis decisões, cada uma já operacionalizada como exige o passo 7. Assim procedendo, garante-se maior clareza, economia de tempo; e transforma-se o aluno e empregado em colaborador real.

Retomando o tema das técnicas de processamento ou elaboração do tema de ensinagem, damos aqui uma lista com mais opções, para controle do que foi aprendido e do que será preciso completar. Será bom variar no uso dessas técnicas de elaboração da informação recebida (ver Passo 3.1 no anterior roteiro de reunião, onde está escrito "Técnicas de elaboração").

4.3 TÉCNICAS DE PROCESSAMENTO OU ELABORAÇÃO EM EQUIPES

Essa denominação substitui as mal denominadas "dinâmicas".

Não esquecer que a primeira tarefa de qualquer grupo, antes de começar a trabalhar, será a de explicitar e designar os papéis de liderança. Lembremos que as lideranças são competências derivadas de cada um dos três cérebros. Em reuniões de trabalho, para ter um bom cronometrista, será melhor indicar alguém que tenha bom cérebro central; para ter um bom sintetizador será melhor indicar alguém que tenha bom cérebro esquerdo; para ter um bom recepcionista será melhor indicar alguém com bom cérebro direito; para ter um bom secretário propositor, que é um papel que requer imaginação e boa redação, indicar alguém que tenha bom cérebro direito e esquerdo. Só em processos educacionais e durante sessões de treinamento é que se faz rodízio de lideranças, para que todos aprendam a fazer todos os papéis, apesar de sua hierarquia tricerebral.

1. **AULINHA:** cada aluno prepara e explicita um aspecto do tema para toda a classe.

2. **CÍRCULO DE ATUAÇÃO E CÍRCULO DE *FEEDBACK*:** divide-se o grupo em dois, pedindo às pessoas que se autoenumerem 1 e 2. Pede-se às de número 1 que formem um círculo no centro da sala, que é o círculo de atuação. Dá-se a elas um tema para discutir e um prazo limitado , informando que a tarefa do círculo de *feedback* consiste em observar o debate em silêncio e, depois, verbalizar o processo grupal do círculo de atuação, nos seguintes aspectos:

- Em paisagem: o posicionamento das pessoas.

- Em cronologia: o fluxograma da reunião, o uso do tempo.

- Em personagens: o jogo triádico, as lideranças implícitas/explícitas exercidas.

- Em procedimentos: o tratamento e resultados do tema encomendado.

Depois, inverte-se a posição dos grupos. A finalidade é conscientizar o que ocorre na Dinâmica de Grupo Implícita, em que ninguém se dá conta do jogo triádico e suas manobras, para ir construindo e valorizando a Dinâmica de Grupo Explícita. Nesta, os participantes se dão conta dos jogos triádicos e sabem que é preciso nomear lideranças, ter uma sequência para reunião, ter prazos para cada passo, ter normas para regular a participação etc.

3. **DEBATE ESPONTÂNEO ou MUTIRÃO:** após a exposição, cada um participa espontaneamente com perguntas, opiniões, críticas etc. A desvantagem é que os oscilantes, que são uns 70% da turma, sempre se omitem.

4. **DRAMATIZAÇÃO:** aula encenada ou fato encenado, após preparação das cenas e dos "atores". Segue-se questionamento do tema ou dos fatos. É um sociodrama.

5. **DUPLINHAS ROTATIVAS:** organizam-se dois círculos de cadeiras frente a frente. Cada participante do círculo interno toma a iniciativa de uma tarefa como dar-se a conhecer, entrevistar, comentar um tema etc. frente à pessoa do círculo externo, durante um minuto. Depois, todos os do círculo interno se levantam e passam para próxima cadeira à direita, recomeçando a tarefa e, assim, sucessivamente, até completar o círculo.

6. **GINCANA:** alunos ou grupos sorteiam tarefas ou perguntas que passam a executar ou a responder durante um prazo determinado, competindo para chegar primeiro. Há a apresentação diante de uma mesa julgadora.

7. **GRUPO DE ESCUTA:** dividido o grupo em equipes, a cada uma se encomenda anotar a menção de um determinado fator operacional ou um dos 14 subsistemas da apresentação que se fará do tema; ao término, cada equipe relata as anotações que fez, pois se trata de aprender a usar referenciais para classificar, condensar e dominar a comunicação, que é sempre muito diversificada.

8. **GRUPO DE ESTUDO ou de ESTUDOS DIRIGIDOS:** feita a apresentação do tema, dividir a classe em equipes para estudo do mesmo tema ou aspectos diferentes, seguindo um conjunto de perguntas que lhes são entregues, devendo trazer respostas e conclusões.

9. **JÚRI SIMULADO:** dramatização, com papéis distribuídos em forma de júri, de qualquer assunto que empolgue.

10. **PAINEL INTEGRADO ou Painel de GRADE:** dividir a classe em equipes de cinco alunos cada uma. Enumerar cada aluno de 1 a 5. Discutir o assunto durante um tempo dado. Num segundo tempo, todos os números "1" formam um novo grupo, assim como os números 2, 3 etc., apresentando aí um relatório de seus grupos anteriores.

11. **PAINEL TRIÁDICO:** dado um tema para debate, divide-se o plenário em três subgrupos. O primeiro terá papel de oficial; o segundo, de antioficial; o terceiro, de oscilante. Antes do debate, o oficial e o antioficial buscam um recanto para ensaiar seus respectivos papéis, lances, estratégias, estilos de comunicação tática etc., como subgrupos negativos ou de "vale tudo". O oscilante não faz preparativos, fica em seu lugar, divertindo-se enquanto os outros conspiram.

Depois de uns cinco minutos, reúnem-se os três subgrupos distribuídos em forma de triângulo e dá-se início ao confronto. O educador ou chefe declara terminado o debate quando se define a superioridade gerada pela aliança de dois lados que se impõem ao terceiro. Solicita-se a cada subgrupo que revele as estratégias que havia preparado frente ao que esperava dos outros subgrupos, para o diagnóstico de seu êxito ou fracasso. Organiza-se o segundo embate, fazendo rodízio dos papéis: os que eram subgrupo oficial passam a oscilante etc. Vão para os preparativos, realiza-se o embate, analisa-se. Repete-se até todos passarem pelos três subgrupos, para que todos tenham a experiência de pensar, sentir e viver como membros dos três subgrupos e de saber usar/evadir seus arsenais em cada situação da vida. Aprendida a malícia com que cada subgrupo se conduz, organiza-se uma última rodada para que os subgrupos atuem como positivos ou proporcionalistas, através de negociação, com propostas e contrapropostas até chegarem a um acordo.

Pode-se fazer PAINEL DIÁDICO com metade das pessoas no oficial protagonista e a outra no antioficial antagonista, sem oscilantes. Em cada lado, pode-se notar que aparecem de novo os três subgrupos, que é o motivo da fragmentação, dos cismas, da multiplicidade de tendências, correntes e partidos. Uniformidade é doença. Mas pode-se organizar um PAINEL DIÁDICO – não dialético ou não antagônico – com uns 20% dos membros como subgrupo oficial e os demais como subgrupo oscilante, sem subgrupo antioficial. Nesse caso, o subgrupo oficial discursa, decide, manda, faz cobranças, disfarçando-se de gestor do bem comum e o oscilante escuta calado, consente, aplaude, obedece e paga, sem questionar; quer dizer, confundindo sua bobeira com virtude.

12. **PHILIPS 66,** em salões com cadeiras fixas: apresentado o tema, pede-se a três pessoas de uma fila de cadeiras que se voltem para trás e troquem ideias com três da outra fila, durante seis minutos (o tempo e número podem variar). Segue-se a síntese da discussão, questionamentos e depoimentos, com conclusão geral.

13. **RODÍZIO DE PERGUNTAS E DEPOIMENTOS:** após a exposição do professor ou instrutor, o coordenador chama cada um pelo nome, na sequência horária, para fazer uma só pergunta, que é obrigatória, para forçar o oscilante a participar. Após a rodada de perguntas, inicia-se a de depoimentos ou opiniões, também em rodízio e de participação obrigatória. Não são permitidos depoimentos na hora das perguntas (que é coleta de dados Passo 2 do CCF), nem perguntas na hora dos

depoimentos (que é análise de dados, Passo 3 do CCF). É bom saber distinguir essas duas operações ou etapas do CCF.

14. **SIMPÓSIO:** apresentação de um tema por um ou vários especialistas, seguida de questionamento entre eles ou pelo plenário.

15. **STOP:** maneira de fazer o assunto progredir. Uma pessoa fala... e, quando outra tem uma ideia a acrescentar ou desdobrar sobre o que foi falado, diz "stop" e toma a palavra para fazê-lo, até que outra diga "stop".

16. **TELEAPRENDIZAGEM:** é a aprendizagem em que se usa um programa de rádio, um vídeo, um software, ou a internet como fonte de informação, em lugar do livro ou do professor, que passará a "orientador da ensinagem". Para isso, usa-se um rotador que indica em cada página a tarefa a ser cumprida. A primeira tarefa é anotar o título do que se vai tratar, que corresponde ao primeiro passo do CCF; o segundo passo é a coleta de dados – lendo, vendo, ouvindo – até o final, classificando-os pelos Quatro Fatores Operacionais; o terceiro passo é o processamento, reflexão ou análise dos dados coletados; o quarto passo é para elaborar um diagnóstico, explicando o que está acontecendo de bom/mau, de correto/incorreto, de suficiente/insuficiente, em relação ao tema em questão. O quinto passo é a futurição e a criatividade sobre o que se diagnosticou, tentando intuir ou pressentir o rumo das coisas; o sexto passo é o que se dedica às propostas de atividades ou projetos, para pôr em prática o que se aprendeu no programa de rádio, de televisão ou de computador; o sétimo é a planificação das decisões tomadas. O oitavo é a execução, acompanhada a cada dia pelo passo 9, que é a supervisão para não se desviar do rumo ou da meta; o décimo passo ocorrerá ao final do processo, como um balanço geral do acontecido, dos resultados, das falhas, com busca de melhorias a implantar na próxima vez. Uma aula cumprirá, sempre, um CCF completo; ou parte dele num dia, que se completará no dia ou na aula seguinte.

O uso de computador e de internet traz poucos resultados para ensinagem quando falta o ordenamento mental dado pelo tricerebrar e seu CCF e a classificação das informações dada pelos referenciais. Temos à disposição um manual intitulado "Aprendendo pelas Telinhas", disponível em: www.triadicmind.com

17. **PARTICIPAÇÃO EM DUPLAS OU TRIOS:** apresentado o assunto (tema ou problema), os alunos são organizados, dois a dois ou três a três, para discutir sem sair do lugar; mas só uma pessoa apresenta as perguntas ou opiniões. É a técnica de COCHICHO, por DUPLINHAS ou TRIOS, para lidar com classes numerosas ou com carteiras fixas.

4.4 OS MUITOS NOMES DADOS AO TRICEREBRAR PLENO NO CCF

Depois de um semestre, tem-se que chegar ao uso do CCF pleno em forma automática, não só para uso pessoal e grupal na escola e na empresa, mas também para entender os pedaços de CCF de outros autores sob diferentes nomes. Cada disciplina acadêmica e cada profissão têm nomes diferentes para cada passo do CCF, criando desordem mental e problemas de comunicação interprofissional e interdisciplinar. Por isso é preciso identificar essas palavras e expressões, fazer a "tradução" das mesmas à linguagem unificadora do CCF e saber onde encaixá-las. Essa unificação de linguagem e método é uma das vantagens da Ciência Social Geral. Vamos a um exercício.

Se você já memorizou a sequência e o nome de cada passo do CCF, trate de identificar os muitos nomes e variadas expressões dessas funções para encaixá-las no CCF.

- Fazer negócios (encaixa no Passo 6, que é tomar decisões).
- Sensibilidade ("faculdade mental" para intuição, imaginação do Passo 5).
- Questionar, duvidar, criticar (é do Passo 1, questionamento do tema).
- Ter garra ou combatividade (é do Passo 8: implementar exige liderança).

(Continue por sua conta)

- Escolher tema, metas ou ideais (é do Passo...):
- Levantamento de dados (é do Passo...):
- Sentido premonitório ou profético (é do Passo...):
- Classificar (é do Passo...):
- Trabalho físico, manual (é do Passo...):
- Pronunciar sentenças (é do Passo...):
- Tabelas estatísticas (é do Passo...):
- Avaliar, fazer balanços (é do Passo...):
- Orientar, tutorar processos (é do Passo...):
- Refletir, analisar (é do Passo...):
- Fazer controle (é do Passo...):

- Buscar soluções e estratégias (é do Passo...):

- Empreender, decidir (é do Passo...):

- Buscar informação (é do Passo...):

Há outras palavras e expressões que agrupam diversos passos. Por exemplo:

- Investigar, pesquisar, estudar um tema: isso agrupa os passos 1, 2, 3 e 4 do CCF, que são: escolha do tema, coleta de dados, processamento e diagnóstico.

- Inovar: agrupa os passos 5, 5.1 e 6 do CCF, que são: futurição, criatividade e decisões.

- Administrar; agrupa os passos 7, 8, 9 e 10 do CCF, que são planejar, implementar, supervisionar e avaliar.

Agora, mais um exercício, para reforçar o anterior. São frases que expressam alguma função do CCF, mas com outras palavras; trate de interpretá-las e indicar o passo do CCF em que se encaixam. Por exemplo, "Estudar factibilidades e decidir-se por algo" é uma frase que se refere à tomada de decisões, que é o Passo 6 do CCF. Esta outra "Averiguar ganhos, perdas e resultados" é uma frase idêntica à função *feedback*, que é o Passo 10 do CCF. Continue o exercício com as frases que seguem:

- Ter a realidade questionada, escolher paradigmas, temas, projetos, metas:

- Tirar conclusões, emitir sentenças, declarações de suficiência/ insuficiência:

- Distribuir ações em sequência, operacionalizá-las, destinar-lhes recursos:

- Investigar, entrevistar, buscar, classificar e armazenar informação:

- Implementar planos, dar comandos, manejar cronogramas e orçamento:

- Antecipar consequências, encontrar soluções e estratégias vencedoras:

- Correlacionar dados triadicamente, descobrir intercausalidades, graficar:

- Acompanhar, animar processos no dia a dia, dar orientações:

> **QUEM NÃO TEM CCF ORGANIZADO NÃO TEM CABEÇA**

A organização mental que estamos buscando é a sequência lógica e cronológica do CCF pleno, apesar de tantos nomes e expressões diferentes, criadas por disciplinas acadêmicas e profissões que multiplicam, obscenamente, palavras para referir-se à mesma função ou coisa. Vamos recordar a sequência dos passos do CCF de um a dez, agregando alguns dos diferentes nomes de cada passo.

TÍTULOS DE CADA PASSO DO CCF	
01	**Tema, Projeto, Objetivo, Hipóteses e Glossário de Conceitos.** É o assunto de uma aula, de uma pesquisa, de um trabalho, indicando seus objetivos ou metas quantificadas, a expectativa de resultados e o sentido dado aos termos principais que se vão usar.
02	**Coleta de Dados, Sondagem ou *Survey*, Levantamento, Consulta, Estudo de Mercado.** É a busca de informação verbal, não verbal e factual por diversos métodos, inclusive a espionagem, seguida de sua classificação, arquivamento e recuperação. Nas Ciências Exatas é pelo método positivo-matemático-quantitativo, enquanto nas Ciências Sociais e Humanas é mais qualitativo ou qualiquantitativo. Mas o roteiro será sempre o CCF, pleno ou incompleto, porque é o sistema operacional do cérebro de uns e outros.
03	**Processamento ou Tratamento dos Dados, Análise, Reflexão, Validação.** É a comparação e interpretação dos dados para ver relações, significados e seu grau de confiabilidade e validade por técnicas como Alfa de Cronbach, fatoração, ANOVA. *t de Student* e outros.
04	**Diagnóstico da Situação, Conclusões, Julgamento, Sentença, Parecer.** É a conclusão sobre a questão estudada: o que há de certo e o que há de errado, o que vai bem e o que vai mal, suas causas identificadas no processamento, seguida de uma priorização do que terá que ser resolvido. Às vezes, se complementa com um exercício de psicossíntese para converter erros e fracassos em trampolim.
05	**Futurologia, Prospectiva, Cenários, Simulações, *Feeling*, Previsão, Profecia, Visão de Futuro, Prognóstico.** É prever o que poderá suceder a curto, médio e longo prazo, é estudo de probabilidades ou plausibilidades, primeiro em contexto global e depois em esferas mais reduzidas até chegar à local e à escola e empresa. Isso serve para escolher caminhos e estratégias para vencer jogos triádicos.
5.1	**Criatividade, Inovação, *Insight*, Intuição, Imaginação, Pensamento Lateral, Divergente ou Alternativo, Invenção, Visão Estratégica.** É buscar soluções para os problemas diagnosticados e futurizados, por técnicas diversas como *o brainstorming* ou chuva de ideias, caixinha de sugestões, renovação, diversificação de rotinas, meditação, percepção extra-sensorial, uso da mente em ciclagem reduzida por relaxamento ou por drogas etc.

TÍTULOS DE CADA PASSO DO CCF	
06	**Decisões, Propostas, Projetos, Iniciativas, Empreendimentos.** É escolher um caminho de ação, decidir o que se vai fazer, o projeto que se vai executar, avaliando sua factibilidade, seus custos e riscos.
07	**Planificação, Organização e Compatibilização de Recursos, Espírito Prático, Pragmatismo, Redução de Imprevistos, Plano de Voo. Plano A e B** É fazer o fluxograma de cada decisão tomada e que virou projeto, com a operacionalização de cada passo do respectivo fluxograma, que resultará no plano geral que se poderá ver em planos específicos como plano patrimonial, plano cronológico, plano de recursos humanos, plano de ação, plano financeiro etc.
7.1	**Fluxograma, Rede *PERT*, Processo, Fluxo sistêmico.** É pôr as atividades iniciais, intermédias e finais que levam à concretização de um projeto, numa sequência lógica e cronológica em que a realização da seguinte depende da realização da anterior como num fluxo sistêmico de inputs-transformação-outputs com *feedback*.
7.2	**Operacionalização, Detalhamento, Definição tática, Fixação de Pormenores.** Operacionalizar é descrever algo pelos Quatro Fatores Operacionais. É decidir onde, quando, quem, como, com que resultados se irá realizar cada passo de um fluxograma. Nada acontece de golpe. Tudo tem um fluxo, mas há que aprender e obedecer aos operacionais de cada um dos seus passos ou momentos sucessivos.
08	**Execução, Administração, Implementação, Gestão, Realização.** É fazer acontecer na prática, pôr em marcha o que está operacionalizado no plano, é fazer sair do papel/teoria para a prática no dia a dia.
09	**Supervisão, Microcontrole Diário, Acompanhamento, *Upaya-Coaching, Follow-up*, Orientação e Controle.** É presença no ambiente onde ocorre a ação, observando o que acontece pelos operacionais, prevenindo desperdícios e corrigindo, na hora, o que for preciso para não se desviar do rumo que leva à meta final.
10	***Feedback*, Macrocontrole Semestral ou Anual, Balanço Geral, Assembleia Geral, Replanejamento.** É a avaliação dos resultados, distribuição dos ganhos e busca de melhorias para o novo ciclo de atividade, o que quer dizer, melhorar cada passo do CCF no novo período. Aprende-se mais dos próprios erros do que dos manuais.

Como o cotidiano é uma corrida de obstáculos ou um labirinto de jogos triádicos de sobrevivência-reprodução, de informação e de convivência, associar cada passo do CCF com o jogo triádico poderá ajudar.

4.4.1 Descrição do ccf em termos de jogo triádico

PASSOS DO CCF	DESCRIÇÃO
01 TEMA. METAS	Seleção de um jogo triádico a ser compreendido em suas partes e corrigido em suas desproporções; objetivos, metas, hipóteses e suposições sobre os resultados finais para o jogo triádico e cada uma de suas partes e níveis.
02 COLETA DE DADOS	Selecionar ou armar um quadro classificatório dos dados a coletar. Conectar as antenas dos cinco sentidos para captar os sinais verbais, não verbais e factuais provenientes de cada um dos três lados do jogo que foi selecionado para compreender e operar melhor.
03 PROCESSAMENTO	Combinar os dados como se faz com um quebra-cabeça, até compor um quadro/modelo com informações significativas sobre o jogo completo.
04 DIAGNÓSTICO	Fazer um balanço explicativo (FADO) de aspectos "bons e menos bons, suficientes e insuficientes, menos problemáticos e mais problemáticos, fortalecedores e ameaçadores" etc. do jogo triádico que estamos pesquisando, dando prioridade às necessidades correspondentes.
05 FUTUROLOGIA	Imaginar possíveis rumos e desenlaces do jogo triádico a partir dos diversos aspectos do diagnóstico, e de modificações sucessivas de inputs, para simular e adivinhar estratégias, e ganhar dos competidores.
05.1 CRIATIVIDADE	Encontrar soluções referentes aos distintos caminhos do jogo, previstos na futurologia, que se traduzem em estratégias vitoriosas. Priorizar os dois ou três caminhos estratégicos mais viáveis.
06 DECISÕES	Estudar a factibilidade, os riscos e os custos de cada decisão para ganhar o jogo: acautelar-se; ou avançar; ou retroceder; ou arriscar; ou mudar de jogo. Decidir uma ação do ou sobre o jogo e as atividades correspondentes.
07 PLANEJAMENTO	Tomada a decisão, trata-se de juntar inputs de todos os operacionais, organizá-los para a etapa de transformação, para servir como mapa de orientação de caça ao tesouro. Tudo é jogo, mas só o jogo triádico é real.
08 ADMINISTRAÇÃO	Dar comandos para mover articuladamente os três subgrupos ou elementos do jogo em seus quatro níveis para chegar às metas preestabelecidas de ganhos.
09 SUPERVISÃO	Vigiar cada um dos três lados do jogo e a "lei de Murphy" contra a entropia, redirecionando o jogo e os jogadores para as metas preestabelecidas ou para a neguentropia.
10 *FEEDBACK*	Revisar o jogo ao final do semestre ou do ano, computar os preços pagos, os ganhos ou perdas, distribuir dividendos ou dívidas. Retomar tudo desde o Passo 1 do CCF, incluindo melhorias para estar no páreo dos próximos jogos ou próximos campeonatos locais ou mundiais. O jogo não termina. Só as partidas.

O mesmo CCF descrito até aqui pode ser apresentado, com breves explicações de uso de cada passo:

Fig. 56. CCF/CCT com algumas instruções de uso

A lógica social ou mental do jogo triádico – jogar para ganhar – supõe o uso dos três processos integrados no CCF e abarca os três subgrupos simultâneos. Por isso se postula que a lógica seja triádica. Caso contrário cada lado cria sua "lógica justificadora" unilateral, para tudo o que faz, e outra "lógica condenatória" para tudo o que os outros fazem, ainda que seja o mesmo que ele faz. Daí o uso de "dois pesos e duas medidas", que conduz ao "olho por olho". O mundo se encheria de cegos, dizia Mahatma Gandhi.

Entretanto, o termo "lógica" também se usa para cada lado do cérebro separadamente, mas com conotações diferentes: lógica racional ou formal quando se refere ao processo do cérebro esquerdo; lógica "ilógica", irracional, paraconsistente, lógica da fé, do amor, da moral-ética e do humanismo, quando se refere ao modo inspiracional, ou quando vem da ciclagem reduzida e inconsciente do cérebro direito; e lógica dos fatos, da força, lógica da sobrevivência, do ganho, da avareza ou lógica do mercado, quando se refere ao processo central-operativo de buscar vantagens acima de tudo, ou acima da lógica racional do cérebro esquerdo e da lógica ética do direito. São três "lógicas". Realmente, a lógica é simultaneamente racional ou não contraditória no cérebro esquerdo; é difusa, paraconsistente, "ilógica", intuitiva, elástica no cérebro direito; e, na maioria das vezes, é a "lógica do mais forte" no cérebro central. A vida, que é uma sucessão de jogos triádicos, se move como trança e assim também os três processos mentais, com suas três lógicas, que podem coexistir dentro da "lógica" do Proporcionalismo.

Pela cultura monádica em que nos desenvolvemos, não existe muita comunicação, nem entendimento entre esses três comportamentos do cérebro, suas três culturas e suas três lógicas, que enchem nosso cotidiano de choques e absurdos.

O Ciclo Cibernético de *Feedback* indica que cada um de seus passos ou cada uma das operações aí indicadas supõe estar em cadeia com todas as demais, sejam anteriores ou posteriores. Por isso há que cumprir com todos os passos, sempre. Se cada um dos três cérebros quisesse ter seu próprio ciclo separado dos outros dois, teríamos pessoas ou grupos atuando como esquizofrênicos. Cada cérebro arranjaria os 10 passos assim:

CCF de Cérebro Esquerdo	CCF de Cérebro Central	CCF de Cér. Direito
01 Tema	Projeto, missão	Sonho
02 Coleta de dados	*Outsourcing*, experiências	Intuição, fantasia
03 Processamento	Estudo de mercado	Autopersuasão
04 Diagnóstico, sentenças	Ocasião oportuna, nichos	O que deveria ser
05 Futuro como passado	Visão de futuro, simulação	Premonição, miragem
5.1 Soluções lógicas	Estratégias	Alegre criatividade
06 Mais estudos e consultas	Decisões por *feeling*	Missão a cumprir
07 Reuniões técnicas	Planejamento e orçamento	Improvisação
08 Burocracia, pareceres	Administração e Controle	Entusiasmo em aventuras
09 Produção de relatórios	Supervisão de produção	Fé em Deus e na sorte
10 Debates dos relatórios	Balanço e replanejamento	Celebrações de tentativas

Essa é uma paródia de cada lado do cérebro, segregado dos demais e prisioneiro de si mesmo. Os fundamentalistas do cérebro esquerdo têm quase aversão à sensibilidade do cérebro direito e ao fazer do cérebro central. Por que será que o Ibama leva 2 anos para dar um parecer, e os juízes levam 10 anos para dar uma sentença? Por que as empreiteiras têm que subornar os funcionários públicos para que liberem seus projetos?

Os fundamentalistas do cérebro central têm quase aversão à ciência/racionalidade/legalidade do cérebro esquerdo e à sensibilidade do cérebro direito humanista. Por isso, seu CCF ficou reduzido ao PDCA. Por que será que os industriais desrespeitam tanto os trabalhadores e agridem tanto o ambiente? Por que será que os banqueiros e especuladores assaltam tão descaradamente os cidadãos e os governos?

Os fundamentalistas do cérebro direito têm quase aversão à ciência/racionalidade do cérebro esquerdo e à realidade/objetividade socioeconômica do cérebro central. Por que será que as religiões fogem tanto da ciência questionadora e se refugiam alienadamente num mundo sobrenatural/mágico?

Isso reforça a necessidade do paradigma triádico sistêmico, da reformulação das Ciências Sociais e Humanas e sua integração interdisciplinar numa Ciência Social Geral.

A integração complementar dos três processos num ciclo único tem as características do holograma: cada parte contém o todo e o todo é mais que a soma aritmética das partes. Quer dizer que cada operação do CCF pode ser tomada como eixo de todas as demais; cada uma pode ser número um, ou ser ponto de partida para o CCF, mas sempre e quando seja completada por todas as demais. Dito de outra maneira: cada uma supõe todas as demais para sua realização; cada uma forma um micro CCF. Quando não se compreende isso, tem-se a impressão que o CCF tem as funções sobrepostas ou repetitivas, que ele é confuso ou que uma etapa tem que ser independente da outra.

O CCF é um ciclo com epiciclos, ou seja, cada passo requer os demais ao redor de si mesmo. Como são 10 funções, serão 10 micro-CCFs que sua cabeça percorrerá toda vez.

Fig. 57. Cada um dos 10 passos do CCF tem seu microciclo

O TRICEREBRAR ou CCF é o encadeamento dos três cérebros e dos métodos particulares de cada um deles, historicamente desenvolvidos em separado, como consequência do método cartesiano, monádico, dissociativo, especializando-se e diferenciando-se em cada nova área de conhecimento que surge. Esses três blocos cerebrais e seus métodos particulares, quando tomados em separado, se chamavam e, para muitos, ainda se chamam assim:

a. Método científico ou metodologia da pesquisa, que cobre as funções do cérebro esquerdo, do número um ao número quatro do CCF; o resto se completaria como mencionado antes sob o título dos três CCFs esquizofrênicos.

b. Método estratégico, qualitativo-emocional-opinativo, o dos consultores, do clima organizacional, que são funções do cérebro direito, condensadas sob os números cinco e seis do CCF.

c. Método administrativo, o dos executivos, das competências gerenciais, que cobre as funções do cérebro central do número sete ao número 10 do CCF, como propõe o PDCA.

Quando os educandos tiverem montado o CCF pleno e, compreendido o microciclo de cada uma das suas 10 operações, terão muitas vantagens sobre os demais que não tenham o CCF, porque dominam o segredo do APRENDER A APRENDER, do APRENDER A CRIAR, do APRENDER A FAZER.

Depois de um ou dois semestres de domínio do CCF pleno, em sala de aula ou local de trabalho, pode-se passar ao próximo passo. Este consiste em aprender instrumentos para dominar a enormidade de informação da ciência, dos noticiários, da arte, do mercado e do funcionamento da sociedade. Isso tudo está organizado e armazenado em enciclopédias, bibliotecas, internet e buscadores como Google, Yahoo, Baidu etc. Mas você necessita reter o essencial em seus três cérebros como banco de dados à disposição de cada passo do CCF. O que necessitamos saber de cada matéria é o 10% essencial e suas fórmulas ou seus algoritmos; para o resto, basta saber onde está, como buscá-lo e como usá-lo.

Como chegar a usar a cabeça para sobreviver ao tsunami da informação? Pelo uso de mapas mentais tricerebrais (adiante).

4.5 MAPAS MENTAIS TRICEREBRAIS

Mapa mental é o modo como o cérebro condensa e organiza uma realidade captada e como a representa graficamente, por desenhos, por esquemas conceptuais ou maquetes. O psicólogo inglês Tony Buzan (2012) registrou os direitos autorais sobre modelos ou desenhos com o tema ao centro e ramos ao redor, embora os grafiteiros neandertais já tivessem desenhado mapas mentais nas paredes das cavernas.

Os mapas mentais do cérebro direito são chamados "modelos icônicos" porque aí predominam ilustrações, imagens e cores para representar a estrutura e o fluxo de funcionamento de algo.

Os mapas mentais de cérebro esquerdo são chamados "referenciais", marcos ou quadros conceptuais porque neles predominam quadros, gráficos, conceitos, classificações verbais; até agora foram apresentados os referenciais dos Quatro Fatores Operacionais, dos 14 subsistemas, das esferas "dinâmicas"; o Hológrafo ou macroscópio, que é uma síntese composta por todos os demais, será apresentado mais adiante (Fig. 69). Esses referenciais são chamados também "mapas conceptuais".

O cérebro central constrói seus mapas mentais por miniaturas ou maquetes, como fazem os arquitetos, engenheiros, odontólogos etc.

Há pouca dificuldade para construir ou entender uma "maquete"; é só uma redução de escala. Há pouca dificuldade para construir e entender um modelo, pois é desenhar a percepção gestáltica e condensada de um todo. A dificuldade maior está em construir, validar, entender e manejar um referencial conceptual de cérebro esquerdo. Os modelos e referenciais podem combinar-se: o referencial processa e explica, e o modelo ilustra.

Referencial é todo conjunto de conceitos inter-relacionados formando um quadro gráfico, de dupla ou tripla entrada, em lugar do discurso linear, por livre associação de ideias. Este é prolixo, labiríntico, cheio de meandros;

aquele é conciso, bem claro e eficiente na orientação. O referencial serve para condensar, ordenar ou classificar fatos ou informações, para qualquer operação mental do CCF. Qualquer profissão tem seu marco teórico, sua linguagem, alguns esquemas classificatórios que, às vezes, servem também para o processamento e o diagnóstico. Esses referenciais se encontram em seus dicionários, ou dispersos nos textos e manuais de cada profissão, que se dizem referencial linear ou discursivo. Aqui queremos marcar bem a diferença entre linguagens e referenciais lineares-discursivos e, linguagens e referenciais gráficos. Aqueles são antiquados e obscuros; estes são modernos e claros.

Uma das inovações em Cibernética Social é o combate ao discursismo, aos referenciais lineares-discursivos do livre associacionismo, que são sempre muito extensos, tagarelas e confusos. A Ciência Social Geral introduz e usa cada vez mais os modelos, referenciais e maquetes tangíveis ou virtuais, úteis para todas as Ciências Sociais e Humanas. Os referenciais (Quatro Fatores Operacionais, oito dinâmicas etc.) e os modelos (o cérebro tri-uno tetranivelado, o CCF, o fluxo sistêmico etc.) começam em forma "menor" e menos complexa, como módulos que podem ir se combinando ou se agrupando, progressivamente, até chegar ao referencial global chamado Hológrafo Social ou macroscópio e vice-versa (Fig. 69). Pode-se desmembrar o Hológrafo pelos módulos que o compõem e usá-los como referenciais "menores". Nesse caso, perde-se detalhes pela menor densidade do conteúdo, mas não se perde nem a conexão com a globalidade do Hológrafo, nem a coerência ou compatibilidade com os demais módulos.

Para o uso de mapas mentais triádicos na didática e ensinagem, há uma seção chamada USO DE MAPAS MENTAIS, adiante.

4.5.1 Referencial dos quatro fatores operacionais

O referencial mais simples e que se usa para identificar e situar qualquer sistema é o dos Quatro Fatores Operacionais, já usados antes em exercícios de operacionalização:

1. ESPAÇO: Matergia tri-una, fractal, sistêmica, tridimensional. Planeta, ecossistema, região, cenários, instalações, salas, equipamentos, ferramentas, materiais de insumo. Espaço público/privado. Domínio interno/externo.

2. CRONOLOGIA: Evolução tri-una e trançada, em ciclos, transição. Periodicidade regular/irregular. Duração, ritmo e horários de eventos. Calendários, cronogramas, datas. História, passado, presente, futurologia, planos.

3. PERSONAGENS/fatores/sujeitos/forças/: Prestadios e usuários subgrupais dos 4 níveis. Perfil tricerebral-trigrupal individual, étnico, nacional. Interações, jogos triádicos de disputa maximocrática de poder e tri-satisfatores que formam hierarquias/classes, ordem, desordem.

4. PROCEDIMENTOS:
   4.1. AGENDAS: O QUE SE FAZ/PRODUZ, ramo de atividades, ações.
   4.2. SÍMBOLOS: ATRAVÉS de que linguagem, contratos, documentação.
   4.3. KNOW-HOW: COMO, tecnologia, métodos, praxes, inovação.
   4.4. PRINCÍPIOS: POR QUE, PARA QUE fazer, paradigma, crenças, missão, motivação.
   4.5. VALORES: COM QUE recursos e competências intelectuais, emocionais, materiais.
   4.6. RESULTADOS: FEEDBACK, avaliação, indicadores, balanços. Feedforward.

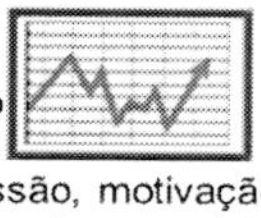

Fig. 58. Referencial dos 4 fatores operacionais para estar conectado com a realidade

Podemos combinar um referencial (sua parte verbal) com um modelo ou ilustrações. As quatro palavras-chave que formam esse quadro referencial dos operacionais são: espaço, cronologia, personagens e procedimentos. Popularmente se diz onde, quando, quem, por que e como. Mas é melhor usar a nomenclatura técnica organizada num gráfico, porque cada palavra-chave é um pacote de conceitos e pode cruzar-se com as demais palavras-chave em diferentes combinações.

A palavra-chave "ESPAÇO" contém outros conceitos menores como esferas, fronteiras, ambiente, endereço, distâncias, cenários, implementos, volumes, pesos etc.

A palavra-chave "CRONOLOGIA" se decompõe em outros conceitos como eras, épocas, história, ciclos, as três fases de um ciclo, evolução, ritmos, temporadas, horários, passado, presente, futuro, paciência e pressa etc.

A palavra-chave "PERSONAGENS" inclui conceitos como: Fluxograma da Vida; três cérebros tetranivelados e seu CCF; o jogo triádico de quem, com quem, contra quem; hierarquias de prestadios e usuários em quatro níveis de atuação e quatro correspondentes níveis de vivência etc.

A palavra-chave "PROCEDIMENTOS" contém conceitos como: agendas/ações ou ocupações, programas e profissões; símbolos verbais, numéricos e símbolos não verbais, como bandeiras e uniformes; know-how, métodos, técnicas, praxiologia, didática; valores e recursos tricerebrais, meios com que; crenças, filosofia de vida, tradições, folclore; sanções ou resultados positivos, neutros ou negativos dos quatro operacionais e *feedback*.

Às vezes aparece a expressão "os 5 W e um H". São as iniciais de palavras em inglês: *Where, When, Who, What, Why, and How*" que correspondem a "onde, quando, quem, que, por que e como" muito divulgadas pelo movimento de Qualidade Total.

— É possível combinar o CCF, que é o sistema operacional do cérebro, com qualquer software ou banco de dados que, nesse caso, são os referenciais classificadores de informação? Pode-se e deve-se para ampliar o potencial mental.

— Vamos começar acoplando os Quatro Fatores Operacionais ao CCF.

CCF mínimo	CCF pleno	Espaço Instalações Equipamento	Cronologia Ciclos Visão futura	Três subgrup. Níveis Jogo triádico	Missão.Objetivos Métodos.Dificuldades. Custos. Resultados.
INFORMAÇÃO SITUACIONAL DIAGNÓSTICO	1. Tema e objetivos				
	1.1 Hipótese, definições				
	2. Coleta de dados				
	3. Processamento				
	4. Diagnóstico				
CRIATIVIDADE ESTRATÉGIA DECISÕES	5. Futurição				
	5.1. Criatividade Estratégia				
	6. Propostas/decisões				
GESTÃO E CONTROLE	7. Planejamento Fluxogramas Operacionalização				
	8. Ejecução				
	9. Controle				
	10. Feedback/forward				

Fig 59. O CCF mínimo e pleno acoplados ao referencial dos Quatro Fatores Operacionais

Isso quer dizer que cada um dos 10 passos do CCF vai ser especificado ou desdobrado pelos Quatro Fatores Operacionais e seus conteúdos. Por exemplo, se o tema que é o Passo 1 do CCF for "Currículo Infantil", ele estará situado em algum espaço, em alguma data ou cronologia, estará vinculado a determinados personagens prestadios e usuários, e se realizará por determinados procedimentos. No Passo 2 do CCF, que é a coleta de dados para o Currículo Infantil, esses dados serão coletados em determinado espaço, lugar ou jardim; em determinado período e horário do ano e do mês; entrevistando uma determinada amostra de educadores/cuidadores e de crianças; para conhecer/escolher programas e atividades do currículo. O mesmo se fará nos demais passos do CCF.

Isso indica que cada passo do CCF tem que situar-se, delimitar-se e deixar-se definir pelos Quatro Fatores Operacionais. A maioria das pessoas aprendeu a usar explicitamente os operacionais só para planejamento e administração, ou passos de número sete e oito do CCF, que são do cérebro central.

Pouco a pouco, vamos ampliando o poder mental que nos confere o CCF, por subdivisão de cada um de seus passos e, também do referencial, sem estropiar a matriz original. As ferramentas-matriz têm que ser estáveis para servir como linguagem compartilhada e coletiva, que é o que falta às Ciências Sociais e Humanas.

> **QUEM NÃO USA REFERENCIAIS NÃO TEM BANCO DE DADOS E TERÁ POUCA MEMÓRIA.**

4.5.2 Referencial das esferas dinâmicas

"Dinâmicas" são áreas, esferas, âmbitos, círculos, ambientes ou campos do dinamismo da energia-natureza, coexistentes e mutuamente não deformadoras como os círculos da água numa lagoa quando se lança uma pedra e outra e mais outra, ou como as ondas do eco, o que é uma metáfora do holograma. As esferas dinâmicas são infinitas, mas as básicas são:

- Dinâmica Matergística (palavra formada pela contração de matéria e energia): o Big Bang, o bóson, os quarks, o átomo, a Física Quântica.

- Dinâmica Potencial-Ambiental: a evolução, os recursos naturais, o ecossistema.

- Dinâmica Mental: Neurociência, sistema nervoso, competências dos três cérebros e Ciclo Cibernético de *Feedback*.

- Dinâmica Individual-Familiar-Escolar: programação tricerebral, auto-condução e desempenho de uma pessoa pelos ciclos do Fluxograma da Vida. Personalidade.

- Dinâmica Prestusuária (ex-economia): conjunto de agendas prestadias/usuárias; empresas, trabalho, produção, distribuição, consumo, poupança e níveis de vivência.

- Dinâmica de Grupo (ex-política): organização em três subgrupos para disputa de poder e controle dos satisfatores, das pessoas, famílias e dos países.

- Dinâmica Simbólica ou Cultural: teorias e comunicação número-verbal; representação não verbal, artística e mitológica; representação simbólica de satisfatores pelo dinheiro e seus equivalentes.

- Dinâmica Futuro-Universal: o que transcende o ser humano e sua vida, o planeta, o cosmos e o que se espera no além.

Como o CCF é o sistema operacional, ele pode conectar-se e operar com qualquer banco de dados ou software. Já constatamos isso com os operacionais. Vamos agora acoplar-lhe o referencial dessas oito esferas "Dinâmicas". Usando o mesmo tema do "Currículo Infantil", no Passo 1 do CCF, esse tema se especificaria e se aplicaria primeiro na dinâmica/educação das Ciências Naturais; segundo, esse mesmo tema se especificaria e se aplicaria na dinâmica/educação ambiental; terceiro, na dinâmica/educação mental; quarto, na dinâmica/educação individual-familiar; quinto, na dinâmica/educação prestusuária; sexto, na dinâmica/educação de grupos; sétimo, na dinâmica/educação simbólica; e, oitavo, na dinâmica/educação futuro-universal.

No Passo 2 do CCF, que seria a coleta de dados sobre o "Currículo Infantil", primeiro se coletariam dados sobre seu conteúdo na dinâmica matergística ou Ciências Naturais; segundo, se coletariam dados sobre seu conteúdo na dinâmica ambiental; terceiro, sobre seu conteúdo na dinâmica mental; quarto, sobre seu conteúdo na dinâmica individual-familiar; quinto, sobre seu conteúdo na dinâmica prestusuária; sexto, sobre seu conteúdo na dinâmica de grupos; sétimo, sobre seu conteúdo na dinâmica simbólica; e, oitavo, sobre seu conteúdo referente à dinâmica futuro-universal etc.

DINÂMICAS CCF	MATER-GÍSTICA	AMBI-ENTAL	MENTAL	INDI-VIDUAL	PRESTU-SUÁRIA	GRUPAL	SIMBO-LOSFERA	FUTURO-UNIVERSAL
1. Tema. Objetivo								
2. Coleta de dados								
3. Processamento								
4. Diagnóstico Síntese. Informe								
5. Futurologia 5.1. Criatividade Estratégia								
6. Proppstas. Projetos								
7. Planejamento Fluxograma Operacionalização								
8. Implementação								
9. Supervisão, controle (coaching)								
10. Feedback								

Fig. 60. O CCF acoplado ao referencial das esferas dinâmicas

Esse referencial das "dinâmicas" é muito útil quando se quer uma compreensão das esferas, campos de vida e ambientes progressivos e hierarquizados de uma realidade. Pode-se abarcar desde o mais básico ou micro como energia, mente, indivíduo, família, avançando para o médio como grupos, instituições, empresas, até o mais amplo/superior, como a sociedade, a cultura, o universo.

4.5.3 Referencial dos 14 subsistemas de qualquer sistema

Quando se quer uma cobertura total dos setores de uma comunidade ou de qualquer sistema, devemos empregar o melhor referencial que foi inventado para isso: os 14 subsistemas sociais do antropólogo A. R. Müller, fruto de um doutorado de Oxford. Já vimos sua lista no capítulo 3, sob o título "Os 14 subsistemas de uma vida sistêmica".

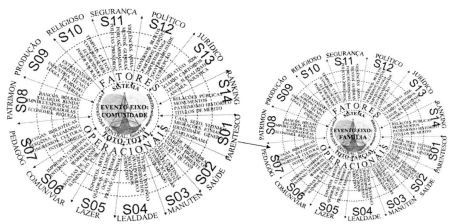

Fig. 61. Referencial dos 14 subsistemas em forma de Roda-Viva

Os 14 subsistemas podem ser apresentados em forma de roda-viva com um eixo no centro, tomado como sistema toto-total e os raios como subsistemas ou sistemas toto-parciais. A família, que na primeira roda-viva é um sistema toto-parcial, pode ser tomada como um sistema toto-total, formando nova roda-viva com o S01 no centro e seus 14 raios, porque é um holograma da primeira roda-viva. Se tomamos a escola como sistema toto-total, a família será um subsistema ou sistema toto-parcial da escola. O mesmo se fará com uma empresa, uma comunidade. Isso implica que uma vez estabelecida uma roda-viva, cada um dos seus 14 subsistemas pode tornar-se um sistema toto-total, o que vai gerar 14 mini-rodas-vivas ou mini-hologramas. Isso está de acordo com o princípio de que a energia é um holograma que se repete em mini e macro-hologramas.

Outra maneira de representar o mesmo conceito de roda-viva como holograma que gera outras rodas-vivas é tomar um dos 14 raios e daí estender linhas para todos os demais. Ao fazer isso partindo dos 14 raios, aparecerá um belo desenho que se pode chamar a urdidura da vida. Foi o que fez a artista equatoriana Maria Judith Hurtado.

A roda-viva dos 14 subsistemas se apresenta com círculos concêntricos, representando os quatro níveis de divisão de trabalho ou agendonomia e os quatro níveis de vivência em cada um deles. Uma pessoa, uma família ou uma comunidade não tem os níveis de agendonomia e de vivência iguais em todos os 14 subsistemas. Ao traçar um perfil delas, a linha será uma sequência de picos e vales, já que em alguns subsistemas terão posição mais alta e noutros, posição mais baixa, segundo os fatos e o critério de medida adotado.

Como já conhecemos o referencial dos Quatro Fatores Operacionais, podemos associá-lo ao referencial dos 14 subsistemas, formando, assim, um referencial mais complexo e mais eficaz. Ao fazer isso, compreendemos que cada um dos 14 subsistemas tem seu conteúdo organizado pelos Quatro Fatores Operacionais, que funcionam também como engrenagens que os movem. A maneira mais didática de acoplar ou associar estes dois referenciais é a dupla entrada, dispondo os 14 subsistemas na vertical formando colunas, e dispondo os operacionais na horizontal, formando linhas.

1. **ESPAÇO:** Região, terreno, instalações. Longitude, latitude, altitude (solo, clima, umidade, topografia, distâncias, acesso). Matéria prima. Equipamento/ferramentas. Imobilizado. Estoques.
2. **CRONOLOGIA:** Histórico evolutivo, ritmo, ciclos, estações. Calendário civil, religioso, econômico (feiras, exposições). Horários, intensidade. Visão de futuro. Prazos do planejamento.
3. **PERSONAGENS Prestadios:** Divisão de trabalho, organograma. Supervisão e controle. Interações. Hierarquias, classes, conflitos. **PERSONAGENS Usuários:** clientes, segmentos sociais. Subordinação, ajustamento, conformidade, rebeldia. Mobilidade social.
4. **PROCEDIMENTOS:**
   4.1. AGENDAS: O QUE, ramos de atividades (fluxogramas/design)
   4.2. SÍMBOLOS: ATRAVÉS de que marca, slogans, informativos.
   4.3. KNOW-HOW: COMO, tecnologia, métodos, rotinas, inovação.
   4.4. PRINCÍPIOS: POR QUE, para que fazer, missão, motivação.
   4.5. VALORES: QUAIS recursos intelectuais/financeiros/emocionais.
   4.6. RESULTADOS: MEDIÇÃO de outputs. Reparto/Reinvestimento.

Colunas dos subsistemas:

S01 - FAMÍLIAS. COMUNIDADES. CONSTRUTORAS
S02 - SAÚDE. HEALING. EMERGÊNCIAS
S03 - MANUTENÇÃO. GASTRONOMIA. COMÉRCIO
S04 - LEALDADE. COOPERATIVAS. ASSOCIAÇÕES
S05 - LAZER. ESPORTES. NOITE. ARTE. EVENTOS
S06 - COMUNICAÇÕES. TRANSPORTES. VIAS
S07 - EDUCAÇÃO. UNIVERSIDADES. ACADEMIAS.
S08 - PATRIMÔNIO. BANCOS. CÂMBIO. INVESTIMENTO
S09 - PRODUÇÃO. MANUFATUREIRA. EXPOSIÇÕES
S10 - RELIGIOSO. DENOMINAÇÕES. DEVOÇÕES
S11 - SEGURANÇA. DEFESA. PRESÍDIOS.
S12 - POLÍTICO-ADMIN. GOVERNO. EMBAIXADAS
S13 - JURÍDICO. TRIBUNAIS. DIREITO. FÓRUM
S14 - MÉRITO. MUSEUS. HOMENAGENS. BELEZA

Fig. 62. Os 14 subsistemas com seus 4 Fatores Operacionais

A leitura mais proveitosa, na horizontal, é partir do fator operacional "Espaço" e desdobrá-lo em 14 subespaços, cenários ou instalações de cada um dos 14 subsistemas, que receberão os seguintes nomes:

As instalações no subsistema 1 (parentesco/família) recebem, por exemplo, o nome de moradias; as instalações no subsistema 2 (saúde) recebem, por exemplo, o nome de hospitais e farmácias; as do subsistema 3 (manutenção) recebem, por exemplo, o nome de restaurantes, feiras e lojas; as do subsistema 4 (lealdade), recantos; as do subsistema 5 (lazer), clubes e praças; as do subsistema 6 (comunicação/transporte), emissoras e vias de circulação; as do subsistema 7 (educação) recebem, por exemplo, o nome de escolas; as do subsistema 8 (patrimonial) são propriedades e bancos; as do subsistema 9 (produção) são minas, lavouras, fábricas e escritórios; as do subsistema 10 (religioso), templos; as do subsistema 11 (segurança) recebem, por exemplo, o nome de quartéis e presídios; as do subsistema 12 (político-administrativo), palácios e órgãos públicos; as do subsistema 13 (jurídico) recebem, por exemplo, o nome de tribunais e cartórios; as do subsistema 14 (precedência-mérito) recebem, por exemplo, o nome de passarelas, museus e monumentos.

A "cronologia" de 24 horas também é dividida entre os 14 subsistemas. Os "personagens", em seus papéis de cada um dos 14 subsistemas, têm nomes diferentes. E em "procedimentos", as agendas, ocupações e profissões têm nomes apropriados a cada um dos 14 subsistemas.

4 FATORES OPER. SUBSISTEMAS	INSTALAÇÕES CENÁRIOS	CRONOLOGIA CICLOS, RITMOS	PERSONAGENS PRESTAD/USUÁRIOS	COMPORTAMENTOS CÂNONES
S01-FAMÍLIA	Casa, endereço, comunidade	Idade, ciclos, aniversários	Pai, mãe, filhos, netos, parentes	Sexual, casar-se, criar filhos, tradição familiar
S02-SAÚDE	Hospital, laboratórios, cemitério	Enfermidades de cada idade, horários	Médicos, psicólogos, pacientes	Consultas, tratamientos, tecnologia, morte
S03-MANUTENÇÃO	Feira, cozinha, restaurantes, mesa	Dias de mercado horários de comida	Comerciantes, fregueses, chef	Abastecer, cozinhar, comer, vestir, beber, vitalidade
S04-LEALDADE	Clubes, pontos de encontro	Encontros, lua de mel, reuniões	Amigos, amantes, sócios, parceiros	Querer-se, apoiar-se, demostrar fidelidade.
S05-LAZER	Canchas, cassinos lugares turísticos	Festas, férias fins de semana	Esportistas, artistas, plateia	Divertir-se, descansar, gozar, ser feliz
S06-COMUNIC/TRANSP	Redes, emissoras rotas, terminais	Horários/duração de programas, de viagens	Comunicadores, pilotos, passageiros	Entender-se, informar, circular, transportar
S07-EDUCAÇÃO	Escolas, bibliotecas, livros	Calendário escolar educação permanente	Educadores, estudantes, cientistas	Aprender, capacitar-se, pesquisar, ensinar
S08-PATRIMONIAL	Terra, bancos, bens, dinheiro	Ciclos econômicos, prazos de pagamento	Prestamistas, devedores, investidores	Comprar, vender, pagar, economizar, ganhar dinheiro
S09-PRODUÇÃO	Fábricas, minas, campos, oficinas	Dias de trabalho, horário de jornada	Engenheiros, agricultores, trabalhadores	Extrair, semear, criar manufaturar, produzir
S10-RELIGIOSO	Templos, lugares sagrados	Calendário religioso, ritos por ciclo	Ministros, fieis, romeiros, deuses	Transcender, meditar, elevar-se, reverenciar
S11-SEGURANÇA	Quartéis, cárceres, asilos, armas	Servicio militar, toque de recolher	Guardiães, protegidos, soldados	Proteger, defender, ter paz, guerrear, sobreviver
S12-POLÍTICO-ADMIN.	Território, país, fronteiras, palácios	Calendário cívico, eleitoral	Governantes, cidadãos, eleitores	Planejar, organizar, ordenar, liderar, desenvolver
S13-JURÍDICO	Tribunais, foruns, cartórios	Maioridade, prazos de tramitação	Juizes, advogados, reus, partes	Estabelecer direitos e deveres, julgar, sancionar
S14-MÉRITO/RANKING	Lugares de prestigio, museus	Datas comemorativas, horários nobres	Comissões de mérito,homenageados	Competir, reconhecer, esforço, reconhecer méritos
	AMBIENTE físico	HISTÓRIA calendários	PAPÉIS SOCIAIS prestadios/usuários	AGENDAS DIÁRIAS cultura

Fig. 63. Lido na horizontal, é o desdobramento de cada subsistema, em cada um dos 4 Fatores Operacionais. Lido na vertical, o quadro mostra o desdobramento de cada operacional, em cada um dos 14 subsistemas.

Com isso, é possível lidar organizadamente com a quase infinita variedade dos eventos sociais. Com esse referencial que conjuga os operacionais com os 14 subsistemas e vice-versa, temos uma matriz para fazer qualquer questionário e pesquisa, em qualquer das Ciências Sociais e Humanas. Essa matriz funciona como um aparelho que revela a realidade ou estrutura de qualquer sistema, seja uma pessoa, família, comunidade ou país, com detalhes, nitidez e presteza muito superiores ao que faz a economia desde os tempos de Adam Smith, que é velho de 1776. Adam Smith dividiu a realidade em dois grandes campos, que são o econômico e o social, ou socioeconômico, deixando o resto na escuridão (Müler, 1958). Os autoendeusados economistas dizem conhecer essa parte escura, mas vêm sendo desmentidos todos os dias desde a crise de 2007/2008.

O quadro de referência socioeconômico é demasiado pobre e simplório em sua pretensão de lidar com a complexidade de hoje, com apenas duas categorias. Só insistem em usar tal quadrinho de referência os que têm a má intenção de tirar proveito da situação, enganando os demais. É cada vez mais evidente a razão pela qual os subgrupos oficiais e seus escudeiros – os economistas – têm interesse em ocultar a realidade dentro de um pacote socioeconômico: eles a manipulam para lucrar, enquanto se esforçam para que as vítimas não se deem conta e aceitem tudo sem questionar, estonteados com tantas mágicas econômicas e políticas. A maliciosa linguagem socioeconômica de mercadores e políticos oculta a concentração da renda e do poder, a corrupção e a manipulação da lei para que o saqueio dos mais débeis seja um assalto legalizado. Isso só vai mudar quando mais gente rejeitar o esquema socioeconômico, falsamente democrático, e aderir ao princípio tri-uno dos três cérebros, dos três subgrupos e aderir ao esquema e uso dos 14 subsistemas, que é um desdobramento mais científico do malicioso referencial socioeconômico.

Os 14 subsistemas, que são a estrutura interna de circulação de energia de qualquer sistema, são indispensáveis para quem queira captar e classificar a realidade mais profunda e completamente. Com isso, deixaremos de ser enganados pelo atual discurso político e econômico sobre a realidade.

Qualquer referencial, sozinho, é apenas um arquivo, um catálogo, um *checklist*, isto é, uma lista para conferir o que há e o que falta. Mas quando se acopla ao CCF torna-se um potente organizador e amplificador tricerebral. E o mais potente é o dos 14 subsistemas com os Quatro Fatores Operacionais, aplicado a qualquer das esferas dinâmicas:

14 SUBSISTEMAS com Operacionais / PASSOS DO CCF	ESPAÇO CRONOLOGIA PERSONAGENS PROCEDIMENT	01-FAMÍLIA	02-SAÚDE	03-MANUTENÇÃO	04-LEALDADE	05-LAZER	06-COMUN/TRANSP	07-EDUCAÇÃO	08-PATRIMONIAL	09-PRODUÇÃO	10-RELIGIOSO	11-SEGURANÇA	12-POLIT-ADMIN.	13-JURÍDICO	14-MÉRITO/RANKING
01. Tema, Projeto. Objetivos, Metas. Questionamento Hipótese, definições															
02. Coleta de dados															
03. Processamento															
04. Diagnóstico															
05. Futurição															
5.1 Criatividade															
06. Decisões															
07. Planejamento															
08. Execução															
09. Supervisão															
10. Feedback															

Fig. 64. O CCF acoplado aos 14 subsistemas com seus operacionais

Quem quiser incluir mais segmentos, áreas ou especialidades profissionais nos 14 subsistemas pode segmentar ou subdividir cada um deles, sem alterar a matriz ou seu formato original. Isso é indispensável indispensável para poder funcionar como metalinguagem e ferramenta compartilhadas por todas as Ciências Sociais e Humanas.

O subsistema S01-Família pode ter os seguintes segmentos: reprodução vegetal, animal, humana; demografia, etnias; habitação, hotéis; comunidades, urbanização, ecologia etc. O subsistema S02-Saúde pode ter os seguintes segmentos: sanidade ambiental, ciências médicas, fisioterapia, enfermaria, farmácia, tanatologia, odontologia, psicologia, fonoaudiologia; veterinária, fitologia etc. O subsistema S03-Manutenção pode ter os seguintes segmentos: hidrologia, vestuário, alimentação, nutrição, culinária, bebida; comércio, shopping; restaurantes; marketing etc. O subsistema S04-Lealdade pode ter os seguintes segmentos: amizades, namoros, noivados; associações, cooperativismo, sindicalismo, redes sociais, ONGs; máfias, organizações secretas, quadrilhas etc. O subsistema S05-Lazer pode ter os seguintes segmentos: turismo, esportes, agências, rotas turísticas, points; jogos, campeonatos, compra e venda de atletas mercenários; games, artes, artesanato etc.

O subsistema S06-Comunicação e Transporte pode ter os seguintes segmentos: idiomas, imprensa, correios, internet, TIC; estatísticas nacionais; vias espaciais, aéreas, aquáticas, terrestres; sistema ferroviário, rodoviário, aquático, espacial, pedestres, teleguiados, drones etc. O subsistema S07-Educação pode ter os seguintes segmentos: educação formal, informal, presencial, a distância, *e-learning*, educação especial; sistemas de ensino, graus de ensino, métodos didáticos, neurociências e Neuroeducação; pesquisa, revistas científicas, editoras, bibliotecas, catálogos físicos, catálogos virtuais etc. O subsistema S08-Patrimônio pode ter os seguintes segmentos: sistemas de propriedade, sistema monetário, sistema bancário e financeiro, bolsas, seguradoras; economia informal, economia social; corretoras, impostos etc. O subsistema S09-Produção pode ter os seguintes segmentos: pesca, mineração, extração vegetal, agropecuária, construção, indústria; energia, tecnomanutenção, serviços, organização do trabalho, profissões etc. O subsistema S10-Religioso pode ter os seguintes segmentos: animismo, judaísmo, taoísmo, budismo, xintoísmo, zoroastrismo, cristianismo, islamismo; religiões sincréticas, ateísmo etc. O subsistema S11-Segurança pode ter os seguintes segmentos: defesa terrestre, marítima, aérea, espacial, cibernética; segurança pessoal, doméstica, empresarial, ecossistêmica; criminalidade, sistema prisional etc. O subsistema

S12-Político-Administrativo pode ter os seguintes segmentos: gestão individual, familiar, municipal, regional, nacional, global, ONU; sistemas eleitorais, governo teocrático, monárquico, aristocrático, popular, plutocrático, republicano; regimes políticos, revoluções etc. O subsistema S13-Jurídico pode ter os seguintes segmentos: poder judicial, jurisprudência; constituições, códigos de direito; direito internacional, tribunais internacionais, pena de morte, Direitos Humanos, direito canônico etc. O subsistema S14-Mérito e ranking pode ter os seguintes segmentos: museus, patrimônio histórico, patrimônio universal, relíquias; ordens de mérito, ISO, canonização, premiações; concursos de beleza, heróis, monumentos, modelos, celebridades etc.

4.5.4 Iniciação à didática sistêmico-triádica

Com o tempo, o professor tem que reorganizar seus materiais didáticos dentro da visão ou paradigma e linguajar sistêmico-triádicos, em todos os passos do CCF e seus triplos mapas mentais. É a "triadização sistêmica": distribuir os conteúdos de qualquer disciplina pelos três cérebros e num fluxo sistêmico (input-transformação-output). Os manuais que existem são monádicos, à exceção de algumas Ciências Sociais e Humanas em que se introduziu a visão sistêmico-diádica do marxismo.

Nas ciências "mais exatas" é fácil ver os temas sistemicamente, num fluxo de causas que correspondem aos inputs; transformação que é o processo que ocorre no interior do sistema; e o efeito que corresponde aos outputs; no retorno gerado pelo *feedback*, o efeito se torna causa. As Ciências Exatas notaram o fluxo sistêmico, mas não seu trançado triádico porque são unilineares, monádicas, unilateralistas; se muito, notaram as antinomias, as dicotomias. Mas como são maniqueístas, um lado e somente um será o bom e o outro será o mau e tem que ser negado e, quando possível, eliminado.

O triádico, isto é, a inclusão do terceiro lado ou elemento é menos visível, apesar de se terem passado mais de 100 anos desde que a Física Nuclear determinou a triadicidade da energia, três partículas do átomo, com suas três cargas, três sentidos e, agora, tríades de quarks, bósons etc.

Antes de apresentar qualquer tema, esta didática deve criar a consciência no estudante de que ele é um sistema triádico, porque

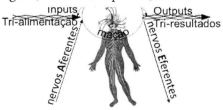

a energia é um sistema triádico e tudo que existe são sistemas triádicos em rede ou cadeia natural e cultural:

- O estudante tem receptores para todos os estímulos ou inputs, que são os sentidos e os nervos aferentes.
- Tem um organismo que é um processador, metabolizador ou transformador de tudo o que aí chegue, sob o comando central dos três cérebros tetranivelados.
- Tem os nervos eferentes e os músculos que levam para fora os outputs, os resultados ou os comportamentos.

Dizer input/processamento/output é muito genérico. Dizer fluxo sistêmico operacionalizado diz mais, já que qualquer input, processamento e output tem que ser identificado no espaço, na cronologia, nos personagens e nos procedimentos.

Tudo é processo, movimento, evolução por ciclos trançados, tanto na prática ou domínio externo de nosso cérebro, como na teoria ou domínio interno de nosso cérebro. Tudo é fluxo de energia tri-una "pura" ou condensada em moléculas, células, corpos e organismos sistêmicos cada vez mais complexos, mas não ao acaso. É fluxo em, pelo menos, três tempos ou etapas: input, transformação e output, que traduzimos por fluxo usuprestadio-transformador-prestusuário ou, abreviadamente, fluxo usuprestadio ou prestusuário.

Isso é porque quando tomamos ou recebemos um input somos usuários, consumidores, pagadores; a esse usuarismo que tomamos do domínio externo, nós o transformamos, o assimilamos, o processamos em nosso domínio interno; e essa transformação ou processamento resulta em outputs ou frutos, ou produtos que oferecemos a quem queira recebê-los ou comprá-los no domínio externo, caso em que somos vendedores ou prestadios. É a velha oferta e demanda, traduzida ao paradigma sistêmico, porque este unifica esse processo para todos os campos de atividade, seja para os três cérebros, seja para empresa, seja para os 14 subsistemas, seja para qualquer área da ensinagem e da vida.

Como seria a triadização sistêmica da ensinagem?

Para explicar os sentidos, por exemplo, se mostra que eles são antenas captadoras de inputs que são levados ao cérebro; o cérebro faz o processamento/transformação que resulta num produto, num conhecimento ou numa sensação; esse produto do tricerebrar é o output. Conscientizar isso é ter percepção sistêmica de si mesmo, como ilustrado na figura anterior.

Para obter a percepção triádica e sistêmica dos sentidos simultaneamente, os sentidos podem ser reduzidos a três blocos, como faz a Neurolinguística: os inputs <u>visuais</u> são para o cérebro esquerdo descritivo; os inputs <u>auditivos</u> são para o cérebro direito emocional-artístico; e os inputs <u>cinestésicos</u> do olfato, gosto e tato são para o cérebro central do bem-estar físico.

Essa é a didática triádica sistêmica para os sentidos, em que cada um dos blocos disputa a posição oficial, mas termina numa aliança de dois blocos contra o terceiro. Sobre os resultados, será ativado o *feedback* reforçador para os GANHADORES, e *feedback* corretivo para os perdedores.

O mesmo acontece com a ensinagem das cores: se o input é a cor vermelha, o output será algo de cérebro central; se o input é a cor azul, o output será algo de cérebro esquerdo; se o input é a cor amarela, o output será algo de cérebro direito. No guarda-roupa de uma pessoa, numa sala de aula ou numa festa, as cores disputam a hegemonia ou a posição oficial. Tudo com o *feedback* autocorretor.

O mesmo acontece com a "alimentação" diária dos três cérebros, com inputs cognitivos, inputs calóricos e inputs endorfínicos; depois do processamento, teremos outputs de saberes, de saúde e de prazer.

Fig. 65. "Alimentação" dos três cérebros

É preciso encontrar o fluxo usuprestadio-transformador-prestusuário e a triadicidade de tudo que se queira ensinar, pois isso é fundamental para abreviar, sistematizar e acelerar a ensinagem, principalmente nas Ciências Sociais e Humanas e em algumas exatas.

Em **Física**, se injetarmos uma força, isto é, um input ou estímulo a um corpo, ele sairá da inércia porque processa ou assimila o impacto, e seu movimento será o output, num contexto eletromagnético-físico de forças triádicas que se determinam mutuamente. Segundo o resultado, atuará o *feedback*.

Em **Química**, se injetarmos um ingrediente reator, que é input, a uma solução qualquer, dar-se-á uma reação ou transformação que terminará num resultado ou output que será um novo composto, determinado pela triadicidade das valências, com *feedback* sobre o resultado.

Em **Biologia**, se injetarmos um antitérmico, que é o input, a um organismo com febre, este reagirá ou processará produzindo uma mudança, cujo resultado ou output será a nova temperatura, cujo controle do efeito proporcional ou desproporcional será feito pelo *feedback* confirmativo ou corretivo.

Em **Educação Física**, se dermos uma ordem, que é o input, para uma atividade teórica, um exercício físico ou de recreação, ao ser executada vai se transformando o organismo, cujo resultado ou output será neutro ou um benefício ou fracasso qualquer, a que reagirá o *feedback*.

Se a um animal lhe trocarmos o ambiente, o que equivale a muitos inputs triádicos, ele fará suas mudanças para ajustar-se e sobreviver; e as consequências ou o output serão os novos comportamentos ou a enfermidade e morte se o *feedback* não conseguir readaptá-lo. É o ser humano um animal de costumes? É melhor dizer que é um animal adaptativo.

Se mudarmos de lugar uma planta ornamental para que tome mais sol ou se começarmos a lhe pôr adubo, que é o input, ela vai assimilar ou rejeitar tais inputs, e responderá a estes inputs convertendo-os em modificações ou outputs de cor, de crescimento, beleza, com o correspondente *feedback* regulador etc.

Se a um estudante se der mais tempo, melhores materiais e alimentos, neuroferramentas, melhor método de estudo e estimulação afetiva, que são inputs, seu cérebro tri-uno converterá esse "alimento" em resultados ou outputs que podem ser melhores notas para o cérebro esquerdo, melhor desempenho prático para o cérebro central e melhor relacionamento e mais satisfação para o cérebro direito, com *feedback* reforçador.

Nas **Ciências Sociais e Humanas**, a noção do fluxo sistêmico era reduzida a uma palavra demasiado vaga e confusa: <u>processo</u>.

Depois, melhorou um pouco; passou-se a falar em S-R, estímulo-resposta, mas sem mencionar o momento da transformação, nem o feedback e a triadicidade.

Isso é influência do método científico das Ciências Exatas positivistas que só aceitam o que está ao alcance dos sentidos e o que se possa medir, considerando o resto como caixa negra ou inverificável. Depois da ressonância magnética por imageamento funcional, isso melhorou mais um pouco; e o que era só estímulo-resposta ficou S-O-R, ou seja, estímulo-organismo-resposta, porque admitiram pesquisar o que antes se chamava caixa negra. Foram aceitas as três etapas mínimas do fluxo sistêmico, mas faltou incluir o conceito de *feedback* reforçador, corretivo ou neutro e, mais que isso, faltou o conceito de triadicidade: seus autores são sistêmicos, mas monádicos.

O que era caixa negra, ou domínio interno inverificável, é um sistema ou organismo que já sabemos que é triádico e podemos descrever em suas três partes ou subgrupos, e em quatro níveis. Já não é tão "caixa negra" impenetrável ou incognoscível, depois das tomografias computorizadas, ressonâncias e outros aparelhos de cerebroscopia, dissolventes de mistérios.

Fig. 66. Fluxo sistêmico S-O-R triádico

Às vezes, usamos a expressão "sem *feedback*" junto a *feedback* reforçador e corretivo. É para indicar que há sistemas humanos que não fazem nem *feedback* reforçador nem *feedback* corretivo. Vivem a Deus dará. Creem! E se justificam dizendo: o que tem que ser será...

Já falamos, antes, na operacionalização de cada uma das três etapas de um sistema e seu fluxo. Se já dominamos isso, podemos passar a um grau superior de complexidade ou aprofundamento, usando o referencial dos

14 subsistemas. Isso significa que analisaremos qualquer tipo de input em seus 14 subsistemas, ou que, de fato, os inputs provenientes do domínio externo são ou trazem os 14 subsistemas. Significa que o processamento ou transformação se dá nos 14 subsistemas, que são a estrutura interna de um sistema; e significa que os outputs são ou carregam em seu bojo os 14 subsistemas, o que se completa com o *feedback* sobre os 14 sistemas de cada etapa.

Fig. 67. Fluxo de um sistema social com seus 14 subsistemas

As ciências mais exatas não têm a preocupação de saber se o dinamismo é diádico ou triádico ou se tem 14 subsistemas, já que não faz muita diferença para sua concepção de mundo e realidade. O terceiro lado, o neutro, é sempre o mais difícil de admitir, embora se admita na Física Quântica. Mas em Ciências Sociais e Humanas, não se pode ser realista sem a triadicidade, do contrário, tanto a percepção como as ações daí derivadas serão gravemente distorcidas. E sem os 14 subsistemas e seus fatores operacionais, cai-se necessariamente no antiquado esquema socioeconômico anglo-saxão.

Não é difícil constatar que sempre há dois subgrupos humanos em ruidosa competição, disputa, guerra, contradição, como foi insinuado por Hegel e posto em prática por Karl Marx. Mas o terceiro lado ou subgrupo é mais difícil de perceber, porque está perdido entre eles, silencioso, passivo, e que é a vítima manipulada por ambos. Por outro lado, está o desejo dos subgrupos oficiais de ficarem invisíveis e então tratam de disfarçar-se, de negar ou esconder sua superioridade, suas vantagens, seus trambiques, seus privilégios, atrás de alguma máscara, alguma desculpa, alguma justificação. Para a maioria das desgraças que nos infligem, o disfarce mais comum é atribuir-lhes um sujeito oculto, genérico, abstrato, difuso. Dizem que é culpa do mercado, que são as circunstâncias, é a sazonalidade, é a vontade de Deus, são as forças históricas, são as razões ou segredos de Estado, enquanto se fazem passar por bonzinhos, como agora os banqueiros e seus cúmplices políticos.

Pela visão sistêmica triádica, o sujeito de todos os acontecimentos sociais, exceto os da natureza, são os três subgrupos, sem engolir a trapaça do "sujeito oculto" que são os subgrupos oficiais ocultando sua criminalidade psicopatológica. Mas esses mesmos sujeitos pretensamente ocultos não admitem sujeitos ocultos dos subgrupos antioficiais e oscilantes, vigiando-os e perseguindo-os com microscópios, telescópios, satélites de espionagem e supressão da privacidade para não reagirem à opressão oficial, como o exemplo encenado pelos Estados Unidos norte-americanos depois de 11 de setembro de 2001.

Os **idiomas e as matemáticas** são linguagens descritivas das partes tri-unas dos sistemas e seu fluxo, de suas relações sintáticas de sujeito-input, verbo-ação e complemento-output; ou de relações de somar, subtrair, multiplicar ou dividir que são aspectos do jogo triádico dentro de um sistema ou entre sistemas. Essa estrutura sintática corresponde à estrutura sistêmica que é hereditária-inata (Chomsky, 2015).

Antes de começar a ensinar uma teoria gramatical ou de matemática sobre algo, é preciso lançar mão de algum dos três tipos de mapas mentais para fazer entender esse algo como um sistema tri-uno e seu fluxo na vida prática. A aprendizagem vem de ter experiência prática, mas não de qualquer jeito. A experiência prática de qualquer coisa tem que ser de cada coisa como um sistema triádico que se move em ciclos, dentro de uma rede universal; daí passa-se à teorização sistêmica triádica que tem graus crescentes de abstração da experiência prática. Isso significa mudança de mentalidade, isto é, sair da monádica que cria uma balbúrdia de casos, nomes, situações, ideologias, ramos de conhecimento e manuais, como um vasto e incontrolável quebra-cabeça, e passar a uma mentalidade sistêmico-triádica que estabelece os nexos, as classificações e articulações progressivas dos eventos da realidade. Sem passar de monádico a triádico, as mudanças educacionais, políticas, econômicas e culturais não passarão de maquiagem para disfarçar privilégios oficialistas.

Qualquer interpretação de texto verbal-numérico ou virtual supõe uma interpretação lógica pelo cérebro esquerdo com perguntas, informação, vocabulário, conceitos e significados; supõe, ao mesmo tempo, uma interpretação de imagens, símbolos, sons, metáforas e artes pelo cérebro direito; e supõe, imediatamente, uma busca de correspondência ou identificação factual ou na prática, pelo cérebro central. Em resumo, qualquer interpretação de um texto ou discurso supõe a percepção e análise verbal-numérica pelo cérebro esquerdo, a captação não verbal pelo cérebro direito e a avaliação prática pelo cérebro central. Interpretação de texto tem que percorrer o CCF completo e não parar no processamento que é o Passo 3 do CCF.

A **Matemática** faz melhor a descrição das partes pela geometria, a descrição do fluxo, das relações entre as partes input-transformação-output e da lógica causal entre elas pelas equações, o que permite fazer cálculos, deduções, previsões etc., embora não tenha consciência do fundamento sistêmico triádico que a torna possível:

A (grandeza input) + B (grandeza em transformação) = C (grandeza output). A (grandeza input) = C (grandeza output) - B (grandeza em transformação).

Os idiomas são um pouco mais pobres, porque são fracos em integrar coisas, formar redes, fazer aflorar relações; são palavrório monádico, são frases ou discursos inconsequentes que, a duras penas formam um silogismo, cuja consistência se busca nas determinações puramente conceituais-linguísticas recíprocas, sem referência à realidade prática. Falta uma nova linguagem sistêmico-triádica, para ficar mais próxima à realidade que é sistêmico-triádica. Para isso, seria preciso substituir a atual análise sintática, que é análise das relações sistêmicas, por uma análise pelos Quatro Fatores Operacionais, depois do domínio prévio das categorias gramaticais, que são as unidades da frase ou discurso.

Se tomamos algo como sistema triádico em fluxo e o operacionalizamos, isso traz muito mais clareza que a análise sintática tradicional, inventada pelos filósofos gregos que eram fanaticamente teóricos. A tradução das categorias gramaticais pelos operacionais e da análise sintática pela análise sistêmico-triádica levaria ao seguinte:

- O verbo representa uma agenda prestusuária de **input**, transformação, output; os adjuntos adverbiais ou associados aos verbos representam aspectos do espaço, da cronologia e dos procedimentos que situam, qualificam ou caracterizam e dimensionam a ação.

- O sujeito representa um personagem/ator, explícito ou oculto, dos três subgrupos, que expressa sua ação ou agenda frente aos outros dois subgrupos através do verbo, como GANHADOR, perdedor ou como empate, como sujeito ativo/passivo ou prestadio/usuário; no caso de agenda ou ação representada por verbo intransitivo, o resultado está contido no verbo.

- O complemento/objeto direto ou indireto representa outputs, satisfatores ou valores que os indivíduos e subgrupos-sujeitos estão produzindo, intercambiando ou disputando num contexto triádico, segundo o que indique o verbo; ou representa o resultado de um jogo triádico ou suas relações ativas/passivas, de confronto ou oscilância entre eles.

- Os adjuntos adnominais, ou associados a substantivos são parâmetros ou quantificadores (não numéricos) de todos os operacionais, exceto da agenda que é representada pelo verbo e cujos parâmetros ou modificadores são os adjuntos adverbiais. Os adjuntos adnominais têm que concordar em gênero e em número, singular ou plural, com o nome ou substantivo a que estão associados, enquanto os adjuntos adverbiais não: estes são invariáveis, não mudam de gênero nem de número.

- Os artigos, conjunções, disjunções e as preposições são partículas conectivas ou indicações da estrutura e do fluxo sistêmico da frase ou das frases entre si.

Fig. 68. Análise sintática sistêmico-operacional

Falta uma nova gramática do idioma, um novo dicionário triádico, assim como existe um dicionário diádico (Pequeno Dicionário Burguês Proletário; Soares, 1983), novos manuais de matemática e de todas as disciplinas, com novos currículos e didática, tudo baseado na Ciência Social Geral.

4.5.5 Melhorando as anotações com mapas mentais

Pode-se melhorar as anotações em sala de aula que se fazem com palavras-chave ou frases lineares, isto é, uma linha depois da outra, por livre associação. Frente à avalanche de informações fragmentárias dos currículos escolares e das telinhas, a livre associação é o mais pobre dos métodos de ensinagem e de compreensão, assimilação e armazenagem de informação. Podemos ganhar em ensinagem e cultura se usarmos as neuroferramentas e mapas mentais da Ciência Social Geral como forças ordenadoras e de armazenagem de conteúdos. "Mais vale cabeça organizada que cabeça cheia", numa bela expressão de Edgar Morin (2011). A arrumação e registro da informação podem, também, ser feitos só mentalmente quando se tem os modelos e referenciais na memória, como os três cérebros, três subgrupos, fatores operacionais, os 14 subsistemas etc.

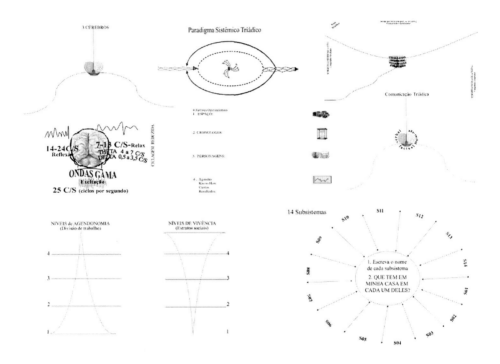

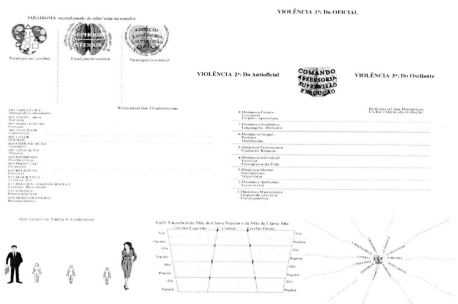

Fig.68.1 Alguns modelos de mapas mentais

Nem todos os temas podem ser encaixados nos modelos e referenciais dos três cérebros, três subgrupos, CCF, 14 subsistemas etc. Por isso, cada qual deve aprender a adaptar/criar outros modelos ou mapas mentais.

Para um mesmo tema podem-se usar dois ou mais desses mapas mentais, basta ter um "caderno" com muitas folhas dos diversos mapas mentais já impressos. Uns são mais detalhistas como o dos Quatro Fatores Operacionais e os três cérebros com seus quatro níveis; outros são mais extensivos, como os 14 subsistemas e as dinâmicas. Pouco a pouco se aprende quando usar cada um deles; ou o docente pode indicar qual prefere. As matemáticas, principalmente a geometria e as Ciências Exatas, já têm modelos, fórmulas e algoritmos próprios.

4.6 TRIADIZAÇÃO DAS DISCIPLINAS

A Neuroeducação Tricerebral supõe que o ser humano se desempenha segundo as competências que necessite e tenha, em seus três cérebros e quatro níveis, em cada ciclo de seu Fluxograma da Vida. Isso se concretiza organizando currículos tricerebrais correspondentes a cada ciclo, cobrindo as três grandes vertentes ou colunas da educação: número-verbal, teórica, racional para o cérebro esquerdo; socioemocional para o cérebro direito; e corporal, profissional e financeira para o cérebro central, em porcentagens que vão mudando de acordo com a idade e os quatro níveis tricerebrais. A vida é tricerebral, do nascimento à morte.

Por enquanto, a educação tem currículo quase só para o cérebro esquerdo e só para jovens, falhando no cérebro direito e central; depois só oferece cursos de profissionalização e especializações em mestrados e doutorados.

Fig. 69. Neuroeducação Tricerebral

Aceitando como ponto de partida que a educação é tricerebral e, portanto, tri-curricular, propõem-se as correspondentes competências a desenvolver ou adquirir em cada ciclo do Fluxograma da Vida, como se fez no capítulo 3, propondo as três gramáticas para desenvolvimento de competências até os 18 anos. Teríamos que completar a proposta para cobrir os demais ciclos do Fluxograma da Vida.

Como, por enquanto, os cursos não desistem do fatiamento dos saberes em disciplinas e currículos privativos, teremos que, pelo menos, triadizar cada um desses currículos e saberes; a História da respectiva disciplina; propor sua interdisciplinarização; e um correspondente sistema de avaliação. Tudo isso é possível com os recursos da Ciência Social Geral.

A avaliação teria duas etapas (ver capítulo 5 a partir de 5.4):

a. Primeiro, avaliação de competências tricerebrais para a vida, conforme o que se estabeleça participativamente ao início do mês, bimestre ou semestre.

b. Segundo, avaliação de assimilação de conteúdos tricerebrais específicos da disciplina em questão.

Esse sistema de avaliação deveria ser adotado desde a educação de jardim até a pós-doutoral. Caso contrário, iremos educar, capacitar e avaliar só em função do mercado. "Um professor-escravo educando outros escravos", segundo Paulo Freire (1973).

4.7 ESTIMULANDO SEUS TRÊS CÉREBROS

Você já adquiriu conhecimentos sobre seus três cérebros, já deve ter dado graças por seus três cérebros, já deve ter posto os três cérebros a "trialogar", enfim, já deve estar dando-lhes algum tratamento mais amistoso e de maior atenção do que faz com os penteados e os chapéus.

Podemos realizar, em forma deliberada, alguns exercícios para trabalhar com seu cérebro. Você pode programar sua própria mente, não permitir que outros sigam manejando sua cabeça. Você é o dono de seu cérebro e de seus três processos mentais e vai entrar em maior intimidade com cada um deles através de alguns exercícios.

LEITURA AO ESPELHO

Ponha uma folha de jornal diante do espelho e tente ler. Faça isso duas, três, dez, vinte vezes, até conseguir a leitura reflexa ou especular.

Você pode ler os textos de trás pra frente, da direita para esquerda, em círculos, em diagonal, em ziguezague. Isso se faz para descondicionar seu modo linear de olhar e entender os textos e tudo o mais. É a principal técnica para leitura dinâmica ou acelerada. Esse tipo de exercício vai "massageando" seus processos mentais para ficarem mais plásticos.

EXERCÍCIO DE ESCRITA COM AS DUAS MÃOS

Tome uma folha de papel e um lápis. Comece a escrever seu nome com a mão esquerda. Se você é canhoto use, então, a mão direita. Escreva normalmente, começando no lado esquerdo do papel. Agora comece de novo, só que vai escrever do lado direito para o esquerdo, tal como fazem os árabes. Ao virar a folha de papel ao avesso e olhá-la contra a luz, verá esta última escritura como "normal". Chama-se escritura reflexa ou especular.

Depois de conseguir escrever seu nome da direita para esquerda do papel, escreva os números de um a 10. Não diga que não é possível. Faça autoautorização mental: "Eu me autoautorizo a escrever da direita para a esquerda"...

Agora tome dois lápis, uma folha de papel em branco (que seja transparente) e comece de novo. Comece do centro para as bordas do papel, escrevendo seu nome com as duas mãos; com uma escreva da esquerda para a direita do papel; e com a outra escreva da direita para a esquerda, isto é, com escritura reflexa. Faça isso muitas vezes com seu nome e com o nome de outras pessoas. Escreva novamente os números, agora com as duas mãos, até que consiga fazer isso de maneira fluente.

Se você quiser, pode escrever sem olhar. Basta que se autorize, basta que autorize seu cérebro. Exercite isso até que o considere suficiente.

EXERCÍCIO DE DESENHO COM AS DUAS MÃOS

Se você escreve com a mão direita, tome um lápis com sua mão esquerda e comece a desenhar qualquer coisa, um rosto, por exemplo. Se você é canhoto faça-o então com a mão direita. Logo, desenhe dois rostos, um masculino e outro feminino de frente um para o outro, mas com um lápis em cada mão; depois, desenhe o corpo inteiro com os traços que você maneja.

Agora faça uma figura de cabeça para baixo.

Quando terminar, vire o papel, e examine-o. É a prova de que seu cérebro é esférico, quer dizer, que não tem problemas de direção. Isso quer dizer que ele percebe a realidade em qualquer direção porque foi feito à imagem e semelhança do universo, onde tudo é tridimensional, elíptico, ondulatório, serpenteante, fractal, hologramático. Faça esses exercícios até que sinta gosto por eles, e sinta que seu cérebro está conseguindo fazer isso sem resistência e com prazer.

AUTOAUTORIZAÇÃO

Você começou sua vida com as hétero-autorizações e hétero-proibições de sua mãe, de seu pai, de seus irmãos maiores, de seus educadores escolares e religiosos, dos adultos em cumplicidade com o sistema político, econômico e religioso vigente. E também lhe ensinaram a sentir-se culpado quando fizesse algo fora da linha, algo proibido por eles. Instalaram o chamado complexo de culpa-expiação ou sentimento penitente, como um sistema de controle interno, como um cão de guarda em seu cérebro, que pode ser ativado por controle remoto.

Na realidade, isso tem que ser assim, do contrário não se daria a socialização ou capacitação para conviver com os demais. Mas tem que ser assim até o final da adolescência somente. Ao final da adolescência tem que ir terminando a hétero-autorização, a hétero-condução e começar a autoautorização, a autorresponsabilização e a pagar seus preços. Significa rever as programações dos três cérebros, escolher quais conservar e quais apagar e substituir. Para fazer essa mudança, há que enfrentar o programa de autocontrole que é sentir-se culpado por agir fora do que é considerado normal pelos seus programadores e controladores. Isso se contorna pelo exercício de autoautorização assim: eu me autoautorizo a não sentir culpa; eu me autoautorizo a decidir por mim mesmo o que me convém e o que não, apesar de meus programadores e sua doutrinação; eu me autoautorizo a pagar meus preços; eu me autoautorizo ao que seja proporcional etc.

NÃO ENTREGUE SUA CABEÇA

4.8 O REFERENCIAL do HOLÓGRAFO OU MACROSCÓPIO SOCIAL

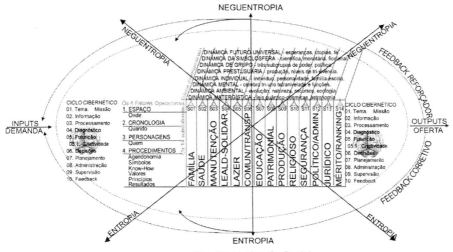

Fig. 70. Hológrafo Social

O Hológrafo Social é uma composição de todos os referenciais anteriores. Compõe-se de:

- uma moldura externa que representa um sistema e seu fluxo;
- três linhas cruzadas, marcadas com neguentropia e entropia nos extremos, que representam o princípio triádico e seu Proporcionalismo.
- CCF na entrada da moldura que representa um sistema, porque faz o controle dos inputs que entram, o que se repete na saída para o controle dos outputs.
- 14 subsistemas na vertical, com os Quatro Fatores Operacionais à esquerda na horizontal, e as esferas dinâmicas como campos de aplicação dos 14 subsistemas, em posição diagonal.

O Hológrafo serve para organizar e classificar qualquer conjunto de eventos e saberes porque, supostamente, é global e pode assimilar qualquer inovação sem perder essa sua configuração original: basta subdividir e subenumerar. É o grande teclado da realidade.

Fig. 70.1. Mapa de Alguns Saberes pelo Hológrafo

Para os principiantes, em vez de utilizar o Hológrafo, pode-se começar a organizar os saberes só pelos Quatro Fatores Operacionais:

1. ESPAÇO (onde?). Física. Química. Meteorologia. Astronomia. Astrofísica. Astronáutica. Geologia. Geografia. Botânica. Zoologia. Recursos Naturais. Oceanografia. Vulcanologia. Espeleologia. Sismologia. Engenharias. Arquitetura, Urbanismo. Turismo. Municipalismo. Transporte. Construção. Ecologia. Geometria.
02. CRONOLOGIA (tempo, quando?). Paleontologia. Arqueologia. Evolucionismo. Evolução e mudança. História. Museus. Jornalismo. Futurologia ou Prospectiva.
03- PERSONAGENS agentes (quem, com quem, para quem, contra quem?). Prestusuarismo ou Mercado. Estudo das Organizações e suas hierarquias. Biologia. Etnologia. Antropologia. Psicologia. Pedagogia. Sociologia. Relações Humanas. Demografia, migrações. Relações Públicas. Política. Religiões. Associativismo, Cooperativismo, sindicalismo. Direitos Humanos.
04. PROCEDIMENTOS (o que, como, com que, para que, por que, resultados esperados/avaliados).   4.1. AGENDAS (que ocupação, programa, profissão?) Planejamento. Produção. Administração. Orientação vocacional/profissional. Capacitação. Trabalho. Carreira. Agendonomia (ex-trabalho).   4.2. SÍMBOLOS (através de que representação?). Matemática. Idioma. Simbologia. Arte.   4.3. TECNOLOGIA, metodologia, tradições (como?). Engenharia. Informática. Tradições. Folclore.   4.4. VALORES financeiros, informacionais, morais (com que?) Economia. Bancos. Moeda. Risco.   4.5. CRENÇAS , princípios, paradigmas (por que, para que?) Filosofia. Ética. Dialética. Trialética.   4.6. RESULTADOS, feedback, controle (e daí?). Avaliação. Contabilidade. Estatística. Recompensas.

Fig. 71. Mapa de classificação de alguns saberes pelos quatro operacionais

4.9 *PROCESSO UPAYA-COACHING* familiar-escolar-empresarial

TUTORIA, CONDUÇÃO/ORIENTAÇÃO PARA MAIS AUTONO-MIA (ver Fig. 54).

UPAYA-COACHING é o conjunto de jogos e contra/jogos de um processo de condução de um educando ou treinando desde um ponto de origem de baixa autocondução a um ponto de chegada desejado, de maior autocondução, seja em educação, esporte, consultoria, empresa etc. São lances que se dão entre condutor/educador e conduzido/educando, compartilhado em partes complementares, tratando de conseguir progressivamente a emancipação do conduzido até culminá-la.

UPAYADOR/*COACH*/SUPERVISOR é aquele que, por ter mais recursos, conhecimentos e consciência, conduz alguém, por algum tempo (não para sempre), com o intuito de diminuir e até eliminar a distância entre ele e seu dependente ou, dito de outra forma, visando à emancipação e autossuficiência de seu filho/discípulo/aprendiz.

Upaya é um conceito da filosofia zen-budista. Na pedagogia ocidental, por ser monádica, não existe vocábulo para expressar esse conceito. Por isso se fala em educação dirigida e não dirigida, ou centrada no professor ou no aprendiz. Na visão triádica, o professor, o aluno e a família coexistem, todos aprendem e todos ensinam, proporcionalmente, em porcentagens que vão mudando à medida que o processo se desenrola ao longo do tempo. Pais/professores/supervisores vão reduzindo sua porcentagem de poder enquanto cresce o poder do aprendiz. O *upaya* implica elevar as competências do upayado até a igualação e superação do upayador. Por isso se diz que o discípulo tem que superar o mestre, ou estabelecer uma convivência proporcionalista entre ambos.

Os norte-americanos introduziram o termo *"coaching"*, tomado do treinamento de atletas, para referir-se ao mesmo processo. Obviamente, é um termo mais pobre que o de *"upaya"*. Aqui juntamos *"upaya-coaching"* dado o caso de que alguém não conheça a riqueza e complexidade do termo *"upaya"* original. Vamos descrever novamente o processo *upaya-coaching*.

A criança, o aprendiz e o atleta podem ter as pernas, os braços, a beleza que tiverem, mas quem move tudo é o cérebro. Daí que fazer *upaya-coaching* é liberar e potencializar os três cérebros, em seus quatro níveis. Como tudo começa na família e continua na escola, começa-se por descobrir o que fizeram a mãe, o pai, a família como continuadores da energia tri-una da genética, prolongados pelas professoras catequistas, tendo entre elas o shopping center. Pode-se representar o processo por duas linhas: uma superior, que é a dos pais, educadores e supervisores; e outra inferior, que começa bem distanciada dos upayadores-coaches representando o educando. Se o *upaya-coaching* é bem-sucedido, a linha do educando sobe de grau em grau até encontrar a linha superior e cruzá-la, indicando que o upayado superou o upayador.

A linha do educando se representa "ladeira acima", porque conquistar competências tricerebrais de níveis superiores requer treinamento, esforço, persistência e grandes aspirações a um futuro melhor e bem recompensado. Sem um convincente sistema de recompensas reais ou, pelo menos, de promessas-iscação ou de algum sonho de grandeza, ninguém se lança "ladeira acima" rumo ao êxito. Por isso, a maioria prefere a lei do mínimo esforço, o conforto da inércia e a mediocridade da planície ou da cama. Isso se representa por uma linha intermediária entre a do êxito e a do fracasso, bem abaixo. A linha do fracasso representa o educando que sofreu abandono, negligência, inibição e repressão de maneira a abortar seu potencial tricerebral. É a noofagia.

O supervisor-*coach*-educador pode ser um genitor, professor, um técnico, chefe, médico, psicólogo, treinador etc.; o educando ou upayado-coachee pode ser um filho, aluno, principiante, aprendiz, trabalhador, paciente etc. que tem três alternativas possíveis: se lhe montam cadeias neuronais positivas-potencializadoras-desembobadoras, marchará para a autonomização; se optarem pelo facilismo, comodismo da paparicagem e mamaricagem, o resultado será medíocre; e se a incompetência familiar/ profissional reprimir/inibir tais cadeias neuronais, o "desupayado" maltratado marchará para o fracasso como ser humano e como profissional. Um parasita familiar e social.

A operacionalização do *upaya-coaching* supõe:

1. Um lugar de encontro presencial, um contexto com uma relação de sintonia inicial entre upayador-condutor e upayado-conduzido, pois uma relação só virtual ou à distância é insuficiente, por ser só de cérebro esquerdo.

2. Um período de tempo, com sessões/tarefas diárias ou semanais, que culmine na emancipação e autonomização do que era conduzido, mudando a relação de dependência para independência e cooperação entre pares ou entre subgrupos proporcionais.

3. Uma metodologia de diagnóstico inicial como o QT, o perfil tricerebral, o familiograma, arquétipos e trilhas mentais, dinâmica de grupo, comunicação triádica para capacitação e transformação dos três cérebros levando os três cérebros a um novo projeto de vida, de grupo, de trabalho ou profissão. Ou seja, uma metodologia contrária à domesticação e que produza competências para autonomia tricerebral e o sucesso existencial em todos os ciclos do Fluxograma da Vida.

Upayar ou fazer *coaching* não é criar clones ou robôs de um upayador-vampiro, como ilustrado na lenda de Pigmaleão, passada para o cinema como *My Fair Lady,* em 1965. O upayado terá que desejar e construir um projeto de vida próprio, que não seja nem o do upayador, nem o de seus pais. Conquistar a autocondução ou independência tricerebral é dominar a arte de viver. Depois de desvencilhar seus três cérebros do embobamento da infância, o adulto se dedicará a adquirir competências e superação pelos 14 subsistemas, priorizando os que mais contribuam para seu projeto de vida e êxito profissional.

O requisito mais essencial do *upaya-coaching* é que o upayador se comprometa com seu papel emancipador, conheça métodos e técnicas próprios dessa função, e tenha vivenciado, ele mesmo, algo desse processo para estar um pouco à frente do upayado. Tem que ter um pouco mais a oferecer, tem que saber apontar o passo proximal de avanço, isto é, terá uma "reserva técnica" inicial que se irá esgotando na medida em que o upayado-conduzido aprende, cresce e se autoafirma. Daí a insistência na Carreira de Mães-pais-docentes pelo projeto de *Coaching* Familiar Triádico.

Tudo o mais é processo, são etapas de um caminho que começa pela criação de uma indispensável relação de confiança. Segue com um diagnóstico do tricerebrar ou QT individual ou grupal, inclusive com o familiograma de cada upayado. Logo continua com a execução de tarefas de aquisição de saberes para a autotransformação dos três cérebros e de comportamentos subgrupais ou profissionais. Durante esse processo de escalada rumo a mais conscientização, melhor relacionamento e autonomização final, haverá que se suportar jogadas de poder, escaramuças, períodos de entusiasmo e de desânimo.

Toda posição educacional/gerencial entre condutor e conduzido que não se paute pela condução upayadora será uma condução inibidora, subjugadora, anuladora de personalidades e vampiresca-pigmaleona de aprendizes, pacientes, atletas, trabalhadores e cidadãos. Ou seja, em lugar de *upaya* haverá autoritarismo, manipulação, prepotência, tirania, despotismo e intimidação, repressão, domesticação, tudo acobertado com prédicas sobre liberdade, Direitos Humanos e cordialidade. Algo a ver com o modelo salazarista-portuga-brasileiro? Com *Casa Grande & Senzala* (Freyre, 1933)?

O mundo de hoje tem abundância de tudo, em toda parte: abundância de ciência, riqueza, tecnologia etc. A pobreza está nos métodos de convivência, de organização e distribuição de satisfatores, nas relações grupais de dominação e exploração, em lugar de ética e regras de convivência proporcional. Temos muita condução subjugadora ou domesticadora: falta mais condução upayadora, superadora, emancipadora.

Até aqui falamos da supervisão upayadora para indivíduos. Agora vamos aos grupos.

A supervisão upayadora grupal, além da convivência cotidiana, requer que se façam reuniões especiais. Se não se tem uma boa técnica de reunião, que é a dinâmica de grupo explícita, aí se inflama o jogo triádico e se martiriza a comunicação. Todos os grupos, desde os casais até os blocos de países, convivem com dinâmica de grupo implícita, isto é, ocultando o jogo de poder, as lideranças, as normas, o modo de usar o tricerebrar etc. Quem não for capaz de ver as relações triádicas de poder num casal, num grupo e seus arsenais típicos, não está apto para conduzir e supervisionar um *upaya-coaching* de indivíduos, casais, grupos etc.

Ao final de cada encontro, reunião ou exercício de *upaya*, tem que haver um *feedback* pelos Quatro Fatores Operacionais, cobrindo mais ou menos os seguintes aspetos:

No operacional espaço: a posição física das pessoas, vazios ou espaços entre os participantes, uso de cadernos ou equipamentos; maneira de sentar-se, mover-se, vestir-se, e toda a comunicação não verbal.

No operacional cronologia: o fluxograma da reunião, o bom uso ou perda de tempo, pontualidade etc.

No operacional personagens: quem e como começou a disputa de poder, quem tomou papéis de liderança e quem se omitiu, quem participou mais e quem menos, os subgrupos que se formaram e como se controlou o jogo triádico etc.

No operacional procedimentos: normas seguidas, como começou o tratamento do tema encomendado, que resultados produziu e a qualidade dos mesmos, grau de aceitação do *upaya-coaching* etc.

4.9.1 A comunicação triadizada no *upaya-coaching*

O jogo triádico, no qual desfilam as interações de indivíduos e subgrupos com suas táticas, seus arsenais, suas estratégias e competências, é jogado através da comunicação. Comunicação é, sempre, comando, é criar estados de ânimo, é evocar arquétipos para obter reações, motivações ou compromissos, para ganhar mais. Mas como tanto quem comunica como quem escuta e reage tem três cérebros e joga em três subgrupos, a comunicação tem que ser triadizada (ver Fig. 36.1).

A comunicação triadizada fica assim: no cérebro esquerdo predomina a verbal-numeral, o que se diz e escreve, as ideias e seu porquê; no cérebro direito predomina a não verbal, os gestos, as imagens, cores, o visual e a emocionalização; e no cérebro central predominam as ações práticas, as ordens, os fatos, os exemplos.

Cada subgrupo tem estilo próprio, de acordo com sua hierarquia tricerebral. O antioficial prefere uma comunicação agressiva, questionadora e crítica de cérebro esquerdo; o oscilante prefere uma comunicação indefinida, ambígua e apaziguadora de cérebro direito conciliador, pois depende de gregos e troianos; o oficial prefere uma comunicação solene, superior, como a de quem dá ordens com segurança e tom de ser obedecido.

Cada um dos envolvidos, indivíduo ou subgrupo, usa os três tipos de comunicação – a verbal-numérica, a não verbal, e a factual – mas em porcentagens que correspondem à sua hierarquia tricerebral. A comunicação é um jogo de poder com uso dos arsenais trigrupais, desde a amabilidade, a hipocrisia, o grito, a violência até a guerra de extermínio. Não é um jogo de busca da verdade. Poder nenhum suporta conviver com a verdade, muito menos o poder econômico, que pratica a depredação dos embobados pelo poder político e religioso.

Por certo, cada subgrupo tem seu arsenal e seu estilo. Cada indivíduo também. Mas no arsenal e estilo feminino predominam o cérebro direito emocional e o esquerdo falante, enquanto no arsenal masculino predomina o cérebro central da força física e algo do esquerdo argumentador.

Isso de três estilos de comunicação de quem manda, do mandado e do discordante é quase sempre muito inconsciente, e poucos se dão conta. Entretanto, fazem-no de acordo com sua hierarquia tricerebral e seu correspondente subgrupo. Por isso, antes de iniciar um *upaya-coaching* ou uma supervisão, é indispensável detectar a hierarquia tricerebral e o subgrupo em que se posiciona a pessoa com quem vamos interatuar. Se possível, também os dados sobre o familiograma, genograma ou sociograma familiar. O familiograma, para ser mais útil, deve incluir os avós, a família biológica, adotiva ou do segundo e terceiro casamento, desde a concepção até o ciclo cronológico atual, com os arquétipos étnicos do passado e as suposições e expectativas sobre os ciclos futuros do Fluxograma da Vida.

No *upaya-coaching*, algumas regras para influenciar pessoas, para boa convivência, para tolerância e para condução de grupos são:

a. Com uma pessoa oficialista que gosta de mandar e ser atendida por ter o cérebro central como dominante, há que adotar, de início, uma comunicação tática de oscilante positivo, conciliador, dando ao oficial os créditos que ele juga merecer. Depois de conquistar sua confiança, o *upayador-coach* atuará em posição de oficial.

b. Com uma pessoa oscilante, com pouca decisão, sem metas próprias, que necessita ser mandada, há que adotar, de início, uma comunicação de oficial positivo, paternalista/maternalista, mas proporcional. Depois, o *upayador-coaching* atuará sem paparicação.

c. Com uma pessoa antioficial que gosta de discussão, de contrariar, há que dar-lhe razão logo, mesmo que não a tenha, e pedir que ajude a encontrar soluções, o que significa aliar-se. Depois, o *upayador-coach* atuará sem concessões.

Tratemos de dominar bem os três tipos de comunicação com indivíduos e subgrupos de todos os níveis para ter êxito no jogo triádico que nos move e move a tudo, todo o tempo.

O upayador/supervisor é também um exigidor, isto é, alguém que ajuda no esforço de alcançar a meta, fazendo controle do upayado duas ou três vezes por semana, cobrando resultados. O exigidor agirá sobre o cérebro direito com elogios; agirá sobre o cérebro esquerdo com esclarecimentos e orientação; ou agirá pelo cérebro central fazendo pressão e impondo multas, se for o caso, até a plena consecução do objetivo.

A supervisão tem que ser inspirada na participação e confiança mútuas e com fins de apoio para melhorar a prática e os resultados. Se uma supervisão for mera fiscalização baseada em falta de confiança, ou com fins de punição, começa de um lado uma cadeia sem fim de controle do controle; e do outro lado, começa uma cadeia sem fim de conspirações de sabotagem da orientação, da produtividade e da qualidade, de sonegação de informação, de não cooperação e de ver-se como adversários em lugar de companheiros de jogo, de profissão e de vida. A atividade de controle tem, erroneamente, uma forte conotação moral, policialesca, muito ligada a questões de punição e premiações. Há que esquecer a ideia de "encontrar culpados"; é mais proativo dedicar-se a buscar o êxito entre o planejado/desejado e o realizado.

Só se tem que aceitar ser upayado e confiar num upayador por algum tempo: o tempo suficiente para o processo *"upaya-coaching"* criar autocondução ou devolver a autocondução quando esta for perdida por doença ou situações desgastantes. Depois, passamos novamente a ser questionadores, críticos, colegas, e interlocutores do jogo triádico frente a autores, autoridades, comunicadores, noticiários ou publicistas. Definitivamente, temos que rejeitar o argumento de autoridade de quem quer que seja, e autorizar-nos a sermos nós, também, fontes de ideias, pensamento, criatividade e poder novos.

A arte de uma vida significativa é criar caminhos para a autocondução própria e de outros. Por isso foi introduzida a ideia de processo *upaya-coaching*, que transforma o dependente em mais independente, deixando de ser cliente e joguete perpétuo de falsos professores, supervisores, políticos e autoridades em geral.

Em determinado ponto, o prestadio-upayador tem que provocar o encerramento do upaya, para que o upayado chegue à autocondução e seja professor de si mesmo. Infelizmente, as religiões e os governos, os povos e indivíduos que se propuseram a isso, acabaram por eternizar-se como autoridades e passaram a criar e manter o clientelismo, isto é, a dependência dos demais.

Estão faltando mecanismos de aceleração do desenvolvimento mental em seus três processos integrados, em substituição à noofagia, isto é, canibalismo da mente humana, praticada pelas agências educacionais e informacionais. Noofagia é a destruição ou o retardo do uso pleno dos três cérebros ou de algum deles.

Uma educação que queira acelerar o uso pleno dos três lados do cérebro vai chocar-se contra os donos do poder geral político, econômico e religioso e, também, contra o poder específico da corporação que domina cada um dos 14 subsistemas. Apesar disso, deve-se insistir no uso da essencial arma que é o cérebro, desenvolvendo seu autoconhecimento, a autoautorização, instrumentando cada lado do cérebro com o CCF e referenciais, organizando grupos e redes de entreajuda dentro da nova filosofia da proporcionalidade. Isso não se faz só com educação. Sem comida, sem saúde, sem trabalho, amor, liberdade e sem esforço, não se faz.

Os treinadores esportivos já sabem como conduzir o *upaya-coaching* para produzir um campeão da parte central do cérebro, um atleta. Os gurus já sabem como produzir um "iluminado", um sensitivo, pelo lado direito do cérebro. A universidade já sabe como produzir um "doutor", um investigador, pelo lado esquerdo do cérebro. Com raras exceções, esses campeões e gênios de um só lado do cérebro servem só como show, enquanto prejudicam a si mesmos e aos demais, terminando quase sempre em tragédia. São, muitas vezes, meros espécimes para feiras de curiosidades ou exposições. Não estamos em busca de gênios, e sim de pessoas autoconduzidas e proporcionais nos três processos mentais, na personalidade, na saúde, nos 14 subsistemas.

O homem, a humanidade, os indivíduos caminham e vão caminhar sempre por *upayas-coaching* periódicos e ascendentes, ultrapassando as fronteiras postiças de nascimento e morte. A concepção da arte de viver aqui apresentada supõe que educadores, pais, supervisores, cientistas, religiosos, autoridades etc. reformulem seu papel, ajustando-o ao processo *upaya-coaching*. São corresponsáveis pela construção do saber, do fazer, e da felicidade do ser humano.

Isso supõe reformulação do currículo familiar e do currículo pré--escolar, fundamental, secundário, universitário, despojando-os de seu absolutismo, autoritarismo e tradicionalismo inconscientes. Supõe, logo, reconstruir esses currículos pelo paradigma trialético sistêmico, que é inclusivista, upayador, libertador e democrático. Seria um currículo tricerebral, com suas três gramáticas: a acadêmica, a do dinheiro e a emocional, em proporções adequadas a cada idade. Ou pelos 14 subsistemas.

CAPÍTULO 5

QUE NOVO TIPO DE ENSINAGEM QUERO? AUTOENSINAGEM E AUTOAVALIAÇÃO TRICEREBRAL

5 AUTOENSINAGEM

A família, a escola fundamental e a universidade ajudam na formação dos três cérebros para que uma pessoa seja bem-sucedida em todos os ciclos da vida. Mas pouco a pouco, cada pessoa tem que ir-se comprometendo com a AUTOEDUCAÇÃO de seus três cérebros.

— Como se faz isso?

— Praticando cada vez melhor, em casa, nas aulas, nas telinhas, no trabalho e na comunidade, o que se apresenta aqui como ensinagem.

Hoje em dia, tudo é escola para os três cérebros: empresa-escola, cidade-escola, país-escola, planeta-escola. Professores, chefes e o ambiente, juntos, vão marcando o *upaya-coaching* da ensinagem. Mas há que aprender, também, a defender-se da deseducação programada e executada por políticos, por religiões alienantes e pelo "mercado-escola" com seus "professores" que são os marqueteiros, que usam as telinhas e os supermercados como varinhas mágicas de embruxamento. Foi o escritor Eduardo Galeano (2000) quem criou a expressão "mercado-escola" em seu livro *De Pernas pro Ar – a escola do mundo ao avesso*.

Para a frágil escola-educação competir com uma gigantesca escola--mercado de deseducação, ela tem que rearmar-se. Tem que abandonar a aula só expositiva e adotar a aula/reunião com as técnicas de dinâmica de grupo explícita já apresentadas. A aula tem que ser uma equipe triádica de ensinagem, usando como neuroferramentas o QT, o perfil de competências de cada um, o CCF operacionalizado, a triadização de cada disciplina, os papéis de liderança da aula pelo CCF, os mapas mentais, as normas para positivar os três subgrupos etc. Tudo isso com crítica e desdobramento triádico da cultura monádica-oficialista desmesurada, que se impõe nos manuais, nas telinhas, nas organizações, na comunidade, no país e no mundo. O planeta está se convertendo em campo de concentração administrado por banqueiros/especuladores e vigiado por uma nova SS/Gestapo, formada por políticos tecnocratas, e por burocratas que são testa de ferro do inescrupuloso poder econômico.

Individualmente, você tratará de descobrir seu melhor método de autoensinagem permanente, conhecido indevidamente como "método de estudo". Estão proclamando por aí que não faz falta ter método, nem disciplina, nem esforço: que cada estudante/trabalhador se organize a seu bel-prazer. Os que defendem isso são os mesmos que compram testas de ferro políticos para forjar leis de proteção da infância e adolescência anuladoras da autoridade educadora de pais e professores para entregar essas crianças e adolescentes à autoridade consumista do "mercado-escola" e seus "marqueteiros-professores". Seria melhor recordar o "longo" discurso de Bill Gates para uma festa de graduação de estudantes do segundo grau, alertando contra o facilismo e a frouxidão que estão na moda em educação:

Regra 1: A vida não é fácil, acostume-se com isso.

Regra 2: O mundo não está preocupado com a sua autoestima. O mundo espera que você faça alguma coisa útil por ele, ANTES de sentir-se bem com você mesmo.

Regra 3: Você não ganhará R$ 20.000,00 por mês assim que sair da escola. Você não será vice-presidente de uma empresa com carro e telefone à disposição antes que você tenha conseguido comprar seu próprio carro e telefone.

Regra 4: Se você acha seu professor rude, espere até ter um chefe. Ele não terá pena de você.

Regra 5: Vender jornal ou trabalhar durante as férias não está abaixo da sua posição social. Seus avós têm uma palavra diferente para isso: eles chamam de oportunidade.

Regra 6: Se você fracassar, não é culpa de seus pais. Então não lamente seus erros: aprenda com eles.

Regra 7: Antes de você nascer, seus pais não eram tão críticos como agora. Eles só ficaram assim por pagar as suas contas, lavar suas roupas e ouvir você dizer que eles são "ridículos". Então, antes de salvar o planeta para a próxima geração, querendo consertar os erros da geração dos seus pais, tente limpar seu próprio quarto.

Regra 8: Sua escola pode ter eliminado a distinção entre vencedores e perdedores, mas a vida não é assim. Em algumas escolas, você não repete mais de ano e tem quantas chances precisar até acertar. Isso não se parece com absolutamente NADA na vida real. Se pisar na bola, estará despedido. Faça certo da primeira vez!

Regra 9: A vida não é dividida em semestres. Você não terá sempre os verões livres e é pouco provável que outros empregados o ajudem a cumprir suas tarefas no fim de cada período.

Regra 10: Televisão NÃO é vida real. Na vida real, as pessoas têm que deixar o barzinho ou a "discoteca" e ir trabalhar.

Regra 11: Seja legal com os CDFs, aqueles estudantes que os demais julgam que são uns babacas. Existe uma grande probabilidade de você vir a trabalhar PARA um deles.

5.1 DESENVOLVA SEU MÉTODO DE AUTOENSINAGEM

Aqui estão algumas pistas, pelos quatro operacionais, para que sua autoensinagem lhe renda mais e se torne um hábito permanente.

ESPAÇO:

Organize seu ambiente de estudo para que seja isolado, ventilado, iluminado, silencioso ou com música instrumental de fundo, suave e lenta. Tenha mesa limpa e cadeira confortável. Não estude deitado. Seja ordenado: um lugar para o computador e acessórios; outro para os livros, por disciplina; outro para cadernos; outro para lápis e canetas, réguas, compassos, fita gomada, papel, ferramentas etc.

Não deixe que outros desarrumem o ambiente, para não perder tempo buscando coisas "perdidas". Tenha também os dicionários básicos físicos ou virtuais das línguas e matérias que estuda, um globo terrestre e um mapa de sua cidade para saber onde se situam você e os fatos; conhecer a realidade começa por isso. Conheça bem todos os ambientes e recursos de sua escola e de seu local de trabalho.

Trate livros, materiais educacionais e equipamentos com carinho: ajudam a viver e a vencer. Controle seu celular; e controle-se para não ser controlado por ele.

CRONOLOGIA:

Aprenda a administrar e aproveitar bem seu tempo. Divida-o segundo as diversas atividades do dia, como horário de levantar, café, escola ou trabalho, almoço, descanso, estudo etc. Tenha bem organizado seu horário semanal de aulas, de estudo, trabalho e outros compromissos. Aprenda a usar algum tipo de agenda. E seja cumpridor. Estude e aprenda todos os dias. A disciplina e os bons hábitos têm criado os grandes heróis.

O cérebro assimila melhor quando está em ciclagem reduzida, ou estado de relaxamento, concentrado, também chamado de estado mental alfa. Assimila algo penosamente quando está em nível beta. E não assimila nada quando está em estado gama, que é de agitação, excitação, ruído, pressa, tumulto, música punk, hip hop, gritaria. Em estado mental alfa, amamos tudo, gostamos de tudo, ficamos predispostos a simpatizar com tudo e somos mais positivos. Por isso, antes de começar a estudar/trabalhar, faça cinco respirações longas, lentas, relaxantes e repita para si mesmo:

Eu me autoautorizo a gostar do estudo e do trabalho; eu me autoautorizo a aprender de tudo com prazer; eu me autoautorizo a crer em meu potencial tricerebral; eu me autoautorizo a vencer; eu me autoautorizo a sentir-me cocriador colaborando com a mente superior... Eu sei, eu posso, eu acredito em mim.

O cérebro aprende por repetições que são necessárias, até formar as redes neuronais que correspondem ao que se quer aprender e fazer. Os intervalos de repetição são, aproximadamente, de número três e seus múltiplos: três horas depois; doze horas depois; trinta e seis horas depois; uma semana depois etc. É preciso dormir as horas necessárias. Está provado que o estômago digere e produz energia enquanto desperto; o cérebro digere e "cria" memória enquanto "dorme". Assim, a autoensinagem passará a integrar-se em sua vida como coisa normal. O que estuda só antes das provas, só terá "memória breve", e esquecerá tudo depois. Não confie demais na "memória" dos buscadores Google, Yahoo etc. Você precisa de memória própria; sem ela, você não pode pensar e vira um papagaio da internet.

Vivemos numa sociedade que depende cada vez mais de saberes, competências práticas e criativas, e não de "passar nas provas" ou ter certificados e diplomas; para alcançar êxito, ganhar mais dinheiro e ser alguém, é preciso aprender por toda a vida e para vida, e não só ter um certificado acadêmico, que é quase só teoria.

PERSONAGENS:

Estude/trabalhe para realizar seus sonhos, ideais, suas metas. Se não tem, trate logo de ter, pois será você quem responderá por sua vida, por sua carreira; não será o papai, nem a mamãe, nem o governo, nem Deus.

> **VOCÊ BANCARÁ E USARÁ SUA VIDA POR CONTA PRÓPRIA.**

Não terá que imitar a ninguém. Mas vai competir com os demais, nada é de graça. Qual é seu nível de aspiração? Quer ser melhor e maior em relação a que e a quem? É muito produtivo escolher ou ter competidores reais ou imaginários. Escolha os seus, agora.

Trate de entender os três cérebros de seus professores ou chefes pelo lado positivo, para conseguir melhor ensinagem e produtividade. Nas aulas, mantenha-se atento, tome notas organizadas em mapas mentais, marque o que precisa de esclarecimentos e autorize-se a fazer o máximo de perguntas sobre temas de estudo, provas, trabalho, equipes, sobre fontes físicas e virtuais de informação etc.

O estudante/trabalhador crítico, competitivo e responsável pela qualidade de quem ensina/manda e de quem aprende/executa: esse é o melhor.

PROCEDIMENTOS:

Na empresa, na escola e na aula, aprenda a conviver com os três subgrupos, passe de um subgrupo a outro quando necessário, respeite o Manual de Convivência e as normas vigentes no ambiente. Busque a excelência em todos os passos do Ciclo Cibernético de *Feedback* e em todas as técnicas de grupo, de comunicação e motivação.

> **SEJA LÍDER, TORNE-SE MEMBRO DO COMITÊ ARBITRADOR DAS NORMAS!**

Em casa, uma vez bem ambientado, concentrado e autoautorizado, comece o estudo. O déficit de atenção não existe, nem a criança índigo. O que existe é excesso de estímulos distrativos no ambiente. Reduza os distrativos. Comece por um *feedback* das lições anteriores, perguntando-se: que erros cometi, por que, o que é e o que falta aprender? E toca a repetir para aprender o que falta e aprender com seus próprios erros! Depois, comece a estudar as lições novas, a fazer as tarefas, dando prioridade às consideradas mais difíceis. Não se engane com o argumento de "aprendo só escutando atentamente o professor na aula ou o chefe no trabalho". Isso produz o que se chama "memória breve". Breve porque se esquece logo. Trata-se de aprender para vida e não só de passar nas provas e concursos.

Nosso cérebro aprende por pedacinhos, gradualmente, desconstruindo o que tem armazenado e reconstruindo/agregando o novo. Por isso, a cada parágrafo, a cada nova questão, a cada nova tarefa, ou a cada 10 minutos, faça seu *feedback*. Feche o livro ou os olhos e ouvidos frente ao computador e pergunte-se: o que aprendi até aqui, o que exigiria o professor ou o chefe sobre isso, o que me vai exigir a vida a respeito do que estou estudando ou fazendo? Se possível, peça a alguém que lhe faça perguntas para ver se sabe responder e fazer o que está aprendendo.

Você já escolheu um colega para ser seu exigidor? Diga-lhe como vai nos estudos ou no trabalho. Peça-lhe ajuda naquilo, e somente naquilo que ainda não pode fazer sozinho. Não aceite que ele ou seus pais façam as coisas por você. Seja autônomo!

Alguns truques que complementam os mapas mentais:

- Quem tem predomínio do cérebro direito aprende melhor fazendo associações, fantasias, desenhos, inventando histórias divertidas sobre o assunto, dialogando com personagens imaginários, fazendo teatro, cantando etc. A linguagem preferida é a emocional-afetiva, a musical, artística, esportiva, humorística, mágica, religiosa etc. A preferência por mapas mentais é desenhar modelos.

- Quem tem predomínio do cérebro central-operativo aprende melhor fazendo as coisas, manuseando-as, transformando-as em experimentos, em objetos, em máquinas, tecnologias e negócios etc. A linguagem preferida é de ação, aventuras, erotismo, comida, saúde, trabalho, negócios, dinheiro, luta, poder, guerra etc. A preferência por mapas mentais é a de construir maquetes.

- Quem tem predomínio do cérebro esquerdo-lógico aprende melhor destacando e retendo conceitos e ideias centrais, construindo artifícios mnemotécnicos, como os acrósticos (formar palavras com as iniciais do que se quer memorizar), ou imaginando um edifício ou uma cidadezinha ou bairro com lugares para classificar e guardar cada assunto etc. A linguagem preferida é a descritiva, narrativa, numérica, bibliográfica, científica, filosófica, citações etc. A preferência por mapas mentais é a de usar referenciais (três cérebros, Quatro Fatores Operacionais, 14 subsistemas etc.).

- Algumas pessoas descobrem como autoativar-se para render mais através dos estimuladores típicos de cada um dos três cérebros, mas isso não tem nada a ver com as drogas. Alguns se sentem estimulados frente a uma determinada cor; outros, por um perfume; outros, pela água, por um tipo de comida, um tipo de exercício; outro, por um tipo de música; outros rendem mais num determinado lugar da casa, ou frente a uma paisagem. Há os que têm metas e se motivam com seu próprio ideal. São poucos. A maioria, os do montão, segue dependendo de promessas de recompensas ou suborno por parte dos professores, dos pais, dos chefes, ou de alguma magia, ou de alguma aposta com a vida ou com entidades "sobrenaturais"...

> **DESCUBRA O QUE FAZ SEU CÉREBRO RENDER MAIS. COMANDE SEU TRICEREBRAR!**

A acusação de que as TICs prejudicam a mente ou produzem mentes superficiais é porque o cibernauta não aprendeu a organizar o que pesquisa ou não lê por meio de algum dos mapas tricerebrais da Cibernética Social. A inteligência artificial ajuda, mas não substitui a inteligência natural, nem a neuroquímica substitui as emoções naturais, nem se pode baixar comida da internet. O que há nos meios eletrônicos é muito disperso, desordenado, incontrolável e quase inútil se não se guarda em mapas mentais que organizam, hierarquizam e acumulam tais informações. Para uma ensinagem mais sólida, consciente e duradoura, ajudada pelos meios eletrônicos, será preciso fazer uso cada vez melhor do Ciclo Cibernético de *Feedback*, dos mapas tricerebrais, e ir superando as deficiências e dificuldades como algumas da lista que segue. Como o poder econômico dos laboratórios farmacêuticos está patologizando a educação para faturar mais, ele declara que todas as dificuldades são "transtornos" mentais, que requerem comprar/pagar medicação.

Escassez de vocabulário e números
Sem leitura dinâmica (custa ler)
Sentidos desconectados (desatento)
Sem método de ensinagem/mapas.
Não nota relação de causa e efeito.
Sem autoautorização para a crítica.
Programação anti-intelectual.
Viciado nas telinhas. Amnésia.
Escravo de alguma ideologia.
Desproporções tricerebrais.
Falha na abstração. Retardo mental.
Disfunções de leitura, escrita e fala.

Analfabetismo no não verbal, icônico.
Prisioneiro de algum sucedâneo ou hobby.
Muito lúdico, infantil, excesso de mãe.
Religionizado, crê em sorte, promessas.
Crise afetiva familiar-escolar e no trabalho.
Droga ou paixão amorosa absorvente.
Tabus sexuais, morais, relacionais.
Sem gosto pela escola e companheiros.
Depressão. Sem autoestima e motivação.
Falha na antecipação, intuição, feeling.
Insensibilidade, antissocial, sem amizades.

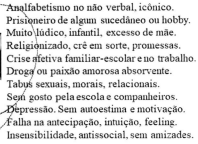

Inconsciência do corpo e descoordenação motora.
Sem hábitos de disciplina, de aguentar esforço. Desorganizado.
Dependente de mimos e subornos para estudar/trabalhar.
Chantagem a pais e mestres, leilão de si mesmo.
Sem ambições, não se deu conta do jogo da vida.
Suas fontes de satisfatores não fazem bom upaya-coaching.
Oscilante, pouco competitivo, sem metas, sem arsenais.
Disfunções dos sentidos ou nas funções do CCF.
Disfunções fisiológicas ou neurológicas e ambientais.
Ambiente, lar, escola e equipamentos de aprendizagem inadequados.
Fobias, tiques nervosos, pânico, impulso suicida. Deficiente.

Fig. 72. Alguns Obstáculos para a ensinagem

O melhor da aprendizagem, entretanto, é aplicar o que se aprende para conquistar sabedoria sobre si mesmo e sobre o jogo triádico da vida, conforme um sábio conselho de general chinês Sun Tzu (2012).

> SE NADA CONHECES, PERDERÁS TODAS AS BATALHAS; SE CONHECES TEUS INIMIGOS E TEU POVO, MAS NÃO CONHECES A TI MESMO, PERDERÁS MUITAS BATALHAS; MAS SE CONHECES A TI MESMO, A TEU POVO E A TEUS INIMIGOS, GANHARÁS TODAS AS BATALHAS.

5.2 ATITUDE CIENTÍFICA SISTÊMICA EM TUDO

Seriedade e responsabilidade no trabalho de buscar compreensão e soluções para as necessidades ou problemas.

Ao fazer qualquer tarefa ou trabalho escolar, profissional, ou preparar uma conferência, o melhor é acompanhar a trajetória do CCF mínimo ou pleno, porque assim seu trabalho sempre terá início, meio e fim garantidos. Para cumprir com exigências de caráter mais científico-racional, ao iniciar se deve cumprir mais ou menos com os passos do CCF expostos em seguida, até tornar-se um hábito sério e responsável, embora a ciência e os cientistas estejam corrompendo-se como qualquer viciado em dinheiro e fama.

GUIA INICIAL da atitude científica TRICEREBRAL em projetos de pesquisa-criatividade-ação. O primordial é ter o CCF e suas subdivisões bem ordenadas e, consciente e cuidadosamente operacionalizadas:

	Procedimentos	Personagens	Cronologia	Espaço
01. TÍTULO (subtítulo) do tema a investigar, aprofundar, projetar.				
01.1. Objetivo (fim) e meta (propósito) da pesquisa ou do projeto.				
01.2. Justificativa: necessidades que urgem com a pesquisa ou projeto.				
01.3. Questionamentos que se podem fazer ao tema.				
01.4. Delimitação do que tal pesquisa/projeto abarca e o que não.				
01.5. Teoria geral, específica ou híbrida ou marco teórico que embasa a pesquisa.				
01.6. Bibliografia e autores por subgrupo, partindo do aqui e agora para longe e dos mais recentes aos menos recentes.				
01.7. Peritos para uma primeira orientação (por subgrupo).				
01.7. Redigir uma hipótese no presente do indicativo afirmativo.				
01.9. Conceitos e neologismos que tem de ser esclarecidos, redefinidos.				
01.10. Cronograma ou Gráfico de Gantt.				
02. FONTES de informação para o tema, projeto e suas hipóteses.				
02.1. Estratégia da coleta de dados: bibliográfica, experimento, questionário, entrevista, observação participativa, exegese etc.				

	Procedimentos	Personagens	Cronologia	Espaço
02.2. Operacionalização da coleta, instrumentos de coleta, cronograma, equipe, arquivamento e processamento dos dados.				
02.2.1. Plano de processamento: numérico, verbal, informatizado.				
02.2.2. Plano de redação, parte introdutória, capítulos, anexos.				
Até aqui é o "Anteprojeto". Se aprovado, será "Projeto" e se executará.				
02.3. Ensaio experimental da coleta; correção, reorganização.				
02.3.1. Execução e arquivo da coleta segundo a operacionalização.				
03. PROCESSAMENTO: tabelas (SPSS e EXCEL), cruzamentos, interpretações.				
04. DIAGNÓSTICO: resumo do processamento, conclusões.				
05. FUTUROLOGIA sobre mais pesquisa ou sobre o problema.				
05.1. CRIATIVIDADE: busca de alternativas ou sugestões.				
05.2. Se é uma tese, aqui se redige e se entrega para avaliação. Se é um projeto, continuará pelos demais passos do CCF.				
06. DECISÕES sobre o projeto e atividades correlatas.				
07. PLANIFICAÇÃO: fluxograma e operacionalização de cada ação.				
08. IMPLEMENTAÇÃO: execução, concretização, realização, gestão.				
09. SUPERVISÃO: acompanhamento, orientação no cotidiano.				
10. *FEEDBACK*: avaliação de resultados e sua distribuição.				
10.1. Difusão, endoculturação. Redirecionamento, incorporando as sugestões de melhoramento dadas pelo *feedback*.				

A primeira parte de qualquer pesquisa ou estudo é atualizar-se com o que está acontecendo no mundo sobre o tema ou projeto, começando pelo aqui e agora e ir espraiando-se para o próximo e distante. É conhecer o estado da arte ou fazer a revisão bibliográfica. Daí a importância sobre o ato de ler e como ler. Nossa técnica de leitura vem a seguir.

5.3 COMO LER LIVROS PELO CCF COM DIFERENTES REFERENCIAIS.

ROTEIRO PARA ELABORAR RESENHAS DOCUMENTAIS.
Arte da Leitura

1. Referência Catalográfica: sobrenome, nome do autor. Título, local de edição, editora, ano.

1.1. Breves dados biográficos do autor da obra:

2. Coleta de Dados: leitura da obra, entrevista, observação etc., marcando e classificando os dados pelo referencial escolhido (que pode ser o dos três cérebros, o dos Quatro Fatores Operacionais, o das dinâmicas, ou o dos 14 subsistemas etc.), situando o documento no espaço e no tempo, anotando o jogo triádico e seus participantes com porcentagens por subgrupo, níveis etc.

2.1. Assunto eixo (em duas linhas, se tanto):

2.1.1. Três relativizações (a obra vista por outros ângulos, como pelos três lados do cérebro, pelos três subgrupos, ou por outros aspectos que ela contém):

2.2. Resumo da obra: condensar o conteúdo dos capítulos, partes ou ciclos, em uma ou duas páginas, sem comentários do resenhista:

2.3. Teses, propostas, conclusões ou insinuações da obra ou do autor:

3. Processamento

3.1 Crítica do resenhista (concordância/discordância) quanto ao método de exposição, com porcentagens:

- mais dedutivo/indutivo monádico, diádico ou triádico (cérebro esquerdo);
- mais intuitivo/livre-associacionista, emocional, criativo (cérebro direito);
- mais experimental, realista, factual, pragmático (cérebro central).

3.1.1 Teorias ou paradigmas implicados, se o paradigma escolhido for o dos quatro operacionais:

❖ ESPAÇO. Teorias da criação do mundo (cosmogonias); teorias de astronomia (Big Bang, surgimento do sistema solar, do planeta, de geocentrismo ou heliocentrismo, eras geológicas, teoria do deslizamento dos continentes etc.); ambientalismo; teoria do determinismo físico-geográfico (só físico, físico e humano etc.).

❖ CRONOLOGIA. Teoria que junta espaço-tempo (quarta dimensão); teoria da relatividade do tempo; teorias de História (História dos Estados e suas guerras e crimes, História da vida privada que é a História do povo, História das lutas de classe ou História no estilo marxista etc.); escolas de jornalismo; escolas de futurologia; historicismo ou hipótese de poder predizer a evolução histórica mediante o descobrimento de seus ritmos, padrões, leis e tendências etc.

❖ PERSONAGENS. Teorias cerebrais, de inteligência e de psicologia; teorias antropológicas, sociológicas e demográficas; teoria dos conflitos ou de jogos triádicos; hierarquiologia ou estudo de níveis ou divisão de trabalho, profissões e riqueza (classes); métodos de gestão (qualidade total, gestão do conhecimento, gestão por competências etc.); questões de gêneros etc.

❖ PROCEDIMENTOS. Temas de trabalho, planificação, produção, distribuição etc.; tecnologia, *know-how*, metodologias, didáticas etc.; filosofias de vida, crenças, valores etc.; documentação, contabilidade, sistemas de avaliação, *feedback* etc.

3.1.2 Teorias ou paradigmas implicados, se o paradigma escolhido for o das esferas dinâmicas:

❖ Dinâmica Matergística (matéria+energia) de paradigma monádico, que é típico das Ciências Exatas e do poder econômico e sacral; de paradigma diádico, que é típico dos revolucionários marxistas antes da tomada do poder, e das democracias com oposição legítima; de paradigma triádico, que é típico do Manifesto da Proporcionalidade etc.

❖ Dinâmica ambiental/potencial que inclui criacionismo, darwinismo, leis naturais, ecologia etc.

❖ Dinâmica mental, neurociências, teorias de cérebro monádico (consciência, mente, razão), diádico como os dois hemisférios, tri-uno; teorias metodológicas e métodos de pesquisa das diversas áreas de saberes; Idealismo, Teoria e Prática; Psiquiatria, Psicanálise, Psicossíntese, Parapsicologia, Mentalismo, Budismo Zen etc.

- ❖ Dinâmica individual-familiar, Psicologia, Antropologia, Psicopedagogia, sexualidade, gêneros, poder masculino/feminino na família etc.

- ❖ Dinâmica prestusuária do marxismo, do neoliberalismo, da economia solidária, globalização, mercado etc.

- ❖ Dinâmica de grupo do oficialismo, antioficialismo, oscilantismo/centrismo; democracia, imperialismo, violência, desenvolvimento organizacional, RR.HH. etc.

- ❖ Dinâmica simbólica ou cultural que é de comunicação número-verbal (teorias, saberes pelo cérebro esquerdo); comunicação não verbal (artística, mitológica pelo direito); monetária (dinheiro e seus equivalentes como símbolos dos satisfatores monetarizados pelo central) etc.

- ❖ Dinâmica futuro-universal que abrange modelos planetários, utopias, apocalipse, ficção científica ou religiosa etc.

3.1.3. Teorias ou paradigmas implicados se o paradigma escolhido for o dos 14 subsistemas:

- ❖ Paradigma/linguagem generalista/global predominante: filosófico-teológico, socioeconômico-capitalista, socioeconômico marxista, sistêmico monádico, sistêmico diádico, ou sistêmico triádico.

- ❖ Paradigma/linguagem específico de uma ciência/área/religião específica.

- ❖ Nenhum paradigma/linguagem identificado (demasiado simplificado ou desconexo).

3.2. Crítica do resenhista à linguagem e ao estilo:

3.2.1. Relevância e originalidade do tema.

3.2.2. Nível de comunicação (popular, erudito, técnico), ilustração, diagramação.

3.2.3. Habilidade gramatical e estilística; uso de recursos literários.

3.2.4. Técnica de exposição (linear, didática, paralela, digressiva, reconstrutiva, confusa).

3.2.5. Tendências ou escolas literárias ou culturais que segue, ou afins.

3.2.6. Grau de mobilização/fustigação produzido pela obra nos três cérebros do leitor.

4. Diagnóstico

4.1. Concordância/discordância do leitor/resenhista sobre os assuntos tratados (conforme o referencial escolhido).

4.2. Concordância/discordância do leitor/resenhista sobre assuntos omitidos (vazios deixados conforme o referencial adotado) e suas razões.

5. Futurição da obra: previsão do destino ou carreira da obra: durará e difundir-se-á em que ritmo?

6. Decisão de uso e recomendações a possíveis leitores desde os interesses locais, indoamericanos e planetários, sob o ponto de vista do Proporcionalismo.

6.1. Citações ou frases com indicação de página e capítulo, para uso em artigos, teses, aulas, relatórios etc.

5.3.1 Exemplo de resenha

1. REFERÊNCIA CATALOGRÁFICA: CORREA, Jorge. *Desemprego Tecnológico*. Bogotá, Abordo Aces, 1997.

Dados do autor: Jornalista colombiano.

2. COLETA DE DADOS POR LEITURA, classificando os dados pelas dinâmicas, já que esse foi o referencial escolhido para essa resenha.

DESEMPREGO TECNOLÓGICO

Ocupados apenas no duro ofício de ver passar a vida, milhões de homens e mulheres no mundo veem como as probabilidades de conseguir um trabalho gratificante e bem remunerado são cada dia menores. Nem mesmo os mais profissionalmente capacitados se sentem seguros no competitivo mundo de hoje, caraterizado por um avassalador avanço tecnológico que está substituindo cada vez mais a participação humana na longa cadeia da produção.

O desemprego – não cabe dúvida – é o maior problema que enfrenta a humanidade, com o agravante de que não há soluções viáveis à vista.

Ao finalizar 1994, mais de 800 milhões de pessoas em todo o planeta se encontravam sem emprego ou subempregadas. E ainda que se apresentem ligeiros e isolados avanços na geração de empregos, a tendência da economia mundial é a substituição do trabalho humano por máquinas e computadores.

Dentro desse patético quadro, a educação e a qualificação são os elementos chave – necessários, mas não suficientes – para sobreviver. Os mais capazes desde o ponto de vista profissional estão chamados a ocupar os postos de trabalho (poucos!) que restam nesta revolucionária era do manejo da informação e de uma economia globalizada e competitiva como nunca se havia visto antes.

Colômbia terminou 1996 com 1.6 milhões de desocupados, sendo mais afetadas as pessoas com baixa capacitação. A explicação do Departamento Nacional de Planejamento foi contundente: "emprego existe, mas não para gente pouco qualificada", donde se conclui que, sendo o desemprego colombiano um problema estrutural, sua solução tem que ver com um maior nível de educação.

Já dizia o atual Ministro da Fazenda que a abertura da economia colombiana levou as empresas a realizar grandes investimentos em bens de capital, substituidores de mão de obra. E que, adicionalmente, a oferta de mão de obra, na Colômbia, não está o suficientemente desenvolvida para responder à demanda de empresas cada vez mais tecnificadas.

A esperança das autoridades é que o comércio e a construção – onde os níveis de qualificação da mão obra não são elevados – se reativem e assim diminua o desemprego. Isto significa um paliativo para o curto prazo. A solução, a médio prazo, que é a educação e a capacitação, apenas começa a ser esboçada.

Ninguém, na Colômbia, que se saiba, está olhando para um horizonte de 20, 30 ou 50 anos que inclua a projeção de grandes avanços em matéria de sofisticadas tecnologias informáticas e o consequente desemprego em massa que isso vai causar. No primeiro mundo, estão dando os primeiros passos para antecipar o que será uma sociedade com um altíssimo grau de ócio, produzido pela atual revolução tecnológica baseada na informática.

"A redefinição de oportunidades e de responsabilidades de milhões de pessoas pertencentes a uma sociedade carente de emprego formal – adverte o especialista estadunidense Jeremy Rifkin – será provavelmente o elemento de pressão social mais importante do século XXI em todo o mundo" (Correa, 1997).

Começar a construir um mundo marcado pelo desemprego tecnológico, mas em que as necessidades de toda a população sejam atendidas, é uma tarefa que exige dar o primeiro passo, já.

2.1. ASSUNTO EIXO: Emprego/desemprego frente à tecnologia. Prestadismo, ou emprego e produção nos 14 subsistemas.

2.2. Relativizações: pode-se ver o tema do artigo como um jogo de competição científico-tecnológica entre poderosos do nível 3 e 4 do cérebro, que torna descartável o ser humano do nível 1 e 2 como prestadio/trabalhador, sem poder se livrar dele como usuário/consumidor; pode-se ver como uma desforra e uma ameaça dos subgrupos oficiais vitoriosos contra o socialismo, os trabalhadores e seus sindicatos; pode-se ver, também, como um retorno ao paradigma da selva, à lei do mais forte.

2.3. Resumo da Leitura: o artigo trata do triunfo recente, em todo o planeta, do poder oficial econômico de banqueiros e empresários e de seu capataz – o poder político; mas trata de ocultar esse fato, tratando somente das consequências que cabem aos mais fracos nos três cérebros – os oscilantes e seu desemprego, jogando a culpa neles, por não terem melhor qualificação.

2.4. Tese do autor: o planeta do subgrupo oficial encontrou seu rumo correto pela tecnologia; o desemprego é normal e poderá ser o elemento de pressão do qual o oficial terá que proteger-se. Talvez a educação e a capacitação profissional possam ajudar.

3. PROCESSAMENTO

3.1. O método de exposição é uma apresentação monádica de dados; monádica porque não os relaciona entre si e com os três subgrupos ou três cérebros. Pretende ser pragmático, mas é uma doutrinação, uma exposição dedutiva do "saudável" paradigma neoliberal e suas "naturais ou normais" consequências, como a doutrinação marxista e religiosa faziam em seus bons tempos.

3.2. Teorias implicadas ou Paradigmas:

Dinâmica matergística: omitida.

Dinâmica de potencial/ambiental. É a reafirmação do tresnoitado naturalismo-evolucionismo anglo-americano monádico, defendido enquanto dá vitórias a eles, que são o subgrupo oficial favorecido. Quando são outros os que obtêm vitórias ou lhes impõem coisas, aí se trata de competição desleal. O modo de sobreviver dos humanos não tem que ser necessariamente o da selva, ou o que inventaram os anglo-saxões, que eles pregam como sendo o único e fatal. Marx acreditava que o socialismo era fatal. Os anglo-americanos creem que o universo irá fatalmente anglo-americanizar-se.

Dinâmica mental: omitida.

Dinâmica individual. Nenhuma teoria de dinâmica individual é utilizada. Orienta-se por uma espécie de "racionalismo-irracional" porque não inclui uma arte de viver; preocupa-se tão só com o jogo econômico que destrói o planeta, os recursos e a vida. O cérebro direito, a solidariedade e a família, o ser humano, nada disso conta. Conta que sejamos trabalhadores e consumidores: *"homo mechanicus" e "homo stomachalis"*. Para o articulista, parece que cada indivíduo está sozinho e tem que arranjar-se sozinho, como se não necessitássemos sistemicamente uns dos outros, como se não tivéssemos valor social. É o egoísmo e o individualismo ao máximo.

Dinâmica prestusuária. Faz 400 anos que os subgrupos oficiais judeu-anglo-americanos estão tratando de impor a supremacia do mercado e do dinheiro, o que se traduz por liberdade absoluta para os subgrupos oficiais negativos da economia. Sai a lógica dos direitos mais ou menos regulados pela lei e pelo Estado e entra em cena a lógica do mais forte economicamente. Como o oficialista negativo é monádico, esquece que não está sozinho na selva urbana e que todos sabem caçar, os antioficiais e os oscilantes também. Com ou sem educação, com ou sem emprego, todos sobrevivem, só que cada vez mais à custa de sequestro, assaltos a bancos, guerrilhas, droga, com ou sem a tecnologia dos subgrupos oficiais. É mercado totalmente livre. Mas essa liberdade de mercado "para os outros" não a querem; e aí, sim, querem um Estado regulador, policialesco, porque o oficial considera isso uma concorrência desleal a seu direito exclusivo de assaltar pela maneira que ele quiser. Isso significa que o dinheiro e o trabalho não vão ser os únicos meios para a maioria conseguir sobreviver. A cantilena do desemprego tecnológico convence só os últimos inocentes. Os demais estão se autorizando a abrir caminhos de vida sem dar bola aos donos do mercado e seus empregados governamentais, e muito menos ao papo furado dos economistas/catequistas da nova seita neoliberal. O articulista confunde desemprego com ócio. Ócio o tem o subgrupo oficial, embora nem tanto. Faz falta uma nova teoria de dinâmica prestusuária para ver mais claramente a complexidade global das agendas/ocupações prestadias e usuárias de todos, e a enormidade dos intercâmbios. Com a linguagem socioeconômica monádica e inglesada de hoje, que ainda é da primeira revolução industrial, não dá para entender e equacionar isso.

Dinâmica de grupo. O poder econômico sem fronteiras e sem limites está sendo o poder supremo, e não o poder político. Este é tão só seu comitê executivo. O Estado como gestor do bem comum e regulador do conflito social não existe mais. Retornamos ao estado selvagem – guerra de todos contra todos – como dizia Hobbes. A organização, a regulação, o *upaya-coaching* são desnecessários e substituídos pelo grande, único e supostamente sábio regulador que é o mercado e seus jogos de livre competição. O próprio megaespeculador George Soros escreveu um livro *A Crise do Capitalismo Global (2001)* criticando isso. Quando até o diabo acha que é demais... A educação, dizem, deve capacitar para isso. Tem-se que entrar num jogo maximocrático de capacitação, com chances mínimas de obter a graça de um empreguinho concedido pelo misericordioso subgrupo oficial. Essa é a ameaça. Quem capacita os subgrupos oficiais, quem lhes concede a graça de apoderarem-se do total do valor agregado produzido por todos? Diz o articulista que as autoridades políticas têm a "esperança"... Por que não têm a decisão, o empenho? É que se tornaram sócios e comparsas da antiutopia ou distopia neoliberal.

Dinâmica simbólica. Foi omitida, mas é evidente que se trata da ideologia da supremacia do capital, do dinheiro dos donos do mundo.

Dinâmica futuro-universal. Desde o tempo de Moisés e de Midas dava para pressentir o que estava sendo sonhado: por fim, os subgrupos oficiais conseguiram impor o deus deles, que é o bezerro de ouro, o ouro ou, simplesmente, o dinheiro. Transformaram o mundo num grande e único supermercado giratório, com os donos no posto de oficialistas endeusados, os consumidores no posto de oscilantes manipulados e os assaltantes, narcotraficantes e guerrilheiros, no posto de antioficiais, o posto do diabo. E pensar que antes se lutava por nacionalismos, por utopias, ideais, pela humanidade, pelo céu... Diz o articulista que há que dar o primeiro passo para enfrentar o desemprego. Não será que há que dar um novo passo para conter os abusos dos poderosos, superando o desencanto, a alienação e loucura frente ao dinheiro e ao consumismo? Ou para desenhar um novo projeto de humanidade, ou de ecossistema, para que os três subgrupos possam sobreviver mais digna e longamente em seus quatro níveis?

3.3 Linguagem e estilo: o tema é relevante e urgente, mas há que tratá-lo sem o cinismo do triunfador, ainda que se suponha que os passageiros dessa companhia aérea o entendam e lhes agrade. É um estilo jornalístico, tratando de fazer sensacionalismo neoliberal. De qualquer forma, o artigo mobiliza, provoca ira, coloca um desafio.

4. DIAGNÓSTICO

O artigo trata do fenômeno do desemprego nas agendas prestadias dos 14 subsistemas, relacionado com a tecnologia; fala de capacitação via educativa. Estão chamando a maioria de otários, analfabetos, incompetentes, descartáveis, excedentes demográficos e inúteis sociais. O artigo fala da desgraça do oscilante, mas não fala para onde escorreram as vantagens. Foram parar nos cofres do subgrupo oficial, é claro! O artigo é tendencioso, ocultando por trás de anônimos sociais como mercado, tecnologia, modernidade, as tramoias dos banqueiros, das transnacionais e dos corretores e especuladores das bolsas, protegidos pelos grandes e seus comparsas, principalmente a imprensa. É uma conspiração, um butim comandado pelas velhas direitas fora de controle.

5. FUTURIÇÃO. O tema vai durar muito tempo, mas não esse artigo e esse tipo de cantilena simplória. Virão análises mais profundas desmascarando os subgrupos oficiais inimigos da humanidade e, os desastres por eles provocados.

6. DECISÃO. Os indoamericanos têm que estudar mais os assuntos de economia, mercado, dinheiro, negociatas e depredação oficial para saber discuti-los e descobrir como combatê-los. Falta desenvolver uma melhor teoria e prática econômica; nova porque a do neoliberalismo não passa de catequese para uma colonização pós-moderna, assim como o discurso civilizatório e evangelizador dos europeus era a catequese na primeira colonização. É a desproporcionalidade elevada aos extremos.

7. CITAÇÕES: não há frases que o mereçam.

5.4 COMO AVALIAR A ENSINAGEM

PRIMERO: *feedback* de desenvolvimento de competências tri-tetracerebrais.
SEGUNDO: *feedback* de assimilação de conteúdos.

Estamos todos de acordo que faz falta desenvolver um novo sistema de avaliação da família, do educador, do estudante, de outros profissionais da escola, de educadores religiosos, de apresentadores de programas de televisão, de trabalhadores, empresários, políticos, banqueiros etc.

Mas haverá que sair de uma cultura de avaliação individual e grupal verticalista, de cima para baixo, em que os de baixo não podem julgar os de cima, que são os oficialistas de sempre. Aqui se propõe uma avaliação – com o novo nome de *feedback* orientador e não de sentenciador e castigador - entre os três subgrupos e na tridimensionalidade recíproca, com a sincera intenção de praticar entreajuda e apoio mútuo. Trata-se de triensinagem, de democracia "tri", e não só de aprendizagem ou de política unilateral.

Antes de começar a avaliar, supõe-se que está estabelecido o programa ou currículo de desenvolvimento tricerebral com suas respectivas metas e, o programa ou currículo para cada disciplina triadizada com seus quatro níveis, assim como o *upaya-coaching* ou processo de desenvolvimento de tais programas.

Para estabelecer o currículo de competências tri-tetracerebrais e, logo, o currículo de conteúdos de cada área de saberes, usam-se progressivamente alguns dos referenciais conhecidos: primeiro, os três cérebros; depois as dinâmicas; por fim, os 14 subsistemas, englobando tudo ou fazendo combinações. Depois, selecionam-se itens, aspectos ou variáveis do currículo de competências e do currículo de conteúdos, distribuídos por semana, mês, bimestre, semestre ou ano, com metas progressivas. Cada um desses itens pode ser decomposto em "indicadores" parciais sobre os quais se elaboram as competências, questões e perguntas a medir pelo instrumento de avaliação. O instrumento, depois de alguns testes para validá-lo, será operacionalizado com perguntas como estas:

Onde se usará? Quando e com que frequência se usará? Quem avalia e quem será avaliado? Haverá autoavaliação, interavaliação horizontal pelos colegas, avaliação vertical bidirecional por estudantes e diretores? Que peso terá cada uma dessas avaliações? A avaliação será para punir, orientar, criar entreajuda, promover ou reprovar?

> **"Diga-me como me avaliará e decidirei como portar-me."**

Os indicadores, itens e temas sobre os quais se fará o *feedback*/avaliação têm que ser apresentados no início do período em que serão usados, se possível com a participação dos que vão ser avaliados.

O *feedback* de desenvolvimento de competências tri-tetracerebrais é prioritário tanto na escola fundamental como na universidade, na família e no trabalho, mas se fará escolhendo as competências correspondentes a cada grau progressivo de ensinagem, em cada situação.

	MAIS TEÓRICO-ABSTRATO, GENERALISTA E HOLÍSTICO			
MAIS COMPLEXO	Pensador crítico e superador do paradigma monádico/diádico e suas utopias. Produtor de conhecimento. Autor e publicador de seus manuais. Desempenho supradisciplinar. Mestrado, doutorado, autoeducação permanente. Capaz de benchmarking, de atualização/socialização pelas TIC.	Empreendedor de políticas de bem-estar. Administrador pragmático e carismático na carreira e na política. Correspon-sável pela sociedade e desempenho proporcional de sua insti-tuição.	Sentimento de co-criador de evolução e mais-vida proporcional para todo o ecos-sistema. Sentido de missão da carreira. Boa formação artística e mental. Capaz de meditação. Compromisso com ética, qualidade e com um mundo melhor. Amor à carreira e entusiasmo.	**MAIS LIVRE**
	Investigador de métodos, materiais e desenvolvimento da carreira. Expressar-se em linguagem matemática. Alta aprendiza-gem pessoal e em equipes de ensinagem e pesquisa. Didática dos 3 cérebros, Dinâmica de Grupo, projetos e upaya-coaching. Domínio e criação de ins-trumentos de avaliação e orientação.	Diagnóstico permanente da realidade política, econômica e sacral. Pesquisa de mercado. Projetista, planificador articulado em seu contexto. Domínio de orça-mentos, contabilidade e legisla-ção de sua carreira. Consultor, promotor de responsabilidade social.	Ecologista, ambientalista holístico. Alimentador do sentido de utopia, de esperança, de visão de futuro otimis-ta. Domínio do estado mental alfa, livre de mentalidade mágica. Hábito de futurizar e sondar as consequências de tudo. Consciente de ritmos, sentido de oportu-nidade e estratégias para vencer.	
	Domínio de instrumentos e referen-ciais de medição, de classificação. Saber relacionar currículos, discipli-nas, áreas, profissões e competên-cias. Perito em fontes de informa-ção como bibliotecas, Internet. Perito em estatísticas.	Profissional especializado, adap-tador de tecnologias e processos. Bom desempenho em solução de conflitos triádicos, liderança. Orga-nizador de equipes. Sabe como au-mentar seus ganhos. Poupador e investidor prudente e produtivo.	Espírito lúdico. Domínio de proces-sos de criatividade. Criativo respei-tando a escala humana e ecossis-têmica. Inovador e buscador das últimas inovações tricerebrais no planeta. Domínio e uso do market-ing pessoal e da carreira.	
MAIS SIMPLES	Domínio de tecnologias avança-das de informática. Bom em comu-nicação verbal-numeral, não-verbal e factual, adaptável por níveis. Domínio do inglês. Atualização profissional permanente.	Uso de tecnologias manual-mecâ-nicas da profissão. Lutador, traba-lhador prático, de alta produtividade e competitividade proporcionalistas. Amadurecimento e superação pela experiência.	Solidário. Sensível, afetuoso e bem relacionado. Habilidades de mediação, conciliação. Amor à paz. Sentido de membro, pertença e lealdade à sua institui-e organização de classe e pro-fissão. Tolerância e respeito.	**MENOS LIVRE**
	MAIS CONSCIENTE	MAIS PRÁTICO e ESPECÍFICO	MAIS INCONSCIENTE	

Fig. 73. Mapa-matriz geral de competências tri-tetraniveladas a desenvolver/medir

5.4.1 Exemplo de seleção de metas para *feedback* do docente pelo tri-tetracerebrar

Proporcionalidade na avaliação
Conhecimento da matéria.
Informação e comunicação
Uso do QT, do Tricerebrar e da
Dinâmica de Grupo Explícita

Atenção à estética e mística
Domínio e uso do nível alfa.
Criatividade e ludicidade.
Valorização do ambiente e colegas.
Relacionamento em todos os níveis.

Oficialismo positivo na aula.
Condução da aula/reunião.
Pontualidade e produtividade.
Participação nas atividades
Vinculação de suas matérias ao mercado.

Fig. 74. Seleção de indicadores tricerebrais para docentes

Examinando os quatro níveis tricerebrais de um docente, pode-se escolher as seguintes competências para *feedback*/avaliação geral:

Pelo cérebro esquerdo – proporcionalidade na elaboração de testes (nem muito fácil, nem muito difícil), grau de domínio da matéria, manejo da informação e comunicação, uso que faz do Perfil de Competências Tricerebrais de cada estudante, como faz a triadização do que ensina, uso da dinâmica de grupo explícita na aula.

Pelo cérebro direito – sensibilidade para a estética e mística de cada fato, domínio e uso do relax e estado mental alfa, criatividade, estilo lúdico/prazeroso de ensinar, valorização do ambiente e colegas, relacionamento humano em geral.

Pelo cérebro central – liderança, oficialismo positivo na condução da aula/reunião, pontualidade, produtividade, participação nas atividades do ambiente, espírito prático para vinculação do que ensina com a vida e o mercado.

Pode-se decompor cada uma dessas competências ou desses itens em três ou mais indicadores, que conformarão o questionário/instrumento de avaliação, que poderá registrar-se numa escala de 1 a 5, ou por conceitos como insuficiente, fraco, médio, bom, excelente.

Exemplo de seleção de metas para *feedback* do coordenador pedagógico ou supervisor, pelo referencial das esferas dinâmicas

Pela dinâmica matergística:
consciência de paradigmas e do molde sistêmico tri-uno para tudo.
Pela dinâmica potencial/ambiental:
grau de energia, de ânimo, disposição para o trabalho, para luta, pelo melhoramento. Grau de experiência. Grau de liberação de potencial e de autocondução por metas.
Pela dinâmica mental:
visão do processo educativo/laboral. Conhecimento de propostas e inovações educacionais. Capacitação para o uso do CCF e grau de atitude científica, dedução-indução, construtivismo. Relação de seu plano pedagógico ou de capacitação com a realização integral do estudante/trabalhador a partir de seu ambiente socioeconômico. Capacidade para recriar materiais didáticos físicos e virtuais que poderão ser futuros manuais.
Pela dinâmica individual-familiar:
Autoconhecimento pelo Fluxograma da Vida. Capacidade para lidar com os três cérebros, com o QT, com o familiograma e com as recorrências do estudante/trabalhador. Plano de relacionamento escola/empresa com a comunidade.
Pela dinâmica prestusuária (socioeconômica):
Plano do curso/trabalho, planejamento das aulas/reuniões. Realismo nos cronogramas e horários. Produtividade do tempo em aula/trabalho. Cumprimento de seus compromissos pessoais, grupais e financeiros. Cumprimento com a secretaria, supervisão e departamentos.
Pela dinâmica de grupo:
Relacionamento com os diversos níveis e setores da escola/empresa. Condução dos três subgrupos e manejo de normas. Cumpridor e exigidor do Manual de Convivência/Funcionamento. Participação nas reuniões e desempenho nas lideranças. Eficiência e eficácia na comunicação triádica. Solucionador de conflitos.
Pela dinâmica simbólica/cultural:
Conhecimento de teorias educacionais e de consultoria, capacidade para seleção e aplicação da mais apropriada à situação. Domínio e integração das linguagens científica, econômica, religiosa. Uso adequado de Matemática e Estatística.
Pela dinâmica futuro-universal:
Influência na estética e mística do estudante/trabalhador, no sentido de vida pessoal, sentido de missão da escola/empresa nacional e de todo o ecossistema. Incentivo ao esforço, à superação, à humanização, à estética dos saberes e do trabalho.

O desejável é que o instrumento de *feedback* seja construído entre todos, de forma discutida e consensual.

5.4.2 AVALIAÇÃO 1ª: outros exemplos de instrumentos de *feedback* de competências tricerebrais de docentes/chefes

Em escala de 1 a 5: 1 é péssimo; 2 é sofrível; 3 é médio; 4 é bom; e 5 é excelente. Indique a nota que corresponde ao conceito que quer atribuir.

N°	ITENS	1	2	3	4	5
01.	Domínio do conteúdo da disciplina/tarefa.					
02.	Grau de clareza didática com que se comunica.					
03.	Uso e ensinagem do hábito de questionar.					
04.	Trato/relacionamento com os estudantes ou trabalhadores.					
05.	O que faz para incitar a inovação e criatividade.					
06.	"Clima" criado, entusiasmo, gosto pela matéria/tarefa etc.					
07.	Controle da aula/repartição, *upaya-coaching* dos três subgrupos.					
08.	Conexão da matéria com a vida, o mercado e a região.					
09.	Reorientação depois dos trabalhos práticos, provas, desempenhos e erros.					

RESULTADO:

FEEDBACK PARA O SEMESTRE OU ANO SEGUINTE

N°	ITENS	1	2	3	4	5
01.	Conhecimento que o mestre/supervisor tem dos três cérebros do aluno/trabalhador.					
02.	Adaptação da matéria aos três subgrupos cerebrais da aula/repartição.					
03.	Atitude científica do professor ou supervisor.					
04.	Associação da matéria ou do trabalho com os aspectos emocionais.					
05.	Promoção da amizade e do espírito de equipe.					
06.	Sentido de justiça e ética em relação aos alunos/trabalhadores.					
07.	Participação dada aos alunos/trabalhadores em lideranças da aula/repartição.					
08.	Confronto entre sua região e outras regiões.					
09.	Orientação dos alunos/trabalhadores para a vida prática e econômica.					

RESULTADO:

FEEDBACK PARA O SEMESTRE OU ANO SEGUINTE

Nº	COMPETÊNCIAS	1	2	3	4	5
1.	Uso do CCF e do paradigma tri-uno sistêmico.					
02.	Conexão da disciplina/tarefa com as demais, buscando interdisciplinaridade e integração.					
03.	Uso da informática educacional/profissional.					
04.	Estímulo para sonhar a vida/carreira de maneira grandiosa.					
05.	Incentivo ao desenvolvimento estético e espiritual.					
06.	Orientação para a justiça e a proporcionalidade em tudo.					
07.	Empenho para a convivência democrática dos subgrupos.					
08.	Convocatória dos alunos/trabalhadores para que sejam guerreiros na vida.					
09.	Sugestão de estratégias para vencer na vida e no mercado.					

RESULTADO:

Exemplos para *feedback* tricerebral de um aluno ou trabalhador

Nº	ITENS	1	2	3	4	5
	Competências de cérebro esquerdo					
01.	Livros e revistas que leu.					
02.	Conferências ou debates em que participou.					
03.	Uso de computador, internet, informática.					
04.	Domínio do idioma e de uma segunda língua.					
	Competências de cérebro direito					
05.	Participação em dança, coral, pintura, folclore, artesanato.					
06.	Participação em atividades comunitárias de solidariedade social.					
07.	Participação em atividades religiosas de caráter ecumênico.					
	Competências de cérebro central					
08.	Participação no grêmio estudantil, associação profissional e, em funções de liderança.					
09.	Outros trabalhos, remunerados ou não.					
10.	Participação em campanhas mensais de qualidade.					

Nº	ITENS	1	2	3	4	5
11.	Participação em campanhas eleitorais internas/externas.					
12.	Contribuição para melhoramento do curso, da escola ou da instituição.					

RESULTADO:

Outros exemplos para *feedback* tricerebral de alunos e trabalhadores

5.4.2.1 Inter*feedback* de competências do cérebro esquerdo

Por autoavaliação com peso 20; avaliação por um colega com peso 30; e avaliação pelo docente com peso 50. Nota mínima: 1; nota máxima: 5. Com o tempo e o crescimento da responsabilidade pela autoeducação, aumenta-se o peso da nota do aluno e do colega, diminuindo o do docente.

Funções Lógicas	Auto-avaliação	Por colega	Docente	Total Média
01. Leitura de livros e revistas.				
02. Conferências ou debates em que participa.				
03. Uso de computador, internet, informática.				
04. Domínio da comunicação número-verbal.				
05. Domínio da escritura e redação.				
06. Conhecimentos históricos.				
07. Noticiário nacional e internacional.				
08. Capacidade questionadora.				
09. Mente ordenada (CCF).				
10. Uso de referenciais e modelos.				
11. Liderança de secretário.				
12. Liderança de glossarista.				
13. Liderança de logoterapeuta.				
14. Liderança de sintetizador.				

Recomendações de cultivo:

FEEDBACK DE COMPETÊNCIAS do CÉREBRO CENTRAL

FUNÇÕES OPERATIVAS	Auto-avaliação	Por colega	Docente	Total Média
01. Corresponsabilidade pelos grupos que frequenta.	(__X20)=	(__X30)=	(__X50)=	(___÷100)=
02. Poupança de 10% mensais.				
03. Conversação sobre negócios.				
04. Êxito em manter disciplina de vida.				
05. Conhecimento de preços de tri-satisfatores.				
06. Grau de iniciativa e competitividade.				
07. Capacidade para fazer fluxogramas e operacionalizar.				
08. Prevenção e autocondução em saúde.				
09. Autocondução em comida, bebida, sono.				
10. Cumprimento de cronogramas e compromissos.				
11. Liderança de coordenador.				
12. Liderança de cronometrista.				
13. Liderança de *feedbacker*.				
14. Liderança de pragmático.				

Recomendações de Cultivo:

FEEDBACK DE COMPETÊNCIAS do CÉREBRO DIREITO

FUNÇÕES EMOCIONAIS	Auto-avaliação	Por colega	Docente	Total Média
01. Demonstrações afetivas.	(__X20)=	(__X30)=	(__X50)=	(___÷100)=
02. Bom gênio, alegria.				
03. Expressão corporal.				
04. Ajuda a colegas.				
05. Poesia.				
06. Autoimagem.				
07. Inspiração em estado metal de ciclagem reduzida.				
08. Elegância.				
09. Liderança de admirador.				
10. Liderança de sensibilizador.				
11. Liderança de recepcionista.				
12. Liderança de ritualista.				
13. Previsor-solucionador (futurólogo e criativo).				

Recomendações de Cultivo:

O aluno/trabalhador está viciado e já sabe como eludir a avaliação meramente acadêmica e memorística. Por isso, não só o educador/supervisor, mas também o estudante/trabalhador, ambos vão resistir a qualquer nova proposta de avaliação ou *feedback* que não seja preparada e discutida largamente, e ensaiada antes que comece a vigorar.

5.4.3 AVALIAÇÃO 2ª: *feedback* da assimilação do conteúdo tricerebral de cada disciplina ou matéria triadizada. Matemática.

Nas provas bimestrais de cada disciplina, embora devessem ser mais frequentes, a avaliação ou o *feedback* também tem que ser pelos três cérebros. Isso supõe que cada disciplina ou matéria já esteja organizada em três versões tricerebrais e seja assim ensinada, acompanhada com o devido material. A primeira triadização é a da educação geral, cujos três grandes blocos são educação acadêmica pelo cérebro esquerdo; educação socioemocional pelo direito; e educação corporal, profissional e financeira pelo cérebro central. São as três gramáticas da educação familiar-escolar inicial que devem continuar na universidade e nas empresas.

Acadêmica, teórica, racional, científica, matemática
CENTRAL-fazer-ter
ESQUERDO-saber
DIREITO-relacionar
Socioemocional, criativa, artística, espiritual
Corporal, laboral, financeira, reprodutiva

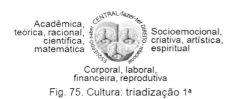

Fig. 75. Cultura: triadização 1ª

Números, operações e algoritmos
CENTRAL-fazer-ter
ESQUERDO-saber
DIREITO-relacionar
Jogos numéricos, numerologia, estética dos números. Matemática nas artes.
Metemática social de preços/gastos

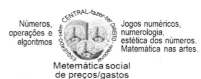

Fig. 75.1. Matemática: triadização 2ª

A triadização segunda é a da disciplina em questão. Se tomarmos a **MATEMÁTICA** como triadização segunda da educação, começamos por dar títulos aos seus três grandes blocos, por exemplo: Matemática teórica para o cérebro esquerdo; Matemática lúdico-artística para o cérebro direito; e Matemática métrica da vida cotidiana como orçamento familiar, inflação, juros, salário e contabilidade, para o cérebro central. Matemática é linguagem quantificadora e de cálculo.

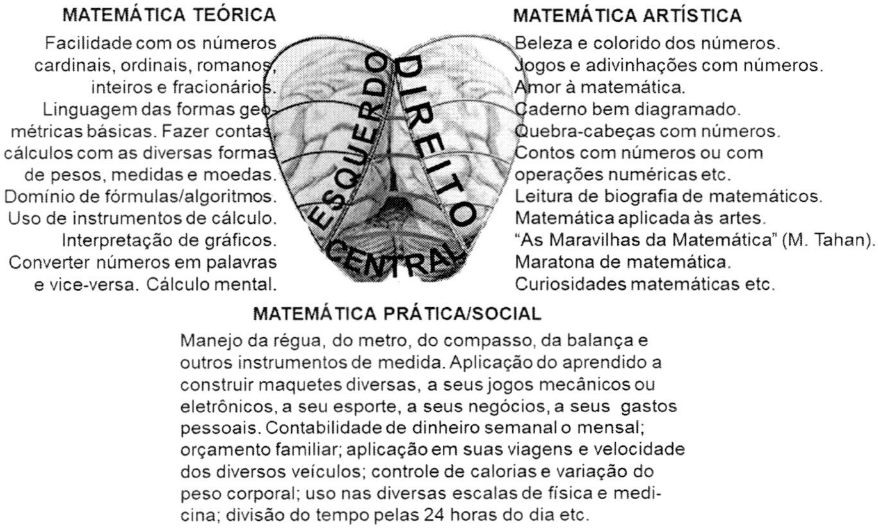
MATEMÁTICA TEÓRICA
Facilidade com os números cardinais, ordinais, romanos, inteiros e fracionários. Linguagem das formas geométricas básicas. Fazer contas, cálculos com as diversas formas de pesos, medidas e moedas. Domínio de fórmulas/algoritmos. Uso de instrumentos de cálculo. Interpretação de gráficos. Converter números em palavras e vice-versa. Cálculo mental.
ESQUERDO
DIREITO
CENTRAL
MATEMÁTICA ARTÍSTICA
Beleza e colorido dos números.
Jogos e adivinhações com números.
Amor à matemática.
Caderno bem diagramado.
Quebra-cabeças com números.
Contos com números ou com operações numéricas etc.
Leitura de biografia de matemáticos.
Matemática aplicada às artes.
"As Maravilhas da Matemática" (M. Tahan).
Maratona de matemática.
Curiosidades matemáticas etc.
MATEMÁTICA PRÁTICA/SOCIAL
Manejo da régua, do metro, do compasso, da balança e outros instrumentos de medida. Aplicação do aprendido a construir maquetes diversas, a seus jogos mecânicos ou eletrônicos, a seu esporte, a seus negócios, a seus gastos pessoais. Contabilidade de dinheiro semanal o mensal; orçamento familiar; aplicação em suas viagens e velocidade dos diversos veículos; controle de calorias e variação do peso corporal; uso nas diversas escalas de física e medicina; divisão do tempo pelas 24 horas do dia etc.

Fig. 76. Itens para um currículo e feedback de competências tri em matemática

Com a Matemática triadizada, podemos desdobrar cada um de seus três blocos em unidades de ensinagem e avaliação, adaptadas a cada idade/ano/série, como os currículos escolares e das IES já fazem, embora sem triadizar. Por exemplo, pelo lado esquerdo ensinamos e avaliamos o de sempre: linguagem matemática, topografia, contas, fórmulas, cálculos etc.; pelo lado direito, ensinamos e avaliamos se o estudante aprendeu a apreciar a beleza dos números, os diferentes jogos com números, se tem amor à Matemática, se tem seu caderno e seus trabalhos bem cuidados e diagramados etc.; pelo cérebro central avaliamos se fez alguma aplicação prática do que aprendeu ao seu dinheiro, ao orçamento familiar, à contabilidade familiar, aos salários, aos impostos, juros e inflação, plano de poupança e de enriquecimento etc. O ódio e a calculofobia à Matemática vêm exclusivamente do cérebro esquerdo, porque este é de desenvolvimento mais tardio e lento.

O peso para cada lado do currículo tricerebral de qualquer disciplina é diferente segundo as exigências de seu conteúdo para a hierarquia tricerebral. Por exemplo, o conteúdo da Matemática exige uma hierarquia tricerebral de uns 62% de cérebro esquerdo como dominante; uns 25% de cérebro central como subdominante; e, em terceiro lugar, uns 13% de cérebro direito. O conteúdo da Educação Física é diferente. Ela exige uma hierarquia tricerebral de uns 62% para o cérebro central psicomotor, prático; uns 25% para o cérebro direito estético como subdominante; e uns 13% para o esquerdo teórico. A Educação Artística exige uma hierarquia tricerebral de uns 62% de cérebro direito artístico como dominante; uns 25% de central como subdominante para a motricidade; e, por último, uns 13% de esquerdo para a teoria e História da Arte.

Essa distribuição de porcentagens na ensinagem e na avaliação muda com a idade e grau do educando e a carreira escolhida. O importante é redescobrir as facetas e competências dos três cérebros no conteúdo e ensinagem/capacitação de qualquer coisa, com o correspondente *feedback* da retenção e estruturação tricerebral dos respectivos conteúdos. Isso supõe novos manuais de texto – impressos ou virtuais – dentro do paradigma tricerebral tetranivelado.

Assim como nas escolas, desde o fundamental até a universidade, só são considerados bons estudantes os que têm predomínio do cérebro esquerdo científico, porque as provas escritas e concursos só medem isso: teoria e decoreba. Esse é um mito tonto que vem do iluminismo/enciclopedismo francês com sua deusa razão. A vida apresenta exemplos de jovens que administram bons negócios e que vão mal na escola... Não seria a escola quem vai mal?

O *feedback* do cérebro direito e central depende de observação e conhecimento do educando e não de perguntas escritas. Com professores que correm cada dia mais de um centro educacional a outro, isso é difícil. Uma solução é que se trabalhe cada vez mais a ideia de interavaliação pelo colega, funcionando como exigidor e não como cúmplice; e que o educando adquira progressivamente o hábito de autoavaliação sincera, construindo sua autoeducação contínua pela vida.

5.4.3.1 História triadizada das disciplinas

Depois da triadização de uma disciplina e do seu currículo, vem a triadização da história evolutiva da disciplina. Mas não pelo método monádico e por um texto discursivo e linear. A cultura, em sua triadização primeira, é tri-cultura: político-científico-legislativa; econômico-mercantil-monetária; e sacral- emocional-artística.

Qualquer evento faz parte dessa tri-cultura cerebral tetranivelada que, por sua vez, está sob o controle do poder político, econômico e sacral. Por isso, a técnica para uma História triadizada teria três colunas, formadas por ciclos de eventos mais importantes correspondentes a esses três poderes supremos. Para criar uma percepção global e instantânea, esse fluxo evolutivo em três colunas e seus ciclos têm que caber numa só página; por isso só traz os títulos ou palavras-chave de cada ciclo. Depois, cada título e seu ciclo terá um breve hipertexto explicando-os. Ou o estudante os pesquisará nas diversas fontes impressas e virtuais.

NOTA: a triadização da Matemática teve a colaboração de Maritza Vivas Narvaez, Ricardo Rocha Suárez, Eurípides Triana Tacuma e Víctor Manuel Jordán Puentes, do mestrado em Educação da Universidade Cooperativa da Colômbia, em Neiva, Huila.

Fig. 77. Fluxograma evolutivo tri-uno sistêmico da Matemática

Numa História dessas, em três colunas concomitantes, a coluna debaixo do poder político e cérebro esquerdo contém informações sobre o descobrimento dos números e sua evolução, de ciclo em ciclo, até a atual teoria matemática; a coluna debaixo do poder econômico e cérebro central contém informações sobre aplicações práticas da Matemática; e a coluna debaixo do poder sacral e cérebro direito contém informações sobre aplicações da Matemática na música, nas artes, na religião e as relações pouco amistosas dos clérigos com os matemáticos.

A suposição dessa maneira de refazer a História de uma disciplina, nesse caso a História da Matemática, é que conhecendo os desafios práticos da realidade a que a Matemática teve que responder, o estudante dominará aqueles 10% de fundamentos essenciais com os quais poderá reconstruir ou deduzir o resto da teoria matemática. O mesmo se aplicaria a qualquer outra disciplina teórica, sem ter que memorizar massudos manuais.

5.4.3.2 Interdiscipinarização pelos 14 subsistemas

O último passo dessa reformulação de uma disciplina é a tão falada e sempre fracassada interdisciplinarização e transdisciplinarização. Falham pela absoluta falta de referenciais, de metalinguagem e método comuns a todas as áreas de saberes, como propõe a Ciência Social Geral. Os textos e discursos lineares não possibilitam nenhuma interdisciplinarização; quando muito formam algum híbrido como Físico-química, Bioética, Biopsicossocial, Psicopedagogia, Emotopedia, psicossomático, Neuroeconomia, Ecoteologia etc.

Cada disciplina se mini-interdisciplinariza quando é triadizada ou tem seu conteúdo distribuído ao redor dos três cérebros e seus quatro ou mais níveis; depois, meio se interdisciplinariza quando, situada num dos Quatro Fatores Operacionais como seu eixo, se cruza com os demais em mão dupla, isto é, serve aos demais operacionais e é servida por eles; mas só se maxi-interdisciplinariza quando, posicionada nos 14 subsistemas, é tomada como eixo e se cruza com os demais subsistemas e seus saberes, em mão dupla, isto é, serve aos demais e é servida por eles; e se supradisciplinarizaria quando, situada como um eixo do Hológrafo Social, serviria a todas as demais áreas do Hológrafo, e seria servida por elas, num processo contínuo de input-output-*feedback*.

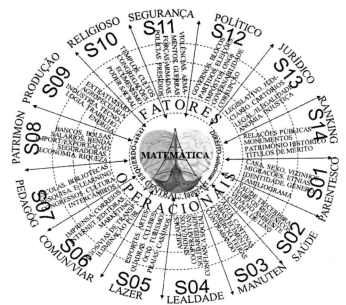

Fig. 78. Transdisciplinarização da Matemática

S01. FAMÍLIA. Relações de ordem, diagramas de árvore, cardinal e ordinal de um conjunto. Relações e funções. Arquitetura. Geometria fractal de Mandelbrot. Distribuição e programação de atividades familiares. Ponto centro no triângulo equilátero.

Manejo de maneira coerente, precisa e oportuna das relações pessoais. Estruturas matemáticas/familiares. Estatísticas demográficas. Cálculo de heranças.

S02. SAÚDE. Desenvolvimento, análise e interpretação de gráficos/ escalas de saúde e enfermidades. Natalidade e mortalidade.

S03. MANUTENÇÃO. Interpretação de quadros estatísticos relacionados com a dieta alimentar e nutricional, desenvolvimento corporal, estado físico. Interpretação de receitas e fórmulas de alimentação, bebida, vestuário e temperaturas. Fórmula do Índice de Massa Corporal ou IMC.

S04. LEALDADE/SOLIDARIEDADE. Paralelismo, perpendicularidade, legalidade, fidelidade, retidão. Triângulo equilátero. Medidas de endorfina, adrenalina, dopamina. Proporcionalidade.

S05. LAZER. Habilidade para os quebra-cabeças, *tangrams*, *sudoku*, relações de equivalência: reflexivas, simétricas e transitivas. Implementação de projetos de Matemática recreativa. Cálculo diferencial e integral ou infinitesimal que se aplica na maioria dos esportes de movimento. (Martin Gardner é o máximo exponente da Matemática recreativa no mundo. Comenta-se que com seus jogos converteu milhares de crianças em matemáticos e milhares de matemáticos em crianças.)

S06. COMUNICAÇÃO E TRANSPORTE. Sistemas de comunicações, emissor, receptor e expectador. Álgebra Booleana, o zero e o um. Matemática como linguagem das Ciências Exatas. Desenvolvimento do pensamento têmporo-espacial, pontos cardeais, estimação e medida de diferentes atributos como o peso, longitude, capacidade, temperatura, tempo. Sistemas de medidas. Criação de indicadores e índices. O cálculo infinitesimal, desenvolvido ao mesmo tempo por Newton e Leibniz, permitiu medir a aceleração e velocidade do movimento. Engenharia de Telecomunicações e de todo tipo de transportes.

S07. EDUCAÇÃO. Desenvolvimento do pensamento lógico matemático nas diferentes idades. Didática da Matemática. Algoritmos. Psicologia da ensinagem, desenvolvimento da linguagem matemática, que ainda é quase toda em grego. Diferentes ramos e aplicações da Matemática. Teste de cociente intelectual. Filosofia da Matemática.

S08. PATRIMONIAL. Análise de custos, gastos e renda. Contabilidade. Econometria. Cálculo atuarial. Matemática financeira. Inventário de ativos e passivos. Razões e proporções. Regra de três simples, composta e inversamente proporcional. Classificação, comparação e seriação. Contabilidade privada e pública.

S09. PRODUÇÃO. Relações e funções. Linha reta, curva. E = mx + b, que é a fórmula de uma função linear de uma única variável dependente x. Função idêntica, constante, logarítmica, exponencial. Análise de índices de produção. Trabalho realizado. W=F+d, que é a fórmula de trabalho ou, em inglês, *work*, que é igual força em uma distância. Resolução de problemas de tipo econômico: colheitas, áreas, tempo, mão de obra, otimização de recursos, investimento, ganhos, produção final. Oferta e demanda. Teoria dos jogos. Programação linear. Fatores, produto, diferença, divisor, dividendo, quociente e resíduo. Matemática na arte, curvas. Cânones da arte. Matemática e estrutura musical.

S10. RELIGIOSO. Desenvolvimento de matemáticas para provar a existência de Deus. Matemática religionizada como a de Pitágoras. Matemática da arte sacra. Princípio e fim dos números. Cardinal de um conjunto, Alef. O infinito. Números triangulares, quadrados e perfeitos. Triângulo de Pascal.

S11. SEGURANÇA. Geometria Euclidiana, espaço unidimensional, bidimensional, tridimensional, posicionamento têmporo-espacial de aplicação em guerras, construção de armamentos, balística e cálculos de estratégia. Limite de uma função quando X tende a zero. Liberdade responsável. Derivadas e integrais.

S12. POLÍTICO-ADMINISTRATIVO. Desenvolvimento de sistemas de equações como fluxo sistêmico. Matemática aplicada à Administração. Aplicação das propriedades das operações. Cálculo de probabilidades, pesquisa de intenção de voto, análise de dados, gráficos.

S13. JURÍDICO. Sistemas Numéricos. Propriedades das operações dentro de um conjunto determinado. Testes de validade. Princípios fundamentais da lógica monádica: terceiro excluído e não contradição; para a lógica sistêmica e triádica, ou lógica trivalente, paraconsistente, difusa, geométrica, não linear etc. há um terceiro incluído. Silogismo hipotético, silogismo disjuntivo.

S14. MÉRITO-RANKING. Implementação de olimpíadas de matemática, PISA. Análise dos comportamentos de uma função constante, linear, exponencial, logarítmica. Curva de uma função. Derivada de uma função. Máximos e mínimos.

5.5 OUTROS EXEMPLOS DE TRIADIZAÇÃO PARA *FEEDBACK* DA ASSIMILAÇÃO DO CONTEÚDO TRICEREBRAL. LÍNGUA LUSO-BRASILEIRA

Acadêmica, filosófica científica, racional. Bancos de dados Cultura número-verbal

Estético-mística Socioemocional, criativa, artística, humanista, afetiva

Corporal, laboral, financeira. Poder político-econômico. Sobrevivência e procriação

Fig. 79. Cultura: Triadização 1ª

Fig. 79.1. Triadização 2ª: Idioma

TEORIA DA LÍNGUA
Estudos de gramática e semântica; vocabulário geral, correção gramatical; análise gramatical, análise sintática (pelos operacionais); interpretação triádica e operacional de textos e gráficos. Redação em qualquer gênero (dissertação, resenha, reportagem, crônica). Crítica das mentiras da publicidade, de discursos e tudo das telinhas. Malícia para a dúvida e duplo sentido. Converter palavras e sentenças em números e equações.

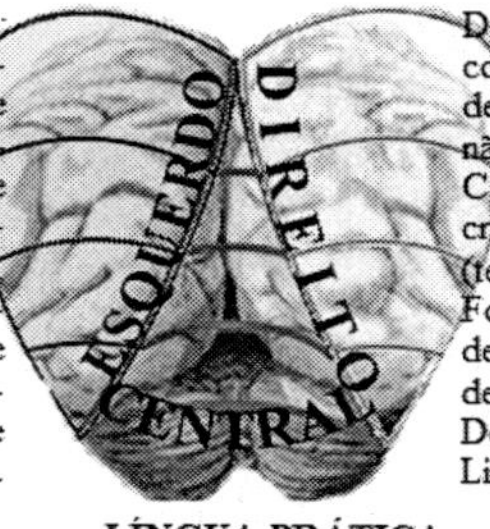

ARTE DA LÍNGUA
Desenvolvimento da linguagem não verbal corporal e ilustrativo-gráfica. Capacidade de interpretação das diversas linguagens não verbais (cine, música, pintura, artes). Capacidade poética, sensibilidade estética; criatividade literária em todos os gêneros: (teatro, letra e música, script de video...). Força de expressão, estilo; diagramação de textos, ilustração; criação de textos de publicidade; representação, imitação. Declamação, escolha de cenários, estilos. Linguagem espiritual. Palavras de cortesia.

LÍNGUA PRÁTICA
Manejo de aparelhos de comunicação (projeções, microfone etc.)
Volume de vocabulário pelos 14 subsistemas e seus níveis.
Rapidez de entendimento dos fatos e reação adequada.
Falar em público, domínio de auditórios, condução de aulas.
Redação e interpretação de contratos, normas e leis. Linguagem de vendas. Uso da lógica e da linguagem do dinheiro e do mercado.
Argumentação convincente e vitoriosa em defesa de algo.
Interpretação de manuais técnicos, capacidade para executar instruções de operação de aparelhos. Produzir manuais didáticos digitais. Capacidade de avaliação de textos e autores.

Fig. 79.2. Itens para um currículo e feedback de competências tri em Português

Com a língua luso-brasileira triadizada, podemos desdobrar, horizontal e verticalmente, cada um de seus três blocos em unidades de ensinagem e avaliação, adaptadas a cada idade/ano/série, como os currículos escolares e das IES já fazem, embora sem triadizar. O mesmo vale para a avaliação: o exame escrito só mede competências do cérebro esquerdo; para avaliar competências do cérebro direito e central depende-se de observação e conhecimento do educando. Nisso, a interavaliação pelos colegas pode ajudar.

5.5.1 História triadizada da língua luso-brasileira

A técnica para a História da língua luso-brasileira triadizada só tem três colunas, formadas por ciclos de eventos mais importantes correspondentes aos três cérebros e três poderes supremos – político, econômico e religioso e suas respectivas linguagens.

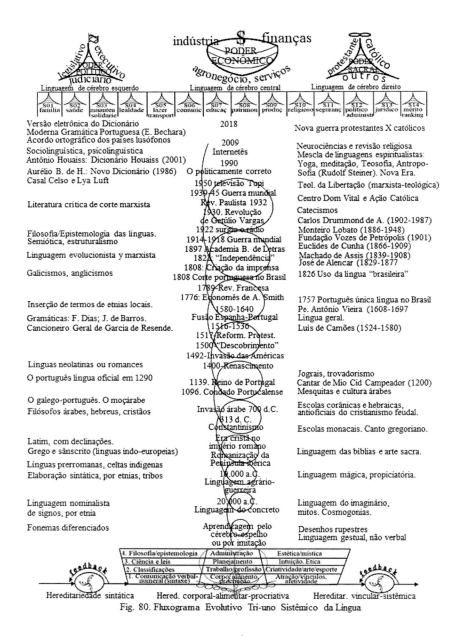

Fig. 80. Fluxograma Evolutivo Tri-uno Sistêmico da Língua

A triadização 5ª é a elaboração de hipertextos mínimos para cada título que conste no fluxograma histórico da disciplina.

5.5.2 Interdiscipinarização da língua luso-brasileira

A triadização 6ª é a interdisciplinarização (transdisciplinarização ou supradisciplinarização) da língua luso-brasileira pelos 14 subsistemas.

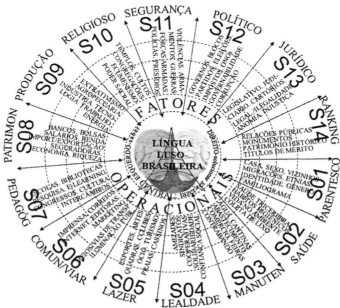

Fig. 80.1. Transdisciplinarização da linguagem

S01. FAMÍLIA. Linguagem de parentesco. Diferentes tipos de hábitats. Desertos. Biomas. Linguagem demográfica, pirâmide etária, migrações humanas e animais. Linguagem de biologia humana, animal, vegetal e ecológica. Linguagem de arquitetura e urbanismo. Linguagem de sexualidade e reprodução. Dialetos. Assédio sexual.

S02. SAÚDE. linguagem de saúde, higiene, cuidados preventivos. Linguagem típica para cada ciclo da vida. Linguagem de medicina caseira e popular. Siglas para enfermidades-tabu. Leitura de fórmulas.

S03. MANUTENÇÃO. linguagem de alimentos, vestuário, bebida. Entendimento de receitas e ingredientes nutritivos de cada produto. Leitura de menus de restaurantes. Significado de cores no vestuário. Nome e interpretação da pirâmide alimentar. Nomenclatura de supermercados, feiras, tendas, shopping centers.

S04. LEALDADE. linguagem de galanteio, de amor, poesia e metáforas. Juras de amor. Literatura romântica. Linguagem de ódio, discriminação e insultos. Linguagem cooperativista, sindicalista, símbolos e gestos de sociedades secretas.

S05. LAZER. linguagem e sintaxe de piadas, de canto, da declamação teatral. Linguagem típica de cada esporte. Ironias e brincadeiras. Interpretação da linguagem de cinema e artes.

S06. COMUNICAÇÃO e TRANSPORTE. gramática, ortografia, uso de dicionários, redação, editoração, literatura. Linguagem matemática e estatística. Organização da telecomunicação, internet e linguagem típica de cada mídia e de redes sociais. Linguagem de marketing. Linguagem coloquial, gíria e linguagem erudita. Interpretação de textos e resenhas. Linguagem de sinais, de transporte e navegação aeroespacial, terrestre, marítimo, fluvial, lacustre. Linguagem de mecânica de veículos. Leitura de mapas de GPS, WAZE.

S07. EDUCAÇÃO. leitura e escrita numeral-verbal, análise gramatical, sintática. Gramática transformativa de N. Chomsky. Domínio de paradigmas e relativização. Linguagem pedagógico-escolar, de didática, de metodologia científica, de teorias de aprendizagem e educação. Separação de verdades e mentiras, de temas importantes e triviais. Linguagem das Ciências Exatas, de sociais e humanidades. Segunda língua. As línguas não têm o mesmo poder expressivo e todas são insuficientes frente à realidade.

S08. PATRIMONIAL. linguagem de economês, de mercado, conhecimento de moedas, câmbio, preços, investimentos. Relações e códigos de importação-exportação. Seguros. Paraísos fiscais. Exploração.

S09. PRODUÇÃO. linguagem do trabalho extrativo, agropecuário, industrial, artístico. Linguagem típica de cada profissão. Linguagem empresarial. Linguagem de cada cadeia produtiva-distributiva-consumidora. Comunicação empresarial.

S10. RELIGIÃO. linguagem religiosa de cada credo, seus fundadores, cleros e títulos da hierarquia. Nome de símbolos religiosos, cultos, romarias. O que é fundamentalismo, ateísmo, agnosticismo. Leitura e exegese de livros religiosos.

S11. SEGURANÇA. linguagem de segurança, de armas, literatura e filmes de guerra. Linguagem de mediação, de solução de conflitos, cabeça fria e pacifismo. Linguagem de artes marciais.

S12. POLÍTICO-ADMINISTRATIVO. linguagem política de cada partido e subgrupo. Linguagem da História do país. Nomes de Estados, municípios, lugares do país. Interpretação de noticiários, de decisões do governo, de eleições. Conhecer os impostos por seu nome e valor. Algo de política internacional. Mudança social. Burocracia. Domínio do poder mundial de comunicação: GAFAT (Google; Amazon; Facebook; Apple; Twitter).

S13. JURÍDICO. linguagem jurídica, nome de instituições jurídicas, legislação nacional e internacional. Direitos Humanos. Documentos jurídicos, contratos, procurações, cartórios. *Lawfare* (instrumentalização do sistema judiciário para fins políticos).

S14. MÉRITO-RANKING. Redação e apresentação de currículos. Relações públicas. Concursos, campeonatos e todas as modalidades de premiações literárias de cinema, arte, moda, beleza, esportes, negócios etc. Nome das condecorações científicas, políticas, econômicas e religiosas.

5.6 ENSAIO DE TRIADIZAÇÃO PARA *FEEDBACK* DA ASSIMILAÇÃO DO CONTEÚDO TRICEREBRAL DA PEDAGOGIA

Fig. 81. Triadização 1ª: Cultura

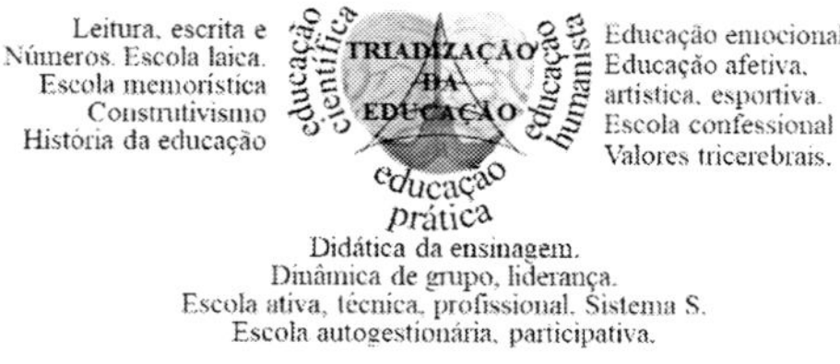

Fig. 81.1. Triadização 2ª: Educação tricerebral

A primeira triadização, como sempre, é a da educação geral ou cultura.

A segunda triadização, aqui, é da Pedagogia que é a arte e técnica da ensinagem geral, para qualquer área dos saberes. O conteúdo dos seus três grandes blocos pode ser: para o cérebro esquerdo – leitura e escrita verbal-numeral, raciocínio; para o direito – educação socioemocional; e para o cérebro central – didática, trabalho em equipe com dinâmica de grupo.

Com a pedagogia assim triadizada, podemos desdobrar, horizontal e verticalmente, cada um de seus três blocos em unidades de ensinagem e avaliação, adaptadas a cada idade/ano/série.

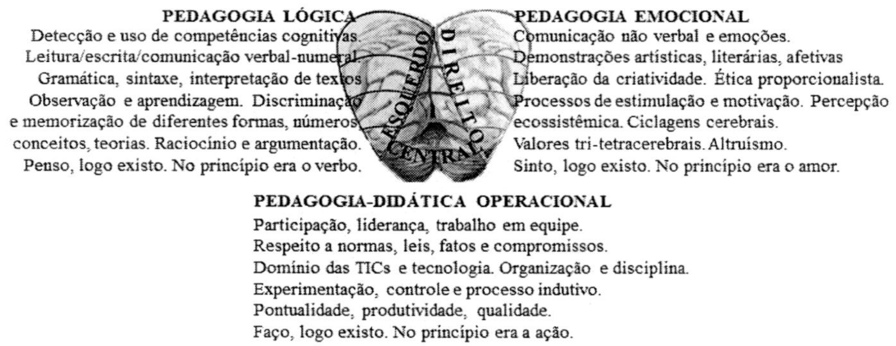

PEDAGOGIA LÓGICA
Detecção e uso de competências cognitivas.
Leitura/escrita/comunicação verbal-numeral.
Gramática, sintaxe, interpretação de textos.
Observação e aprendizagem. Discriminação
e memorização de diferentes formas, números,
conceitos, teorias. Raciocínio e argumentação.
Penso, logo existo. No princípio era o verbo.

PEDAGOGIA EMOCIONAL
Comunicação não verbal e emoções.
Demonstrações artísticas, literárias, afetivas
Liberação da criatividade. Ética proporcionalista.
Processos de estimulação e motivação. Percepção
ecossistêmica. Ciclagens cerebrais.
Valores tri-tetracerebrais. Altruísmo.
Sinto, logo existo. No princípio era o amor.

PEDAGOGIA-DIDÁTICA OPERACIONAL
Participação, liderança, trabalho em equipe.
Respeito a normas, leis, fatos e compromissos.
Domínio das TICs e tecnologia. Organização e disciplina.
Experimentação, controle e processo indutivo.
Pontualidade, produtividade, qualidade.
Faço, logo existo. No princípio era a ação.

Fig. 82. Unidades do currículo triadizado de Pedagogia

As unidades de ensinagem do cérebro esquerdo poderiam ser: testes para identificação das competências de ensinagem dos alunos; ensinagem de leitura-escrita-comunicação verbal-numeral; gramática, sintaxe e interpretação de textos; métodos de pesquisa; manejo de fontes de informação; raciocínio e argumentação etc. Para o cérebro central poderiam ser: trabalho em equipe, participação, liderança com dinâmica de grupo explícita; aceitação das diferenças subgrupais; experimentação, domínio das TIC e outras tecnologias; pontualidade, compromisso e qualidade. Para o cérebro direito poderiam ser: comportamento socioemocional, amor e amizades; parapsicologia, fenômenos paranormais; esoterismo, religiosidade, meditação, mística; arte, sonhos; ambientalismo etc.

5.6.1 História triadizada da pedagogia

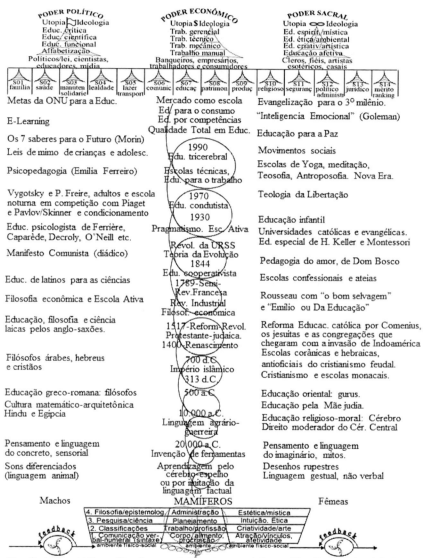

Fig. 83. Fluxograma evolutivo tri-uno sistêmico da Pedagogia

5.6.2 Interdisciplinarização da pedagogia

Esperar que os governos e as universidades abandonem seu sacrossanto currículo vaidosamente acadêmico na formação de técnicos e docentes é ser ingênuo e não suspeitar das manhas oficialistas. O que se propõe aqui como Neuroeducação Tricerebral do futuro é mais para autoeducação que para política educacional pública, que forma peões, ou para a educação privada que forma patrões.

Como a educação tradicional deixa, propositalmente, muitos vazios, cada interessado em desenvolver melhores competências existenciais para cada ciclo de sua vida pode recorrer ao "Currículo da Vida em 14 Subsistemas" como uma matriz interdisciplinar e geradora de outros desdobramentos e adaptações. Denomina-se "Currículo da Vida" porque a vida transcorre nesses 14 setores, canais, vias ou subsistemas comandados pelos três cérebros, ainda que mudem de configuração ao longo dos 12 ciclos de idade e evolução, apresentados no Fluxograma da Vida.

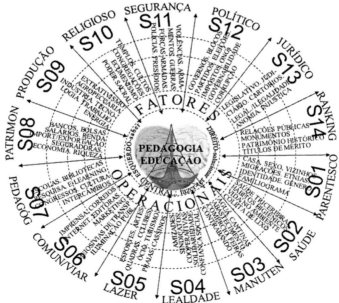

Fig. 84. Transdisciplinarização da Pedagogia/Educação

S01. FAMÍLIA/parentesco. Fluxograma da Vida. Educação da masculinidade/feminilidade. Sexualidade, gravidez, matrimônio, divórcio. Jogo triádico, familiograma e parentes. Carreira de Mãe e pai. Emancipação familiar e autocondução. Problema habitacional, demografia, preconceito racial, de idade e gênero. Associação de pais e mestres. Escola de pais. Visitas às famílias. Relações com a vizinhança. Pontos da comunidade de onde vêm os alunos. Efeitos do parentesco entre alunos, professores e pais.

S02. SAÚDE. Biologia. O corpo como sistema triádico. Autoconhecimento. Higiene e saúde preventiva pelos três cérebros (racional; emocional; biológico; ou psíquico-emoto-somática). Enfermidades, acidentes e medicações básicas. Primeiros socorros. Ecologia, saúde ambiental. Expectativa de vida. Check-up, exame médico, ambulatório, serviços odontológicos. Sanitários. Limpeza. Água. Higiene ambiental, iluminação, ventilação. Insetos. Epidemias, contágios, enfermidades, deficiências mentais. Desenvolvimento físico. Educação para os primeiros socorros. Uso da ciclagem cerebral reduzida para programar o sono. Curas em ciclagem reduzida. SUS, seguro/plano de saúde.

S03. MANUTENÇÃO. Nutrição, bebida, regime alimentar, dietas, gostos, sabores, fragrâncias, etiqueta à mesa. Insumos da realimentação do cérebro pelos cinco sentidos. Cadeia alimentar. Vestuário, móveis, moda. Aprender a cozinhar, limpar, lavar, passar. Ruído, som e seus aparelhos. Observação e seleção visual, cores. Consumismo forçado. Redes de abastecimento e distribuição. Desalienação da manutenção. Merenda escolar. Cozinha e cantina da escola/empresa. Água potável. Café. Fumo. Drogas. Subnutrição. Peso ideal.

S04. LEALDADE/SOLIDARIEDADE. Educação afetiva masculina/feminina, recorrências. Amizades, compadrio, apadrinhamento. Convivência: relacionamento subgrupal, aliados, adversários sociais e respetivos arsenais. Associativismo nacional e internacional (cooperativismo, redes, quadrilhas, clubes, sindicatos patronais e proletários). Relacionamento entre direção, professor, aluno e todos que interagem com a escola. Sindicato de professores. Cooperativa escolar. Associação de ex-alunos.

S05. LAZER. Educação Física. Criatividade, humor, diversões, hobbies; artes como teatro, baile, carnaval, literatura, novela, cinema, pintura, modelagem, música e canto etc. Jogos eletrônicos. Folclore regional e nacional. Férias, recreio. Quadras esportivas. Festas. Clubes. Esportes.

Equipamentos. Estado de ânimo geral (desânimo, descontentamento). O jogo como sucedâneo.

S06. COMUNICAÇÃO E TRANSPORTE. Comunicação verbal, não verbal-corporal e factual. Alfabetização verbal-numeral. Matemática "social". Uso e desdobramento crítico dos meios de comunicação de massa e redes sociais. Domínio da comunicação na esfera virtual e na factosfera. Como investigar/aprender por TV e internet. Digitação, computação, calculadora e tecnologia de informação. Controle do uso de celular e telinhas. Secretaria. Documentação, informatização. Mural. Reuniões. Relações Públicas da escola. Tipo de linguagem da comunidade. Ensinagem de Inglês como segunda língua. Tipos de transporte. Educação para o trânsito. Autoescola. Como viajar. Circulação intraescolar. Transporte de alunos.

S07. EDUCAÇÃO. Pedagogia e História da Educação. Desenvolvimento dos três cérebros: uso do Ciclo Cibernético de *Feedback*, por treinamento de cada uma de suas operações. Fluxograma evolutivo da personalidade com as respectivas profissões. Leitura dinâmica. Métodos de classificação do conhecimento, biblioteca, organização e documentação pessoal de saberes. Integração escola-família-comunidade. Teleducação. Hábitos de disciplina pessoal, grupal e social. Ciências: Química de cozinha e banheiro, Física e mecânica dos aparelhos da casa e do automóvel. Biblioteca, laboratórios. Equipamento audiovisual e material escolar. Mentalidade. Coordenação pedagógica. Orientação educacional. Conhecimento da realidade local e adequação do currículo e programas a ela. Educação especial. Tipo e número de alunos. Integração horizontal e vertical das matérias de estudo, interdisciplinaridade. Atividades extraclasse. Clínica de leitura. Calendário escolar. Assiduidade e pontualidade de alunos e professores. Hábitos e métodos de ensinagem de alunos e professores. Autoeducação. Sistemas de avaliação.

S08. PATRIMONIAL. Economia. Sistemas monetários, bancos, bolsas. Negócios, satisfatores monetarizados e não monetarizados. Valor dos satisfatores e precificação. Custo dos quatro níveis de vivência nos 14 setores/subsistemas da vida. O país como um condomínio, os bens coletivos, os serviços públicos, o regime fiscal. O condomínio nacional e o cidadão que o mantém com impostos. Seguros. Técnicas bancárias, comerciais. Educação antipobreza e antiespoliação, com piso mínimo e teto máximo nos níveis de vivência. Contabilidade doméstica pelos 14 subsistemas. Tesouraria, orçamento da escola. Caixa escolar. Gastos. Manutenção do prédio, ampliação.

Salários. Espírito capitalista, socialista, solidarista. Educação financeira. Atitudes frente à população carente. Roubos e corrupção.

S09. PRODUÇÃO. Engenharias. Produção extrativa, agropecuária, industrial, artística. Teste anual pré-universitário de gostos e aptidões vocacionais/profissionais e tendências do mercado de empreendedores e de empregados. Visita e descrição de locais de trabalho e profissões. Conceito e sentido do trabalho, educação para o trabalho, a disciplina, a produtividade e a qualidade. Combate à vadiagem e ao parasitismo social. Domínio da tecnologia básica dos 14 subsistemas. Familiarização com terra, flora, fauna, jardinagem, horta e ferramentas. Educação artística e artesanal. Projetos ou clubes profissionalizantes, laboratórios, experimentos. Grau de esforço e participação nas atividades escolares/empresariais.

S10. RELIGIOSO. Teologia, Teodiceia. Conhecimento das religiões e suas propostas de evolução espiritual. Técnicas de ciclagem tricerebral reduzida para meditação. Formação de valores para o controle de jogos triádicos destrutivos. Respeito e tolerância a diferentes crenças, ritos, símbolos religiosos. Celebrações ecumênicas. Questionamento do submetimento mental às religiões. Combate ao fanatismo religioso e às teocracias.

S11. SEGURANÇA. Arte da guerra. Conscientização da disputa de satisfatores pelos três subgrupos e do uso de seus arsenais de poder e violência com abusos mínimos no nível 1 dos três cérebros, mas que crescem e chegam ao máximo no nível 4 (a violência maior vem "de cima"). Educação para paz, para a antiviolência em todos os 14 subsistemas e seus quatro níveis. Artes marciais. Gosto pela disciplina e autocontrole. Prevenção de acidentes. Treinamento para emergências e defesa civil. Conhecimento das forças de segurança social e nacional. Vigilantes, extintores, para-raios, chaves. Sistema de disciplina para alunos e professores. Punições. Bullying, violência e pacifismo na escola. Educação para o direito de defesa e autoafirmação.

S12. POLÍTICO-ADMINISTRATIVO. Administração. Sociologia Política. Geografia e História tri-una desde a comunidade local e o momento presente até chegar à globalização e ao passado. Ideologias políticas. Organização político-econômica-sacral do país, estado e município. Dinâmica de grupo explícita nas reuniões. Civismo ou nova cidadania de convivência trigrupal. Introdução à burocracia do poder político-econômico-sacral e seus vícios como nepotismo, corrupção, opressão, exploração, iscação etc. Educação dos pagadores de impostos para controle de políticos e funcionários públicos. Modo de escolher candidatos para cargos administrativos públicos e privados. Tipos de liderança dos chefes. Tipos de planejamento e administração. Definição de níveis, funções e objetivos na escola. Tipo de reuniões, de *feedback*. Auto-organização dos professores como associação, centro de professores etc. Organização e liderança dos alunos no centro acadêmico, UNE, em movimentos etc.

S13. JURÍDICO. Direito. Conhecimento da Constituição Nacional e dos direitos e deveres básicos da cidadania nos 14 subsistemas. Sentido de justiça e proporcionalidade global. Direitos/deveres humanos de indivíduos, famílias, organizações, empresas, dos três subgrupos e países, nos quatro níveis. Obtenção e guarda de documentação dos 14 subsistemas. Menoridade e maioridade. Legislação escolar. Participação na elaboração e vigilância de normas para os três subgrupos, em qualquer ambiente. Regulamento, normas e costumes, manual de convivência da escola. Capacitação e honestidade na auto e heteroavaliação. Solução de conflitos. Mediação. Capacitação para a convivência. Avaliação dos professores. Avaliação e classificação de alunos.

S14. MÉRITO e RANKING (precedência). Museologia. Heráldica. Numismática. Nível de aspiração e metas dos alunos/trabalhadores da escola/empresa. Autoestética ou consciência de qualidades/valores/competências pessoais que produzem a autoimagem. Organização do *curriculum vitae* e autopromoção. Aprender a cooperar e competir dentro do Proporcionalismo. Estilos de vida. Escolha de modelos/heróis/celebridades que valha a pena admirar e imitar. Combate à maximocracia e a psicopatas megalomaníacos. Aspecto geral, decoração, urbanização da escola/empresa. Etiqueta, protocolo, cerimonial da aula e da escola. Imagem frente à opinião pública, comentários sobre a eficiência da escola/empresa. Cortesia. Celebração pedagógica do calendário político-econômico-religioso da região e do país. Primazia da cultura nacional.

Ver *História da Educação e Escolas Antropogógicas* em:

https://play.google.com/books/reader?id=L1OlIgAAAEAJ&pg=GBS.PA0

NOTA: A maioria das disciplinas está triadizada. Entre em contato: http://www.triadicmind.com

Os exemplos dados são muito gerais e amplos. Os especialistas farão o gradiente vertical do currículo, semestre a semestre, de ano a ano, mas sem abandonar a matriz tricerebral e dos 14 subsistemas, sem recair no paradigma monádico de disciplinas e ciências isoladas ou no exagerado discursismo linear.

Pelo método unilateral/monádico tradicional, a História de uma Ciência Social, de um país, de um município, de uma escola e qualquer outro sistema se apresenta numa exposição ou narração linear e de um só dos três poderes cada vez: História Política, História Econômica e História Religiosa, separadamente. Isso dificulta a relação do texto com o subtexto e o contexto sistêmico tricerebral/cultural. Nossa proposta é apresentar qualquer História em uma única página onde se possam ver os três poderes e suas três culturas com suas influências e interferências simultânea e mutuamente. Já apresentamos esse modelo em quadros anteriores.

— Por que a necessidade dessa reformulação das Ciências Sociais e Humanas pela triadização e interdisciplinarização como ilustrado até aqui?

— Porque todas as Ciências Sociais e Humanas foram desenvolvidas para servir e justificar os subgrupos oficiais mais altos do poder econômico e seus comparsas do poder político e sacral. Tanto é assim que nunca se resolvem os problemas das grandes massas oscilantes, que passam de escravos e servos a "escravos voluntários" e subempregados/desempregados sazonais ou crônicos.

— E os subgrupos antioficiais, mal denominados "esquerdas"?

— Os subgrupos antioficiais marxista e cristão católico foram os que mais denunciaram e rejeitaram essa marotagem, chamando as Ciências Sociais e Humanas de "ciências partidárias" (dos partidos direitistas, conservadores, elitistas). E tentaram sua reformulação que terminou criando igualmente "ciências partidárias" dos partidos esquerdistas, revolucionários, socialistas etc., já fora de combate.

— Por que esse movimento pendular ou movimento de inversão, por que essa tendência de mútua exclusão/eliminação?

— Porque isso é inerente do paradigma monádico, que é sempre unilateral, exclusivista, seja no poder político, econômico e religioso, seja nas classes sociais, nas ciências e artes, no capitalismo ou socialismo, nas democracias ou teocracias. Os privilegiados se justificam alegando que "a livre competição é boa", mas só quando são favorecidos; quando não, apelam para a repressão "branda" dos ajustes fiscais, da inflação, da redução do Estado e, se isso não basta para reestabelecer seus privilégios, apelam para a repressão "dura" das ditaduras, de perseguição, desapropriação, tortura, exílio/morte, confiscando os de baixo, eliminando opositores.

O jogo triádico é o motor da natureza e da história, mas a maneira que a humanidade se conduz nele, ou como é titereteada por ele, não pode continuar com os ciclos de pêndulo e de inversão de polos, cada um deles levando a desproporcionalidade aos extremos de crueldade e desumanidade. A busca do Proporcionalismo triádico é a sabedoria na maneira de conduzir o jogo triádico e de conduzir-se nele. Mas isso requer a triadização das Ciências Sociais e Humanas, a reformulação da ensinagem e das mentalidades.

> **NÃO AVALIE MAXIMOCRACIAS UNILATERAIS; AVALIE PROPORCIONALIDADES TRICEREBRAIS.**

HIPERTEXTOS

Cada título de qualquer desses fluxogramas evolutivos/históricos das disciplinas terá vínculo com um hipertexto explicativo, com no máximo duas ou três páginas. Por exemplo: se aparecer o título *Emancipação dos Anglo-Saxões* (marcado pela cor azul ou qualquer outro signo em um desses fluxogramas), ao acionar control+clic do mouse, aparecerá o texto explicativo:

EMANCIPAÇÃO DOS ANGLO-SAXÕES

O Renascimento era um começo do ciclo da modernidade, que coincidia com o fim do ciclo do sacro império romano dos papas. Enquanto os países e pensadores/artistas latinos (Itália, França, Espanha e Portugal) pintavam, poetizavam e sonhavam com reformar a Igreja, os países anglo-saxões decidiram emancipar-se do império papal e, de passo, parar de pagar impostos a serviço do luxo de papas e cardeais de Roma.

Na realidade, tudo começou com um desejo de reformar a teocracia. O frade alemão agostiniano, Martinho Lutero, foi-se irritando com as negociatas romanas, como a venda de indulgências para financiar o império e com os escândalos que presenciou quando esteve em Roma. Declarou-se antioficial e começou a luta: Lutero criticando, protestando, traduzindo a Bíblia à língua alemã etc. e o subgrupo oficial de Roma ameaçando-o, excomungando-o e chamando a ele e a seus seguidores de "protestantes" (como depois os "comunistas", e agora os "indignados", os da "primavera árabe", os das manifestações contra Wall Street, etc., etc. e etc.).

Os políticos da Alemanha viram a oportunidade de emanciparem-se de Roma e defenderam Lutero com as armas. O ano de 1517 foi tomado como a data da ruptura que os papas apelidaram de Reforma Protestante porque só conheciam a linguagem religioso-teocrática. Em realidade, pelo lado civil foi uma Revolução, uma guerra civil de emancipação ou separação dos países anglo-saxões. Separações, secessões, independências (ou "cismas" em linguagem religiosa) ocorrem sempre. A Igreja oriental-ortodoxa se separou da Igreja de Roma, já em 1054. A Hispano-América se separou da Espanha e o Brasil, de Portugal, há 200 anos. O Paquistão se separou da Índia, Timor-Leste se separou da Indonésia, Kosovo se separou da Sérvia, em 2008 etc.

O primeiro país que oficialmente proclamou a independência frente a Roma e pôs a religião sob o poder político do rei (invertendo a supremacia da teocracia pela civicracia ou, o que mais adiante se chamaria democracia) foi a Inglaterra do mulherengo Rei Enrique VIII, em 1534 (que também condenou à morte seu Chanceler, Thomas Morus, aquele que escreveu "Utopia", por manter-se católico e não romper com Roma).

A denominação das religiões nos países emancipados tomou o nome geral de "protestantes", mas em cada país têm variações como "religião anglicana" na Inglaterra, "luterana" na Alemanha etc.

A Igreja de Roma, para defender seus privilégios e sua medievalidade promoveu longas guerras religiosas. Além disso, aferrada ao cérebro direito, e pretendendo que o cristianismo dela fosse a única religião verdadeira, decretou a expulsão de judeus e mouros de seus restantes "domínios" latinos, com uma alternativa: ou se convertiam ou se iriam (diziam que era para defender a pureza de sangue ou racial; para que, se o clero católico não procriava!). A maioria se foi aos países anglo-saxões protestantes emancipados, primeiro para a Holanda que era a potência da época, depois para a Inglaterra que derrotou a Holanda e se apoderou dos mares e dos grandes negócios comerciais.

Esta diáspora da inteligência financeira e científica de judeus (denominados asquenazes) ajudou a criar a Holanda moderna e o império britânico. Os que não puderam ou não quiseram sair tiveram que simular uma conversão pública, enquanto na vida privada continuavam com suas tradições, perseguidas pela "santa" Inquisição (a CIA ou KGB de então) do fanático dominicano espanhol, Tomás de Torquemada. Os judeus conversos marcados como "cristãos novos", são os denominados "sefarditas" (judeus dos países latinos ou do sul da Europa).

A influência de um dos mais importantes líderes religiosos do protestantismo, o suíço João Calvino, consagrou a doutrina da salvação garantida pelo trabalho *e a prosperidade, que seriam o único indicativo com que Deus assinalava seus escolhidos. Isso era equivalente à compra de indulgências e da salvação, bem de acordo com a mentalidade comercial-financeira dos judeus, que Jesus Cristo combatia, como Moisés também, ao destruir o bezerro de ouro. A doutrina de Calvino ficou conhecida como "Ética Protestante" e foi, segundo tese do sociólogo alemão Max Weber (1864-1920), o principal fator do desenvolvimento e da supremacia moderna dos povos anglo-saxões, liderados por Inglaterra. Este império britânico provocou a reação militar de Napoleão, a reação anticomercial e financeira de Karl Marx, que desembocou no socialismo protagonizado e sepultado pela URSS.*

A Igreja católica e seus domínios latinos permaneceram reféns do cérebro direito teocrático, mantendo o subdesenvolvimento do cérebro esquerdo (ciência) e o cérebro central (desenvolvimento e riqueza). Em matérias do cérebro esquerdo e central, os anglo-saxões se adiantaram e criaram a modernidade. É bom fazer notar que os protagonistas dos eventos maiores da modernidade – as revoluções científicas e industriais anglo-saxãs ou o capitalismo – e a revolução anticapitalista do socialismo – foram protagonizados por subgrupos judeus: a revolução capitalista por judeus oficialistas; e a anticapitalista por judeus antioficiais (Gregori, 2002).

Obs.: o hipertexto pode conter outros hiperlinks como faz a Wikipedia.

Se aparecer o título *INDOAMÉRICA* (marcado pela cor azul ou qualquer outro signo em um desses fluxogramas), ao acionar control+clic do mouse, aparecerá:

INDOAMÉRICA (Ex-Latinoamérica)

Os países que não são de origem anglo-saxã, estão tentando rejeitar ou superar a denominação de América "Latina", que seria uma espécie de continuação de Europa Latina (Itália, França, Espanha e Portugal), com seu fracasso frente à Europa anglo-saxã (Holanda, Inglaterra, Alemanha, Dinamarca, Bélgica, Suíça e os países escandinavos) desde o fim da Idade Média. Tampouco estão de acordo

com que os nascidos na América do Norte se chamem americanos (nome geográfico), e os nascidos na América do Sul se chamem latinos (nome cultural), quando todos são americanos do sul ou do norte. Ademais, aqui não somos só provenientes da Europa latina; somos indígenas, negros, árabes, orientais, mestiços; somos provenientes de todos os pontos do planeta.

Queremos reprogramar nossa imagem geográfica, histórica e cultural. A colonização perpetrada pela Europa Latina e pela Europa Anglo-saxã criou, segundo eles, um novo mundo. Porém, mais que um "novo" mundo, foi uma colônia, uma extensão e projeção de seus conflitos, de seus erros e de suas qualidades.

Depois de 500 anos de existência não conseguimos ainda ser nós mesmos, principalmente na América "Latina". Continuamos sendo um reflexo, um eco do velho homem europeu, seja ele anglo-saxão ou latino. Por isso, queremos reprogramar o que queremos ser, redefinir nossa identidade, começando pelo nome: Indoamérica ou Ameríndia.

O conceito de Indoamérica ou Ameríndia ou Euríndia (Europa+América indígena) é composto de "indígena-nativo" e "europeu-americano". Significa cultura europeia chegando aqui e cruzando-se com a cultura nativa que eles, os europeus, equivocadamente chamaram de cultura índia/indígena. Como os europeus que aqui chegaram eram mestiços árabes, então somos indo-árabe-americanos. Como depois chegaram os africanos, somos indo-árabe-afro-americanos. Como depois houve imigração alemã, italiana, chinesa, japonesa, eslava, árabe etc., somos uma síntese planetária.

Os 5 ciclos que resumem a história de Indoamérica são:

1. A primeira Ameríndia foi a pré-colombiana – 40.500 anos atrás.

2. A segunda foi a invasão europeia por Cristóvão Colombo, de 1492.

3. A terceira foram as lutas de independência lideradas por San Martin da Argentina, Bolívar da Venezuela, Morelos do México, os Andradas do Brasil etc. duzentos anos atrás (1804-1825), independência de fato só conseguida pelos EUA, em 1776.

4. A quarta foi o intento de revoluções socialistas, durante todo o século XX, sobrando Cuba como amostra.

5. A quinta é a que se estava tentando gestar, com Venezuela abrindo caminhos, sendo hostilizada pelo império judeu-anglo-americano, como outros países indoamericanos não alinhados com este império do mal.

O jogo do século XX ou da Quarta Ameríndia terminou com a vitória do paradigma mental protestante-darwinista-anglo-saxão-neoliberal monádico, em

1989 (queda do Muro de Berlim), e a "entrega" de Gorbachev, em 1991 (dissolução gratuita da URSS). Este fato marcou o fim de um ciclo e, coincidentemente, o fim da guerra dos 500 anos dos anglo-saxões reformadores contra os latinos católicos e o resto do mundo. O Papa João Paulo II foi um valioso peão dos EUA, abrindo a brecha da Polônia e exterminando a Teologia da Libertação da Indoamérica, como se estivesse restaurando o império papal da Idade Média. Os EUA conseguiram reestabelecer nossa dependência por diversos mecanismos: os missionários protestantes, o Instituto Linguístico de Verão e as Escolas Superiores de Guerra, como polícia ideológica; a entronização de ditaduras opressoras com a CIA, com a operação CONDOR e seus similares em cada país, como polícia paramilitar; a Trilateral e o FMI em cumplicidade com as exíguas, mas poderosas elites de cada país como polícia econômica. A essa histórica vitória, Francis Fukuyama, um filósofo a serviço do Departamento do Estado norte-americano intitulou, delirantemente, O Fim da História.

Antes, a Indoamérica queria livrar-se dos EUA e, alinhar-se com a URSS. Agora já não sabe onde buscar proteção contra a voracidade do subgrupo oficial judeu-anglo-americano e seus cúmplices econômicos em cada país. Por isso, começou a criar suas próprias instituições e meios: Unasur, CELAC, Telesur etc. (já em extinção).

Para a América "Latina" e Caribe, tanto a proposta desenvolvimentista do capitalismo como a do socialismo fracassaram em arrancar-nos do atraso e da desproporcionalidade (injustiça tricerebral-grupal tetranivelada).

É uma infelicidade para nós não termos conseguido a libertação e a reorganização de nós mesmos, ou seja, não termos chegado a um ser humano e umas sociedades indoamericanas distintas dos depredadores europeus e do império judeu-anglo-americano. Será que se está buscando um homem novo no Oriente, na Ásia, na África, ou no mundo eslavo post-socialista? Na Europa latina e anglo-saxã e seu prolongamento que são os EUA, sabemos que não. Nós, os indoamericanos, temos que buscar novos rumos e formular algo novo, frente ao diagnóstico que temos de nós mesmos depois de 500 anos de "civilização e evangelização" europeia e norte-americana. (Gregori, 2002).

Se aparecer o título *Invasão político-religiosa das Américas e do Brasil* (marcado pela cor azul ou qualquer outro signo em um desses fluxogramas), ao acionar control+clic do mouse, aparecerá:

INVASÃO POLÍTICO-RELIGIOSA DAS AMÉRICAS E DO BRASIL

Assim redenominamos o que a História oficial (de origem europeia oficialista) denominou "DESCOBRIMENTO" à chegada de Cristóvão Colombo no Caribe e na Hispano-América em 12 de outubro de 1492 e, à chegada de Pedro Álvares Cabral, no Brasil, em 21 de abril de 1500. Outros historiadores, envergonhados com o nome de "descobrimento", passaram a bolar outros nomes para o evento de "chegada" dos europeus. Por ocasião das celebrações dos 500 anos da Indoamérica, um nome curioso foi inventado: "encontro de duas culturas"; uma encontrou-se fazendo genocídios, roubalheira, depredação ambiental e escravização; e a outra encontrou-se com que?

E dizemos invasão político-religiosa porque a invasão foi, antes de tudo, uma empreendimento econômico-político (as embarcações e o capital eram dos reis); depois, foi também um empreendimento católico porque Espanha e Portugal estavam sob a teocracia dos papas, e a expedição invasora trazia sempre algum capelão para "evangelizar" (leia-se: amansar índios e negros escravos para merecerem salvação eterna trabalhando para enriquecer os colonizadores europeus).

Os nomes dados a montanhas, rios, comunidades e até países, eram nomes religiosos. No Brasil, os invasores portugueses chegaram ao que é hoje o estado da Bahia, no lugar batizado como Cabrália. O "evangelizador" franciscano Frei Henrique de Coimbra celebrou missa aí para os invasores e para índias e índios nus (estariam os navegadores olhando mais o celebrante ou as índias?).

Este lugar tem hoje uma enorme cruz como marco histórico e atrai sempre muitos turistas, embora as poucas índias pataxós que por aí sobrevivem andem demasiado vestidas para os "invasores" turísticos (Gregori, 2002).

5.8 CULTIVO DO TRICEREBRAR: AUTOEDUCAÇÃO

Você pode tomar as rédeas de seu desenvolvimento mental daqui para frente. A isso se chama cultivo dos três processos mentais, que se faz através de metas para cada um deles, em seus quatro níveis.

Oferecemos uma listagem de algumas das possíveis metas de estimulação tricerebral, a um nível um pouco mais elevado e complexo que o apresentado nos capítulos anteriores.

Não é possível mudar os três processos simultaneamente. Faça um acordo com um de seus lados e negocie com os outros dois. É sempre preciso estabelecer hierarquia ou prioridade; no cultivo também. Uma vez estabelecido o que se quer, há que operacionalizar: onde se vai fazer, quando e por quanto tempo, com quem, qual custo e resultado esperado. E escolha um exigidor, isto é, um conselheiro ou monitor a quem você deverá prestar contas diariamente.

Valorize sua meta de cultivo, escrevendo-a ornamentalmente, associando-a a uma música, alinhando-a com metas mais altas para você e a humanidade. E imagine-a já realizada e prepare uma festa. Depois, ponha-se em estado de ciclagem cerebral reduzida ou de *relax* e repasse tudo o que você imaginou para valorizar sua meta. Isso ficará gravado/guardado no seu inconsciente; ele trabalha a seu favor, quando há pensamento positivo.

Depois de dois ou três meses de atenção a uma determinada meta, pode mudar para outra. O autocultivo, a autoeducação tem que ser permanente, com metas progressivas, para quem quer inventar seu próprio futuro.

SUGESTÕES DE CULTIVO PARA AS OPERAÇÕES ANALÍTICO-LÓGICAS:

- Aprender a observar a interação e interinfluências harmônico-conflitivas no processo prestusuário da rede de sistemas, ou seja, do jogo triádico entre espécies, pessoas, empresas, países, e a sucessão de ciclos com seus altibaixos de abundância e escassez. É a percepção sistêmico-triádica progressiva.

- Adquirir e ampliar o vocabulário e a capacidade de expressão número-verbal em todas as áreas da vida ou nos 14 subsistemas.

- Equipar-se com algum sistema de documentação e classificação, isto é, organizar os fichários, arquivos e computadores pelos operacionais ou pelos 14 subsistemas etc.

- Manter-se atualizado, lendo revistas e livros de divulgação científica.

- Treinar-se para seguir ordenadamente os passos do Ciclo Cibernético de *Feedback* operacionalizado.

- Conscientizar-se e fazer análise dos programas ou condicionamentos da infância, os posteriores e os atuais, começando pelo familiograma.

- Ter um plano de metas pessoais e praticar a autoautorização.

- Saber distinguir e optar entre diferentes cosmovisões ou paradigmas, isto é, entre o monádico-cartesiano-capitalista, o monádico-religioso, o diádico-marxista, o triádico-proporcionalista, que são os mais gerais; depois fazer o mesmo com os paradigmas de porte médio de cada uma das esferas dinâmicas e os paradigmas específicos que são os de cada um dos 14 subsistemas. Cada um tem sua "gramática" (vocabulário, sintaxe e raciocínios) geral, média e específica.

- Aprender a manejar, com desenvoltura, mapas mentais como os referenciais classificatórios, os modelos/figuras e as maquetes.

- Dominar uma teoria de comunicação para defender-se da corrupção da linguagem gramatical feita pela publicidade comercial e ideológica de cada subgrupo.

- Aprender a pesquisar e a ser autor-comunicador da informação produzida.

- Ser precavido contra as armadilhas e despistamento da lógica das palavras, dando sempre primazia à lógica da sobrevivência – a lógica de ganhar o jogo na prática – evitando que o discurso e a esfera virtual tergiversem ou substituam a esfera factual.

- Proceder periodicamente a um *feedback* da bagagem cultural e do desenvolvimento intelectual alcançado.

- Se o trabalho intelectual é em equipe, é indispensável que todos os participantes façam uso das ferramentas da Ciência Social Geral: uma técnica de reunião que faça fluir o pensamento grupal pelo Ciclo Cibernético até as etapas de planejamento; uma metalinguagem ou universo de comunicação inter ou transdisciplinar compartilhado pelos participantes, derivado do paradigma sistêmico triádico etc.

SUGESTÕES PARA AS OPERAÇÕES INTUITIVO-SINTÉTICAS EM ESTADO DE VIGÍLIA OU CICLAGEM CEREBRAL BETA

- Utilizar técnicas diversas de estímulo da criatividade, tais como o *brainstorming* ou chuva de ideias, verbal ou escrita. Fazer simbolização e metaforização, como nos sonhos ou na poesia, em que o real se expressa por outras imagens com algum tipo de afinidade ou associação. Futurição: exercícios de previsão ou desdobramento de situações atuais. Humorização: achar o lado festivo ou humorístico dos fatos comuns. Utopia: criar mundos, países e cidades, instituições, pessoas e situações desejáveis embora irrealizáveis no momento, como ficção científica. Fisionomismo: exercícios de captação instantânea de figura e rasgos de alguém. Autoestética: exercícios de autopercepção apreciativa, harmonizadora e congratulatória de cada parte do corpo. Salmo-poema individual ou comunitário: é expressar-se em forma de poesia e prece em torno a algo percebido estética e misticamente.

- Ser usuário das diversas manifestações artísticas, expor-se a elas. Tentar expressar-se por meio de algum tipo de arte: declamação, pintura, desenho, manipulação de massinhas, decoração, psicodança, cinésica, criação de objetos de uso pessoal, participação em sociodramas, ou psicodramas, condecoração, práticas de relaxamento, ênfase em realizar-se no minuto presente para ser feliz etc.

- Levar vida afetiva intensa e compensadora.

- Desprogramar hábitos mentais, corporais, ritualísticos e recriar outros. Praticar suspensão temporal do juízo de falso ou verdadeiro.

- Fazer exercícios de imitadores, rebatizar objetos e acontecimentos, e refazer ou ampliar provérbios. Fazer duplicodificação: situar-se na perspectiva e linguagem subgrupal oposta ao original e inverter palavras e sentido de algo. Pode-se fazer triplecodificação tricerebral e subgrupal. Reescrever os diálogos de revistas em quadrinhos ou novelas. Dialogar com a televisão. Refazer ou revigorar um texto buscando expressões mais fortes. Fazer amplificação planetária: tomar um símbolo e atribuí-lo ao planeta como átomo, biblioteca, templo, supermercado, formando a frase "o planeta é um átomo", "o planeta é uma biblioteca" etc. Praticar o papel de animista de um jogo triádico determinado, que é falar em nome de cada um dos subgrupos, pessoas, animais ou coisas.

Há quem recorra à "química cerebral ou psicológica", aproveitando elementos do ambiente como cores, música, locais preferidos, horários preferidos, odores etc. Essas sugestões podem ser realizadas através de funções ou papéis distribuídos entre os membros de um grupo.

Em ciclagem alfa, theta e delta ou estado com ciclagem cerebral reduzida (que se tratará no próximo capítulo 6) se obtêm resultados mais avançados, embora de condução e controle mais difíceis. Cada um pode pesquisar e descobrir sua química psicológica ou cerebral apropriada, que não seja dependente dos atuais psicotrópicos, pois a médio prazo resultam em degeneração. Trata-se de identificar situações, lugares, horários, condições, pessoas, ritos, métodos, recursos, programação de sonhos, silêncio, meditação, relax, jejum etc. para estimular a criatividade ou a atividade tricerebral geral e harmônica. Pode-se com isso adquirir algum controle do processo heurístico, criativo, provocando-o, em vez de esperar a inspiração aleatoriamente.

SUGESTÕES PARA AS OPERAÇÕES MOTORAS-OPERACIONAIS

- Educação para o autocontrole do organismo, como educação física, yoga, resistência ao cansaço, ao sono, ao calor, ao frio, ao trabalho, à dor física; isto é, endurecer-se. Saber e praticar dietas alimentares e exercícios físicos e de saúde.

- Agudização e afinação dos cinco sentidos, com o exercício de sensibilizador.

- Prática da interação e intercomunicação com o mundo físico-químico, com o mundo vegetal, com o mundo animal, viver um pouco de tempo no campo e fazer de tudo aí, e ser cada vez melhor com aparelhos mecânicos e eletrônicos. Comprometer-se com as questões ambientalistas.

- Exercitar-se ao máximo no mundo do trabalho manual, intelectual e artístico. Familiarizar-se com o mundo dos negócios, empresas, com o valor da moeda, bancos, bolsas, burocracia, com as viagens etc.

- Aprender técnicas de decisão, de planejamento, de administração, de organização, de mudança, de guerra.

- Meter-se com gana na luta pela sobrevivência, sem cerimônias, dentro das regras do jogo ou padrões éticos vigentes, ajustando-se evolutivamente.

- Reciclar-se profissionalmente para escalar todos os níveis da carreira.

- Entrosar-se na comunidade através de órgãos de classe, movimentos sociais ou partidos políticos.

5.9 ESTIMULANDO SEUS TRÊS CÉREBROS

ADMIRADOR

Ponha-se frente a algo ou alguém com a intenção de encontrar algo original, diferente ou surpreendente, descobrir algo a admirar nessa pessoa. Esqueça o que não lhe interessa, o que não gosta. Não leve isso em conta. Detenha-se naquilo que merece ser admirado e desfrutado; e diga isso em voz alta ou mentalmente e faça um gesto de carinho ou admiração, de elogio, de louvor. Proceda da mesma maneira com tudo o que encontre pela frente, até com você mesmo. Reaprenda a desenvolver seu sentido de admiração, de assombro.

Uma olhadinha no seu lado **SUPERSTICIOSO**

Que superstições tem você? Que superstições têm seus vizinhos, seus amigos? Dê uma olhada curiosa nisso, porque são prisões para seu cérebro direito. Autorize-se a sair dessas superstições, passando-as pelo crivo de seu cérebro esquerdo, crítico, analítico. Supere esse passado, e sinta-se mais livre.

SENSIBILIZADOR: Exercício de agudização dos sentidos

Se você estiver muito embotado, faça uma dieta intensiva de vegetarianismo, relaxamento, meditação, e seus sentidos voltarão a ficar mais agudos, afiados. Ou então, simplesmente ponha-se a escutar com atenção todos os possíveis sons. Faça a mesma coisa com seu paladar, descobrindo todos os possíveis sabores ácidos, os alcalinos etc. Faça isso com todos seus sentidos e repita, repita, repita, porque estamos quase com calos nos sentidos. Não percebemos senão o que é estrondoso, o que é exagerado, o que é super. Sem boa percepção dos sentidos, não haverá dados para alimentar seu CCF e os referenciais classificadores.

AUTOPERCEPÇÃO SENSORIAL

Significa redescobrir seu corpo com os cinco sentidos. Contemple-se a si mesmo. Parte por parte. Trate de identificar sons, odores, sabores, enfim, tudo o que há em seu corpo, em seu sistema. Isso é autopercepção sensorial, um exercício ótimo para recuperar e revalorizar seu corpo. Irá descobrir com surpresa o quanto seu corpo está loteado, cada parte submetida a controles externos. Revise e vai esbarrar numa série de ordens e comandos sobre as partes que pode ou não tocar, cheirar, lamber, curtir etc. Há partes declaradas boas, e outras partes "más". Essa classificação não interessa a você de nenhuma forma; isso só interessa aos que tenham o controle remoto sobre essas partes de seu corpo. Não existem partes boas ou más, todas são aproveitáveis, todas são dignas. Trate de fazer uma recuperação da beleza, da nobreza de todas as partes de seu organismo. Ao diabo com os controladores de seu corpo.

OBSERVADOR EXTRATERRESTRE

É a ficção de situar-se em algum ponto da estratosfera e observar com o "eu superior" o que acontece "lá embaixo", vendo a você mesmo em diferentes situações para descrever com metaconsciência o que fazemos, o que sentimos e o que sabemos. Metaconsciência ou metacognição é saber o que sabemos, sentir o que sentimos, fazer atentamente o que estamos fazendo. Quando atuamos como observador extraterrestre, desenvolvemos o "eu superior", que é a conquista da meta-consciência ou do meta-tricerebrar.

CAPÍTULO 6

SUPERENSINAGEM, AUTOCONDUÇÃO E COMPROMISSO HISTÓRICO

"Não há santidade sem um cérebro desenvolvido" (T. de Chardin)

6 CONTROLE MENTAL PARA A SUPERENSINAGEM

Além do "Método de Ensinagem" apresentado no capítulo 5, vamos apresentar um recurso muito importante: o FLUENCIR, que é uma sigla de Fluxograma da Energia Neuromodular em Ciclagem Reduzida. É um conjunto de passos para regular as ciclagens eletromagnético-químicas do cérebro, segundo a situação que exija combate, reflexão ou relax.

O cérebro pode funcionar em diferentes "velocidades ou marchas" como o motor de um carro. E cada uma tem potencial e rendimento típico. Por isso a necessidade de aprender a autoindução a tais "velocidades ou marchas" que aqui se denominam ondas ou ciclagens cerebrais.

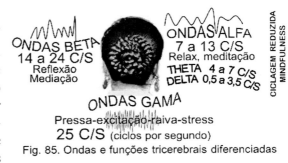

Fig. 85. Ondas e funções tricerebrais diferenciadas

Vamos memorizar o nome das diferentes ciclagens ou marchas cerebrais.

As do cérebro central são: **ondas gama** que vão de 25 ciclos por segundo até 300, criando o estado mental de excitação, pressa, hiperatividade, urgência, violência, estresse etc.

As do cérebro esquerdo se denominam **ondas beta**, que são aproximadamente de 14 a 24 ciclos por segundo, criando o estado mental de vigília, atenção e alerta consciente, que é propício para o estudo e a reflexão.

As do cérebro direito se denominam **ondas alfa, theta e delta**, e constituem o que se convencionou chamar de ciclagem reduzida, que são os estados mentais em que ocorrem os chamados fenômenos paranormais ou parapsicológicos. Se diz também estado de relax, concentração ou interiorização, sem ter que estar dormindo, como quando se está orando ou contemplando a lua ou um pôr-do-sol. A distração ou fantasia de alunos pode ser uma fuga do estado beta para alfa.

As ciclagens ajudam a entender e administrar os estados de sono e insônia. Quando as ondas eletromagnético-químicas do cérebro oscilam aproximadamente entre oito e 13 ciclos por segundo, criam o estado mental alfa ou de sono superficial; quando as ondas oscilam aproximadamente entre quatro e sete ciclos por segundo, denominam-se ciclagem theta, criando o estado de relaxamento e sono médio; quando as ondas oscilam aproximadamente entre 0.5 e três ciclos por segundo, denominam-se ciclagem delta, criando o estado mental de relaxamento e sono profundo. Abaixo disso, ocorre o estado de coma induzido ou de enfermo.

Outras teorias não distinguem esses três tipos de ciclagem e dão ao conjunto deles nomes genéricos como hipnose, letargia, sofrologia, estado alterado de consciência, percepção extrassensorial etc.

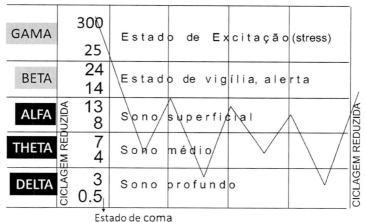

Fig. 86. Ciclagens/ondas cerebrais e sono

Como a sociedade atual vive e obriga a viver em estado mental gama, que é altamente consumidor de energia e produz estresse crônico, vale a pena fazer os exercícios que nos ajudam a viver em ciclagens mais confortáveis e saudáveis. Para a ensinagem, o estado mental gama, aquele em que as crianças voltam esbaforidas do recreio, é contraproducente. A ensinagem começa a render em estado mental beta. Mas é principalmente em "ciclagem reduzida" que se conseguem a superensinagem e outros benefícios, alguns dos quais estão mencionados no passo 7 do FLUENCIR, adiante. A regra para a super ensinagem é: primeiro se estuda o que se quer assimilar, em BETA, conscientemente; depois, entra-se em estado de ciclagem reduzida para "guardar" ou gravar o aprendido no inconsciente.

A ciência já comprovou que a memória de longa duração é sedimentada enquanto dormimos. Mas dormir é induzir o cérebro à ciclagem reduzida, o que pode ser feito durante o dia, quando se domina a técnica. Essa é uma prática comum entre praticantes de artes marciais e outros esportes, com muito bons resultados. Não há magia alguma nisso; apenas técnica de respiração e autocontrole.

FLUENCIR

1. AUTORIZAÇÃO	É a autopermissão do cérebro para aceitar a mudança de ciclagem. Quem não tem controle começa por heteroautorização. Determina-se a tarefa que se realizará no Passo 7, em estado de ciclagem reduzida, e o tempo para cada um dos passos que conduzem ao Passo 7.
2. POSTURA	Todos os que trabalham em ciclagem reduzida são cuidadosos nisso: postura para relaxar, para concentrar-se, meditar, orar, dormir, "penetrar noutras dimensões".
3. RESPIRAÇÃO	Respirar profundamente de três a cinco vezes, pelo diafragma, sem mover peito e ombros, em ritmo cada vez mais lento. Isso é indispensável para relaxar.
4. COMANDO DE RELAX	Para quem não controla isso, dão-se comandos assim, em tom carinhoso: solte os pés, relaxe, deixe-os caídos etc. Repete-se isso com cada parte do corpo, em qualquer ordem. Intercalam-se frases como "sinta-se bem", "sinta prazer em relaxar".
5. REFLEXO OPERATIVO **Criação de comandos tricerebrais para reduzir a ciclagem cerebral**	Propõe-se um acordo para usar um determinado símbolo ou código para marcar a passagem de beta a alfa. As religiões e outros praticantes de ciclagem reduzida já têm seus reflexos operativos preestabelecidos como mantras, preces, cantos, ritmos de tambores, música, tarô, pêndulos etc. Pode-se estabelecer reflexos simples e não tão permanentes, como: vou contar de um a cinco, que é dirigido ao cérebro esquerdo. Pode ser: vou pôr uma música suave e acender um incenso, que é dirigido ao cérebro direito. Pode ser: vou pressionar seus ombros, vou tocar seu plexo solar, vou massagear sua hipófise, que é dirigido ao cérebro central. Escolhe-se o que mais agrade ao induzido. Há que repetir o comando escolhido umas três vezes ou gastar uns minutos para criar o reflexo operativo.

6. ACIONAR O REFLEXO OU COMANDO COMBINADO	Avisa-se que vai começar e se executa o que foi combinado, acompanhando com sugestão de que se está relaxando e entrando em alfa. Intercalam-se algumas frases como "relaxe mais, sinta-se bem". Executado o reflexo, declara-se que está em estado mental alfa, com capacidade sensitiva e de percepção extrassensorial.
7. TAREFAS EM ESTADO DE CICLAGEM REDUZIDA	Ordena-se a execução da tarefa que se havia proposto. O mais importante é a autorreprogramação mental como apagar programas prejudiciais e estabelecer os desejáveis, por sugestão repetida. Nesse estado de ciclagem reduzida podem ocorrer os fenômenos e manifestações dos sensitivos, médiuns, milagreiros, adivinhos etc., que, segundo cada corrente são "fenômenos parapsicológicos" ou "fenômenos sobrenaturais, espirituais". Alguns dos fenômenos que ocorrem pelos três cérebros: - pelo cérebro esquerdo: aprendizagem acelerada; dom de línguas; telepatia; psicografia; compreensão súbita, estalo etc.; - pelo cérebro direito: clarividência; clariaudiência; dom de profecia; meditação; visões e êxtases espirituais; experiência estética e mística (integração no todo); programação para o êxito etc.; - pelo cérebro central: regressão etária; hiperdinamismo; incorporação, "possessão"; bilocação ("saída" do corpo, "viagem astral"); insensibilização à dor, curas; levitação; telecinese (mover objetos a distância); transmutação energética etc. Isso tem mais espetacularidade que utilidade. O mais importante é usar a ciclagem reduzida para a ensinagem, autoprogramação e autotransformação.
8. REFLE XO DE RETORNO A BETA	É um acordo para usar um símbolo ou código para elevar a ciclagem ou retornar a beta. O mais simples é inverter o reflexo usado para reduzir a ciclagem. Há que repeti-lo umas três vezes.
9. ACIONAR O REFLEXO	Avisa-se que vai começar o retorno; e se executa o combinado. Deve-se fazê-lo lentamente, observando o ritmo do induzido, usando frases como "sinta-se bem", "vamos retornando".
10. FEEDBACK DA EXPERIÊNCIA	Verificar o grau de bem-estar e a consciência ou ideia de que o induzido tem do nível alfa: se o atribui a seu autocontrole ou aos poderes do guru, do professor, do bruxo, sacerdote, médium, ou outras concepções mágicas. Discutir isso. Esclarecer. Treinar até que cada um possa fazê-lo sozinho. Cada um tem que ser seu próprio bruxo.

6.1 O QUE SE PODE CONSEGUIR COM A SUPERENSINAGEM?

Autocondução em quatro níveis para todos os ciclos do Fluxograma da Vida

O currículo, a didática e os métodos de formação dos quatro níveis de cada lado do cérebro e suas conexões horizontais e transversais que formam o CCF são os de sua sociedade, os de sua cultura e são transmitidos, bem ou mal, pelas agências formadoras: família, religião, escola, telinhas, ambiente comunitário, empresa, mercado, Estado etc.

Os currículos atuais são desproporcionalmente acadêmicos, intelectuais ou de cérebro esquerdo. Nossa proposta supõe um currículo que inclua proporcionalmente os três cérebros e as três culturas correspondentes, segundo a idade, segundo a carreira etc.

- Supostamente, a educação familiar-escolar-étnica elevaria o potencial tricerebral hereditário do nível 1 ao nível 2 - por obra do ensino fundamental. A educação universitária, a experiência e a participação em movimentos culturais sérios - elevariam o potencial ao terceiro grau de desenvolvimento; a pós-graduação, o esforço pessoal, o cultivo por meditação, por maturidade, elevariam esse potencial tricerebral a um quarto grau de desenvolvimento e mais. Quem dera! Os cérebros central e direito são quase esquecidos na educação pelo endeusamento do esquerdo, da razão (Ver Fig. 15).

TIPOLOGIA INICIAL do CÉREBRO ESQUERDO em seus quatro níveis

- O nível 1, também chamado de execução, faz de você um comunicador, ouvinte, perguntador e intérprete do que escuta ou lê; faz de você um aprendiz de leitura e aritmética, um aprendiz de informação e comunicação, um executor de instruções que vêm de cima, um principiante na Gramática Verbal-Numeral.

- O nível 2, também chamado de supervisão, faz de você um observador, comparador, classificador e memorizador de tudo o que existe, distinguindo cores, tamanho, peso, textura, sons, sabores, odores, idade, funções etc.; faz de você um classificador de palavras e assuntos em ordem alfabética, numérica ou qualquer outro esquema classificador para arquivos impressos ou informáticos, através de conceitos verbais ou quadros estatísticos etc.

- O nível 3, também chamado de assessoria técnica, faz de você um pesquisador, buscador de informação para além das aparências, conhecedor de métodos de pesquisa, de indução, dedução, um processador de informação, organizador de dados em fórmulas estatísticas e matemáticas, um formulador de diagnósticos e teorias específicas de um dado campo de conhecimento ou problemas; faz de você um pensador e um autor científico em sua área de especialização por ter bem estruturado e treinado o processo mental referente ao cérebro esquerdo.

- O nível 4, também chamado de mentalização e direção, faz de você um filósofo, pensador geral, mentalizador, relacionador inter e transdisciplinar da cultura educacional-científica, da cultura político-econômica e da cultura artístico-espiritual; faz de você um questionador global e sem tréguas, um construtor de teorias gerais, um observador "extraterrestre", um reformador das três culturas.

TIPOLOGIA INICIAL do CÉREBRO CENTRAL em seus quatro níveis

- O nível 1 do cérebro central faz de você um lutador, competidor, impulsivo, instintivo, na disputa por parceiros sexuais e por meios de sobrevivência; faz você ter coordenação motora, saúde, resistência ao esforço, à dor, ao cansaço, um conhecedor da Gramática do Corpo e do trabalhado manual.

- O nível 2 do cérebro central faz de você um trabalhador profissional, organizado, disciplinado, eficiente; faz de você membro de uma equipe, capaz de utilizar tecnologia e seguir rotinas, capaz de tomar iniciativas e solucionar problemas como líder em sua área, ou trabalhar e conduzir-se com certa independência. Começa a conhecer o mercado, os negócios e a Gramática do Dinheiro.

- O nível 3 do cérebro central faz de você um planejador, capaz de integrar informação, criatividade e factibilidade; faz de você um assessor técnico, um conselheiro, um tecnocrata, um orientador para a prática, um avaliador, um criador de novos produtos de mercado; faz de você alguém com espírito de aventura, de risco, e capaz de transformar sonhos em realidade; faz você hábil nos caminhos da prática para teoria e da teoria para a prática.

- O nível 4 do cérebro central faz de você um administrador, um estadista, um organizador, um mobilizador que faz convergir pessoas e ações em resultados práticos e financeiros; faz você transformar-se em líder, em motivador de iniciativas, um portador de percepção realista dos fatos e expectativa otimista do futuro; faz de você um expert em mercado, em recursos humanos, em negócios, investimento, em produtividade e riqueza.

TIPOLOGIA INICIAL do CÉREBRO DIREITO em seus quatro níveis

- O nível 1 do cérebro direito faz você sensível, afetuoso, amável, apegado a pessoas e mascotes, um enamorado; faz você fiel, dedicado, generoso e de fácil e agradável convivência com os amigos, mas distante com seus não amigos; faz de você um romântico, apaixonado, capaz de pôr-se no lugar de outros e gerar empatia; faz você ter muita expressão corporal e espontaneidade, porque está no início da Gramática Emocional-Artística.

- O nível 2 do cérebro direito faz de você um criativo, bem-humorado, alegre; faz de você esportista, equipista; faz de você artista, uma pessoa de bom gosto, elegante, dedicada ao lado positivo da vida, ao desfrute.

- O nível 3 do cérebro direito faz de você um ético, comprometido pessoalmente com tudo e todos, ecologista, humanista; faz de você um sensitivo com acesso aos fenômenos da ciclagem reduzida; faz de você um meditador, reverente com a vida e com seus mistérios; faz você ter visão de futuro, prever tendências e ter premonições, o que o leva a ser um bom estrategista.

- O nível 4 do cérebro direito faz de você um visionário com uma utopia para a vida, para o mundo; faz de você um místico, um espiritualista em busca do sentido final/universal de tudo, inclinado a seguir tradições espirituais místicas; faz de você um poeta, capaz de alegorias e metáforas para suas contemplações e experiências místicas.

6.2 PARA O DESENVOLVIMENTO DOS QUATRO NÍVEIS DO CÉREBRO ESQUERDO

O **nível 1** do currículo do cérebro esquerdo começa pelo balbucio e as primeiras palavras. A mãe ou a pessoa encarregada da criança é quem lhe ensina a falar. Por essa razão se diz "língua materna"… Essa linguagem está condicionada por um meio social, um subgrupo ou classe a que a família pertence, mas seguindo a sintaxe hereditária. A criança vai introjetando o universo que tem a seu redor, através das palavras, das frases e dos raciocínios ou trilhas mentais que são instaladas em seu cérebro esquerdo no nível 1. Aprende frases pré-fabricadas, provérbios, slogans, citações bíblicas e usa tudo por livre associação de ideias. Há uma tremenda deficiência de iniciação precoce à topologia, à geometrização, e à quantificação em números. Falta integrar tudo do nível 1 em um único conceito: iniciação número-verbal ou alfanumérica.

O **nível 2** é a organização da informação, aprender a usar uma lista telefônica, uma agenda, pôr em ordem ou arquivar documentos no ambiente doméstico, usar a classificação decimal universal das bibliotecas etc. Poucos passam do nível de livre associação de ideias ao uso de referenciais – que são esquemas classificadores de informação – como os Quatro Fatores Operacionais, que é o referencial mais simples que há. A comunicação pelo livre-associacionismo, pelo falar aleatório e caótico do discurso linear sem referenciais é menos eficaz, mais longa e confusa. A utilização de esquemas classificatórios, de mapas mentais e maquetes se aprende muito pouco na escola; aprende-se mais no ambiente de trabalho, com a experiência. A escola está bastante atrasada nesse aspecto.

O **nível 3**, de produção científica, lógica, é o desenvolvimento de um pensamento crítico e investigativo próprio, como autor intelectual. A escola e a universidade assumem esse nível através de disciplinas científicas, com seus conceitos e seus métodos específicos, lineares e unilaterais, que se dizem cartesianos. Também se diz paradigma monádico, fragmentador, dissociador. A universidade marxista, de pensamento diádico, crítico, está em extinção ou está emigrando para o paradigma neoliberal anglo-americano. Falta visão sistêmica, inter, transdisciplinar e supradisciplinar, falta integração dos diversos tipos e campos dos saberes das Ciências Sociais e Humanas. Pela ineficiência e atraso da universidade, o desempenho intelectual e a racionalidade estão minguando. A pesquisa está sendo desenvolvida em laboratórios das multinacionais, mas só as que visam ao lucro. A extensão, ou inserção da universidade na sociedade seria quase nula se não fosse pelos profissionais quase sempre individualistas que se graduam. A integração universidade-comunidade teria que ser por convênios, contratos de prestação de serviços, de pesquisa, de consultoria e não de assistencialismo social ou cruzadas juvenis. Por isso se justifica a investida governamental de avaliação, reacreditação e redesenho da universidade e da educação em seus quatro níveis. Oxalá fosse para torná-la sistêmica, tricerebral, triadizada, comunitária, proporcionalista...

O **nível 4** é o da Epistemologia, que reapareceu recentemente como Filosofia da Ciência, como Filosofia do Conhecimento Geral e de cada disciplina. Esse nível é muito pouco elaborado e muito pouco divulgado. Em termos gerais, o desenvolvimento do nível epistemológico vai-se dando com o passar do tempo, com a acumulação de experiências por parte dos profissionais do cérebro esquerdo que sejam mais críticos e que tenham vocação inter e transdisciplinar e holística. Essa crítica às três culturas – do conhecimento, da economia e das religiões – vai crescendo à medida que se dá a deterioração do modelo tradicional da especialização, das relações socioeconômicas e ecológicas, das propostas religiosas e o surgimento de novos paradigmas, da inteligência artificial, do movimento ambientalista, da presença do movimento oriental de meditação etc. Para forçar o encerramento do ciclo marxista de educação crítica e libertadora, como a de Paulo Freire, os triunfadores anglo-americanos estão publicando livros como *A Arte Zen de Consertar Bicicletas*, *O Mundo de Sofia* e o mais simplório de todos *Filosofia para Crianças*. Servem para nós rirmos da "cruzada cultural" do neoliberalismo.

Nesse nível 4 é onde se refutam os velhos paradigmas e se propõem novos. Podemos distinguir as três fases do fluxo sistêmico na análise de um paradigma e seus usos, que são input-transformação-output.

Fig. 87. Paradigma-instrumento (input) e paradigma-produto (output)

- Na fase de input, chama-se paradigma-instrumento, que são as suposições básicas ou fundamentais de qualquer proposta. O paradigma-instrumento ou input do pensamento dos religiosos é o conceito de Deus e da criação do mundo; tudo o mais deriva disso. O paradigma-instrumento ou input do pensamento dos marxistas é o conceito de materialismo dialético que se expande por ziguezagues de tese-antítese e síntese; tudo o mais deriva disso. O paradigma-instrumento ou input do pensamento sociocibernético é o conceito de matergia que se expande como sistema tri-uno; tudo o mais deriva disso. Qualquer paradigma e a linguagem em que se expressa tem como fonte a intuição inata/hereditária de que tudo segue um fluxo sistêmico – input/sujeito, transformação/verbo, resultado/objeto; ou causa-processo-efeito; ou começo-meio-fim.

- Na fase de transformação, realizam-se pesquisas, experiências e teorizações que, obviamente, estarão condicionadas pelo paradigma-instrumento usado, sua linguagem, ferramentas e mentalidade. É a chamada "lei do instrumento".

- Na fase de output, chama-se paradigma-produto, que são as teorias, os modelos e as propostas sobre o mundo físico, animal, humano, familiar, político, econômico e espiritual que daí se derivam, e que se explicam por meio de referenciais, modelos e maquetes que se esclarecem pelo discurso, e se justificam através da ideologia ou marketing de cada subgrupo.

O esforço epistemológico se concentra, hoje em dia, no debate sobre a questão dos paradigmas mentais, que são o monádico, o diádico e o triádico, e não nos muitos livros de História da Filosofia em forma romanceada. Serão estes livros de "Filosofia", publicados pelos neoliberais, pura coincidência ou serão um esforço intencional de restabelecer o pensamento monádico clássico, golpeado pelo pensamento diádico marxista, recém-derrotado? Para uma muito simplificada ideia do que seja o debate sobre os paradigmas, apresentamos este esquema comparativo.

6.2.1 Paradigmas comparados pelos operacionais

Paradigma monádico-neoliberal	Operacionais	Paradigma triádico-sistêmico
Fronteiras e divisórias entre seres e países. Só existe a realidade sensorial, positiva, que se possa tocar, medir, pesar, controlar, visando ao pragmatismo, ao utilitarismo. O ser humano é situado próximo aos animais por Darwin pela lei da seleção natural ou lei do mais apto, e por Skinner, que estuda o condicionamento de animais.	**ESPAÇO:** condensação da matéria e do espaço	A energia forma os sistemas tri-u-nos, que se interligam por inputs e outputs, com limites ou fronteiras que se interpenetram. Os sistemas formam uma rede usupresstadia universal vertical, horizontal, transversal, trançada, com organização e manifestação ondulatória, fractal, a nível quântico, biológico, mental, grupal, societário, planetário etc.
As coisas aparecem por acaso. A história se repete, faz movimentos de relógio de acordo com a mecânica celeste ou teoria de Newton. Busca-se aceleração do tempo, da velocidade, para encurtar distâncias e a eficiência ou rendimento máximo no prazo mínimo.	**CRONOLO-GIA:** Movimento, evolução, prazos	Os sistemas estão sempre em movimento transformativo-evolutivo, por ciclos ondulatórios regulares, irregulares, em escalas recorrentes. Cada ciclo é uma epigênese ou ramificação diádica ou triádica do anterior, sem fim, com probabilidades de progredir, regredir, perder-se.

Paradigma monádico-neoliberal	Operacionais	Paradigma triádico-sistêmico
Busca o número 1, uma só autoridade máxima, um só poder, que é a ideologia do patrão, do chefe, do império, do oficialismo máximo. Qualquer divergência que o oficialismo não controle é considerada patologia. O homem é o rei da criação. Imposição do nível mental de ondas gama e beta. O oficialismo busca a concentração, o oligopólio e o absolutismo.	**PERSONA-GENS:** Dinamismo, conflito, convivência. Direcionamento	Os agentes, as forças, os sujeitos de qualquer realidade se movem por três posições formando três subgrupos: OFICIAL regente; ANTIOFICIAL divergente; OSCILANTE convergente que, às vezes, se isolam, outras cooperam, outras competem no formato dois contra um. A democracia, a convivência será triádica, proporcional, interdependente, complementar.
Tudo em função de trabalho, negócios, visando ganhos maximocráticos, monetarizados, financeiros, para o subgrupo oficial. A desculpa é que a Providência ou a mão invisível da natureza, ou o mercado ponham ordem no todo. Crises de produção e distribuição permanentes. Ciência, país, problemas, tudo é separado, tudo são casuísmos. A linguagem socioeconômica é do tempo de Adam Smith, que tudo subdivide como em linha de montagem.	**PROCEDI--MENTOS:** Produção e distribuição dos meios de sobrevivência e reprodução.	Os sistemas são movidos pela busca e acumulação maximocrática de tri-satisfatores. É necessária regulação entre os subgrupos para manter-se nos limites da proporcionalidade distante dos extremos da neguentropia maximocrática e da entropia minimocrática. Para isso os sistemas vêm equipados com um dispositivo regulador, chamado Ciclo Cibernético de *Feedback*, ao qual se agregam referenciais e uma nova linguagem sistêmica e integradora: a Ciência Social Geral.
	RESUMO	
Seres em unidades isoladas, separadas, avulsas ou pouco relacionadas.	**ESPAÇO**	Tudo é sistema formando uma só rede.
Fluxo linear, progressivo.	**CRONOLO-GIA**	Tudo está em fluxo probabilístico, não linear, em ciclos.
Propulsão monádica, única, individual.	**PERSONA-GENS**	A propulsão é triádica, por três subgrupos.
Disputa maximocrática: lei do mais forte no mercado.	**PROCEDI-MENTOS**	A disputa necessita *feedback* triádico proporcionalista.

"NÃO VEMOS AS COISAS COMO SÃO; VEMOS COMO SOMOS".

6.2.2 Para o desenvolvimento dos quatro níveis do cérebro central

Nível 1. Desenvolvimento corporal. Saúde. Manejo do ambiente.

A família, a religião e a pediatria controlam o desenvolvimento biológico, a motricidade, a agressividade, a combatividade por comida e bem-estar e a sexualidade da criança desde seu nascimento: a herança genética. Geralmente, a agressividade inata não se converte em combatividade positiva. Anula-se, porque a criança é domesticada, mimada, romantizada pela mãe, perdendo assim a capacidade de competição, de iniciativa e confiança em si mesma. Um lobo domesticado ou cordeiro. São as janelas de oportunidades que se fecham ou que são recalcadas, segundo S. Freud.

Nível 2. Dinheiro, consumo. Vida em grupo, liderança. Vocação. Sexualidade.

Depois do nível biológico, reptílico, vem esse nível 2 que é da profissionalização, da capacitação para o trabalho em equipe e o mercado, a busca de autossuficiência. A profissão é dada em parte pela família, em parte pelo meio ambiente e, para quem tem sorte, é dada pela universidade. As profissões ou vocações brotam no lado mais desenvolvido do cérebro. Evidentemente, há razões econômicas para escolher uma profissão, como quando se especula para descobrir a mais rentável; há razões de prestígio, há razões familiares como continuar o negócio ou a tradição da família. E há razões para contrariar as razões familiares, segundo o jogo triádico doméstico. Mas, em tudo isso, prevalecerão as funções mentais mais desenvolvidas em cada nível dos três cérebros.

Por isso, apresentamos algumas carreiras de nível superior, organizadas ao redor dos três cérebros. Ao redor do cérebro esquerdo estão ou dele nascem: Administração Escolar, Análise de Sistemas, Antropologia, Astronomia, Biblioteconomia, Ciências Contábeis e Atuariais, Ciências Econômicas, Ciências Sociais, Comunicação, Controle de Voo, demografia, diplomacia, Direito, Eletrônica, Filosofia, Física, Geografia, História, Jornalismo, Letras, Matemática, Meteorologia, Psicologia, Psicopedagogia, Química, Sociologia, Topografia, Telecomunicações, tradução, secretariado etc.

Ao redor do cérebro central estão ou dele nascem: Administração de Negócios, Agrimensura, Agronomia, Assistência Social, Biologia, Ciências Biomédicas, comércio, economia doméstica, Enfermagem, Farmácia, Fisioterapia, Fonoaudiologia, hotelaria, engenharias, carreira militar, Nutrição, orto-óptica, Petroquímica, Odontologia, pilotagem, polícia, Radiologia, Terapia Ocupacional, Medicina Veterinária, Zootecnia, leiloeiro etc.

Ao redor do cérebro direito estão ou dele nascem: Arquitetura, Artes Cênicas, Artes Gráficas, Artes Plásticas, Artes Audiovisuais, canto, cerimonial, cooperativismo, Cinematografia, coreografia, Cosmetologia, dança, decoração, Desenho Industrial, Ecologia, Literatura e Poesia, esteticista, figurinista, fotografia, heráldica, ilustração, joalheria, marketing, Museologia, Música, numismática, Parapsicologia, protocolo, rádio e televisão, relações humanas, Relações Públicas, restaurações, Teologia, turismo, urbanismo, vida religiosa etc.

Cada carreira tem pelo menos quatro níveis de capacitação, desde o mais genérico e básico até o mais altamente especializado. A distribuição das profissões ao redor dos três cérebros é uma primeira triadização. Depois, para cada carreira haverá uma segunda triadização, que indicará as três faces ou ramificações gerais de cada carreira. Para ter uma melhor compreensão de uma carreira será necessário ir pelo menos até uma terceira triadização. Quem quiser achar mais e mais especializações, pode continuar com triadizações mais avançadas sem perder a conexão com a matriz inicial.

Uma pessoa é mais feliz e se sente mais realizada quando há correspondência entre seu perfil tri-tetracerebral e suas ocupações, seus hobbies etc. Como tudo muda velozmente, há que manter-se em superação educacional e profissional permanentemente; e, às vezes, até mudar de profissão, porque há carreiras em extinção e outras emergentes. Melhor seria passar uns anos como empregado para ganhar experiência, preparando-se para, depois, ter sua própria empresa e seu próprio negócio.

As profissões mencionadas como tendo predominância do cérebro central são mais compatíveis com a posição de subgrupo oficial, onde está a grande maioria dos privilégios. Como os oficialistas são reconhecidos e consentidos quase como "donos do mundo", seria melhor pensar como chegar a isso, porque o antioficial é candidato à perseguido, à exclusão, à prisão ou ao martírio, quase sempre; e o oscilante com suas profissões é candidato a vítima eternamente explorada. O perfil tri-tetra cerebral indica também seu perfil tri-tetra subgrupal. Se alguém quiser deixar de ser candidato a perseguido ou a vítima, e tornar-se candidato a "dono do mundo" terá que, primeiro, mudar sua hierarquia tricerebral. Porque, **ONDE ESTÁ TEU TRICEREBRAR, AÍ ESTÁ O TESOURO DE TUA CARREIRA.**

Nesse nível 2, tem-se que dar a iniciação à Gramática do Dinheiro. Adiante se apresenta um resumo ou um ABC da educação financeira, que se chama **MINIGRAMÁTICA DO DINHEIRO.** Tudo gira ao redor da disputa dos meios satisfatores de sobrevivência e reprodução que podem ser classificados pelos três cérebros, inicialmente, e depois pelos 14 subsistemas e seus quatro níveis.

6.2.2.1 Minigramática do dinheiro

O que está em seus três cérebros determina o que estará em seu bolso

1. PODER AQUISITIVO. Poder aquisitivo é a capacidade com os meios – sedução, trabalho, enganos, assalto – que alguém tem para adquirir os satisfatores de que necessita para sua vida tricerebral ou vida nos 14 subsistemas.

2. DINHEIRO/moeda. Passada a fase extrativa e caçadora, e da troca direta de produtos (escambo), o dinheiro se tornou o principal símbolo e medida do poder aquisitivo humano, isto é, obtenção, compra, venda, pagamento, troca etc. de satisfatores precificados ou monetarizados, à exceção dos não monetarizados (os que só se obtêm por troca). O dinheiro serve também como reserva ou estoque de "valor líquido", por isso se diz "liquidez". Tem seus co-símbolos como o cheque, o cartão de crédito, a promissória, as ações da bolsa de valores, os selos etc., que são conversíveis em dinheiro.

3. SEUS TRÊS CÉREBROS E O DINHEIRO. Se você tem o lado central, que é de organização, disciplina, capacidade de trabalho, competitividade, familiaridade com negócios, dinheiro, câmbio, riqueza etc. como o menos desenvolvido, você é um perigo para você mesmo. Se tiver alto o cérebro direito, vão enganá-lo muito, você vai ganhar sempre pouco e gastar muito, vai endividar-se abusando do cartão de crédito, do cheque especial e empréstimos de banco e de agiotas, fazendo dívidas desnecessárias. Vai viver sempre apertado, incomodando seus familiares

e amigos por dinheiro. Nesse caso, você é um analfabeto financeiro porque a escola fundamental também é analfabeta em dinheiro; e a família se esqueceu de programar melhor seu cérebro central. Se você tiver alto o cérebro esquerdo, vai menosprezar o dinheiro, conhecer preços, dedicar-se a conhecer as armadilhas econômicas, mas ganhará pouco e morrerá pobre (um Karl Marx...). CUIDADO! Seu bolso precisa dos seus três cérebros para ser bem administrado!

4. SUBGRUPOS E DINHEIRO. Aprenda algo mais a cada dia sobre como os três subgrupos jogam o jogo do dinheiro; e descubra por que o oficialismo acaba sempre saqueando os outros, isto é, os do subgrupo antioficial e oscilante. A insaciabilidade dos subgrupos oficiais é a causa maior da pobreza da maioria, pois ninguém escolhe ser pobre (exceto os que fazem voto de pobreza). A pobreza é tricerebral e não é casual nem espontânea: é causada. "Livre mercado", ajustes fiscais e austeridade são uma máscara para disfarçar as imposições dos mais fortes, espertalhões e trapaceiros, causando a pobreza e alienação tricerebral dos oscilantes.

5. VIDA COM METAS E DISCIPLINA. Planeje suas metas progressivas e mantenha uma vida regrada. Faça a contabilidade familiar pelos 14 subsistemas.

6. DINHEIRO É UM MEIO E NÃO UM FIM. "Dinheiro como servo é bom; como amo é um tirano". Que o dinheiro trabalhe para ti, e não tu para o dinheiro. "Feliz não é o que tem muito: é o que tem poucas necessidades". (Santo Agostinho, 354-430 d.C).

7. VALOR NOMINAL E VALOR REAL. O dinheiro tem um valor nominal e um valor real. O valor nominal é a quantidade de dinheiro nacional que você ganha por mês ou que tem no banco. O valor real é o poder de compra que ele tem em seu país e que se vai degradando dia a dia pela elevação do custo de vida ou inflação, enquanto seu salário/ ganho continua o mesmo. Os autônomos vão reajustando o preço de seus bens e serviços para compensar a inflação, mas os assalariados, aposentados, pensionistas etc. não podem fazer isso. Fazem marchas de protesto, greves etc., mas sempre perdem na corrida com os oficialistas e a inflação.

8. DINHEIRO COMO MERCADORIA E VÍCIO DOS SUBGRUPOS OFICIAIS. Eles são donos do dinheiro, manejam o crédito, os juros, a corrupção, a inflação, ou seja, o saqueio geral. De época em época, a miragem ou a iscação da maximocracia muda sua forma de seduzir: a serpente prometeu a Eva – e Eva acreditou embora já estivesse no Paraíso - que "a maçã" lhe abriria todas as portas para a maximocracia (paraíso) tricerebral; a serpente de todo pregador promete que a conversão à sua religião/seita lhe abrirá todas as portas para a maximocracia

(paraíso) tricerebral; a serpente da semirrevolução francesa prometia que a deusa razão abriria todas as portas para a maximocracia (paraíso) tricerebral. A serpente do atual império judaico-anglo-americano promete que o dinheiro abre todas as portas para a maximocracia (paraíso) tricerebral... Não tome dinheiro emprestado de bancos, muito menos de agiotas. Não deva aos subgrupos oficiais. Pense três vezes antes de fazer negócios, pactos, acordos com o subgrupo oficial, pois sua intenção é sempre tirar proveito máximo de você. Ele diz que ama você, que trabalha para você e que só quer ajudar você, entregando poderes secretos, como a serpente...

9. BUSQUE SABER O QUE ESTÁ ACONTECENDO. Para "ficar por dentro" ou "infiltrar-se", tenha muitos "assessores" econômicos e técnicos, amigos em bancos, imobiliárias, políticos, advogados etc. Não seja o último a saber!

10. VAMPIROS DE SEU DINHEIRO. Defenda-se de parasitas como crianças consumistas, pessoas com pouco cérebro central, os viciados, os/as amantes, casamento por interesse etc.

11. CÉREBRO DIREITO E DINHEIRO. Deixe de confiar tanto na sorte! Seja criativo, engenhoso. Autoautorize-se a ganhar mais, estabeleça o que e quanto é. Diversifique suas fontes de renda, dependa cada vez menos de emprego, de salário fixo, de aposentadoria ou de heranças. Dinheiro não cai do céu - não é regulado pelos deuses; não vem de jogo - não é mágico. É regulado pelas regras sociais ou de mercado, que favorecem os subgrupos oficiais como uma roleta viciada. O dinheiro vem de um cérebro central bom e persistente, apoiado por um cérebro esquerdo bem informado, e por um direito criativo, programado em alfa para ter fé no êxito. "Nem só gozo de irresponsáveis, nem só poupança de pão-duro".

12. JOGOS DA GRAMÁTICA DO DINHEIRO. Jogue jogos como "Monopólio", "Rico MacPato", "*CashFlow*" e similares, que treinam você para ser mais esperto e para calcular rapidamente vantagens/desvantagens, ganhos/perdas, decisões com maior/menor risco etc.

13. COMO ECONOMIZAR. Comece distinguindo entre o que é necessidade real dos três cérebros e nos 14 subsistemas, de um lado; e do outro, o que é capricho de consumo e necessidade artificial criada pelo assédio da propaganda consumista mentirosa e subliminar. Fique com as necessidades reais e submeta desejos, caprichos e "ofertas" com espírito crítico de autodefesa, disciplina, pensando no futuro ou a longo prazo. Comprometa-se a economizar, para investir, pelo menos, 10% de seus ganhos mensais. A gente de cérebro central adia o desfrute, o luxo e a ostentação para mais tarde quando estiver bem de vida; mas a gente de cérebro direito quer a ostentação, o luxo, o

gozo imediato, sacrificando o futuro e, às vezes, endividando-se no presente. Se perder o emprego, se falir e estiver sem reservas... Seja sensato. Para tanto, defenda-se dos marqueteiros, corte gastos, aprenda a comprar vantajosamente, seja consumidor inteligente, sem entrar em competição com familiares ou rivais por consumo ostensivo. Se não pode ganhar mais, gaste menos!

14. CONTRIBUIÇÃO E RETRIBUIÇÃO. Seja generoso, distribua algo do que recebe. Participe de entidades e movimentos sociais que canalizem seu dever de cidadão de velar pelo bem coletivo, de lutar contra a opressão, contra a corrupção e a injustiça. É um dever de coproprietário, corresponsável pelo bem-estar proporcional de tudo neste planeta. É preciso dar para receber.

15. FEIRA DE TROCAS ou escambo. É uma feira em que tudo se compra e vende por troca, intercâmbio de coisa por coisa, sem uso de dinheiro. Quando muito, o que se usa é uma "moeda social" ou bônus. Antes da invenção do dinheiro ou outros símbolos dos satisfatores, tudo se fazia por troca. A moderna troca é uma estratégia para safar-se das camas de gato ou armadilhas postas pelos donos do dinheiro. Há que domesticar o dinheiro (os donos do dinheiro grosso, descontrolado e antissocial).

16. ECONOMIA SOCIAL. São outras formas de obter satisfatores dependendo menos do oficialismo econômico ou capitalista por meio de troca, mutirões, associações mutuárias, cooperativas, consórcios, empresas sociais, moeda alternativa etc. É o lado antioficial da "economia de livre mercado". O problema é convencer o oscilante e educá-lo para essas novas formas de economia, sob o nariz dos bancos e governos e seu lucrativo sistema monetário-financeiro. O ideal seria o Proporcionalismo, sem esses dois tipos de economia: a economia capitalista para ricos/oficialistas e a economia social para pobres/antioficialistas e oscilantes.

Nível 3. Técnico, assessor. Planejamento. Criação de produtos. Marketing.

As técnicas de planejamento e de administração são aspectos pouco teorizados e pouco transmissíveis academicamente. Desabrocham ou se aprendem mais na experiência, na prática empresarial e política. No CCF, o planejamento com fluxogramas e operacionalização está no Passo 7, o que supõe uma boa realização dos seis passos anteriores. A cidade é escola para muitas coisas, mas para esse nível tecnológico, a escola se chama: EMPRESA.

Nível 4. Administrador, gestor, executivo. Estadista. Governo.

Esse nível de administração privada e pública ou governamental consegue-o somente quem tenha um alto desenvolvimento do cérebro central, porque é uma área profissional que está buscando uma melhor teorização e uma melhor sistematização. É o topo da carreira de qualquer profissional. Como todo profissional é um especialista, para dar certo nesse nível 4, terá que preparar-se como generalista. Quanto mais alto o nível de agendonomia, mais generalista ou sistêmico tem que ser o candidato. Os quatro níveis do cérebro central e do cérebro esquerdo são melhor detalhados no livro *Capital Tricerebral e Administração Sistêmica* de W. Gregori e Evilásio Volpato, de 2002, com revisão em 2014, disponível em:

https://books.google.com.co/books?id=7GOxBgAAQBAJ

Falta aos nossos países da América "Latina" uma política bem definida e permanente de desenvolvimento do cérebro central, para entender o mercado, os negócios e as finanças. A escola fundamental e a média são muito acadêmicas, à exceção dos institutos do sistema S, como o SENA, SENAI, SESI, SENAR, SESCOOP e as Escolas Técnicas. A universidade acadêmica ou científica serve mais para profissionais liberais a serviço do Estado político e ao mercado capitalista. A universidade religiosa serve mais para profissionais liberais a serviço do Estado religioso. Começam a aparecer instituições com função de universidade do cérebro central a serviço do poder econômico, como a FGV, as universidades corporativas e outras. Terão que crescer muito, pois estamos em desproporção entre os três tipos de universidades e escolas.

6.2.3 Para o desenvolvimento dos quatro níveis do cérebro direito

> "A fé e a esperança perecerão. Só o amor é eterno".

O **nível 1** do cérebro direito é o da afetividade, o da sensibilidade, o da capacidade de atração, do impulso hereditário para criar laços. Nesse nível 1, o condicionamento segue um fluxograma de busca de energia humana "amórica", em forma de satisfatores primordialmente do cérebro direito cujo modelo está mais adiante. É o "Fluxograma da Busca de um Alguém" que, popularmente chamamos "história de amor". Também se pode dizer que é a busca de energia mental, energia moral ou endorfínica. A endorfina é um neurotransmissor que produz a sensação de prazer e felicidade quando conquistamos vitórias, principalmente no amor. A endorfina é desencadeada pela pessoa que nos dá amor, não é de produção própria. Quando se está em busca de um amor, de uma mãe ou de um pai, de um namorado, de uma namorada, enfim – buscando alguém – se está buscando alguém que faça funcionar nossa engrenagem endorfínica e os centros do prazer do cérebro.

A saga/aventura da busca de fontes de satisfatores "amóricos", que todos temos experimentado na vida infantil e na adulta, é uma sequência de passos que é bom conscientizar para que o amor se nos faça mais consciente e menos trágico. Isso é mais fácil examinando o que acontece na idade do namoro fora da família, entre os 15 e os 25 anos. Mas é o mesmo que vivemos desde crianças com pai e mãe e que seguiremos vivendo para sempre. O amor é uma necessidade e uma obrigação para sempre. Por isso há que saber mais sobre a busca de um alguém para relações afetivas, o que se confunde muito com busca do sexual, do matrimônio e da reprodução. O importante aqui é a busca da relação afetiva, da ancoragem emocional, do alguém que faça funcionar nossa engrenagem endorfínica, com ou sem matrimônio, com ou sem sexo, já que o celibatário pode não querer o matrimônio, mas não pode passar sem afetividade.

A experiência afetiva pode ser analisada em duas colunas; a tradicional que aparece nas novelas, com até sete passos, com suas euforias iniciais, com suas dificuldades no meio do caminho, e com algumas tragédias ao final, todas cantadas em prosa e verso. É a coluna apelidada "maya", porque as pessoas são levadas a embarcar nela de maneira inconsciente, sem autocontrole, apenas empurradas pela natureza instintiva e cega. A outra coluna é a "upaya", com até nove passos, quando além das euforias iniciais, são superadas as dificuldades no meio do caminho e tem uma continuidade feliz. É denominada "upaya", porque é uma proposta de vida afetiva para pessoas com mais conhecimento dos mecanismos da atração ou "gostagem" e do jogo triádico entre todos os envolvidos. Mas supõe um upaya-coaching consciente desde a família e a escola ou uma terapia depois de alguma tragédia.

NEUROEDUCAÇÃO PARA O ÊXITO:
CONSTRUÇÃO-PRODUTIVIDADE-DECADÊNCIA DOS TRÊS CÉREBROS E SUAS COMPETÊNCIAS

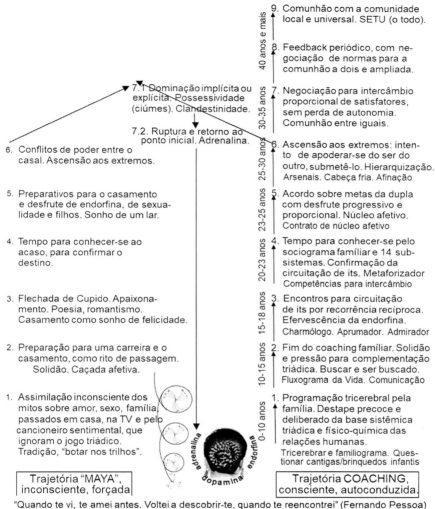

Fig. 88. Fluxograma da busca do alguém amado e de vida de casal

O primeiro passo de nossa vida afetiva começa com apego à mãe, ao pai ou a algum substituto. Toda criança tem condicionamento familiar, tem a influência do "matricondicionamento", da escola, da religião e das telinhas. A diferença entre a coluna "maya" e a coluna "coaching" é que na pré-adolescência a criança será advertida, conscientizada, alertada para reconhecer que foi programada, condicionada por um jogo triádico, por

359

uma força triádica da natureza e, depois, também pela família. Em consequência, embora a busca do alguém seja romântica, sabe que se trata de uma lei hereditária da energia triádica. Pouco a pouco vai descobrindo a base físico-químico-neuronal da interação, a necessidade de endorfina e como é que isso vai acontecendo por recorrência da experiência afetiva que ocorreu na infância. Adquire uma nova compreensão e uma nova disposição frente à busca de fontes de endorfina e o que é ser fonte de endorfina para outrem, sem entregar-se a "forças misteriosas".

O passo 2 é o da emancipação familiar. O jovem, a jovem compreende que tem que se desligar, desatrelar, independizar do pai, da mãe e da família como fonte principal de satisfatores e campo de jogo triádico. E a família também tem que compreender e aceitar esse rito de transição. A pessoa jovem vai romper a dominação exercida pelo bloco familiar, o que significa tratar os pais como amigos e não como autoridades e, muito menos, como inimigos. É a idade da autocondução e da autoafirmação, da saída da infância e da entrada na juventude. Isso obriga cada um a sair em busca de um alguém que o/a faça vibrar, entusiasmar-se, que faça a endorfina inundar seu corpo com a sensação de felicidade, até julgar que isso mereça continuar por toda a vida.

O passo 3 que, popularmente, se chama flechada de cupido ou apaixonar-se, aqui se chama circuitação de "its". "Its" são as características de alguém que são atraentes para nós, que fazem a gente afeiçoar-se e gostar de curtir. Esses "its" já foram condicionados por nossa primeira fonte de energia/endorfina na família. Fomos condicionados a gostar de determinadas características tricerebrais – físicas, emocionais, intelectuais – e continuaremos com esse gosto pela vida afora. E quando aparecer uma pessoa portadora desses its ou parecida, nós "gamamos", fervemos. É amor à primeira vista. E se aparecer uma pessoa que tenha os its opostos e quiser se aproximar, sentimos rejeição. É antipatia à primeira vista. Por quê? Porque são recorrências inconscientes da programação inicial, são repetições, réplicas. Quando se der a circuitação de its, isto é, a correspondência mútua, agrado mútuo, começa a circular endorfina. Aí, passa-se a depender um do outro, passa-se a buscar um ao outro, porque a endorfina cria a sensação de bem-estar, de felicidade, que se atribui, popularmente, ao amor, ao cupido ou a qualquer coisa assim.

O passo 4 é a busca de conhecimento mútuo. É um conhecimento não só pelo cérebro direito, pelos lados agradáveis, pelo lado da beleza, da estética, da atração. É conhecimento também pelo cérebro esquerdo e pelo cérebro central. Pelo cérebro esquerdo, pode-se usar o QT – Revelador do Quociente Tricerebral, a Psicologia, o familiograma, a biografia pelos 14 subsistemas etc. Pelo cérebro central, observa-se o comportamento, as ações, o que se faz em conjunto, a capacidade de desempenho social, as relações subgrupais, as relações de poder, a atividade profissional, o manejo de dinheiro etc.

Assim, se vai conhecendo a outra pessoa pelos três lados do cérebro e nas particularidades dos 14 subsistemas. Sem esses recursos, o suposto conhecimento é substituído pela teatralização de parte a parte. Mas não se ganha nada fingindo, mostrando-se perfeito, equilibradíssimo, santo, antes da convivência sob o mesmo teto, porque, depois, a convivência vai revelar o que cada um é e, então... haverá acusação de propaganda enganosa. Apareça, pois, com toda sua programação, apareça tal como é, porque assim é possível a entreajuda, o cultivo e a afinação.

O passo 5, em vez de, simplesmente, fazer preparativos para um casamento mitológico e folclórico, é melhor fazer um plano de metas pessoais para cada um da dupla e, depois, um plano de metas em 14 subsistemas para o casal. Se você se casar ou for conviver com uma pessoa, com ou sem papel passado, você não vai ser propriedade do esposo ou da esposa; você continua dono(a) de si mesmo(a). O que se faz, de fato, é um intercâmbio de satisfatores úteis, os que você tem para oferecer nos 14 subsistemas, e os que a outra pessoa tem a lhe oferecer nos 14 subsistemas. E dentro da proporcionalidade ou de proporções mutuamente compensatórias.

Você não se apodera da fonte de energia; você não se apodera da esposa, você não se apodera do esposo. **Não é possível** propriedade privada nisso, embora os votos do casamento e os dos que se dedicam à vida religiosa sejam, muitas vezes, um disfarce do último reduto da escravidão. Cada qual deve continuar autônomo(a), dono(a) de si mesmo(a) e em perfeito regime de doação gratuita, segundo normas e acordos entre ambos. Melhor que falar em casamento e família, seria chamar isso de núcleo afetivo. Faltam contratos pormenorizados pelos 14 subsistemas para substituir os ridículos "até que a morte (ou o dinheiro, ou o triângulo amoroso, ou o tédio etc.) os separe". Se não permanecer esse clima de liberdade, de doação gratuita, começa o jogo de dominação que leva à ascensão aos extremos (luta de poder até a dominação ou ruptura) que já conhecemos. Disse algum poeta: "quando nasce um amor, prepare-se a maca para os feridos".

No passo 6 vem, de qualquer maneira, e apesar de todos os cultivos, a ascensão aos extremos, porque é imposição do jogo triádico que se estabeleça uma hierarquia. Não existe igualdade nem nesta teoria, nem na realidade. Só proporcionalidade. Mas, quem já está conscientizado e reprogramado sabe e espera por isso e, ao chegar este momento, simplesmente vai driblar a tentativa inconsciente de dominação ou de acomodação como dominado. Renunciar ao mito do machismo, conhecer o oficialismo feminino, identificar e saber contornar as táticas e arsenais femininos e masculinos de poder são indispensáveis nessa hora. A relação vai ser regulada em termos de comportamentos subgrupais positivos ou em termos de rotação na posição de subgrupo oficial, ou uma espécie de divisão de poderes, divisão de trabalho etc. Nenhum dos dois tem que perder a autonomia, a personalidade, para que não se crie uma relação de dominação e exploração recíprocas. Assim haveria um controle inteligente da ascensão aos extremos, imposta pela natureza do jogo triádico. **Ser jogador e não joguete.**

Caso a luta de poder desse passo 6 não tenha desfecho satisfatório, passa-se a uma relação maya/inconsciente, com dominação implícita ou explícita por conveniência, que se manterá só por algum tempo, porque logo vai haver mais luta de poder: o dominador quer dominar mais, e o dominado vai resistir. Isso tem desfecho bem previsível: a ruptura. A endorfina que vem da pessoa amada pode tornar-se um vício tão desesperante como qualquer droga, o que leva aos crimes passionais. Na ruptura, destrói-se o núcleo afetivo; e ambos terão que começar tudo de novo. Essa tarefa de regular nossa sensibilidade, afetividade, nossa capacidade de vinculação e de apego do cérebro direito é uma das competências mais difíceis de desenvolver. No caso de constituir novo casal, haverá necessidade de manter ou refazer laços afetivos com os membros do núcleo afetivo desfeito que consentirem em mantê-los, principalmente com os filhos anteriores e os novos. A separação é entre esposos e não entre pais e filhos. O desenvolvimento de nosso ser tem, como núcleo invisível, a "amorização", que é incluir mais e mais seres em nossos afetos, custe o que custar.

Passo 7. Só haverá esse passo se tiver sido superado, satisfatoriamente, o difícil passo 6. Nesse caso, a relação crescerá rumo ao que chamamos de "comunhão". Só chamamos comunhão quando as duas pessoas estão reprogramadas, estão conscientes, estão-se autoconduzindo, estão planejando suas metas em conjunto, fazendo *feedback*, não se deixando levar pelos instintos ou pelo espontaneísmo. Será abandonado o uso clandestino de táticas de dominação, tanto masculinas como femininas. Amor desarmado. Ao menor sinal de suspeita, é obrigatório pedir e dar *feedback* (que não seja o odioso "discutir a relação").

O passo 8 supõe que a relação a dois vai crescendo e ampliando-se por imposições da vida: entram os parentes, os filhos, os amigos e vizinhos, os colegas de trabalho etc. Cada vez que entra ou sai um dos membros do grupo, um filho, por exemplo, a relação se modifica, porque a energia circulante é reorganizada e redistribuída. Então, é preciso fazer *feedback*. Se entrar um 2º filho, se entrar ou sair um amigo, uma amiga, um sogro, uma sogra, um cunhado, um parente, uma empregada também: a energia do sistema triádico é redistribuída ou reorganizada. Por isso, é preciso *feedback* periódico, negociar e renegociar as normas. É necessário amadurecer isso, que se chama "comunhão ampliada".

Comunhão ampliada é incluir, na nossa relação afetiva, mais pessoas. Ao fazer isso, é preciso que as pessoas que estavam no jogo antes, sejam advertidas, entrem num acordo, revisem as normas, os limites, pelos 14 subsistemas, para que não seja destruído o núcleo afetivo anterior, pela entrada de um novo membro na relação. Sem isso, a pessoa que entra por último vai destruir a relação anterior por imposição de sua maximocracia. Se o contrato do casal prevê compromisso sexual exclusivo e um dos dois entrar na clandestinidade sexual, isso provocará sério abalo e, até a ruptura da relação. É deplorável que a sexualidade seja, ainda, o símbolo da propriedade da esposa pelo esposo e vice-versa.

Passo 9. Continuamos dizendo que a relação afetiva, a nossa necessidade de ligação, de amorização, de vibração com o universo, é sempre crescente. Não pode ser aprisionada nos limites de um casamento, de uma relação a dois, ou de uma relação só familiar. O universo e o amor urgem a expansão.

É preciso conhecer o processo que a vida e o jogo triádico impõem, que é a expansão até incluir a vida e corresponsabilidade comunitária. Você se identifica com sua comunidade, com os subgrupos, com suas necessidades. Chama-se a isso de <u>comunhão histórica</u>, na esfera comunitária local, nacional e planetária. Pouco a pouco, a pessoa cresce para isso, tornando-se ex-bairrista local, estadual, nacional, étnico(a), religioso(a) e da sua geração, assumindo uma cidadania planetária global e, de todos os tempos.

É indispensável compreender e aceitar isso. As pessoas que pensam que podem isolar-se dentro de uma relação doméstica, do seu clã ou de sua etnia, estão enganadas, e vão morrer de tédio e de empobrecimento tricerebral ou de racismo segregador e tolo. Não há sucedâneo, não há nada que evite ou que segure a necessidade de expansão, crescimento, ampliação grupal, ampliação total.

A questão é conseguir maturidade suficiente para conduzir essa ampliação, sem destruir o núcleo afetivo que é a nossa base, nosso reduto vital. Quando não sabemos conduzir a ampliação da relação afetiva, ela se dará na clandestinidade, frustrando a expansão rumo à dinâmica futuro-universal.

O exposto até aqui é parte do treinamento do nível 1 do nosso cérebro direito, conhecido como "Treinamento de Lealdade" ou "Dinâmica do afeto".

Apesar de toda psicologia existente e de livros sobre "A Arte de Amar", "Amar se Aprende Amando", "O Segredo da Borboleta" e das muitas agências matrimoniais, não conseguimos, ainda, uma educação explícita para a relação afetiva, o namoro e o casamento. Nesse campo, a sociedade é mantida muito superficial e muito primitiva, mas é um campo decisivo para a realização e para a felicidade pessoal masculina, feminina, homoafetiva e para a felicidade da vida familiar e comunitária.

O desenvolvimento econômico, sozinho, não consegue fazer a felicidade de uma pessoa, de um casal, de uma família, de um país. Nem o amor sozinho. Nem a ciência ou sabedoria sozinha. Precisamos de desenvolvimento mínimo e harmônico ou proporcional nos três cérebros:

- desenvolvimento econômico e organização proporcional dos três subgrupos;
- desenvolvimento afetivo-artístico-espiritual-solidário;
- desenvolvimento intelectual, consciente, crítico, para entender e direcionar a vida.

Nível 2 do cérebro direito: jogador, criativo, artista?

LUDICIDADE

A criança sempre feliz é um mito. A criança é alegre/feliz quando tem garantida sua fonte de tri-satisfatores com endorfina. Quando não, é uma criança triste, hostil, porque tem que brigar para obter seus tri-satisfatores. Entretanto, pode haver outras razões para que ela não seja alegre. Crer que a infância é sempre uma etapa feliz é um mito alimentado por poetas ingênuos e nostálgicos. Embora as crianças tenham condições de serem felizes por terem recursos econômicos ou uma boa situação familiar-educacional, ainda assim têm que disputar o pai ou a mãe a seus rivais na família, porque é a endorfina que vem do amor o que importa. É a aspereza da disputa por tudo, imposta pelo jogo triádico familiar ou pelo mercado de fontes de satisfatores desde que nascemos. E há crianças que têm a dureza do jogo triádico familiar sem terem as outras facilidades materiais e educacionais.

Nem às crianças é dispensado o jogo triádico. Divertir-se com seus brinquedos é outra coisa. É sua predisposição para a ludicidade, a alegria, a felicidade, porque predomina ainda o cérebro direito, o lado da fantasia, das fadas, do colorido, da grande aventura de descobrir e decifrar o mundo pelos cinco sentidos. Tudo é belo, tudo é abordado pelo lado bonito, otimista, brincalhão, carnavalesco e festivo, enquanto o cérebro direito estiver no comando.

Nossa sociedade de consumo faz da ludicidade, da predisposição a jogar, um condicionamento a mais para a violência. Os brinquedos masculinos são armas e guerras concretas ou virtuais. Os brinquedos de computadores consistem em diversas formas de luta, golpes, tiros, canhonaços, destruição. Estamos numa cultura que usa os três lados do cérebro e seus quatro níveis para o consumo, para a disputa, para a barbárie que se vai reinstalando na humanidade, em função do ganho das empresas e de seus furibundos executivos.

É necessário recuperar o cérebro direito lúdico, a capacidade de rir, de brincar, de achar graça nas coisas simples; de encontrar alegria na simplicidade da vida, nas surpresas, nas coisas descomplicadas. Não é necessário complicar, comercializar, nem massificar tanto a busca da alegria e do humor.

CRIATIVIDADE

A criatividade é uma questão séria para analisar. A criança nasce com a ciclagem tricerebral reduzida e, portanto, toda sua criatividade está livre, está borbotando solta. A capacidade de criar soluções diferentes e originais é imensa na criança porque os pequenos são totalmente espontâneos, não têm o cérebro esquerdo censurador, nem enxergam os obstáculos de cérebro central prático. A não ser que a programação mental feita pela mãe e pelo jogo triádico familiar tenha condenado e sabotado a imaginação, a fantasia, para obter um desenvolvimento intelectual precoce.

Normalmente, até que a criança entre no pré-escolar, a criatividade se preserva, assim como a liberdade, a espontaneidade, a capacidade de improvisação. Quando começa propriamente a estudar no ensino fundamental, todo seu breve passado lúdico sofre um grande estremecimento, dado que no primeiro grau todo o enfoque é positivista, sistemático, racionalista, do cérebro esquerdo cartesiano. A criança sofre um choque e tem muitas dificuldades para adaptar-se a ele, porque a transição do mundo do cérebro direito para o do cérebro esquerdo teria que ser mais gradual. Quase metade das crianças é reprovada ao final da primeira série; muitas delas são dirigidas para a educação especial, consideradas anormais. Necessitamos reconsiderar isso, dado que a escola não sabe muito sobre os processos tricerebrais das crianças, e atropela essa transição do cérebro direito ao esquerdo.

É obvio que a maior parte de nossos conhecimentos foram adquiridos antes de entrar na escola, antes dos 7 anos. A velocidade de aprendizagem nessa idade é imensa. Quando se entra na escola esse processo começa a desacelerar.

Esse fato requer um exame de consciência por parte da escola e dos educadores para sanar a situação. A cada dia cresce a convicção de que os primeiros anos são os mais decisivos para a personalidade, como dizia S. Freud, e para a aprendizagem, como diz a Psicopedagogia.

> "Todos nascem gênios; poucos sobrevivem à escola" (Pablo Picasso).

Como se faz para reprogramar, retreinar e libertar novamente a criatividade, a espontaneidade, a originalidade, o pensamento gestáltico do cérebro direito sem que seja sabotado, intimidado pelo lado racional crítico ou banalizador e pelo lado prático ou dificultador?

Existem técnicas apropriadas para que o processo criativo não seja derrotado. Primeiro, queremos distinguir terminantemente o que seja criatividade como processo solucionador de problemas práticos, da criatividade lúdica e das brincadeiras. Esta última é uma quase enfermidade da cultura de América "Latina". Antes, falamos de ludicidade e diversão; agora estamos falando de criatividade solucionadora de problemas ou inventora de soluções práticas. Os norte-americanos divulgaram a palavra *brainstorming*, que significa turbilhão de ideias ou chuva de ideias ou de soluções para um problema apresentado. É o correto.

São necessárias algumas breves regras ordenadoras do cérebro triádico para que o cérebro direito funcione bem e livremente. As pequenas regras que se apresentam a seguir são uma "antilógica" para o cérebro esquerdo e central.

Regras para a chuva de ideias ou de busca de soluções.

a. Autoautorizar-se a ter inspirações e a manifestá-las, sem autocensura; o absurdo, o impossível, o muito louco, tudo vale, pois os cérebros esquerdo e central têm que estar desligados durante o *brainstorming*.

b. Não deve haver censura grupal; não vale censurar nem aprovar o que se diga ou faça.

c. As sugestões se fazem com uma ou poucas palavras. Não se deve dar nenhum tipo de explicação, o que denunciaria um cérebro esquerdo intrometendo-se. Nas primeiras vezes, podem falar todos ao mesmo tempo. Pouco a pouco, se organiza o *"brainstorming"* ordenadamente e se anotam as sugestões.

d. Deve-se estimular o cérebro direito a fim de provocar alegria, catarse, para fazer graças.

e. Faz-se o relax lúdico, como espreguiçar-se, gritar, assobiar etc., a fim de criar clima alegre, descontraído.

f. Por fim, anuncia-se, bem operacionalizado, o problema para o qual se buscam soluções; e dá-se a ordem de largada para o *brainstorming*.

Terminada a tempestade criativa, se as ideias tiverem sido anotadas, examina-se para selecionar as melhores ou mais viáveis. Nesse momento, torna a entrar o cérebro esquerdo para a análise e, depois, o cérebro prático para o planejamento e execução.

O exercício de criatividade se aplica a desafios de qualquer um dos três campos cerebrais. Pode-se propor, como tema do *brainstorming*, algo do cérebro esquerdo, como um problema matemático, o título ou nome de um trabalho de pesquisa, as palavras para um texto etc.; ou algo do cérebro prático, por exemplo, novas maneiras de sentar-se, de arrumar-se, de vender, novas maneiras e mais econômicas de fazer o mesmo trabalho etc. Para o cérebro direito, pode-se propor a busca de novas formas de publicidade, novos sons, novas melodias, novas poesias, novos estilos de moda, novos esportes etc.

Uma vez adquirido o hábito do *brainstorming*, pode-se dirigi-lo para o futuro, para tratar de prever como evoluirá a curto, médio e longo prazo, em uma dada situação do presente, sobre a qual tenhamos que tomar nossas decisões ou fazer apostas. Isso é melhor que consultar astrólogos e adivinhos. A essa chuva de ideias se chama "futurologia", prospectiva, visão de futuro, cenários etc.

A prática consciente do exercício da criatividade, com essas regras, vai produzindo, de uma maneira natural, um aumento imenso da capacidade de inovação e de "solucionática" para contrastar com a "problemática".

> Os problemas vêm sozinhos; as soluções – há que buscá-las!

ARTE

Nossa capacidade para atuar artisticamente ou para desfrutar a estética é programada, inicialmente, pelo gosto da mãe desde o útero e o meio em que cresça o bebê. A arte a que nos estamos referindo não é tanto a produção de obras de arte, mas a sensibilidade e capacidade de apreciar o belo e o formidável. É também ter sensibilidade para expressar sentimentos e emoções através da palavra, cor e forma, de sons, de posturas, do vestuário, do modo de andar, do trato com pessoas e coisas etc. O importante é não direcionar, não exigir obediência do existente, do consagrado, do formal e sim, impulsionar a livre expressão criativa, com gosto, elegância e originalidade.

A capacidade artística do cérebro direito emerge e persiste desde que não tenha sido reprimida ou sufocada por sentimentos de vergonha ou intimidação frente ao fiasco e à zombaria. A educação artística que recebemos na escola e nas telinhas não permite muito essa expressão porque aí, quase sempre, se impõem determinados patrões ou métodos etc. E isso não favorece o afloramento da livre expressividade, que é o que se quer.

O cultivo do nível 2 do cérebro direito é muito importante, inclusive para o sentimento de realização pessoal, do otimismo, de felicidade, de bom gosto, de encontrar soluções alternativas. A todo o momento nos defrontamos com o imprevisto. Será preciso um pouco de arte, estética, de espírito lúdico e esportivo para poder lidar com o caótico jogo triádico sem amargurar-se. Aprenda, pois, a amar e a buscar endorfina; aprenda a ser animador de recreação, a dançar, a cantar, a desenhar, a pintar, a montar brinquedos; aprenda a ser criativo para enfrentar seus problemas; aprenda a desfrutar o lado estético deste planeta cada vez mais feio; aprenda a rir, principalmente a rir de si mesmo, a rir da vida e, até, a rir dos deuses.

Nível 3 do cérebro direito: percepção extrassensorial fora do espaço-tempo. O mito da caverna.

Esse tipo de percepção para além dos cinco sentidos ou do positivismo é, evidentemente, um fenômeno do cérebro em ciclagem reduzida – alfa, theta e delta. Mas tem outras dimensões e aplicações, como a percepção gestáltica (percepção do conjunto antes dos detalhes) e a percepção ecossistêmica. Vale dizer que a percepção sistêmica, holística, global, a percepção da grande unidade secreta das partes do planeta e da interdependência delas com o todo, isso tudo depende de sensibilidade e treinamento do uso do cérebro em ciclagem reduzida. Isso se consegue fora da caverna dos hábitos e da rotina cotidiana, já que aí só se percebem sombras da realidade. Ou fora das luzes das telinhas que são a versão moderna do mito da caverna de Platão, pois nelas só percebemos imagens da realidade e não a realidade em si. São só sombras, projeções, filmes, realidade virtual, imagens de espelho, miragem, apresentação teatral, "maya".

A caverna moderna pode ser a sala onde se vê o mundo pela televisão. A caverna pode ser a internet por onde se vê o mundo através de imagens e palavras, o mundo virtual, mas não o mundo em contato direto. A caverna pode ser nossa especialização científica ou religiosa que nos faz ver o mundo através dos filtros próprios delas, impedindo o contato direto. Trata-se, então, de ampliar o conceito de percepção. Não só percepção lógica, mas também pelas ondas alfa-theta-delta, pela intuição, pela poesia, pela mística, pelo amor e pele.

Se conseguirmos ter percepções holísticas, ecológicas, extrassensoriais, poderemos perceber melhor o futuro, a marcha de toda a coevolução para orientar-nos no essencial, que é tomar decisões sobre nossas necessidades futuras e diminuir a incerteza, as ameaças da imprevidência. E não perverter essa possibilidade como o fazem os sensitivos, os bruxos, dedicando-se a prever a morte de pessoas famosas, para fazerem-se eles mesmos famosos com esses e outros truquinhos. A presença e proliferação de tantos charlatães do campo do cérebro direito desmoraliza as tentativas de desenvolver em forma séria e útil suas principais funções nos quatro níveis, como a afetividade, a criatividade, a futurologia, a percepção em ciclagem reduzida e a experiência mística. Isso é muito bem criticado por Carl Sagan (1982) em seu livro *O Mundo Assombrado pelos Demônios* (do cérebro direito).

Entretanto, Carl Sagan se esqueceu de escrever sobre "O Mundo Assombrado pelos Demônios do cérebro esquerdo", da ciência desumana, sobre os cientistas que são cretinos éticos; e sobre "O Mundo Assombrado pelos Demônios do cérebro central", os monstros que nos assaltam desde o trono político até o balcão comercial e bancário.

É importante reafirmar que, embora sejamos sensitivos natos, a família e a escola nos reprimiram a partir de certa idade, combatendo nossa fantasia, nossos sonhos, nossas divagações, nossas precognições e premonições, chamando isso de enfermidade, desequilíbrio, distração. Fecharam essa janela de oportunidade fazendo-nos crer que eram coisas de magia, do demônio, portanto perigosas.

Sucede que, depois, angustiados pelo cérebro esquerdo e central, e frustrados no cérebro direito, tanto os altos executivos, como políticos e intelectuais, recorrem aos bruxos, aos sensitivos, aos astrólogos, aos gurus, para recuperar o caminho que perderam na infância ou na programação familiar-escolar. Isso reforça a ideia que o treinamento do cérebro direito em seus quatro níveis – Gramática Emocional – deveria fazer parte do processo normal da educação familiar-escolar.

Você pode treinar-se para a percepção holística, exercitando o papel de **desalambrador**. Desalambrar (que vem da língua espanhola) significa eliminar cercas de arame, fronteiras, não aceitar os muros que há entre países, entre Estados, entre culturas, entre religiões, entre alfa e beta e, dessa maneira, unificar tudo o que você percebe como uma única realidade, ainda que tri-una.

Também pode treinar-se como **amplificador planetário**. Isso significa que toma um objeto determinado, e o vai amplificando até identificá-lo com o planeta. Por exemplo, se você vê uma fogueira, vai amplificando-a até dizer que o planeta é uma grande e única fogueira; se vê um livro, vai agregando todos os livros do planeta e verá que o planeta é uma só e grande biblioteca; ou pode dizer que o planeta é uma rosa, e que o planeta todo é um grande jardim botânico.

Nível 4 do cérebro direito: estética e mística. Rumi, Krishnamurti, Chico Xavier, Gurdjieff, Osho, Sai Baba ou Francisco de Assis?

Por estética entendemos nossa capacidade de ver qualquer coisa pelo seu lado belo, pelo seu lado de desfrute, pelo seu lado delicioso. Não se trata só de produzir alguma obra de arte; trata-se principalmente de perceber a beleza em qualquer coisa, não só nas chamadas obras de arte. Assim, o universo inteiro é uma obra de arte. Qualquer aspecto dele é uma obra de arte, desde que você esteja em estado mental alfa-theta-delta para percebê-lo.

Em qualquer um dos cinco sentidos pode existir a percepção estética; não é necessário visitar museus, coleções, reservas, porque isso é ideologia burguesa, comercial, antiartística, tratando de transformar em dinheiro aquilo que é essencial e gratuito no universo: a estética, a beleza, a harmonia, a simetria, o contraste etc. Estética, pois, é perceber o universo como belo ou admirável, como um novo modo de senti-lo, ou novo modo de captá-lo pelos cinco sentidos.

Mística é perceber o universo como parte de mim mesmo, e eu como parte dele. Eu me vejo no universo como meu grande espelho; e o universo se vê em mim como um de seus espelhinhos. Mística é perceber a afinidade, a similitude, a identidade ou a irmandade de tudo, desde o substrato quântico que nos rege, que nos faz a todos membros da mesma família, que nos faz ser parentes universais e eternos com tudo o que existe. Em resumo, a percepção estética e mística não é outra coisa que perceber o universo como belo (estética) e percebê-lo como parte de mim mesmo (mística), como idêntico a mim mesmo e eu idêntico ao universo, em ciclagem reduzida. A percepção da realidade como diferentes objetos individualizados é devida ao estado mental beta em que vivemos no dia a dia, com suas embaçadas aparências. Mais deformadora ainda é a percepção em estado mental gama, o da ambição e correria, que gera cegueira, estresse, segregações, rupturas, guerras e embrutecimento.

O conteúdo do nível 4 do cérebro direito é, normalmente, o objetivo, a finalidade das organizações religiosas. Alegam elas ter a missão e a capacidade de conduzir as pessoas a esse nível, que o chamam "espiritual". Podemos chamar-lhe espiritualidade desde que seja apresentada como processo e ponto de chegada, que capacita as pessoas a perceber tudo como beleza e como parte de si mesmas. A estética e a mística seriam o ideal superior da evolução do cérebro direito, o que as levaria a um respeito sagrado por tudo; disso nascendo a ética, a solidariedade, o compromisso universal ou omnilateral. Religiões que não tem isso como meta, ou que não a realizam, não passam de negócio religionizado para enriquecimento de seus líderes e suas instituições, enganosamente chamadas de igrejas.

A religião que não se dedique à estética e à mística, que não procure elevar seus seguidores a esse nível, essa religião fracassa e trai seus clientes, porque os aprisiona nalguma discussão doutrinária ou obra de pastoral social ou política, ou os aprisiona à própria instituição religiosa. Com isso, estão questionadas todas as organizações religiosas, os professores, os gurus, os médiuns, os sacerdotes, os pastores, os guias, os pais de santo, os dervixes, enfim, todos os que tenham ou se atribuam funções de *upaya-coaching* (condução) estético-místico, do nível 4 do cérebro direito da humanidade. Terão eles mesmos evoluído para chegar ao nível 4 do cérebro direito, ou estarão ainda perdidos nos descaminhos que apontam para a tragédia da humanidade?

Será necessário que cada indivíduo se liberte de instituições religiosas subjugadoras; se liberte de toda mitologia, seja hindu, egípcia, judaica, greco-romana, católica, islâmica, ortodoxa, protestante, xamânica, afro-brasileira, nova era etc. Tudo é seita. Tudo é mitologia. Entretanto, tudo pode servir para um começo, um caminho de primeiros passos. Mas depois, cada pessoa terá que esforçar-se na busca de caminho próprio, o que requer domínio de técnicas de alfa e meditação. É interessante a notícia da criação de uma lei na Islândia para proibir qualquer ensino religioso a menores de 21 anos, promovida pelo movimento *Mothers Against Religion.*

A estética e a mística são só alcançáveis em ciclagem cerebral reduzida. É o alfa-Místico. Essa denominação é para diferenciá-lo do alfa dos bruxos e seu *show business.* Como exemplo de alfa-Místico, temos Francisco de Assis, com seu Cântico das Criaturas. Temos Jesus Cristo, quando se recolhia para meditar, quando se transfigurava. Temos Buda, em seu exercício de iluminação. Temos Maomé, quando se retirava para a gruta de Hira e tinha suas iluminações, bem como o sufista Rumi. Temos, mais recentemente, Gandhi, Krishnamurti, Gurdjieff, Ouspenski, Bapak/Subud, Osho/Rajneesh, Sai Baba e outros.

Há pessoas em todas as épocas e lugares que se dedicam ao processo de alfa-Místico. Tem que fazer isso através de seu cérebro direito, mas sem desconectar-se de seu cérebro central, que o vincula ao mundo real; e sem desconectar-se do cérebro esquerdo, que o vincula ao mundo racional, vincula à parte crítica, que permite o *feedback* do processo completo para não embarcar em superstições primárias ou fundamentalismos fanáticos.

Uma proposta que cumpre com esses requisitos é a de Maria Judith Hurtado (2013) em *A Presença Total do SETU* (Sistema Efetuador Tri-uno Universal). O ritual – chamado TRIATO – começa com uma conversação sobre um tema do momento, triadizando-o para o cérebro esquerdo; depois, passa ao cérebro central, exercitando a autoautorização e estabelecendo metas operacionalizadas; a terceira e última parte é a indução à ciclagem cerebral reduzida para "gravação/mentalização" da meta de cada um, para sintonia com o SETU e momentos de meditação. Os participantes são chamados "Fontes de Tri-unidades". A recepção e a despedida se fazem com um triplo abraço, recitando a fórmula "com amor, inteligência e prosperidade".

Não se espera que as "Fontes de Tri-unidades" sejam místicos absolutos, desconectados da realidade, e do lado crítico e prático, pois seriam contemplativos ingênuos e crédulos. Queremos espiritualistas com seus três cérebros integrados e bem engajados no social.

O TRIATO, como proposto antes, resolve muitos dos problemas que criam ansiedade: o aparente absurdo da vida e da existência do mal; a canseira e caos político-econômico da vida cotidiana; e, principalmente, a percepção da morte e perda de seres amados, o sentimento de soledade no universo, o medo de supostas forças misteriosas ocultas, o medo de perda do eu.

De que "eu" se trataria? Do "eu" ou identidade em estado mental beta que é triádico, dividido, centrífugo, em conflito consigo mesmo? Do "eu" em estado mental gama maximocrático, debatendo-se em redemoinhos de si mesmo ou do seu umbigo? Do eu instintivo do nível 1 do tricerebrar, do eu de nível 2 que aceita as aparências como realidade e verdade, do eu de nível 3 que suspeita ser um autoengano, ou do eu de nível 4 que se projeta e dissolve no todo? Ou do "eu" em estado de ciclagem mental reduzida, onde o fracionamento triádico do "eu" ou ego, em seus diversos níveis de angústia, é reintegrado e harmonizado?

Seu "eu" ou self atual tricerebral, qualquer que seja seu nível, será dissolvido, será transformado em diferentes estados de ser ou níveis energéticos, mas não será extinto. Nada nasce, nada morre: tudo se transforma. Segundo o efeito E.P.R, cada um subsiste como forma energética, como holograma, vibrando em cadeia infinita como um "eu quântico, ou eu hologramático":

> Assim como se fossem antigos amantes que não conseguem esquecer um ao outro, duas partículas subatômicas, que interatuaram alguma vez, podem responder instantaneamente aos movimentos uma da outra, milhões de anos mais tarde, ou estando inclusive a anos luz de distância; isto ocorre contra a teoria da relatividade que não admite a existência de interações físicas em velocidades superiores à da luz; este estranho fenômeno é chamado efeito E.P.R., sigla formada com as iniciais de Einstein e seus colaboradores Podolsky e Rosen, que chamaram a atenção sobre o fenômeno em 1935 (Gliedman, 1984, p. 12).

O alfa-Místico que se dá em ciclagem reduzida resolve também o problema do medo dos deuses, das divindades, dos deuses terroristas e o problema da ansiedade em relação ao suposto sobrenatural, com o inconsciente escatológico, isto é, o que se espera depois da morte. Como e por que o resolve?

Porque se descobre que a ideia e imagem dos deuses judeu-cristão, islâmico, hindu, indígenas, africanos, egípcios, gregos etc. são recorrências grosseiras e infantis que o cérebro direito faz da imagem de pais, mães, de reis, imperadores e autoridades de uma nação ou etnia, bons ou maus. Santos e anjos, diabos ou espíritos bons e maus de todas essas mitologias, bem como bruxas, bruxos e fadas são parte do mesmo fenômeno de recorrência de pais, mães, irmãos, serviçais e vizinhos bons e maus da casa. Tudo isso é assumido pelos subgrupos oficiais para submeter as pessoas, meter-lhes medo e explorá-las.

Desaparecidos os deuses e seus reinos celestes, criados à imagem e semelhança dos seres humanos e seus reinos terrestres em seu cérebro direito, como fica nossa relação com o todo maior, que percebemos como natureza, como energia tri-una ou organismo universal? Esse todo maior do qual proviemos e no qual nos movemos e somos será tomado por Sistema Efetuador Tri-uno Universal – SETU.

Depois dessa higiene mental do cérebro direito, você poderá chegar, com alfa-místico, a uma percepção mais refinada do todo energético, de seus múltiplos níveis e dimensões, o que tem pouco ou nada a ver com as organizações religiosas. A percepção dessa realidade maior em ciclagem reduzida faz você sentir que pertence a ela, ainda que, de maneira momentânea, transite pelo nível beta dessa mesma energia.

O alfa-Místico dissolve o medo da fábula chamada céu-inferno, juízo final e coisas semelhantes, criadas pela recorrência dos prêmios e castigos familiares e sociais, como ser exilado ou deserdado (inferno) pelos subgrupos oficiais da família ou do poder político. Toda essa simetria natural-sobrenatural, criada por recorrência, se dissolve, e você adquire uma paz interior muito grande.

O objetivo máximo do cérebro direito, em realidade, começando pela afetividade, passando pela criatividade, pela percepção ecossistêmica e fenômenos em ciclagem reduzida, é chegar à atitude estética e mística, que muitos artistas alcançam embora se declarem ateus e muitos santos não alcançam jamais, embora se declarem cristãos.

Não é a denominação de cristão ou pagão, de religioso ou ateu que vai elevar alguém até a estética e a mística. É o treinamento e exercício da ciclagem cerebral reduzida, com abertura para experienciar o Sistema Efetuador Tri-uno Universal, que irá fortalecendo seu "eu" quântico, hologramático, infinito, total.

NOTA: Para saber como vai o desenvolvimento das competências tricerebrais tetraniveladas, há que se revisar o perfil tricerebral revelado pelo teste do QT (Quociente Tricerebral) do capítulo 1. Esse perfil tricerebral é denominado "horizontal" e tem que ser completado por um perfil "vertical" que revela os quatro níveis, e um perfil "transversal" que revela as competências combinadas no Ciclo Mental ou Ciclo Cibernético de *Feedback*.

6.3 AUTOBIOGRAFIA PELOS 14 SUBSISTEMAS

Além do perfil tri-tetracerebral, o autoconhecimento pode-se aprofundar por meio de três técnicas:

- Autobiografia pelos 14 subsistemas.
- Neurocoaching Educativo.
- Sessões de autoimagem.

Comece pela autobiografia, respondendo o questionário que segue:

S01 **FAMÍLIA**	Onde e quando nasci? Descendo de estrangeiros? Gosto de meu nome? Onde morei e moro? Com quem moro? Problemas com familiares? Quais? O que sei e faço de sexo? Como encaro o gênero oposto? A família é uma instituição falida? Com quem foi meu apego de infância e a rivalidade? **METAS:**
S02 **SAÚDE**	Como está minha saúde física, psíquica e emocional? Quais são meus exercícios, como cuido da higiene? Como encaro o sofrimento, a morte? Tem alguma parte física de mim que eu goste menos? Como sinto a morte de alguém? **METAS:**
S03 **MANUTENÇÃO**	Qual é minha alimentação? Horários? Sei cozinhar, lavar, passar? O que bebo? Que vestuário prefiro? Compro e conservo minhas roupas? Como durmo? O que sonho? Que acho do consumismo? Que acho das drogas? **METAS:**
S04 **LEALDADE,** **SOLIDARIEDADE**	A quem amo e quem me ama? Que aspectos físicos, intelectuais e emocionais me atraem? Já sofri por amor? Como sou no amor, na amizade, na solidão e no ódio? O que tenho e faço para conquistar, agradar alguém? Gosto de mim? A paixão me domina ou eu a domino? **METAS:**
S05 **LAZER**	Quais minhas diversões e meus parceiros? De que festas gosto? Sou bom em algum esporte ou uma arte? Como é meu humor? O que gosto e desgosto da TV? Curto cinema? Faço passeios, viagens? Sou feliz, alegre? Sei contar piadas, cantar, dançar, nadar? **METAS:**
S06 **VIÁRIO** **COMUNICAÇÃO E** **TRANSPORTE**	Como é minha comunicação falada, escrita e corporal? Sou tímido, extrovertido? Quais os meus assuntos preferidos? O que leio? Gosto de minha voz? Sei escutar? A quem conto segredos? Sei guardar segredos? Quanto apego tenho pelo celular? A que lugares fui, vou e quero ir? Com que meio de transporte viajo? Sei dirigir carro, moto, bicicleta, patins? **METAS:**
S07 **EDUCAÇÃO**	Onde estudo/estudei, o que/quanto estudo? Sei estudar? Sou bom aprendiz? Estou motivado? Que professores me marcaram? Tenho pensamento crítico positivo? Sei a minha vocação? Decidi minha vida e suas metas? **METAS:**
S08 **PATRIMONIAL**	O que possuo? Como obtenho meus tri-satisfatores? Como consigo dinheiro? Sou poupador ou esbanjador? Pretendo ser rico? De que maneira? Em que proporção desejo dinheiro, saber e ser feliz? **METAS:**

S09 PRODUÇÃO	Quais minhas habilidades (manuais, agrícolas, comerciais, industriais, artísticas)? O que penso do trabalho? Valorizo o tempo? Que profissões conheço, exerci/exerço? Quais os ramos de trabalho de minha família? Valeu a pena? **METAS:**
S10 RELIGIOSO	Qual e como foi minha iniciação religiosa? Que ritos, preces, livros sagrados uso? Sei relaxar, concentrar-me em alfa? O que é a divindade? O que há após a morte? Sigo alguma fé, frequento alguma religião? Por quê? **METAS:**
S11 SEGURANÇA	Sou forte, sei lutar, competir, sou agressivo, calmo? Quais são os meus medos? Sei me cuidar na rua, de noite, em qualquer ambiente? Sei evitar as gangues? Como brigo? Sei fazer as pazes, perdoar? **METAS:**
S12 POLÍTICO-ADMI-NISTRATIVO	Sei autoconduzir-me? A quem peço conselhos? Tenho meus próprios planos ou vivo empurrado? Tenho liderança? Como vejo a autoridade? O Brasil é o país onde quero viver? Como vou ajudar o país? **METAS:**
S13 JURÍDICO	Tirei e tenho todos os documentos? Conheço meus direitos e deveres? Que normas cumpro e descumpro? Sofri injustiças? Sou justo? Cumpro com minha palavra e meus compromissos? Sou pontual e disciplinado? **METAS:**
S14 MÉRITO RANKING	Sou reconhecido, respeitado, me dão atenção? Em que me destaco (beleza, físico, inteligência, afeto, vaidade, trabalho)? Quanto eu me valorizo? Desejo mudar minha imagem? Que títulos e sucessos desejo? Que discriminações ou humilhações já sofri? Que títulos ou prêmios já recebi? **METAS:**

6.3.1 Mapa de eventos biográficos determinantes

O que também ajuda a saber porque somos assim ou por que atuamos de uma dada maneira é o mapa de fatos marcantes tricerebrais, que são experiências desde o nascimento, tão carregadas emocionalmente que deixaram gravada uma marca ou um engrama. Consiste isso em uma composição condensada e comprimida que fica como um reflexo operativo ou gatilho que dispara ou desencadeia automaticamente a ação a ele associada, quando algum estímulo a recorda. Por trás de nosso perfil tri-tetracerebral, estão esses reflexos operativos, que são rotinas ou trilhas tricerebrais de ação e reação automáticas/inconscientes que, depois de criadas e repetidas, são recorrentes ou repetitivas, sem que a gente o perceba. Será muito revelador registrar fatos ou experiências que criaram engramas ou gatilhos sempre prontos para disparar. Assim, poderemos desarmá-los e tratar de dissolver seus poderosos compressores ocultos e conquistar mais autocondução.

Para localizar os eventos que deixaram essas marcas, percorrem-se os ciclos do Fluxograma da Vida, desde a gestação até o presente. Em cada um deles, examina-se cada um dos 14 subsistemas, que são como uma lista completa dos itens a controlar, porque é neles que ocorrem os eventos marcantes, positivos e negativos, que determinarão comportamentos futuros.

Para começar, tomemos o ciclo da gestação. Aí começamos a percorrer cada um dos 14 subsistemas. No S01 Família, nos perguntamos se ocorreu algum fato mais marcante em cada um dos Quatro Fatores Operacionais. Tais eventos podem ter origem no meio ambiente, como frio/calor; na cronologia do dia e da noite; nas relações com pai, mãe, irmãos, animais e outras figuras da constelação familiar; ou em procedimentos como sexualidade, dormir sozinho ou com pai/mãe etc. Mas só vale a pena registrar os que tenham deixado marcas felicitantes ou infelicitantes, cicatrizes ou "calos mentais" aos quais depois reagiremos automática e inconscientemente, com o comportamento agradável ou desagradável associado a eles. Daí passamos ao S02 Saúde, e fazemos o mesmo. Depois passamos ao S03 Manutenção, e prosseguimos até repassar os 14 subsistemas.

Depois subimos, no Fluxograma da Vida, para o ciclo de integração familiar que vai do nascimento até aproximadamente os 7 anos, perguntando/pesquisando se ocorreu algum fato ou alguma experiência marcante em cada um dos 14 subsistemas e seus fatores operacionais; mas só registramos os que determinaram comportamentos agradáveis ou desagradáveis para o futuro. Depois subimos para o ciclo da adolescência e busca de emancipação e repetimos os procedimentos anteriores. Essa recuperação do passado ajuda muito a higienizar os três cérebros e a economizar energias desperdiçadas em nutrir rancores e amarguras do passado, que são como um vazamento no depósito ou estoque de energia diária.

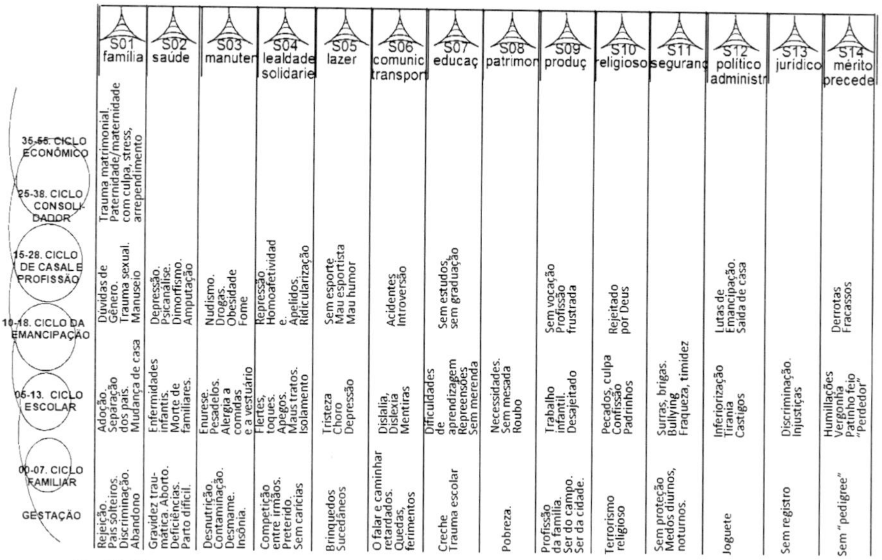

Setor	Eventos impactantes associados (de cima para baixo)
S01 família	Trauma matrimonial. Paternidade/maternidade com culpa, stress, arrependimento / Dúvidas de Gênero. / Adoção. Separação dos país. Mudança de casa / Rejeição. Pais solteiros. Discriminação. Abandono
S02 saúde	Trauma sexual. Manuseio / Enfermidades infantis. Morte de familiares. / Gravidez traumática. Aborto. Deficiências. Parto difícil.
S03 manuten	Depressão. Psicanálise. Dimorfismo. Amputação / Desnutrição. Contaminação. Desmame. Insônia.
S04 lealdade solidarie	Nudismo. Drogas. Obesidade. Fome / Enurese. Pesadelos. Alergia a comidas e a vestuário.
S05 lazer	Repressão Homoafetividade e. / Flertes, toques. Apegos. Maus tratos. Isolamento / Competição entre irmãos. Preterido. Sem carícias
S06 comunic transpor	Apelidos. Ridicularização / Tristeza. Choro. Depressão / Brinquedos Sucedâneos
S07 educaç	Sem esporte. Mau esportista. Mau humor / Dislalia. Dislexia. Mentiras / O falar e caminhar retardados. Quedas, ferimentos
S08 patrimon	Acidentes. Introversão / Dificuldades de aprendizagem. Repreensões. Sem merenda / Creche. Trauma escolar
S09 produç	Sem estudos, sem graduação / Necessidades. Sem mesada. Roubo / Pobreza.
S10 religioso	Sem vocação. Profissão frustrada / Trabalho infantil. Desajeitado / Profissão da família. Ser do campo. Ser da cidade.
S11 seguranç	Rejeitado por Deus / Pecados, culpa. Confissão. Padrinhos / Terrorismo religioso
S12 político administr	Surras, brigas. Bullying. Fraqueza, timidez / Sem proteção. Medos diurnos, noturnos. / Inferiorização. Tirania. Castigos / Joguete / Lutas de Financiação. Saída de casa
S13 jurídico	Discriminação. Injustiças / Sem registro
S14 mérito precede	Derrotas. Fracassos / Humilhações. Vergonha. Patinho feio. "Perdedor" / Sem "pedigree"

Ciclos: 35-56 CICLO ECONÔMICO · 25-38 CICLO CONSOLIDADOR · 15-28 CICLO DE CASAL E PROFISSÃO · 10-18 CICLO DA EMANCIPAÇÃO · 05-13 CICLO ESCOLAR · 00-07 CICLO FAMILIAR · GESTAÇÃO

Fig. 89. Mapa que sugere eventos impactantes que tenham deixado marcas/engramas mentais inconscientes

6.3.2 Neurocoaching educativo (diferente da terapia clínica)

Se você tem a oportunidade de participar de grupos de cultivo de Cibernética Social, terá acesso a sessões de NEUROCOACHING EDUCATIVO. A aplicação das neuroferramentas de Cibernética Social na prática da vida pessoal, grupal e comunitária, requer mais estudo depois de cada módulo do curso de formação. Isso se pode fazer em sessões de Neurocoaching educativo e sessões de cultivo ou estudo em equipes de cinco ou seis membros, dirigidos por um coordenador ou um neurocoach (este será um profissional certificado pela Academia Internacional de Cibernética Social Proporcionalista).

Para a sessão de Neurocoaching, requer-se que cada membro traga sobre o peito o crachá com o Perfil de Competências Tricerebrais, que é onde estão os dados essenciais do tricerebrar de cada um, para o desdobramento.

Que é **desdobrar**?

Em Psicologia, chama-se **interpretação** à busca do significado "real" de um ato inconsciente ou de uma racionalização ("racionalização" ou "ideologização" é uma justificação/explicação furada para não se sentir fracassado ou desmascarado frente a si mesmo ou culpado frente a quem prejudicou). Cada pessoa é um maximocrata (alguém que deseja e busca tri-satisfatores ao máximo e sem limites) quase sempre frustrado em sua disputa no processo prestusuário – cadeia alimentar-procriativa e outros satisfatores. É preciso esclarecer e convencer que cada um é tão somente um de três competidores de um jogo em que sempre há outros dois; ou seja, há que reunir mentalmente, num mesmo cenário, os três interessados (com suas respectivas máscaras e táticas/arsenais) no jogo em que se disputam os mesmos satisfatores.

O desdobrador triádico (o primeiro a fazer isso será o neurocoach para ensinar a arte de desdobrar) vocaliza a queixa, o relato ou os comentários de alguém, seguindo uma lógica baseada nisso: "em tudo buscamos satisfatores, disputando-os num jogo em que somos três concorrentes, por uma estratégia *minimax*. A estratégia *minimax* consiste em reduzir ao mínimo as perdas, a responsabilidade ou o preço a pagar e, elevar ao máximo os ganhos ou as vitórias, derrotando os demais, mantendo isso oculto para os prejudicados e inconsciente (racionalizado, mas não sempre) para si mesmo. Por isso a necessidade de desdobramento ou destape triádico de tais comportamentos para produzir "raciocínio real" (tirar a máscara, cair na real). O monádico produz o raciocínio inconsciente, unilateral, de autoengano, de racionalização e cegueira parcial produzida pelo interesse inconfessável.

Para fazer o desdobramento triádico de cada frase ou informação que alguém apresentou, se faz o seguinte:

O neurocoach, depois de examinar o crachá com o Perfil de Competências Tricerebrais, toma uma das afirmações do informante ou narrador voluntário (consultar o passo 2 do Fluxograma de uma Sessão de Neurocoaching, mais adiante) por uma "queixa ou preocupação", para a qual pede ajuda. O neurocoach começa por imaginar-se empaticamente no lugar do informante e diz: eu (repete o nome do narrador) sinto, digo ou faço isso porque na disputa de tal e tal satisfator com fulano e cicrano (há sempre três concorrentes, sendo que um dos três somos nós) eu ganhei deles ou perdi e, em consequência, tive que fazer tal e tal coisa. Depois de umas duas ou três demonstrações, os presentes serão chamados para fazer outros desdobramentos. O desdobramento trata de abordar o máximo de afirmações do informante até cobrir os principais tópicos do comportamento resultante da programação tricerebral na família.

Há que tomar a precaução de dar os desdobramentos como "prováveis", e não como "verdadeiros", já que o inconsciente de cada pessoa não é completamente "penetrável" pelos demais, nem mesmo por seu dono. Unicamente nos tribunais o diagnóstico é conclusivo, já que do contrário, cada pequeno desacordo terminaria sempre num campo de batalha.

Depois, se pede ao informante que se autodesdobre nalguns dos tópicos já desdobrados pelos colegas, que é para criar autoconsciência. Ele vai sentir dificuldades porque o cérebro está sempre programado e lacrado para defender a programação inicial (como eram os CDs: "bloqueado para regravação"), embora seja prejudicial a seu dono, e recusará o desdobramento (gravação de nova informação). É mais fácil desdobrar os demais que se autodesdobrar. Mas os presentes podem ir ajudando, corrigindo, completando, porque "é mais fácil ver um grão de areia no olho do outro que ver um barrote no seu próprio".

O passo seguinte será ensinar (fazer-lhe repetir) frases de autoautorização, relacionadas com os aspectos desdobrados, que se completa comprometendo o informante com o cultivo de algum novo comportamento ou correção de outro, operacionalizando, segundo o modelo que está no avesso do crachá do Perfil de Competências.

Por fim se faz, com todos, o exercício de ciclagem reduzida do cérebro.

Em resumo, Fluxograma de uma sessão de Neurocoaching Educativo é:

1. Abertura com saudação e ambientação. Recorda-se a norma de sigilo sobre o que se vai tratar, para preservar a confiança na intimidade do grupo. Todos têm que trazer exposto o crachá com o Perfil de Competências Tricerebrais.

1.1. Começa-se por fazer o *feedback* aos que já são exigidores de cultivo dos colegas; se falta o exigidor, o *feedback* se fará diretamente à pessoa que se propôs o cultivo. Não se fazem registros escritos de nada, para não comprometer.

2. O neurocoach oferece a palavra a quem queira relatar alguma queixa, dificuldade, preocupação ou sonho etc. Espera-se, em silêncio, até que algum voluntário queira começar seu relato.

2.1. Terminado o relato, todos se aproximam do informante para examinar os dados do crachá com o Perfil de Competências Tricerebrais, por uns três minutos. Aí estão as pistas para entender o porquê de seu comportamento de mal-estar ou preocupações. Não se trata de entender o que o informante diz, sente e faz; trata-se de entender por que o diz, sente e faz (geralmente é por recorrência). Como se "lê" o crachá com o Perfil de Competências Tricerebrais?

2.1.1. Primeiro, comparam-se os escores horizontais do teste do Quociente Tricerebral (QT) com sua escala de intensidade: se predominar o cérebro direito, houve pouca competição por discussão (cérebro esquerdo) ou por luta física e agressões (pelo cérebro central) com o rival adulto e com os rivais pares. Se predominar o esquerdo ou o central, houve menos carinho e amabilidades e, mais discussão e mentiras ou agressões e lutas físicas. Continua-se com a análise do QT vertical para saber em que níveis tem suas melhores competências e suas maiores debilidades no jogo triádico.

Depois, relaciona-se isso com a posição relativa entre irmãos e as setas que indicam fixação e rivalidade no familiograma. Com isso, pode--se saber quais membros da família foram significativos na instalação dos programas tricerebrais positivos e aversivos nas diversas etapas do ciclo familiar-escolar (desde a gravidez até os 18 anos).

2.1.2. A mãe se tomará sempre como subgrupo oficial. Se o narrador mencionou algo de táticas/arsenais tricerebrais usados por ela, tomar-se-á em conta no desdobramento; se não o mencionou, se perguntará. O pai terá sido antioficial (em quais aspectos?) ou oscilante. Há que tomar em conta táticas/arsenais tricerebrais usados pelo pai. Os filhos se distribuem, uns como seguidores do subgrupo oficial materno, e outros como seguidores do antioficial/oscilante paterno, criando alianças ou rivalidades entre eles. Há que descobrir em que subgrupo esteve o narrador e, suas relações com cada irmão, irmã e outros membros da família, se as havia.

2.1.3. Das figuras familiares que foram significativas, se deduzirão as recorrências sobre chefes(as), colegas, esposos(as) etc.; e dos escores tricerebrais e da posição subgrupal se deduzirá o modo tricerebral de relacionar-se com essas figuras de recorrência e os resultados - ganhar, perder ou empatar.

2.1.4. Segundo o ciclo do Fluxograma da Vida que está vivendo o narrador, sabe-se o que deve ter vivido e superado e o que ainda o espera, com os riscos, ganhos e preços correspondentes. Em geral, sempre ficam coisas mal resolvidas nos ciclos anteriores. Se o narrador não apresentou informação suficiente, o grupo terá que perguntar. Durante os poucos minutos que dura a observação do crachá do Perfil de Competências, os observadores podem fazer comentários ou perguntas ou dialogar entre si para ter bem claros os fatores que produziram e produzem o comportamento compensador ou descompensador do interessado.

3. O neurocoach recolhe alguma frase e pede que alguém desdobre como se fosse o informante, começando por "eu (repete o nome do informante) digo, sinto, faço isso... porque..." No começo, o neurocoach dará exemplos e, depois, corrigirá os desdobramentos incompletos dos presentes. Está terminantemente proibido dar explicações. Só se aceitam desdobramentos e segundo a fórmula estabelecida.

4. Depois de uns quantos desdobramentos, o neurocoach pede ao informante que faça o autodesdobramento de frases que lhe serão propostas, para verificar se ele domina o método, e se consegue romper as defesas de seu ego inconsciente, autodefensivo e racionalizador, que oculta o autointeresse. Chamamos a isso "sair do raciocino monádico-justificador e passar ao triádico-realista". Autodesdobrar-se é autoiluminar-se.

5. Exige-se do informante que se comprometa com algum comportamento novo ou, com corrigir algum outro considerado indesejável.

6. Ensina-se a autoautorização sobre os principais tópicos desdobrados.

7. Pede-se ao informante que operacionalize sua decisão, até escolher um exigidor e negociar as sanções.

8. Realiza-se o exercício de redução da ciclagem cerebral para gravar/guardar no inconsciente a programação feita pelo informante, com visualização do êxito desejado. É o poder de atração: atrair o que se quer. Reforça-se, também, o poder de atração de todos os presentes para seu êxito tricerebral.

9. O neurocoach pede algumas opiniões de *feedback*, operacionaliza a próxima sessão de Neurocoaching e promove algum ritual para o encerramento.

10. Encerramento positivo.

Obs.: Cada sessão de Neurocoaching se faz sob a direção do Facilitador do Módulo. O Neurocoaching educativo não é milagroso, não cura nada nem ninguém e nem serve para tudo. É só para conscientizar e dar mais ferramentas a pessoas consideradas "normais", ", para melhorar sua autocondução. Fora disso, os necessitados terão que buscar profissionais de Psicologia, Psiquiatria ou profissionais de métodos alternativos. O neurocoach não promete nada, só executa o processo.

6.3.3 Cultivo da autoimagem

Depois de passar por algumas sessões de Neurocoaching educativo, pode você querer que o grupo de cultivo lhe ajude a rever sua autoimagem.

Autoimagem é o conjunto de apreciações que fazemos de nós mesmos. Muito foi-nos introjetado desde a infância; e, depois, muitas apreciações e críticas dos outros foram esculpindo nosso ego. Autoimagem é a soma do que consideramos êxitos e fracassos frente aos demais e frente a nossas metas ou propósito de vida. A boa autoimagem é fruto de esforço e persistência na busca de competências pessoais. O preguiçoso, o desleixado, o mimado, o parasita que se queixa de sua baixa autoestima não deve ser mandado ao psicólogo, mas sim ao "vai trabalhar, vagabundo"!

Seja o que for, aconteça o que acontecer, é importante conviver bem consigo mesmo dentro de sua pele. Seu "eu" são os três cérebros trialogando, mutuamente refletindo-se ao longo do dia ou da vida. É preciso conseguir que se respeitem, sejam tolerantes um com o outro e sejam solidários, se apoiem, se reforcem para que a sensação de viver seja compensadora, tenha endorfina e seja útil aos demais. A autoimagem tem que ser mais ou menos condizente com a hétero-imagem para que não seja supervalorizada ou narcisista, nem subvalorizada ou pessimista. Quando possível, seria bom ouvir o que dizem os demais a respeito de você. O exercício necessita um roteiro como o que segue e, se possível, o crachá com o Perfil de Competências Tricerebrais.

1. O QUE GOSTO DE MIM (eu em meu espelho)

Aspectos tricerebrais em que tenho êxito:

Meu potencial na vida privada e na profissão:

Grau de confiança em meu desempenho afetivo:

Grau de crença e otimismo frente a meu futuro tricerebral:

2. O QUE NÃO GOSTO DE MIM

Os fracassos tricerebrais em minha vida têm sido:

Minhas reações em épocas difíceis têm sido:

Estou regredindo em aspectos como:

3. HETEROIMAGEM (eu, tendo os demais como espelho)

Quanto de reconhecimento espero pelo que sou e faço:

O que mais gosto de escutar sobre mim:

Elogios que me fazem:

A quem quero projetar uma boa imagem:

4. EM QUE ASPECTOS FALAM MAL DE MIM, ME ACUSAM

O que é que mais me ofende:

Qual é a primeira impressão que causo:

Como reajo a opiniões negativas sobre mim:

5. SUGESTÕES dos presentes para corrigir/melhorar/reforçar a imagem de quem se apresentou (nunca para consolar).

6. REDEFINIÇÃO DA AUTOIMAGEM

O que gostaria de modificar em minha auto e heteroimagem:

7. O *FEEDBACK* para avaliar os resultados das metas de autoimagem será em:

Lugar_____, Data____ de_____ de _____

Exigidor:

6.4 COMPROMISSO HISTÓRICO COM A INDOAMÉRICA

Terá falhado a evolução na Indoamérica?

Essa dúvida a expressaram Hegel, Marx, assim como biólogos e ecologistas europeus sobre a evolução de animais e vegetais no novo mundo. Seríamos uma parte abortada da evolução planetária ou um desastre da colonização europeia? Depois que os Estados Unidos se tornaram potência mundial no século XX, as perguntas dos europeus serão outras...

Pela visão sistêmica, não se pode tomar a educação como se não tivesse nada que ver com política, religião, economia e toda a problemática de nossos povos. Por isso falamos de COMPROMISSO SOCIAL. Há que propor uma educação tricerebral para que cada educando se torne um construtor de pátria, de humanidade, corresponsável pelo presente e cocriador do futuro. Sem revisar nossa configuração tricerebral e tricultural herdada dos colonizadores europeus, principalmente dos salazarista-portugas, isso não acontecerá (recomenda-se consultar o texto INDOAMÉRICA, no capítulo 5).

É uma infelicidade não termos conseguido a libertação completa, o replanejamento e a organização de nós mesmos, ou seja, não nos termos tornado seres humanos e sociedades diferentes dos predadores europeus, agora em crise por falta de colônias para explorar. Nós, os indoamericanos, temos que propor algo novo, frente ao diagnóstico que temos de nós mesmos depois de 500 anos de "civilização e evangelização" (leia-se bárbara colonização e domesticação) europeias.

COMO ESTÃO OS TRÊS CÉREBROS E AS TRÊS CULTURAS NA INDOAMÉRICA?

Nosso cérebro é latino-americanizado, afro-americanizado e anglo--americanizado. Nosso cérebro direito é das religiões europeias, católicas-italianas, protestantes-anglo-saxãs e de religiões africanas com algo de xamanismo indígena. Nosso cérebro central é de economia e processos econômico-administrativos anglo-americanos. Nosso cérebro esquerdo é de filosofia e política latino-francesas, tanto monádicas como diádicas, ou seja, uma miscelânea capitalista-socialista.

Ao usarmos a linguagem dos três blocos europeus, usamos o modo de pensar deles; assim temos um cérebro completamente alienado, completamente europeizado, que leva à única conclusão possível: deseuropeização imediata de nosso cérebro para descobrir nossa cultura e criar o homem novo indoamericano.

Em 1992, completaram-se 500 anos da chegada oficial dos europeus a nosso continente, decretando a agonia da cultura local. Nesse começo do século XXI, estão-se celebrando os 200 anos das "independências" latino--americanas. Seria o momento para um diagnóstico e para uma celebração ao contrário; ou uma contracelebração.

Mas as vítimas, os colonizados, os oprimidos se mostraram incapazes de pôr a Europa num tribunal da História. E puseram-se a festejar o invasor, a festejar o opressor, com exceção de alguns protestos. Isso de que foi "encontro" de duas culturas é um truque para seguir ocultando o genocídio e o banditismo dos invasores e limpar a consciência e a responsabilidade histórica dos negociantes e missionários europeus e seus continuadores locais. Será necessário que as vítimas, os oprimidos se levantem e afugentem seus opressores que continuam opressores na post-modernidade, através:

- da depredação comercial e do capital especulativo que afundam países, um depois do outro;
- de cultura e religiões subjugadoras que continuam sua "evangelização";
- de suas imposições político-econômicas segundo a lei do mais forte.

Em qual dos três cérebros ou dos três poderes (político-econômico-sacral) dos colonizadores há que continuar na luta por independência?

Limpemos nossa programação de colonizados, expulsemos de nossos cérebros a lusitanidade, a hispanidade, a anglicidade, a galicidade, a italianidade, a germanidade, a africanidade, a orientalidade. Sejamos simplesmente indoamericanos e cuidemos de nossa Indoamérica, de nosso jogo triádico e de encontrar uma proposta regional para nossos três cérebros.

Continuamos presos ao passado, cultivando as mitologias que nos chegaram da Europa: a mitologia cristã-italiana, a mitologia grega, a mitologia do capitalismo, a mitologia do marxismo, a mitologia do desenvolvimento, a mitologia do império romano continuado pelo império anglo-americano. A mitologia do homem machista, a mitologia da virgindade, da família, da propriedade privada ilimitada. Mitologias e mitos que nos oprimem e que não nos deixam solucionar nossos problemas de maneira original, de maneira nova, principalmente porque temos um cérebro caótico, uma programação mental a favor de outros e contra nós mesmos. Sofremos de alienação individual e de alienação coletiva.

ESTARÃO OS INDOAMERICANOS NA LUTA CERTA?

Para que existisse uma nova utopia para a Indoamérica, seria necessário modificar esse jogo triádico em que jogamos como subgrupos oscilantes das metrópoles. Haverá cérebros e equipes com disposição para repensar esse jogo e mudá-lo?

Para modificar esse jogo será preciso que a América "Latina" ou um bloco dela se torne subgrupo antioficial dos Estados Unidos, como o grupo da Revolução Francesa; como o brilhante grupo dos Pais Fundadores de Estados Unidos à época de sua independência frente à Inglaterra, em 1776; como o grupo de Tiradentes, de Simão Bolívar, de San Martin etc.

Para que a América "Latina" ou um bloco dela assumisse o papel de subgrupo antioficial positivo, teria que examinar seu jogo triádico interno e reorganizá-lo. Esse jogo vem desde antes das tentativas de independência e continua operando. É a organização do colonialismo interno, copiada do colonialismo europeu. Consiste em que uma das regiões internas se autoinstitui como subgrupo oficial econômico-político depredador (no Brasil, é o seu "Triângulo das Bermudas", constituído pelas elites de Rio, São Paulo, Minas e seus aliados internos e externos); outra, como antioficial onde se gestam forças divergentes e revoltosas contra a primeira; e as demais regiões como bloco oscilante, pobre e impotente.

As regiões oscilantes ficam à mercê da região oficialista que controla o governo, a economia, a religião, os meios de comunicação e tudo mais, enquanto oferece planos de desenvolvimento, de socorro emergencial; e enquanto as populações periféricas e pobres incham as cidades do país ou da região oficial em busca de trabalho ou melhores oportunidades. As regiões antioficiais e suas revoluções e guerrilhas que se levantaram para solucionar esse colonialismo interno fracassaram, até agora. E os subgrupos oficiais da região que pratica o colonialismo interno "fracassam" em resolver o mesmo problema porque se dedicam a defender seus privilégios desproporcionais, por todos os meios. Essa é a origem da violência na indoamérica e em cada país ou região. É estrutural, vem de cima para baixo, vem dos subgrupos mais altos do poder político-democrático, do poder econômico-plutocrático e do poder sacral-teocrático.

O Proporcionalismo (ver Manifesto da Proporcionalidade (https://books.google.com.br/books/about?id=UhDmCAAAQBAJ&redir_esc=y) não busca a igualdade máxima, nem aceita a imposição da desigualdade máxima. Esta é um darwinismo social em que os ganhadores ou os mais fortes devem impor empobrecimento aos perdedores ou à maioria mais débil, seja no mundo internacional, seja dentro do mesmo país, seja dentro de um município ou uma empresa, como o propõe e faz a ideologia do neoliberalismo. O Proporcionalismo é uma proposta de liberdade política--econômica-sacral, com limites proporcionais para os três subgrupos, para que os três possam viver e atuar, sem querer eliminar ou excluir ninguém.

Para agilizar e ativar a evolução desse processo devem colaborar todos os subgrupos: os antioficiais, os ambientalistas, os partidos políticos oposicionistas, sindicatos, cooperativas, instituições culturais, religiões, proprietários, intelectuais e empresários que sejam idealistas, progressistas, que tenham um sonho maior que o de sua família e de seu negócio, e se sintam agentes históricos da Indoamérica. É a busca de pactos sociais.

Entretanto, a revolução primordial, a mais fundamental, será a das mulheres que decidirem formar/programar seus filhos pela trialética e proposta de convivência em sociedade como aparece no Manifesto da Proporcionalidade, enquanto não aparecer outra proposta superadora desta. O essencial está na proposta do *Coaching* Familiar Triádico, apresentada no capítulo 3.

- Por outro lado, estão os subgrupos oficiais negativos de todos os poderes, defensores de sua boa situação, atuando por corrupção (que é assalto ao dinheiro da coletividade pagadora de impostos) e por jogadas econômico-políticas de gangsters. Eles não se convertem, não cedem por amor, pela razão ou pela lei, não se intimidam, não têm vergonha. O fanatismo pelo dinheiro – *money addiction* – não lhes permite. Então, haverá que os substituir, seja por eleições, processos judiciais, pressão, seja por revolução etc. e estabelecer subgrupos oficiais positivos, com a ideia de um Estado comprometido com o bem comum e proporcional dos três subgrupos.

- Muitos dos que se dedicam à ciclagem cerebral reduzida (religiões carismáticas, curandeiros e sensitivos) são oscilantes negativos e alienados, isto é, desligados da problemática social e desinteressados pela mudança social. Eles deixam para depois da morte ou para fictícias entidades sobrenaturais a solução dos problemas e o consolo pelas privações deste mundo. São os que pregam que é bom sofrer injustiças e pobreza porque isso purifica, santifica, conduz ao céu ou desconta carma (por que não vão convencer disso os ricos e poderosos, então?).

Não existe escola, nem instituição, nem religião, nem Estado que promova o desenvolvimento dos três lados do cérebro e busque a convivência proporcional dos três subgrupos como o estamos propondo aqui, enquanto tolerarmos a atual estrutura oficialista do mundo, principalmente do poder econômico irresponsável.

Mas você está no jogo e não pode escapar. Não pode tornar-se um avestruz, enterrar sua cabeça acreditando que dessa maneira se oculta do jogo, se defende. A maneira de defender-se é outra. Comece por sentir-se sócio coproprietário do condomínio que é o planeta, que é a Indoamérica, que é seu país. Você é sócio nato, membro da sociedade indoamericana e planetária, e vai ter que desempenhar-se e realizar-se dentro desse processo. Os deuses não deram escrituras do planeta a ninguém, a nenhum subgrupo exclusivamente. A propriedade, o poder, os direitos, são acordos humanos que se mantêm enquanto isso seja de proveito para todos.

> Uma proposta, uma mudança, uma constituição, uma religião, uma revolução que não se faça para a proporcionalidade entre os três subgrupos não é mais que um golpe, um assalto de uma classe ou de um subgrupo sobre os outros dois (Germán Zavala, pensador e ativista colombiano).

Não creia nem espere que os subgrupos negativos, maximocráticos e unilaterais proponham alguma escola, algum orçamento, algum apoio para evolução dos três processos mentais, para busca do Proporcionalismo entre os membros do condomínio local, nacional e internacional. Tudo ao contrário. Então, inicie por conta própria seu processo de cultivo, planificando suas metas, fazendo sua reprogramação global. E torne-se militante da utopia da Mulher Nova (segundo a Carreira de Mãe) para gerar o Homem Novo e a Nova Indoamérica. É preciso formar equipes com esse paradigma, com essas ferramentas e com essa proposta embrionária, que poderá levar a outras, sempre superadoras.

6.5 ESTIMULANDO A NOVA MULHER E O NOVO HOMEM

1. **UTOPISTA** ou criador de utopias. Que é isso? É fazer propostas, modelos comunitários, tipos de organização de vida pessoal, grupal, nacional ou

planetária mais idealistas/otimistas, reduzindo ao mínimo o sofrimento, os conflitos, privilegiando as relações harmônicas, a prosperidade proporcionalista. As utopias sempre existiram. São sonhos, ilusão, são a esperança interminável, que alguns subgrupos têm para superar os problemas da humanidade e seu ecossistema, para controlar o jogo triádico que nos impele a ir adiante, mas que também nos devora. As utopias são mais de cérebro direito, quando se espera a redenção pela religião; ou de cérebro esquerdo, quando se espera a redenção pela ciência e a razão; ou de cérebro central, quando se espera a redenção pelo desenvolvimento, a riqueza, a tecnologia; ou são utopias incluindo os três cérebros, como o Manifesto da Proporcionalidade. Viver sem ilusão, sem esperança – não é viver.

2. **DEFENSOR DA AMÉRICA "LATINA" E CARIBE.** Nesse papel, você pensa na nova independência e autocondução que deve ser conquistada por essa região da Indoamérica frente ao europeísmo e ao império judeu-anglo-americano. Pode ser defensor de outras causas como a ecologia, a cultura local, a paz, a ética na política etc.

3. **INDOAMERICANÓLOGO.** Comece a interessar-se pelos países das Américas, pela Indoamérica, por seu processo histórico, econômico-político, sua dívida, seus exércitos, suas religiões, sua geografia; enfim, seja um especialista em Indoamérica. Aprenda a amá-la, a vivê-la, a sofrê-la, a exaltá-la e a transformá-la.

4. **EU-FONTE INDOAMERICANO "REDIVIVO".** Eu-fonte é todo aquele que deu início ou gerou algo novo, que deu nova vida como, por exemplo, Bolívar, San Martín, José Martí, Fidel Castro, Washington, Jefferson, Betty Friedan, Evita Perón, Rigoberta Menchú da Guatemala, Chiquinha Gonzaga, Getúlio Vargas, Juscelino Kubitschek, Oscar Niemeyer etc. Em todos os países existem eu-fontes masculinos, eu-fontes femininos. Faça de conta que um deles se "incorpora" em você, que fala e atua através de você. Isso fará você sentir qual teria sido o papel de um Bolívar, de uma princesa Isabel, de uma Evita Perón, de um Thomas Jefferson etc.

5. **MULHER NOVA, FORMADORA DO HOMEM NOVO.** Tente descrever em que consiste ser uma Mulher Nova, uma mãe programadora tricerebral de um Homem Novo, um novo cidadão da Indoamérica, que luta pelo cidadão do futuro, para que todos sejam renovados. Como seria e atuaria essa mulher/mãe formadora da cidadania proporcionalista da Indoamérica, de um país proporcionalista, com os três subgrupos proporcionais, ajudando as Américas e o mundo em sua transformação? Se você é uma Mulher Nova, se você é um Homem Novo adote essa utopia e seja feliz divulgando-a.

REFERÊNCIAS

BATISTA, Sebastião. *Aproximação ao conceito do direito desde a perspectiva triádica - descrição de sua estrutura, dinâmica e finalidade.* Tese (Doutorado). Universidade de Almería, Almería – Espanha, 2004.

BUZAN, Tony. *Mapas mentais e sua elaboração.* São Paulo: Cultrix, 2012.

CHOMSKY, Noam. *Novos horizontes no estudo da linguagem e da mente.* São Paulo: Edusp, 2015.

CHOPRA, Deepak. *Supercérebro* – como expandir o poder transformador da sua mente. São Paulo: Editora Alaúde, 2013.

CORBÍ, Marià. *Para uma espiritualidade leiga:* sem crenças, sem religiões, sem deuses. São Paulo: Paulus, 2010.

CORREA, Jorge. Desempleo tecnológico. *Revista Abordo Aces*, Bogotá, 1997.

D'AMBROSIO, Ubiratan. *Etnomatemática.* São Paulo: Ática, 1990.

DAMÁSIO, Antônio. *E o cérebro criou o homem.* São Paulo: Companhia das Letras, 2011.

DARWIN, Charles. *A expressão das emoções no homem e nos animais.* São Paulo: Companhia das Letras, 2009.

DE BONNO, Edward. *Novas estratégias do pensamento.* São Paulo: Nobel, 2000.

DOIDGE, Norman. *O cérebro que se transforma* – como a neurociência pode curar as pessoas. São Paulo: Record, 2012.

DUSSEL, E. *Ética da libertação, na idade da globalização e da exclusão.* Petrópolis: Vozes, 2002.

ECCLES, John C.; POPPER, Karl R. *O cérebro e o pensamento.* Brasília: UNB, 1998.

ELIADE, Mircea. *História das crenças e das ideias religiosas.* Rio de Janeiro: Zahar, 1994.

ESTULIN, Daniel. *Clube Bilderberg:* os superdonos do mundo. Lisboa: Lusitana, 1998.

FREIRE, Paulo. *Pedagogia do oprimido.* Rio de Janeiro: Paz e Terra, 1973.

GAARDER, Jostein. *O mundo de Sofia - novela sobre a história da filosofia*. São Paulo: Companhia das Letras, 1997.

FREYRE, Gilberto. *Casa grande & senzala*. Rio de Janeiro: Ed. Maia e Schmidt, 1933.

GALEANO, Eduardo. *De pernas pro ar:* a escola do mundo ao avesso. Porto Alegre: L&PM, 2000.

GARDNER, Howard. *Inteligências múltiplas*. A teoria na prática. Porto Alegre: Artmed, 1995.

GELL-MANN, Murray. *O quark e o jaguar* – aventuras no simples e no complexo. Rio de Janeiro: Rocco, 1996.

GHYKA, Matila. *Estética de las proporciones en la naturaleza y en las artes*. Buenos Aires: Poseidon, 1953.

GLADWELL, Malcolm. *Fora de série*. Por que umas pessoas têm êxito e outras não? São Paulo: Sextante, 2008.

GOLEMAN, Daniel. *A inteligência emocional*. São Paulo: Objetiva, 2001.

GRECO, Milton. *Interdisciplinaridade e revolução do cérebro*. São Paulo: Pancast, 1994.

GREGORI, W. *O poder dos seus três cérebros*. São Paulo: Pancast, 1984.

GREGORI, W. *Construção familiar-escolar dos três cérebros*. Belo Horizonte: Editora LUX, 2002.

GREGORI, W. *Manifesto da proporcionalidade com democracia direta, 2006.* Disponível em: https://books.google.com.br/books/about?id=UhDmCAAAQBAJ&redir_esc=y. Acesso em: 19/12/2019.

GREGORI, W. *História da educação e escolas antropogógicas*. Disponível em: https://play.google.com/books/reader?id=L1OlIgAAAEAJ&pg=GBS.PA0. Acesso em: 8/11/2019.

GREGORI, W. *Aprendendo pelas telinhas*. Disponível em: https://play.google.com/books/reader?printsec=frontcover&output=reader&id=LTeqIgAAAEAJ&pg=GBS.PA1. Acesso em: 15/12/2019.

GREGORI, W. *Gramática do dinheiro*. Disponível em: https://play.google.com/books/reader?printsec=frontcover&output=reader&id=LTeqIgAAAEAJ&pg=GBS.PA1. Acesso em: 20/10/2019.

GREGORI, W. *Ciência social geral.* Santa Maria: Pallotti, 2019.

GREGORI, W.; VOLPATO, Evilásio. *Capital tricerebral e administração sistêmica,* 2014. Disponível em: https://books.google.com.co/books?id=7GOxBgAAQBAJ. Acesso em: 25/11/2019.

GROSSI, Esther. *Pós-construcionismo.* Petrópolis: Vozes, 2000.

HECKMAN, James. *A economia do desenvolvimento humano e da mobilidade social.* Disponível em: James J. Heckman e Stefano Mosso. Acesso em:15/10/2019

HORGAN, John. *A mente desconhecida.* Porque a ciência não consegue replicar, medicar e explicar o cérebro humano. São Paulo: Companhia das Letras, 2002.

HURTADO, Maria Judith. *Presença total do SETU* (cópia magnética). Quito, 2013.

KANDEL, Eric. *Em busca da memória:* O nascimento de uma nova ciência da mente. São Paulo: Companhia das Letras, 2009.

KURZWEIL, Ray. *Como criar uma mente humana* – os segredos do pensamento humano. São Paulo: Aleph, 2014.

LLINÁS, Rodolfo R. *El cerebro y el mito del yo* – el papel de las neuronas en el pensamiento y el comportamiento humanos. Bogotá: Ed. Norma, 2002.

LOBACZEWSKI, Andrzej M. *Ponerologia*: psicopatas no poder. São Paulo: Vide Editorial, 2015.

LURIA, Aleksander. *Fundamentos de neuropsicologia.* São Paulo: EDUSP, 1981.

MACHADO, Luiz. *O cérebro do cérebro.* Rio de Janeiro: Cidade do Cérebro, 1994.

MacLEAN, Paul D. *The triune brain, emotion, and scientific bias.* NY: Schmitt Ed., 1970.

MacLEAN, Paul. *A triune concept of the brain and behavior.* Toronto: Toronto University Press, 1969.

MacLEAN, Paul. *The triadic brain in evolution:* Role in paleocerebral functions. New York: Springer, *1990.*

MANDELBROT, Benoît. *Fractales, hasard et finance.* Paris: Champs Sciences, 1997.

MARINO, Raul Jr. *A religião do cérebro.* São Paulo: Editora Gente, 2005.

MARINO, Raul Jr. *Em busca de uma bioética global.* São Paulo: Hagnos, 2009.

MORIN, Edgar. *O método.* Madrid: Cátedra, 1992.

MORIN, Edgar. *O paradigma perdido*: a natureza do homem. Barcelona: Kairós, 1973.

MORIN, Edgar. *A cabeça bem-feita*: repensar a reforma, reformar o pensamento. Rio de Janeiro: Bertrand Brasil, 2011.

MORIN, Edgar. *Os sete saberes necessários à educação do futuro*. São Paulo: Cortez, 2004.

MÜLLER, A. R. *Teoria da organização humana em 14 subsistemas*. São Paulo: Editora Sociologia Política, 1958.

NICOLESCU, B. Um novo tipo de conhecimento – transdisciplinaridade. *In: Educação e transdisciplinaridade*. Brasília: Unesco, 2000.

OLIVEIRA, Colandi. *Educação infantil pelos três cérebro*. Tese (Doutorado). Universidad de la Empresa, Montevideo. Brasília: Thesaurus, 2015.

OSBORN, Alex F. *O poder criador da mente*. São Paulo: lbrasa, 1964.

PAPERT, Seymour. *A máquina das crianças*. Porto Alegre: Artmed, 2008.

PIAGET, Jean. *A epistemologia genética*. Petrópolis: Vozes, 1973.

PINK, Daniel. *O cérebro do futuro* – a revolução do lado direito do cérebro. Rio de Janeiro: Campus, 2005.

PIRSIG, Robert M. *Zen e a arte de manutenção de motocicletas*. São Paulo: Paz e Terra, 1984.

PRIBRAM, Karl; WILBER, Ken; CAPRA, Fritjof. *Paradigma holográfico e outros paradoxos*. São Paulo: Cultrix, 1991.

RAJNEESH, Bhagwan. *Meditação:* a arte do êxtase. São Paulo: Cultrix, 1976.

RAPAILLE, Clotaire. *O código cultural* - por que somos tão diferentes na forma de viver, amar e comprar? Rio de Janeiro: Campus, 2007.

RHINE, J. B.; PRATT, J. G. *Parapsicologia* - fronteira científica da mente. Curitiba: Hemus, 1966.

SAGAN Carl. *O mundo assombrado pelos demônios:* a ciência como a luz na escuridão. São Paulo: Cia. das Letras, 2005.

SANVITO, W. L. *O cérebro e suas vertentes*. São Paulo: Roca, 1994, 2 ed.

SHARP, Gene. *De la dictadura a la democracia* – una estructura conceptual para la liberación. Bangkok, 1993; Boston: The Albert Einstein Institute, 2003.

SINAY, Sergio. *La sociedad que no quiere crecer – cuando los adultos se niegan a ser adultos*. Buenos Aires: Ediciones B, 2009.

SPERRY, Roger W. *Some effects of disconnecting the cerebral hemispheres*. Stockholm: Almquist & Wiksel, 1981.

STERNBERG, Robert J. *Psicologia cognitiva*. São Paulo: Cengage Learning, 2010.

SUN TZU. *A arte da guerra*. Porto Alegre: L&PM, 2012.

VYGOTSKY, L. S. *A formação social da mente*. São Paulo: Martins Fontes, 1984.

WATTS, Alan W. *Psicoterapia oriental e ocidental*. Rio de Janeiro: Record, 1961.

GLOSSÁRIO DO PARADIGMA SOCIOCIBERNÉTICO

Apresentamos um breve glossário para ajudar na compreensão do texto e seu contexto. Em algumas redefinições/explicações, se faz um esboço de "tradução" da linguagem monádico-unilateral e diádica do poder econômico-político-sacral para a linguagem sistêmico-triádica, que chamamos "proposta de logotriadização e logoterapia".

LOGOTERAPIA ou "semioterapia" é porque há conceitos que são verdadeiras prisões conceituais-verbais das três culturas. Com o exercício de LOGOTRIADIZAÇÃO, tenta-se revelar o que omitem, distorcem ou ocultam tais conceitos ou categorias e seus silogismos de lógica monádica daí derivados, que são típicos das Ciências Exatas porque trabalham com números que representam realidades discretas (exatas, delimitadas). Como as Ciências Sociais e Humanas trabalham com conceitos que representam realidades contínuas (sem fronteiras delimitadoras exatas), terão que aderir à linguagem sistêmico-triádica e sua lógica "incerta", "difusa", "paraconsistente", ou seja, lógica das proporções triádicas elásticas. Tudo isso é para chegar a perceber, prever e propor nosso mundo como pós-capitalista, pós-socialista e pós-sacral, um pouco além dos velhos padrões conceituais-linguísticos e silogismos unilaterais.

AGENDONOMIA: todas as agendas, ocupações prestadias/usuárias dos 14 subsistemas, em seus quatro ou mais níveis de uma hierarquia. Substitui o conceito de "trabalho" da era industrial, porque "agendonomia" é um conceito muito mais amplo e explicativo. "Agente" é conceito mais amplo e melhor que trabalhador. "Prestusuário" é ainda melhor. Uma hierarquia é uma pilha de posições coordenadas e convergentes, são níveis de agendonomia, por onde ingressam, escalam e saem agentes prestusuários (trabalhadores) de todos os níveis. Com esses novos conceitos, não há segregação entre empregados "trabalhadores" e patrões "não trabalhadores".

AMERÍNDIA (Ver Indoamérica): um dos nomes para substituir o de "América Latina" e "América do Norte". A primeira Ameríndia foi a pré-colombiana; a segunda, a invasão europeia; a terceira, a tentativa de independência, conseguida só pelos EUA; a quarta, a tentativa de revoluções socialistas, durante todo o século XX até os anos 80; a quinta é essa que se está gestando no ventre da baleia do neoliberalismo.

CAOS, TEORIA DO CAOS: é o nome popular dado à Teoria dos Sistemas Dinâmicos, a seu movimento evolutivo-trançado (não linear), em ciclos e períodos regulares e irregulares etc. O paradigma tri-uno sistêmico proporcionalista inclui e trabalha tudo isso.

CIBERNOSE: "doenças" da comunicação e da ação, quando se entende mal, não funciona, enrola, quando há confusão. Babel.

COSMOVISÃO ou paradigma: modo de perceber, interpretar e de usar o universo (o qual depende do uso dos três cérebros). O básico de uma cosmovisão ou um paradigma é tomar o mundo como **monádico** (feito por unidades isoladas), como **diádico** (feito por pares de unidades contrapostas) ou como **triádico** (feito por unidades relacionadas três a três). Ver **paradigma.**

DESDOBRAMENTO TRIÁDICO: interpretação do discurso, das expressões não verbais e ações de cada um dos três subgrupos, tentando revelar as intenções latentes, inconscientes ou camufladas que cada um maneja como tática/arsenal para ganhar o jogo frente aos demais.

DIÁDICO, DIALÉTICA: palavras que originaram "diálogo", "dialógica", que pode ser entre dois ou mais interlocutores/agentes. Por isso, "dialética" tem que indicar o número de envolvidos: "dialética entre ou de base 2, dialética entre ou de base 3" (nesse caso é melhor dizer "trialética").

ECONOCRACIA ou plutocracia: quando o governo é conduzido pelo poder econômico ou plutocracia, dominando ou usando os políticos e os religiosos como testa de ferro.

EFETUADOR: fala-se em efetuador porque o sistema efetua a transformação de inputs em outputs, de ensino em aprendizagem, de insumos em produtos, de investimento em renda, de custos em benefícios etc.

ENDORFINA: neurotransmissor que produz a sensação de prazer, de plenitude; a adrenalina produz o oposto; e a dopamina é o fiel da balança.

ENSINAGEM: palavra que é contração de ensino e aprendizagem, para indicar a reciprocidade do processo entre upayador e upayado, educador e educando, embora esse intercâmbio seja de proporções ou porcentagens distintas, segundo a área e o momento, até o discípulo ultrapassar o mestre.

ESPIRITUALIDADE: referente à religiosidade e reverência ao que seja superior aos humanos, à energia ou realidade primordial e seu desenvolvimento na consciência humana, que preferimos chamar "estético-mística" (nível 4 do cérebro direito). Religião se distingue de espiritualidade porque aquela é a instituição que dirige esse processo. Pela falta de clareza de conceitos, que é muito comum em todas as áreas em que predomina o cérebro direito, vale citar o Pe. jesuíta espanhol, Marià Corbí (2007): *Gostaria de poder prescindir do termo "espiritualidade", porque pode conduzir a equívocos, por essa carga de dualidade corpo/espírito que transmite, tão própria de uma concepção do ser humano muito distante das concepções que manejamos no presente.*

EU-FONTE: nome que se dá a quem gera ou inicia algo novo.

FAMILIOGRAMA: estudo das relações triádicas entre os membros de uma família. Ver Sociograma Familiar.

FLUXO USUPRESTADIO: nome dado ao processo, sequência ou torrente de intercâmbios e transformações entre sistemas com suas válvulas ou pontos de transmissão (emissores-receptores) começando nos inputs e terminando nos outputs. Entre os humanos, dizem processo econômico ou de produção e consumo. "Fluxo Usuprestadio" representa melhor esse fenômeno e, além disso, abarca o mesmo fenômeno para todo o ecossistema, ou os sistemas não humanos com que nos relacionamos num fluxo usuprestadio universal. "Fluxo Prestusuário" é o mesmo, em vice-versa, começando nos outputs e dirigindo-se aos inputs.

GANHOS: é importante uma redefinição na perspectiva triádica, em que há três ganhos. Pelo cérebro esquerdo o ganho é de aprendizagem, conscientização; pelo cérebro direito é de satisfação, de prazer e glória; pelo cérebro central é ganho financeiro, ganho de poder. Os custos, de igual maneira, são custos de *know-how*, custos emocionais e custos financeiros.

HOLOGRAFAR: reestruturar um texto ou um evento adaptando-o ao paradigma e à linguagem sistêmico-triádica do Hológrafo. Também se diz "triadizar" e "logotriadizar".

INDOAMÉRICA: ver Ameríndia.

ISCAÇÃO: estratagema que promete recompensas futuras inalcançáveis, usado por subgrupos oficiais do poder político, econômico e religioso enganadores, para conseguir que os oscilantes se esforcem mais, se submetam, façam sacrifícios no presente, com a esperança de ganhos maiores no futuro, apesar dos fatos em contrário. Promessas para enganar e explorar ingênuos, cujo exemplo histórico é o cavalo de Troia ou a serpente do paraíso, cuja continuação é o marketing de hoje.

MAPAS MENTAIS: o psicólogo inglês, Tony Buzan, popularizou um modo de tomar notas, formando um desenho com ramificações associadas livremente, ao redor do tema central (pode tomar a forma de árvore, teia de aranha, de neurônio, de polvo etc.). Mas se pode ir além da livre associação se usarmos as neuroferramentas da Cibernética Social. Há três blocos de mapas mentais: quando predominam desenhos se chamam "modelos"; quando predominam palavras e gráficos, se chamam "referenciais"; quando são objetos em miniatura, se chamam maquetes.

MATERGIA: contração de matéria+energia que, segundo a fórmula de Albert Einstein, podem converter-se uma na outra, dadas as condições necessárias. "Matergia", em seu formato tri-uno e sistêmico, é a essência, a raiz, o recheio, o motor e o ímã articulador de tudo num só ecossistema cósmico.

MATRICONDICIONAMENTO: montagem e condicionamento das redes neurais dos três cérebros das crianças pelas mães. Como a mulher, em geral, é o subgrupo oficial "invisível" da família e do homem ("por trás de um grande homem há sempre uma grande mulher"). Se as mães fossem capacitadas e pagas como professoras primárias e primeiras, segundo o que propomos pelo projeto de Coaching Familiar Triádico (e como fazem o Japão e outros países mais civilizados), não seriam condicionadoras; seriam Neuromães formadoras tricerebrais de futuros cidadãos corresponsáveis e decentes.

MAXIMOCRACIA: ímpeto de propulsão dos sistemas a ser, ter e querer sempre mais de tudo dos três cérebros: sempre mais energia, crescimento, saúde, poder, dinheiro, riqueza, glória, vida etc. infinita e eternamente, evitando cair, perder, retornar ao nada, ao mínimo (minimocracia). Há um polo positivo (que empurra-arrasta para cima, para a neguentropia) e um polo opositivo, negativo (que empurra-arrasta para baixo, para a entropia). Manter-se na corda bamba entre as duas forças, é sabedoria proporcionalista.

MAYA: conceito do budismo zen para referir-se ao inconsciente étnico-cultural que toma tudo pelas aparências, ou toma um teatro ou uma miragem como se fossem reais, de verdade. Para ultrapassar a credulidade maya e deixar de ser um zumbi social, é preciso adquirir consciência crítica da manipulação dos três cérebros e suas três culturas.

MONÁDICO: referente a unidades avulsas, como em monocultura, mono-bloco, monoglota. Filosoficamente, é o método cartesiano ou analítico de raciocínio e ação que decompõe uma coisa até suas partes mínimas para entender cada uma separada, menosprezando o contexto sistêmico que é plural e relacional, e não composto por unidades avulsas e isoladas. O resultado é cada vez mais subdivisões do conhecimento com sempre mais especialidades, bem como do manejo do social por eventos isolados, sem contemplar o contexto ou a rede dos fatos. Quando se contemplam dois elementos contrapostos, se diz enfoque ou paradigma diádico ou dicotômico. Quando se contemplam três, se diz unitriádico, tri-uno, tríade, tri-unitário etc. Veja Trialética.

NOOFAGIA: assim como antropofagia é comer carne humana, noofagia é "comer", dominar, submeter os três cérebros de alguém ou de algum povo. É abortar a autonomia mental, a autocondução e substituí-la por domesticação, amestramento e iscação (como animais de circo). Isso se faz pela alienação, pela inconsciência, terrorismo, marketing abusivo, e pelos diversos "ópios" do povo (futebol, carnaval, erotização, religião, novelas, o antigo "pão e circo").

OFICIALISMO: pilha de pessoas, grupos, classes, países com poder de mando sobre os demais, devido ao uso predominante do cérebro central e suas táticas/arsenais: dinheiro, lei, força, influência, liderança, ordem, coordenação. Quando o oficialismo é desproporcional, apela para a intimidação, violência econômica, legal, militar etc. Qualquer um dos três subgrupos deve sempre ser qualificado como proporcional ou desproporcional, em diferentes gradações, dado que os três são indispensáveis e inevitáveis, podendo oscilar de um polo a outro.

PERFIL TRICEREBRAL: hierarquia tri-tetracerebral como resultado do QT. Ao observar a linguagem verbal, não verbal, as ações e reações de alguém, pode-se deduzir a hierarquia tricerebral, os arquétipos a que está vinculado e o repertório de suas trilhas e rotinas mentais tri-tetra.

PONTO DE OURO (Ver Proporcionalismo): é a expressão ou a medida do equilíbrio, da justiça, da beleza, no formato da média e extrema razão e seu símbolo φ (Fi), que em números equivale a 1,618 e seu oposto 0, 618, arredondados para 62% e 38%. É um atrator/limitador existente na natureza que os subgrupos buscam transgredir, principalmente os oficiais. O Ponto de Ouro pode ser tomado como o fundamento de uma nova ética inclusivista e universal, que acata diferenças, mas proporcionais: O PROPORCIONALISMO.

PRESSURIZAÇÃO: graduação da competição, do esforço exigido num grupo, da pressão posta sobre uma empresa ou um país para obter mais produtividade. Se a pressurização é forte ou demasiada, cansa, desanima ou revolta as pessoas e grupos. Se é frouxa, cai a produtividade, pela lei do mínimo esforço. O jogo triádico supõe/impõe pressurização, mas dentro de limites proporcionais.

RECORRÊNCIA: reiteração, repetição periódica ou não, recapitulação, projeção de algo anterior no posterior. Alguns exemplos de recorrência: a estrutura de animais e plantas assim como sua forma ondulatória é recorrente, autossemelhante, com algumas variações de escala e de tempo; os ciclos em que se dá a evolução de tudo são recorrentes, reaparecem, ainda que com variações e não com frequências regulares; a imagem que se tem de Deus, da Virgem Maria, às vezes é recorrência do pai ou da mãe. A programação tricerebral inconsciente de comportamentos subgrupais na infância reaparece, se projeta nas relações de trabalho, de casal, de religião etc.; a simpatia ou a antipatia por alguém às vezes tem a ver com a evocação (recorrência) de figuras-eco ou assemelhadas de nossa infância inconsciente; a preferência por um filho ou uma filha pode ser recorrência inconsciente de nosso pai ou nossa mãe ou outro amor de nossa infância.

RELATIVIZAR: é examinar algo por um lado, depois por outro, e mais um terceiro. É mudar o ângulo de observação, o eixo de significado. Podemos enfocar uma flor pelo cérebro esquerdo e classificá-la em sua família com seus elementos distintivos; se a relativizamos pelo cérebro direito, sentimos sua beleza, perfume e poesia; se a relativizamos pelo cérebro central, medimos seu valor econômico ou medicinal etc. Usar um referencial ajuda a relativizar mais e melhor.

RELIGIONIZAR: limbizar, sacralizar, proclamar que algo é sagrado, que é da esfera do cérebro direito sacralizador, portanto sob a jurisdição de

Deus e de seus autoproclamados representantes. Moisés religionizava quase tudo, para conseguir que, por temor a Deus, se lavassem as mãos antes da comida, evitassem a perigosa carne de porco, e que a mulher parturiente ficasse de quarentena para proteger-se de infecções. O povo não tinha noção e percepção racional de causa e efeito entre contaminação, enfermidade e morte. Onde não prevalece a racionalidade, prevalece a religionização.

RELIGIONIZADO: caracteriza a pessoa que tem os três cérebros montados e direcionados por uma ideologia religiosa e está sob o controle de autoridades religiosas. O religionizado faz tudo para cumprir com as normas doutrinárias de sua instituição e liderança religiosa, em lugar de buscar sua emancipação e evolução espiritual. Há ideologias não religiosas que também funcionam assim.

SACRAL: refere-se a uma propriedade do cérebro direito que atribui caráter sagrado, religioso, misterioso, sobrenatural, esotérico a tudo o que lhe corresponde: cosmos, amor, arte, inspiração-criatividade, religiosidade, nascimento, morte, tempo, eternidade, percepção extra-sensorial-esotérica, ou fenômenos do cérebro em ciclagem reduzida etc. A expressão "poder sacral" não se refere só a religião, mas a tudo do cérebro direito.

SATISFATORES: bens que satisfazem necessidades. Os satisfatores podem ser classificados pelos três cérebros ou pelos 14 subsistemas em seus quatro níveis. Há que deixar de classificar os satisfatores como bens materiais e espirituais, ou como bens primários, secundários e serviços, como faz o paradigma socioeconômico de Adam Smith (1776), já desatualizado.

SINTAXE: é a ordem ou sequência em que se distribuem as categorias gramaticais para construir frases e relacioná-las num texto, no caso do cérebro esquerdo. Há também uma sintaxe das artes (mais notória na música) para o cérebro direito; e, uma sintaxe das ações ou uma sequência de causalidades e eventos cronológicos, que são fluxogramas, para o cérebro central. As três sintaxes são manifestações do fluxo sistêmico de tudo, com maior ou menor operacionalização, desde a matergia. São inatas ou instintivas. Daí que há sintaxes – articulação de sequências sistêmicas – nos quatro níveis das três culturas, desde o nível 1, que é primário, concreto e pouco preciso/lógico, até o nível 4, abstrato, que atinge maior precisão, coerência e sofisticação teórica.

SISTEMA (ver "fluxo usuprestadio/prestusuário"): concepção dos seres como pacotes de energia triádica e em fluxo que, por isso, se gasta: entra, se transforma e se usa/dissipa e tem que repor com *feedback*. Por isso todos os seres ou sistemas estão enganchados uns nos outros, uns alimentando outros, formando a cadeia ou rede alimentar-procriativa tridimensional.

SOCIOGRAMA FAMILIAR ou FAMILIOGRAMA: estudo das relações triádicas entre cônjuges e filhos, resultando em fixações, rejeições, indiferenças e coevolução do sistema familiar.

SUBGRUPOS: dentro de qualquer grupo se formam três correntes, facções, linhas, tendências, ou subgrupos que chamamos: subgrupo oficial regente; subgrupo antioficial divergente; e subgrupo oscilante convergente. Os três subgrupos vivem em simbiose. São o motor de tudo, da matergia quântica à astronomia ou aos céus, atravessando a História humana.

SUCEDÂNEO: é adotar fonte de endorfina não humana: mascotes, plantas, jogo, teleadicção/cibermania, um esporte, a bebida, as drogas, os vícios.

TRIADIZAR: reestruturar um texto ou evento pela linguagem e os referenciais da trialética sistêmica. Ver HOLOGRAFAR. Exemplos de "triadização" ou "holografia" são as resenhas documentais apresentadas neste livro e os exercícios de "completação triádica", bem como a triadização das disciplinas escolares com seus Fluxogramas evolutivos tri-unos.

TRICEREBRAR: palavra criada para significar que há que usar os três cérebros ou os três processos mentais de forma integrada e complementar - informação, criatividade, ação - formando um ciclo que só se completa quando se percorrem os três processos, como no CCF. O contrário se dirá: uso fragmentário dos três cérebros ou do CCF.

TRILHAS ou rotinas TRICEREBRAIS: hábitos automáticos de ação-processamento-reação frente a qualquer estímulo (gestos ou símbolos do cérebro direito; objetos e ações do central; palavras e informações do esquerdo), derivados das primeiras vivências na infância, por forte dosagem emocional, que se repetem como uma força oculta que se impõe. Enquanto não forem conscientizadas não podem ser modificadas.